Colette Dowling

Sterntaler

Wie Frauen mit Geld umgehen

Aus dem Amerikanischen
von Heidemarie Fehlhaber

S. Fischer

Die Originalausgabe erschien 1998 unter dem Titel
Maxing Out. Why Women Sabotage Their Financial Security
beim Verlag Little, Brown, Boston und New York

Gesamtherstellung: Clausen & Bosse, Leck
Printed in Germany 1998
ISBN 3-10-015327-8

Inhalt

Vorbemerkung der Autorin

Wenn Sie mir vor zehn oder auch fünf Jahren gesagt hätten, daß ich mich systematisch (wenn auch unbewußt) ans Werk machen und meine finanzielle Sicherheit zerstören, mein ganzes Geld, das ich mit einem Bestseller verdient hatte, und sogar meine Möbel verlieren würde, dann hätte ich gelacht. Ich hätte Ihnen erwidert, daß ich meine größten Hürden bereits genommen habe, daß ich wisse, wer ich bin, und daß ich den finanziellen Komfort und den seelischen Gleichmut besitze, das zu beweisen. Schließlich hatte ich meine Kinder großgezogen. Ich hatte einen Beruf erlernt, hatte mir selbst ein schwieriges Handwerk beigebracht, kannte das Eheleben und wußte, wie es ist, als Alleinstehende zurechtzukommen.

Aber es zeigte sich, daß es doch noch etwas gab, das ich nicht gemeistert hatte: Ich blieb zutiefst zerrissen in bezug auf meine finanzielle Unabhängigkeit. Als alleinerziehende Mutter Geld zu verdienen war in Ordnung. Irgend jemand mußte schließlich die Kinder versorgen. Es mußte sie jemand durch die Schulzeit bringen. Als sie aber auf eigenen Füßen standen und ich für niemanden mehr verantwortlich war außer für mich selbst, veränderte sich unmerklich meine Wahrnehmung. Was hieß es, daß ich niemanden hatte, der mich unterstützte? Und war ich wirklich bereit, mich jahrzehntelang selbst zu versorgen?

Solche Fragen waren das Herzstück meines Buches *Der Cinderella-Komplex*. Aber als es Anfang der achtziger Jahre erschien, begriff ich nicht, daß mein Widerstand gegen meine finanzielle Vorsorge in meinem Innern immer größer wurde, während ich scheinbar mein Leben »meisterte« und eine zunehmend brüchige Fassade der Unabhängigkeit um mich herum aufbaute. Die Sorge um Erfolg, Geld und meine Rolle als begehrenswerte Frau nagte weiter an mir. Am Ende trieb mich die Angst so weit, daß ich alles zerstörte, was ich aufgebaut hatte. Es stellte sich heraus, daß ich mich ohne eigenes Geld, das sich auf einem Investment-Konto hätte anhäufen können, wohler fühlte. Warum war das so? Und unterschied ich mich darin so sehr von anderen Frauen? Ich glaubte es nicht.

Das Verhältnis von Frauen zu Geld ist offensichtlich nicht das gleiche wie das der Männer. Viel weniger offensichtlich ist, wie unser Selbstgefühl als Frauen systematisch damit verknüpft wird, daß wir *kein* Geld haben, daß wir es *nicht* verwalten, daß wir finanziell *nicht* unabhängig sind. Als ich für dieses Buch Frauen im ganzen Land interviewte, entdeckte ich, wie wenig wir noch immer darüber wissen, was Weiblichkeit ausmacht, wieviel Unabhängigkeit wir erreichen können, um uns wie »richtige« Frauen zu fühlen. Ich stellte fest, daß Frauen Angst davor haben, die Verpflichtung sich selbst gegenüber bis zur letzten Konsequenz anzunehmen, weil sie fürchten, am Ende allein, ungeliebt und unversorgt zu bleiben.

Ich beschloß, dieses Buch zu schreiben, um herauszufinden, warum uns diese Angst trotz allem, was wir rational zu wissen glauben, emotional so sehr beschäftigt. Wirkliche Weiblichkeit, wirkliche Sicherheit erfordert, daß wir die Angst vor der Selbstversorgung hinter uns lassen und uns statt dessen zur Selbstversorgung bekennen, sie genießen und uns stark – und begehrenswert – fühlen, *weil* wir für uns selbst sorgen. Wenn wir diesem Konflikt nicht auf den Grund gehen, dessen bin ich mir sicher, dann werden wir weiterhin in dem prekären Zustand finanzieller Unsicherheit ausharren und unaufhörlich mit dem bedrückenden Gefühl kämpfen müssen, unser Leben nicht fest im Griff zu haben.

KAPITEL 1
Eine Frau in der Krise

»Armes reiches Mädchen« lautete die Schlagzeile, die in der *New York Post* prangte. Ein Foto zeigte eine mit Schmuck behängte dünne Frau in Jeans, die zielstrebig eine New Yorker Straße hinunterging. »Gloria Vanderbilt, Erbin eines Vermögens, das zu den berühmtesten Amerikas gehört, ist in eine kleine Zwei-Zimmer-Wohnung umgezogen, nachdem sie zwei Luxushäuser verkaufen mußte, um ihre Steuern bezahlen zu können«, lautete die Bildunterschrift.

Solche Aufmacher hatte ich bisher nie beachtet. Diesmal aber war ich wie gebannt. Ich hatte gerade den Verkauf zweier Häuser abgewickelt, um einen Teil meiner Schulden beim IRS, dem Bundesfinanzamt, bezahlen zu können, und hatte den Schock noch nicht überwunden. Solche Probleme hatten andere Leute, aber ich doch nicht. Nun war ich gezwungen, einen Teil meiner selbst, der mir bisher verborgen geblieben war, zur Kenntnis zu nehmen. Ich war eine Frau von 55 Jahren, die sich in Geldfragen wie ein Teenager mit seiner ersten Kreditkarte benommen hatte.

Drei Jahre zuvor hatten mir noch zwei kleine Landhäuser, eine Eigentumswohnung in Manhattan und ein Ruhestandskapital im Wert von einer Viertelmillion Dollar gehört. Jetzt hatte ich weder eine Altersvorsorge noch irgendwelche Häuser, geschweige denn den geringsten Kredit.

Ich hatte zwar nichts geerbt, aber trotzdem identifizierte ich mich mit Gloria Vanderbilt. Selbst nachdem ich alles, wofür ich so hart gearbeitet hatte, verkauft und den Erlös an den Staat gezahlt hatte, schuldete ich dem Finanzamt noch immer 26000 Dollar.

Jahrelang war es mir gelungen zu ignorieren, daß ich sämtlichen Geldangelegenheiten aus dem Weg ging. Ich hatte als eine sich abrackernde Schriftstellerin, die mit einem sich abrackernden Schriftsteller verheiratet war, so wenig Geld, daß es niemandem auffiel, welche Mißwirtschaft ich trieb – am allerwenigsten mir selbst. Ich fand mich sogar couragiert, weil ich mich von meinem permanenten Geldmangel nicht klein kriegen ließ. Wie so viele andere Frauen hatte ich gelernt, zu knausern und zu sparen. Ich konnte mit den paar Pfennigen, die ein halbes Pfund Spaghetti, eine Dose Muscheln und ein Bund Petersilie kosteten, hervorragende Linguine mit Muschelsoße zaubern. Meine Garderobe bestand aus Kleidern, die ich nach *Vogue*-Schnittmustern aus Stoffresten nähte, die ich in der 14. Straße kaufte. Das Prinzip lautete: Zurechtkommen heißt, sich mit dem Mangel zu arrangieren.

Mein Mann und ich waren arm, aber stolz – wir waren schließlich Intellektuelle. Es kümmerte uns nicht, daß wir abgebrannt waren, weil die von uns hochgehaltenen Ideale das ohnehin ausschlossen. Außerdem hatten wir Stil. Zu einer Kindstaufe gehörten natürlich Cognac und Austern. Für unsere Tochter Julia war uns nichts zu gut, und wenn es nicht Spaghetti zum Abendessen gab, bewirteten wir unsere Freunde an unserem Sägebock-Eßtisch mit Blanquette de veau. Arm wie wir waren, fühlten wir uns ungeheuer rechtschaffen. Einmal ging ich zum Kreditsachbearbeiter einer Bank, nachdem in unserem Kreditantrag eine falsche Angabe entdeckt worden war, und überzeugte ihn, daß freischaffende Künstler keine andere Wahl hätten, als falsche Angaben zu machen, weil das System sie benachteiligte. Schließlich gewährte er uns den Kredit. Ich war damals schwanger, marschierte mit meinem dicken Bauch und hocherhobenen Hauptes die 21. Straße entlang nach Hause und hatte dabei das Gefühl, dem Kapitalismus in Gestalt der Irving Trust Bank auf der Fifth Avenue ein Schnippchen geschlagen zu haben.

So ging es jahrelang weiter. Als ich mich scheiden ließ, mußte ich natürlich weiterhin knausern und vor den Realitäten die Augen verschließen. Ich hatte ganz allein für drei Kinder zu sorgen und war im Begriff, mir eine Karriere als Zeitschriftenpublizistin aufzubauen. Wie sollte ich mir Furcht, Zweifel und Panik, die in meinem Innern immer größer wurden, eingestehen? Ich schlug mich recht gut. Wenn es Tage gab, an denen ich Geldstücke unter den Sofakissen zusammensuchen mußte, um Milch für die Kinder kaufen zu können, lag es nicht daran, daß ich nicht mit meinem Einkommen zurechtkam, sondern daran, daß es in diesem Land für Schriftsteller keine angemessene Unterstützung gab.

Nachdem ich ein paar Jahre lang auf eigenen Füßen gestanden hatte, fing ich an, Geld auszugeben. Niemand redete mir hinein, keine Eltern, keine Mitbewohner, kein Ehemann. Nur *ich* war mir Rechenschaft schuldig, aber das reichte nicht aus. Ohne eine Autorität, die mich gezügelt hätte, geriet ich bald außer Kontrolle. Wenn ich einkaufen ging, weil ich ein Kleid für einen geschäftlichen Anlaß brauchte, kam ich nicht nur mit einem Kleid nach Hause, sondern außerdem mit einer traumhaften Bluse aus Spitze, in der ich, wie mich die Verkäuferin überzeugt hatte, großartig aussah, und mit ein Paar Hosen, einem Gürtel, Schmuck und einem großen Filzhut.

Meine Kaufexzesse waren wunderbar befreiend. Es war wie eine späte Jugend, nur war es kein Geld vom Babysitting, das ich so hemmungslos ausgab – es war das Geld für meine Kinder. Natürlich sah ich es damals nicht so. Ich war davon überzeugt, daß ich für ein Abendessen mit Verlagsleuten gut angezogen sein mußte. Ich genoß die manische Hochstimmung, wenn ich die Sachen anprobierte, die eine Süßholz raspelnde Boutiquenbesitzerin herbeitrug – und wenn ich dann ihrer Masche erlag. Ich wünschte mir so sehr, Aufmerksamkeit zu erregen. Abends stolzierte ich dann zur Musik von Carly Simon vor dem Spiegel auf und ab mit meinem neuen schwarzen Hut, die Krempe mal so und mal so gedreht. Ich wollte jünger, freier und abenteuerlicher aussehen, als ich es war oder hätte sein können in Anbetracht meiner Lebensumstände. Ich wollte wieder ein Mädchen sein.

Welchen Streß es tatsächlich bedeutete, mich und meine Familie zu unterhalten, zeigte sich – obwohl ich es fünf Jahre lang tat – erst deutlich, als ich mich auf eine neue Beziehung einließ – mein Ehrgeiz fiel in sich zusammen, und ich kehrte sofort in den sicheren Schoß des Hausfrauendaseins zurück. Ich schrieb zwar noch, aber ohne jeden Druck, mein Schreiben zu Geld machen zu müssen. Ich rief keine Verleger und Redakteure an, um ihnen

Vorschläge für mögliche Artikel zu unterbreiten. Meine neue Liebe zahlte die meisten meiner Rechnungen. Ich fühlte mich völlig sicher und war frei von Angst.

Diese verblüffende Regression, die beinahe die Beziehung scheitern ließ, brachte mich schließlich dazu, daß ich mich mit meiner Abhängigkeit konfrontierte. Als ich allmählich verstand, was mit mir geschah, sah ich auch, daß andere Frauen mit dem gleichen Problem zu kämpfen hatten. Viele von uns wünschten sich mehr als alles andere, daß man sich um sie kümmerte. Es war etwas, worüber wir nicht sprachen, nicht sprechen konnten, weil wir es uns nicht eingestanden.

Ich beschloß, darüber zu schreiben: Den Mythos von der weiblichen Unabhängigkeit zu entlarven, wurde das Hauptanliegen von meinem Buch *Der Cinderella-Komplex*. Frauen handelten, als wären sie unabhängig, während sie insgeheim den Wunsch hegten, gerettet zu werden. Ohne sich dessen bewußt zu sein, sabotierten sie sich selbst.

Der Erfolg und das Geld, die sich einstellten, nachdem das Buch in der ganzen Welt publiziert worden war, verbargen paradoxerweise weiterhin meine Schwierigkeiten mit finanzieller Verantwortung. Außerdem war ich mit einem Mann liiert, der im Umgang mit Geld sehr umsichtig war. Solange ich mit ihm zusammen war, blieb ich auf dem Pfad der Tugend, aber als wir uns trennten, dauerte es nicht lange, bis ich wieder schwach wurde. Plötzlich füllte sich mein Schrank mit neuen Kleidern, teuren Schuhen, edlen Kostümen. Ich renovierte. Ich kaufte Antiquitäten. Ich hörte auf, Geld auf mein Ruhestandskonto einzuzahlen. Wenn die Einkommensteuer fällig wurde, war ich immer knapp bei Kasse. Dann rief ich meine Agentin an, und sie sagte: »Ich werde mal sehen, was sich machen läßt.« Damit meinte sie, daß sie sich bei meinen verschiedenen Verlegern im In- und Ausland umschauen wollte, ob nicht vielleicht irgend jemand mir noch Geld schuldete. Finanzen waren für mich flüchtige Angelegenheiten. Einerlei, wie hart ich dafür arbeitete – Geld behielt eine magische Qualität.

Als dann schließlich alles zusammenbrach, war ich so weit

von der Realität entfernt, daß ich keinen Zusammenhang zwischen den Ereignissen und meiner Unbedarftheit in Geldangelegenheiten sah. Ich fühlte mich ertappt, gefangen, ich war ein Opfer. Ich hatte noch nie Schulden gehabt, aber ich hatte nicht annähernd so viel gespart, wie ich hätte sparen können. Und viel von dem, was ich gespart hatte, war in Wertpapieren angelegt, die eine winzige Rendite brachten.

Ich sah mich selbst als extrem fleißig (was ich war), von Geldsorgen belastet (was ich war) und absolut schuldlos (was ich nicht war). Auf einmal war mir das Finanzamt wegen ausstehender Steuern auf den Fersen. Wie hatte das passieren können? Ich fühlte mich verletzt (»Warum ich?«) und müde (ich hatte gewußt, daß es so kommen würde!). Und ich fühlte mich ungerecht behandelt.

Alles, nur nicht verantwortlich. Alles, nur nicht schuld an meiner eigenen Situation. Die Wahrheit war: Ich wollte meine Geldangelegenheiten nicht selbst regeln. Ich konnte arbeiten wie ein Pferd, wenn es sein mußte, und ich tat es. Aber mich irgendwie mit einem Plan oder Budget oder einer Überlegung hinsichtlich der Zukunft zu beschäftigen, war mehr, als ich zustande bringen wollte.

Diese finanzielle Krise war eine der schwersten Situationen, der ich mich je stellen mußte. Ich begann wieder eine Therapie und nahm schließlich an einem Programm für finanzielle Sanierung teil. Langsam spürte ich festeren Boden unter den Füßen, hatte mich besser unter Kontrolle und empfand mehr Vertrauen in die Zukunft. Als ich das Muster der Selbsttäuschung, in der ich mich aufgerieben hatte, zu begreifen begann, dachte ich darüber nach, wie andere Frauen mit Geld umgingen.

Ich hatte arm angefangen und war, als ich es überhaupt nicht mehr erwartete, zu Geld gekommen. In den frühen achtziger Jahren, nachdem ich mich jahrelang als hauptberufliche Schriftstellerin und Mutter abgekämpft hatte, publizierte ich überraschend einen Bestseller, *Der Cinderella-Komplex*. Von so etwas mögen Schriftsteller träumen, erwarten können sie es nicht. Ich wußte kaum, was ich mit dem Geld anfangen sollte. »Nimm das Geld vom Konto und tu es irgendwohin, wo es Zinsen bringt«, sagte der Mann, mit dem ich zusammenlebte, immer wieder. (Wir hatten abgemacht, daß er das Geld nicht für mich verwalten würde.)

Ich hatte Angst, es vom Bankkonto zu nehmen. Als ich plötzlich mehr Tantiemen erhielt, als ich rechnerisch zu bewältigen imstande war (schließlich waren es zwanzig ausländische Verlage, die den *Cinderella-Komplex* veröffentlichten), dachte ich einmal: »Ob ich mir wohl einen Pelzmantel leisten kann?« Nicht, daß ich wirklich einen Pelzmantel gewollt hätte; aber allein die Frage zeigt meine Verwirrung. Ich hatte keine Vorstellung davon, was ich mir leisten konnte und was nicht. Als ich überlegte, ob ich eine Eigentumswohnung in Manhattan kaufen sollte, hielt mein Steuerberater das für keine gute Idee. »Sie müssen Ihr Geld verfügbar halten für Ihre Kinder«, lautete seine Empfehlung. »Das ist lächerlich«, hielt mein Analytiker dagegen. »Steuerberater sind notorisch zurückhaltend.«

Ich hörte auf meinen Analytiker. Ich kaufte eine Doppelhaushälfte mit Garten in Brooklyn Heights, die ich zwölf Monate später mit einem satten Gewinn wieder verkaufte. Nach diesem Geschäft glaubte ich alles begriffen zu haben. Nur waren jene zwölf Monate zufällig die Hochphase des Immobiliengeschäfts der achtziger Jahre. War es denn wirklich eine gute Transaktion angesichts der Nebenkosten, die sowohl beim Kauf wie beim Verkauf anfielen – und Kapital schafft Steuerverpflichtungen –, oder diente sie nur der Ablenkung?

Die Entscheidung zu verkaufen beruhte vor allem auf dem Wunsch, meinem Liebsten nach Woodstock, New York zu folgen. Das hatte ich vor acht Jahren schon einmal durchgemacht: Die Stadt verlassen und mit meinem Mann aufs Land ziehen. Als ich es damals tat, wurde ich finanziell völlig von ihm abhängig. Auch diesmal folgte ich meinem Mann, aber mit einem trügerischen Gefühl der Unabhängigkeit, das von dem Geld auf meinem Bankkonto herrührte. Als wir in Woodstock ein Haus kauften, zahlte ich nicht nur meine Hälfte des Barbetrages, ich lieh ihm auch seinen Anteil.

Zehn Jahre oder länger schien es so, als käme ich gut zurecht, wenn ich auch nicht wußte, was ich tat. Meine Karriere stärkte über die Maßen mein Ego. Als ich nach Brasilien kam, um für mein Buch zu werben, verkündeten Transparente über den Straßen auf portugiesisch: »Willkommen, Cinderella!« Durch Honorare aus dem In- und Ausland hatte ich bald so viel Geld, daß ich mich zum erstenmal in meinem Leben nicht darum zu sorgen brauchte.

Das Problem war, daß ich auch aufhörte, daran zu denken. Ich nahm mir eine Buchhalterin und einen Steuerberater. Meine Steuern wurden jedes Frühjahr sauber berechnet. Und die Einzelheiten begannen sich mir mehr und mehr zu entziehen. Mich interessierten Ideen, Kreativität und der Seelenfrieden, der es mir ermöglichte zu denken. Jemand anders sollte sich um die Einzelheiten kümmern.

Ach, die Freuden dessen, was die Selbsthilfeprogramme als »verhängnisvolle Trübung des Blicks« bezeichnen. Und die Freuden des verschwenderischen Lebens! Einige Jahre lang lebte ich wie in einer Traumwelt. Ich konnte die Realitäten nicht mehr erkennen, aber wer hätte das schon gewollt?

Cinderella am Tiefpunkt

1992 wurde alles anders. Ich konnte keinen Cent mehr aufbringen, um die 70000 Dollar Steuern jenes Jahres zu bezahlen. Die Steuern waren nicht so hoch, weil mein Einkommen so gewaltig gewesen wäre (wenn es auch nicht gerade gering war). In meinen riesigen Steuerschulden waren Zinsen und Bußgeld dafür enthalten, daß ich das Geld für die Renovierung eines Hauses zu früh von meinem Ruhestandskonto genommen hatte.

Ich hatte es gegen die Empfehlung meines Steuerberaters getan. Ich tat es, weil die Renovierung schon im Gange war, bevor ich merkte, daß ich das Dachgeschoß nicht einfach »aufmöbeln« und mir ein schönes neues Schlafzimmer mit Bad daraus machen konnte. Weil das Dach laut den Bauvorschriften zu niedrig war, mußte man, wenn ich das Dachgeschoß überhaupt verändern wollte, ein vollständig neues zweites Stockwerk einfügen.

Mein Architekt sah darin eine großartige Herausforderung und stürzte sich in Aktivitäten. Bald wurde die Vorfreude, die durch die Errichtung eines riesigen neuen viergiebeligen Daches auf meinem kleinen Bauernhaus von 1860 hervorgerufen wurde, zu stark, als daß ich darauf hätte verzichten können. »Gehen wir's an«, sagte ich also zum Bauunternehmer.

Diese Entscheidung zu treffen, kostete mich nur eine einzige schlaflose Nacht.

Ich arbeitete gerade an einem Buch, als die Steuern für jenes Jahr fällig wurden. Ich schob die Arbeit vor, um die Finanzkrise zu leugnen. »Ich kann es mir nicht leisten, allzu ängstlich zu werden«, sagte ich mir, »ich muß mich nur konzentrieren und dieses Manuskript fertig schreiben.«

Ich konzentrierte mich. Das Prozac, das ich einnahm, half mir, meine Angst im Zaum zu halten. Nachts schlief ich unruhig, aber tagsüber war ich gelassen. Ich belog mich selbst, so wie Gloria Vanderbilt, die einem Zeitungsreporter ihre Situation schilderte: »Ich bin nicht ruiniert. Das ist eine zeitlich begrenzte Situation, bis ich mein Haus und andere Vermögenswerte zu Geld gemacht habe, um meine Schulden zu bezahlen.« Inzwischen lebte sie mit ihrem Bruder in einer Zwei-Zimmer-Wohnung. »Ich habe meinen Beruf. Ich bin gesund ... ich bin talentiert und engagiert. Alles wird bald wieder in Ordnung kommen.«

Offensichtlich hatte sie das Gefühl, sie habe noch eine Ewigkeit Zeit, um ihre Schulden zu bezahlen. Sie war 71 Jahre alt.

Ich kannte diese Art zu denken. Zuerst verhält man sich in einer solchen Situation, als wäre einem ein Unfall widerfahren, für den man selbst nichts kann. Oder vielleicht nur ganz wenig. Es ist, als hörte man auf zu denken.

Während das Finanzamt auf sein Geld wartete, waren die Beträge, mit denen ich meine Kreditkarte belastete, riesig, zwischen zwei- und dreitausend Dollar im Monat. Sie waren so lange schon riesig, daß ich sie nicht mehr für riesig hielt. »Es ist alles eine Frage des Maßstabs«, sagte ich mir, »ich habe eben einen anderen Maßstab als früher.«

Der Maßstab änderte sich nicht, bis sich das Finanzamt meldete. Und selbst dann nicht sofort. Ich hatte keinen Sinn dafür, daß es notwendig war, kürzer zu treten, irgendwo in der Ferne ragte eben ein Schuldenberg auf. Das war eine psychische Blokkade, die jahrelang bestanden hatte. Mein Einkommen war nicht mehr so hoch wie in den achtziger Jahren. Dafür waren meine Ausgaben höher, da ich sie nicht mehr mit meinem Partner teilte, seit wir uns 1989 getrennt hatten. Wer von uns nimmt schon gern zur Kenntnis, daß das gute Leben nicht mehr ganz so gut ist?

Ich habe seitdem gelernt, daß es für Frauen, die sich ohnehin häufig benachteiligt fühlen, schwierig ist, ihre Ausgaben auf das Single-Dasein herunterzuschrauben, wenn eine Beziehung zu Ende gegangen ist. Ich fand es jedenfalls schwierig. Da ich mich nicht durch den Verlust einer Beziehung herabgesetzt fühlen wollte, erhöhte ich meine Ausgaben und gab das Geld in größerem Maßstab aus, als ich es mir zusammen mit meinem eher zurückhaltenden Partner je erlaubt hätte. In dem Jahr, als der Steuerbescheid einschlug, mietete ich zu Weihnachten ein Haus auf einer Insel dicht vor der Küste von South Carolina und kaufte Flugtickets für mich, meine Mutter und zwei meiner erwachsenen Kinder. Es schien das einzige zu sein, was ich tun konnte – das einzig »Richtige«. Für meine Mutter war es das erste Weihnachten als Witwe, und wir mußten zusammenhalten. (Ganz zu schweigen von *meinem* Bedürfnis zusammenzuhalten.)

Mehrere Jahre lang hatte ich meine ganze freie Zeit damit verbracht, meinen Eltern zu helfen, ihre, wie sich herausstellte, letzten Krankheiten zu überstehen. Als sie sich am Ende ihres Lebens näher kamen, konzentrierte ich mich völlig auf ihre Bedürfnisse und ging meinen eigenen Problemen aus dem Weg, die, nicht gerade langsam, außer Kontrolle gerieten. Als sich in meinem Innern Panik bemerkbar machte, hatte ich ein kleines Akronym, das wie ein Zauberspruch wirkte: DTRT. Das bedeutete *Do the right thing* – tu das Richtige. Ich sagte es vor mich her wie ein Mantra, und ich fuhr fort, verschwenderisch Geld auszugeben. In jenem Jahr stellten wir einen riesigen Weihnachtsbaum auf, unter dem wir die Geschenke nur so anhäuften.

Aber ich hatte nicht mehr das nötige Kleingeld, um die gute Fee zu spielen. Mittlerweile strampelte ich mich ab, um meine monatlichen Rechnungen zu bezahlen. Ich mußte hohe Hypothekenzahlungen leisten. Obwohl ich ein Haus und die New Yorker Wohnung vermietet hatte, wurden meine Ausgaben kaum von meinem Einkommen gedeckt. Dennoch versuchte ich, eine gute Vermieterin zu sein. Ich hielt die Dinge in Schuß und sagte mir, wenn ich einen neuen Steinwall aufwerfen ließ oder Obstbäume kaufte, daß ich damit ja meine Vermögenswerte steigerte.

Solch ein Verhalten mochte in der Glanzzeit der achtziger Jahre vielleicht angebracht gewesen sein, aber in den neunziger Jahren war es schlicht verrückt. Als ich die Häuser verkaufte, um meine Steuern zu zahlen, tat ich es mit Verlust. Tatsächlich hatte ich die Kontrolle über meine Geldangelegenheiten verloren, aber da ich es früher auch geschafft hatte, sagte ich mir (wie Gloria Vanderbilt), daß ich mich auch jetzt in kürzester Zeit wieder aufrappeln könne. Wir verschuldeten Frauen halten uns selbst zum Narren. Wir möchten daran festhalten, daß jegliche durch unser Debakel verursachte Not vorübergehend und geringfügig sei. Aber Gesundheit, Tatkraft, ja selbst Talent werden durch die Verluste, die wir uns selbst zufügen, in Mitleidenschaft gezogen.

Vanderbilt sagte, ihre Probleme hätten an dem Tag begonnen, als sie ihre persönlichen und geschäftlichen Angelegenheiten ihrem Anwalt (inzwischen verstorben) und ihrem Psychiater übergeben habe, dessen Vorname (unglaublicherweise) Christ war. Wie sich im Zuge der Gerichtsverhandlung herausstellte, schlossen sich Christ und der Anwalt zusammen, um mit dem Namen Vanderbilt Geld zu machen, und unterschlugen oder verloren Millionen von Dollar von Gloria Vanderbilts Bankkonto.

Aber wo war Gloria währenddessen?

Und wo, in einem bescheideneren, wenn auch ebenso schmerzvollen Sinne, war ich? Neun Jahre hatte ich in einem großen Haus an einem rauschenden Fluß in Woodstock gelebt. Als mein Partner und ich uns trennten, kaufte er sich ein Haus, das er sich leisten konnte, und fuhr mit dem Ausbau seiner beruflichen Laufbahn fort. Ich kaufte seinen Anteil an unserem wertvollen Haus im Kolonialstil von 1775, und bürdete mir damit gewaltige Ausgaben auf, weil ich dachte, es wäre in psychischer Hinsicht besser für mich, nicht zu viele Veränderungen auf einmal auf mich zu nehmen. Eine Beziehung ging nach 16 Jahren zu Ende, und obwohl ich die Trennung wollte, hatte ich das Gefühl, ich müßte in dem Haus bleiben, zum Trost und um nicht aus dem Gleichgewicht zu geraten. »Nur für eine Weile«, sagte ich mir.

Aber ich saß nicht da und wartete ab, daß die Dinge wieder in Ordnung kämen. Ich wütete. Irgend etwas trieb mich. Ich ließ die Auffahrt zum Haus erneuern, säumte sie mit Flußgestein und bepflanzte sie mit Dutzenden von Pfingstrosen. Wenn fünf Schlafzimmer für eine Person etwas viel erschienen, mußte ich eben umbauen und aus zwei Schlafzimmern ein großartiges, 7,5 Meter hohes Arbeitszimmer machen. Decken wurden eingerissen und gaben den Blick nach oben frei. Natürlich mußten Querverankerungen eingebaut werden, damit die Dachkonstruktion tragfähig blieb. Glastüren bildeten den Durchgang zu meinem Schlafzimmer. Deckenhohe Bücherregale wurden eingebaut. Als alles fertig war, hatte ich fraglos ein wunderschönes Arbeitszimmer. Ich verdiente es, sagte ich mir. Der Preis? Schlappe 12 000 Dollar.

Nachdem das Jahr 1992 verstrich, ohne daß ich meine Steuern bezahlt hätte, kam eins zum andern, und das Jahr 1993 verstrich ebenfalls, wobei ich nur 1992 als Problem zur Kenntnis nahm. Schließlich war ich 1993 »flüssig«, sagte ich mir. Die vierteljährlichen Steuerbescheide ignorierte ich, aber auch das betrachtete ich nicht als Schulden. Ich hatte noch *nie* meine vierteljährlichen Bescheide bezahlt. Immer hatte ich am Ende des Jahres alles zusammengekratzt, um den ganzen Haufen auf einmal zu bezahlen zuzüglich der Säumniszuschläge für verspätete Zahlung, und häufig mußte ich meine Agentin um Vorschuß auf künftige Honorare bitten. Obwohl ich hart arbeitete für meine Einnahmen, stellte ich keine reale Verbindung her zwischen Arbeit und Einnahmen, Einnahmen und Ausgaben, Ausgaben und Schulden. Es machte mir nicht einmal etwas aus, dem Staat mehr

Geld zu bezahlen, wenn es mir doch erlaubte, ein Jahr lang überhaupt nicht an die ganze Sache zu denken.

Wenn es Zeit war, mit dem Geld für die Schulden herauszurücken, brüstete ich mich damit, daß ich immer noch irgendwo eine Quelle anzapfen konnte, um den nötigen Betrag zusammenzubringen. Meine Buchhalterin machte Vorschläge, wie ich im Lauf des Jahres Geld auf die Seite legen könne, um meine Steuern rechtzeitig und ohne Säumniszuschläge zu bezahlen. Ich gab ihr immer recht, aber ich schritt nie zur Tat. Ich hatte an Wichtigeres zu denken. Wenn die Buchhalterin einmal im Monat kam, um die Rechnungen zu bezahlen, unterschrieb ich die Schecks, zuckte zusammen, wenn sie mir meinen Kontostand zeigte, und machte weiter. Immer weiter und empor, lautete meine Devise.

Ein Teil dieses Vorgangs war Verleugnung – Verleugnung und Kompensation. Da die steigenden Schulden mein Selbstwertgefühl beeinträchtigten, mußte ich etwas tun, um die Depression abzuwehren. Ich gab Geld aus. Das Haus, das ich renovierte, wurde immer schöner. Ich kaufte die teuersten Farben, hingerissen von den betörenden Effekten, die ich erzeugte. Die Renovierung ging voran, und ich sagte mir, daß ich daran »wachse«. In mancher Hinsicht stimmte das wohl. Zumindest sammelte ich Erfahrungen, aus denen ich später eine Lehre würde ziehen können. Jede Woche händigte ich dem Bauunternehmer, mit dem ich eine Abrechnung nach Zeit- und Materialaufwand vereinbart hatte, eine Handvoll Bargeld aus, buchstäblich Tausende Dollar. Ich hatte diese Zahlungsweise einem formellen Kostenvoranschlag vorgezogen in der Hoffnung, ich könnte die 10 Prozent sparen, die der Bauunternehmer, so sagte er mir, als Sicherheit in jede verbindliche Schätzung einbaute, um keinen Verlust zu machen. In der Tat war das ganze Unternehmen ein Glücksspiel. Heute glaube ich, daß das einen Teil des Reizes ausmachte.

Wirklich beängstigend wurde es gegen Ende, als elf Männer gleichzeitig am Haus arbeiteten und »Zeit und Material« mich fünf- bis sechstausend Dollar pro Woche kosteten. Jetzt verbrachte ich schlaflose Nächte. Die Frist für die Hypothek lief ab, und ich brauchte das Geld aus der Hypothek zum Leben, da ich mittlerweile jeden Cent für Nägel und Zierleisten und die endgültigen Türgriffe ausgab, die der Bauinspektor verlangte, bevor er mir die Bezugsbescheinigung ausstellte, welche die Bank brauchte, um mit der Hypothek zu einem Abschluß zu kommen.

Inzwischen war ich wirklich fertig. Außerdem lebte ich aus meinem Auto. Ich hatte einen Koffer mit Kleidung und meinen Computer im Kofferraum. Das ganze Projekt hatte dem Zweck dienen sollen, mein Leben weniger kostspielig zu gestalten. Ich hatte mein größeres Haus vermietet und wollte in dem kleineren, renovierten leben – falls es jemals fertig würde. Ich hatte tatsächlich die Vorstellung, ich könnte über dieses Projekt etwas schreiben unter dem Titel: »Kleinere Brötchen backen«. Mittlerweile war es soweit, daß Freunde kehrtmachten, um mich einzuladen, wenn sie mich auf der Straße sahen.

Als der November sich dem Ende zuneigte, wurde es immer schwieriger zu leugnen, daß ich wie eine Obdachlose lebte, während der Pinienholzboden in meinem neuen Wohnzimmer von Hand poliert wurde und mein Eßzimmer einen dritten Anstrich mit Pratt-und-Lambert-Farbe erhielt. Was ich tatsächlich leugnen konnte, war, wieviel das alles kostete und wie hoch das Bußgeld dafür sein würde, daß ich das unselige Geld zu früh von meinem Ruhestandskonto genommen hatte.

Gloria Vanderbilt sagt, sie habe einige Dinge gelernt, seit sie all ihr Geld verloren habe, z. B. niemals jemand anderem eine Vollmacht über ihre Finanzen zu geben; außerdem sei sie für immer von Psychiatern »geheilt«. »Ich war zu vertrauensselig«, sagte sie.

Natürlich war es mehr als das. Das Bild, das sie von sich zeichnet, ist das einer fehlgeleiteten, leichtgläubigen Frau, einer romantischen Heldin, die von gierigen, bösen Männern ins Verderben geführt wurde. Ich bitte Sie! Diese Frau war clever genug, um in der Bekleidungsbranche ein Imperium aufzubauen.

Wir alle suchen zuerst nach einem Sündenbock. Wenn ich ein paar Schuldige hätte auftun können, hätte ich es gerne getan. Die ganze Geschichte endete damit, daß ich ein schönes neues

Haus hatte (wenn auch ein kleineres) und erstickend hohe Schulden.

Plötzlich hatte ich Angst. Große Angst. Sie bezog sich nicht nur auf die Schulden – und auf die bedrohliche Gestalt des Finanzamts, das mir nun – 1994 – wirklich auf die Zehen trat. Es war ein tieferer Schrecken: *Ich war sicher, daß ich das gleiche wieder tun würde, falls ich jemals wieder zu Geld käme.*

In Geldangelegenheiten hatte ich keine Kontrolle. Ich fühlte mich als Opfer eines raubgierigen unbekannten Teils meiner selbst, der in meinem Unbewußten auf der Lauer lag.

Finanzielle Unabhängigkeit: Die letzte Grenze

Unter meinen Freunden und Bekannten hat es niemand so weit getrieben wie ich, aber das Gefühl, in Geldangelegenheiten keine Kontrolle zu haben, und die Angst vor möglicher Armut sind bei den Frauen, die ich kenne, besonders ausgeprägt. Es macht offensichtlich keinen großen Unterschied, wieviel Geld sie verdienen. Sie setzen sich nicht damit auseinander. Die Tochter einer Freundin verdient im Telefongeschäft 70000 Dollar im Jahr, bringt 20 Prozent davon auf ihr Ruhestandskonto – und läßt sich ihre Krankenversicherung von ihrer Mutter bezahlen. Ihre Mutter findet das zwar in Ordnung, ist sich aber nicht sicher, ob es tatsächlich in Ordnung ist. Sie sagt, sie hoffe, daß ihre Tochter ihr demnächst mitteilen werde: »Ich brauche das nicht mehr. Ich komme allein zurecht.«

Wenigstens hat diese junge Frau ein Ruhestandskonto. Es gibt genug Frauen, die nur immer Geld ausgeben – und Schwierigkeiten mit ihrem Vermieter bekommen. »Ich werde Sie bis ans Ende der Welt verfolgen«, teilte die rauhe Stimme des Vermieters meiner Tochter auf dem Anrufbeantworter mit. Sie trug indessen wirklich sagenhafte neue Stiefel und imitierte die Stimme ihres Vermieters auf dem Anrufbeantworter, die fast wie die eines Ungeheuers klang. »Der Mistkerl«, sagte ich, als ich davon hörte. Sie war mit der Miete drei Monate im Rückstand. »Hast du das Band aufgehoben?«

Das war, bevor ich mich den *Debtors Anonymous*, den Anonymen Schuldnern, anschloß und meine verdrehten Einstellungen zu entwirren begann. Ich faßte einen Rechtsstreit ins Auge. Ich witterte Betrug. Mir kam nicht in den Sinn zu sagen: »Was, zum Teufel, machst du mit deinem Geld?«

Und so, wie ich immer mehr Schulden machte, tat sie es auch, was wenig überraschend ist.

In einer Erhebung, deren Ergebnisse 1996 publiziert wurden, sollten Frauen über ihre Ängste und Einstellungen in bezug auf Geld Auskunft geben. »Diejenigen, die meinen Fragebogen beantwortet haben, zeigten fast ausnahmslos ein tiefes *intellektuelles* und *politisches* Verständnis der geschlechtsbezogenen Ungleichheiten im Zusammenhang mit Geld und den Auswirkungen diskriminierender Einstellungen«, sagt die Forscherin Margaret Randall. Aber »sich mit dem emotionalen Restanteil zu befassen, scheint eindeutig schwieriger zu sein«.[1*]

Randall meint, daß Selbsttäuschung und die Täuschung anderer zu diesem Restanteil gehören. »Entschuldigungen und Ausflüchte sind ebenso an der Tagesordnung wie Schweigen oder gar richtige Lügen. Fast alle, die meinen Fragebogen beantworteten, gaben an, in Geldangelegenheiten zu lügen – direkt oder durch Auslassung.«

»Manchmal sage ich, daß eine Sache mehr oder weniger gekostet hat als in Wirklichkeit, je nach dem, mit wem ich spreche«, sagte eine der Befragten. »Ich sage nichts darüber, wie hoch meine Kreditkarte belastet ist, die ich weiter benutze, obwohl ich es eigentlich nicht mehr wollte. Ich tue so, als ob ich mehr Geld hätte, als ich habe, und dann gebe ich zuviel aus.«

Jane, Künstlerin und Graphikdesignerin von Mitte vierzig, teilte Randall mit: »Mein größtes Geheimnis in Geldangelegenheiten ist, daß ich mich selbst belüge. Ich sehe den Tatsachen nicht

* Die Anmerkungen stehen am Schluß des Bandes, ab Seite 311.

ins Auge. Es ist wie mit der Zeit: Ich gehe davon aus, daß genug davon da ist. Mal ist genug da und mal nicht. Ich sehe nicht in meinen Büchern nach oder mache einen Finanzplan von einem Monat zum nächsten. Wenn ich nett genug bin und gute Arbeit mache, werden die Kunden schon kommen.«

Janes Einstellung, so Randall, spiegelt die vieler Frauen wider, »denen man beigebracht hat zu glauben, wenn man einen möglichen Konfliktherd ignoriere, werde er schon nicht aufbrechen«.

Die Macht, die daraus erwächst, daß man sein Geld verwaltet, bereitet Frauen Probleme. »Ich glaube, ich spiele die Rolle der ›Armen‹ für meine Kinder, um nicht sagen zu müssen, daß ich für irgend etwas kein Geld ausgeben will«, gestand eine Mutter. »Statt dessen sage ich: Wir können es uns nicht leisten. Das ist leichter, aber nicht ehrlich.«

Wie oft sagen wir, wir könnten uns etwas nicht leisten, »wenn wir in Wirklichkeit meinen: ›Ich habe das Geld dafür, aber ich möchte es lieber für etwas anderes ausgeben‹«, so Randall, »oder: ›Ich habe Angst, daß meine Entscheidung euch egoistisch vorkommt, und mein Selbstwertgefühl ist abhängig davon, wie ihr über mich denkt.‹ Oder: ›Ich habe es nicht gelernt, meine Entscheidungen zu vertreten, deshalb sage ich euch, ich hätte das Geld nicht.‹«

Bei Frauen herrscht in überraschendem Maße eine Mischung aus magischem und Katastrophendenken vor. »Ich gebe nicht gern zu, wieviel mein Mann verdient«, sagt eine der Frauen. »Ich spiele unsere Ausgaben herunter. Ich ... habe die abergläubische Vorstellung (die mir lange Zeit überhaupt nicht bewußt war, bis mir eben diese Frage gestellt wurde), daß das Geld, das ich zur Verfügung habe, in etwa dem entspricht, was ich benötige. Das stimmte eigentlich immer in einem ganz wörtlichen Sinn. Wenn ich 100 Dollar geschenkt bekam, konnte man fast sicher sein, daß eines der Kinder zum Arzt mußte oder das Auto neue Reifen brauchte. Es funktionierte auch andersherum. Wenn mein Sohn eine neue Fußballausstattung brauchte, wurde mir wie durch Zauberei ein Extra-Schreibauftrag angeboten. Dieser Aberglaube macht mir Probleme, weil wir allmählich mehr Geld im Monat haben, als wir ausgeben können – es ist wie eine Einladung zur Katastrophe. Vielleicht wird einer von uns einen Unfall haben oder das Haus wird abbrennen. Irgend so etwas.«

Zwanghaftes Geldausgeben

Ich bekam einen Schreck, als ich sah, daß mein Widerstand gegen finanzielle Unabhängigkeit sich nicht bändigen ließ. Ich glaube, das ist das letzte Tabu für uns Frauen: ein für allemal zu zeigen, daß wir in der Lage sind, finanziell für uns selbst zu sorgen. Es ist die letzte Grenze im Kampf um die Gleichberechtigung, und es ist das letzte Loch im Netz, das innere Sicherheit verhindert.

Es gibt verschiedene psychologisch untermauerte Erklärungen für den weiblichen Zwang zum Geldausgeben. Eine bezieht sich auf das Image. Geldausgeben kann den illusorischen Effekt haben, Lücken im Selbstwertgefühl zu vertuschen. Weil es einem momentanen Auftrieb gibt, perpetuiert diese Strategie sich selbst. Wie Süßigkeitenessen oder Kaffeetrinken scheint Geldausgeben als Stimmungsverbesserung eine Weile zu wirken – weil es als Statusverbesserung empfunden wird.

Aber der Zusammenbruch kommt unausweichlich, wenn die finanziellen Probleme auf uns niederstürzen – und mit ihnen unser mit Müh und Not aufrechterhaltenes Selbstwertgefühl. Es ist ein Teufelskreis. Wir geben Geld aus, um uns besser zu fühlen, und in dem Maße, wie wir uns tiefer verschulden, packt uns die Verzweiflung, die uns wieder gierig nach teuren Beruhigungsmitteln greifen läßt – der Flucht in den Urlaub, dem wunderschönen Kostüm, der weichen Lederausstattung eines Autos.

Die verschuldete Frau nimmt nicht zur Kenntnis, was geschieht, bis sie ernsthaft die Kontrolle verliert, bis sie in Rechnungen erstickt, Angst hat und sich von Woche zu Woche durch immer ausgeklügeltere Manipulation ihrer Kreditmöglichkeiten hangelt – eine Vorgehensweise, die man »von der Hand in den Mund leben« nennt.

Ich entdeckte, daß man eine Menge Geld verdienen und dennoch von der Hand in den Mund leben kann.

Meine Methode, mit Schulden umzugehen, war immer die gewesen, daß ich mich noch härter antrieb, mehr Geld zu verdienen. Vor nicht allzu langer Zeit verdiente ich annähernd 400 000 Dollar im Jahr. Heute schicke ich dem Finanzamt monatlich Schecks, um meine Schulden abzustottern. Ich kaufe meine Kleider bei Marshall's und färbe meine Haare selbst. Ich lebe in einem gemieteten Haus, das ich im Winter mit Holz heize.

Aber das Leben ist keineswegs schlecht. Tatsächlich ist es besser, wirklicher, befriedigender, als es lange Zeit war. Ich habe mich den *Debtors Anonymous* angeschlossen, einer Organisation, die einem hilft, das Unbezähmbare zu zähmen – Schicht für Schicht, Tag für Tag.

Ich habe gelernt, Geld für Dinge auszugeben, die wirklich Freude bereiten – die Pilates-Methode, die zu einem neuen tiefen Gefühl des Wohlbefindens verhilft, die Therapie, die mir – in der Lebensmitte – geholfen hat, ein neuer Mensch zu werden, die Pflanzen, die ich aus Samen ziehe. Es macht mir nichts aus, daß mein Auto so alt aussieht, wie es ist; es fährt, und da ich keine Raten für ein neues Auto zahlen muß, habe ich Geld für wichtigere Dinge. Es klingt selbstverständlich. Es klingt einfach. Aber das ist es nicht.

Um schließlich doch noch erwachsen zu werden, mußte ich zurück in meine Kindheit und Jugend gehen und die Ängste aufdecken, die ich im Hinblick auf die Aufgabe, für mich selbst zu sorgen, entwickelt hatte. Im Lauf meiner Nachforschungen erfuhr ich, wie systematisch Mädchen und junge Frauen dazu erzogen werden, sich von ihren grundlegendsten Wünschen und Zuständigkeitsgefühlen zu distanzieren. Man lehrt sie, Cinderellas zu sein – heute nicht weniger als in den siebziger Jahren, als ich meine erste Untersuchung über die Probleme von Frauen mit der Abhängigkeit begann.

Möglicherweise ist diese Erziehung zur Abhängigkeit in den

neunziger Jahren irreführender, weil Lehrer und andere Erwachsene Lippenbekenntnisse für die Gleichberechtigung ablegen, während sie zugleich bei Jungen eine Aggressivität und Unabhängigkeit zulassen, die sie bei Mädchen mißbilligen.

Außerdem sind Mädchen zu Beginn der sexuellen Reife oft der Lächerlichkeit und Geringschätzung ausgesetzt – von seiten Erwachsener ebenso wie seitens gleichaltriger Jungen. Viele erleiden ein reales Trauma, wie es endlich eine Untersuchung erstmals dokumentiert hat. So ist es nicht überraschend, daß angesichts ihrer erniedrigenden Einführung in die Welt der Erwachsenen junge Frauen auf einer verborgenen Ebene versuchen, Mädchen zu bleiben – Mädchen in der Kleidung Erwachsener.

Bei meinen Recherchen zu *Sterntaler* stellte ich fest, daß Frauen sich kaum zutrauen, für sich selbst sorgen zu können. *Unsere Hemmungen, finanzielle Unabhängigkeit zu erreichen, die ihren Ursprung in einem komplexen Gefüge sozialer und psychischer Bedingungen haben, spielen unserer inneren Sicherheit und der Fähigkeit – oder auch nur dem Wunsch! –, unser Schicksal selbst zu meistern, übel mit.*

Die Klemme, in der Frauen sich befinden, kommt nicht nur durch widersprüchliche wirtschaftliche Verhältnisse zustande, sondern auch dadurch, wie die Frauen selbst an der Untergrabung ihrer finanziellen Sicherheit mitwirken. Bevor sie nicht die Wurzeln ihrer finanziellen Passivität aufgedeckt haben, werden Frauen Wohlstand weiterhin als etwas betrachten, das eher vom Schicksal abhängt, als daß sie selbst ihn in aktiver, bewußter, selbstbefreiender Weise schaffen. Cinderella hatte nichts als ihre Träume. Die Stadtstreicherin hat nichts als ihren Einkaufswagen. Cinderella und die Stadtstreicherin – das sind die beiden gegensätzlichen Mythen, mit denen die Frauen heute sich konfrontiert sehen, Frauen, die sich, obwohl sie mittlerweile ihr eigenes Geld haben, immer noch machtlos fühlen. Und immer noch leichtfertig das bißchen Macht, das sie haben, verspielen.

Die Zahl der Frauen, die wie Kreditkarten-Cinderellas funktionieren, geht in die Millionen. Sie sehen keinen Zusammenhang zwischen ihren Ängsten vor der Armut und ihren grundlegenden Problemen mit der Abhängigkeit, ihren Träumen vom Gerettetwerden.

Zu den Dingen, die uns daran hindern, zu einer gesunden finanziellen Identität zu finden, gehört die Angst vor einer möglichen Benachteiligung – davor, am Ende noch weniger zu haben als jetzt. (Und was wir haben, ist nicht das, was tatsächlich auf der Bank liegt; es ist die subjektive *Wahrnehmung* eines Wohlstandsniveaus.) Wir glauben, wenn wir bewußter mit unseren Geldangelegenheiten umgehen, müßten wir mit noch weniger auskommen.

Tatsächlich trifft das Gegenteil zu. Du lernst, deine Bedürfnisse an die erste Stelle zu setzen – vor die deines Mannes, deiner Kinder, deiner Gläubiger. Aber gleichzeitig blickst du der Realität ins Auge und verpflichtest dich zu einem Leben ohne Schulden. Und das führt zu psychischer Sicherheit und wirklichem Reichtum – d. h. zu mehr Geld, das besser gehandhabt und effektiver investiert wird.

Die Beziehungen zu unseren Freunden und Verwandten verbessern sich. Und wir verfügen über die Möglichkeit, bewußt zu handeln und Alternativen zu haben.

Den Umgang mit dem eigenen Geld zu lernen, bringt in gewaltigem Maß Wachstum und Veränderung mit sich. Ein Kontostand ändert sich nicht von allein, das *Leben* ändert sich. Zuerst ist das Gefühl, das all dies geschehen wird, beängstigend. »Ich will nur meine Finanzen unter Kontrolle bringen, sonst soll sich nichts ändern.« Unmöglich. Indem du deine Finanzen unter Kontrolle bringst, änderst *du* dich. Du wirst ein anderer Mensch.

Als ich anfing, meine Angelegenheiten im kleinsten, elementarsten Rahmen in die Hand zu nehmen, und dabei dokumentierte, was ich tagtäglich tat, begann ich mich besser zu fühlen als je zuvor. Ich hatte das Gefühl, daß ich die Hand ausstrecken, weniger isoliert sein müßte – ich mußte mich mit anderen Menschen einlassen und zulassen, daß sie sich mit mir einließen. Ich hörte auf zu verurteilen. Ich entwickelte Mitleid. Und währenddessen sah ich, wie das Mißtrauen mir selbst gegenüber weniger wurde. Ich fühlte keinen Drang mehr, mich ständig mit anderen zu vergleichen.

Es ist meine Hoffnung, daß dieses Buch Frauen helfen wird, sich mit ihrer finanziellen Selbstdestruktivität zu konfrontieren, damit sie ein reicheres, weniger kompromittiertes Leben führen können – ohne die Krücke der Cinderella-Phantasie oder die Angst vor einem Ende in Armut.

KAPITEL 2

Ausgereizt in einer Kultur der Schulden

Früher nannte man es im Englischen »going into hook« – »sich verschulden«. Heute sagt man »maxing out« – »sich verausgaben, ausreizen«. Der Ausdruck hat einen aggressiven Klang, als wäre es cool und verwegen, den maximalen Kredit zu überziehen – ein Zeichen, daß man dazugehört, unerschrocken im übermäßigen Geldausgeben. *Jeder* verausgabt sich, lautet die Einstellung. Je jünger du beim ersten Mal bist, desto cooler.

»Als mein Hund an einem Lymphom erkrankte, habe ich für die Chemotherapie zwei Kreditkarten ausgereizt, um ihn zu retten«, berichtet Jeanne Hill aus San Francisco, die mit 45 eines Morgens aufwachte und feststellte, daß sie nicht mehr genug Geld zum Leben hatte.[1] Die 2000 Dollar für den Tierarzt, die Ms. Hill mit ihren Kreditkarten bezahlte, trieben ihre Gesamtschulden auf 12 000 Dollar hinauf. Als sie ihre Arbeit als Anwaltssekretärin verlor und Probleme mit ihren Knien bekam, verschlang die monatliche Rate von 900 Dollar für die Rückzahlung ihrer Schulden nahezu die 1188 Dollar, die sie von der Berufsunfähigkeitsversicherung erhielt. So fiel Ms. Hill in der nüchternen Sprache des Kreditgeschäfts in die Kategorie »keine Bonität« – d. h. sie gehörte zu denen, die aus welchen Gründen auch immer nicht zurückzahlen, was sie schulden.

Die Amerikaner brachten es 1997 auf Kreditkartenschulden* in Höhe von 305 Milliarden Dollar, eine Steigerung um 19 Pro-

* Im Gegensatz zur Bundesrepublik Deutschland können in den Vereinigten Staaten von Amerika die privaten Konten nicht überzogen werden. Konsumentenkredite werden dort ausschließlich durch Kreditkarten ermöglicht. Der Zwang zur Akquisition von neuen Kundenkarten führt zu »moderaten« Kontrollen der Zahlungsfähigkeit. Das »Frühwarnsystem« des überzogenen Gehaltskontos entfällt in den USA. Schuldenberge lassen sich so leichter auftürmen. Aber auch dort kommt das böse Erwachen, nur später und mit mehr Macht als in Europa. (Anm. d. Verlags)

zent. Und *das* nach einer Steigerung von 28 Prozent im Jahr davor. Die Leute sprechen offen darüber, wieviel Kreditkartenschulden sie haben, sie nennen die Beträge von Tausenden von Dollar so stolz, als würden sie über Bankguthaben sprechen. Schulden sind eine Metapher dafür geworden, daß man das Leben lebt: Man unternimmt weite Reisen, man ißt und trinkt gut. Die Menschen glauben wirklich, daß sie *wert* sind, was man ihnen an Kredit gewährt.

Es ist verblüffend, wie schnell man vom Gefühl der Grenzenlosigkeit aufgesogen wird. Ich kann tun, was ich will, gehen, wohin ich will, mich kleiden, wie ich will. Die Zahlen auf dem Kontoauszug werden bedeutungslos, so flüchtig wie eine Schrift am Himmel.

Wir leben in einer Kultur des Materialismus, die durch die Kreditkartengesellschaften finanziert wird: die richtige Einrichtung, die richtigen Schuhe für jede Sportart, monumentale CD-Sammlungen, Autos, Mitgliedschaften in Sportstudios, Essen im Restaurant, Fahrräder zu einem Preis, für den man früher Autos kaufen konnte. Die ganze Vorstellungskraft einer Mittelschicht mit ihren armseligen Zwängen hat sich einer Kultur der Schulden unterworfen. Jeder kann alles tun, solange er die Mindestzahlungen leistet. Je länger man im Spiel ist, desto weiter wird der Kredit ausgedehnt. Man muß nicht einmal danach fragen. Die Nachricht, daß man ihn erhalten hat, kommt mit der Post. *Lieber Gott, sie lieben mich!* denkt man, wenn man die Post öffnet und sieht, daß der Kredit auf 5000 Dollar erhöht wurde. Sofort eröffnen sich ungeahnte neue Möglichkeiten. Bald werden die Urlaube exklusiver, dazugehörige Kleidung und Ausrüstung immer anspruchsvoller. Da der Kredit erhöht wird, erscheint es lächerlich zu knausern.

Die Jahre, in denen man wie ein Bürger zweiter Klasse lebte, sind aus dem Gedächtnis nahezu entschwunden. Gib das Geld aus – zahlen kannst du später.

»Ich zahle mit Plastik«

Die Finanzberaterin Donna Boundy zeigt in ihrem Buch *Wenn Geld zur Droge wird* den kulturellen Hintergrund der derzeitigen dysfunktionalen Einstellung gegenüber Schulden. »Mit dem von der Bundesregierung festgesetzten Niveau hatte der dysfunktionale Umgang mit Geld in den siebziger und achtziger Jahren auch in der Geschäftswelt einen gewaltigen Nachhall. Moral und das Denken in großen zeitlichen Dimensionen waren aus der Mode. Geschäfte auf der Basis von geborgtem Kapital in großer Höhe wurden explosionsartig populär. Firmen gaben Geld aus wie nie zuvor, häuften dabei massive Schuldenberge an, verkauften Kapitalanlagen und versäumten es, neues Kapital zu schaffen.«[2]

Die wild wuchernden Ausgaben und Schulden der Firmen wurden durch die Laxheit der Regierung ermöglicht, als es darum ging, Antitrustgesetze zu forcieren, und außerdem gefördert durch die Änderung der Körperschaftsteuersätze, so daß die Schuldzinsen von der Steuer absetzbar wurden zu einer Zeit, da andere Steuerermäßigungen abgeschafft wurden. »Das war für die Unternehmen ein kurzfristiger Anreiz, sich massiv zu verschulden«, erklärt Boundy. »Unternehmen A konnte Unternehmen B mit geborgtem Geld aufkaufen und so seinen Steueranteil verringern.«

Unternehmerische Entscheidungen zielten mehr und mehr auf kurzfristigen Gewinn als auf langfristiges Wachstum und Stabilität des Unternehmens. »Sofortige Befriedigung war das Ziel, genau wie bei einem Drogensüchtigen«, schreibt Boundy in *Wenn Geld zur Droge wird.* »›Denk an jetzt, kümmere dich nicht um die Folgen.‹ Bald waren viele Unternehmen bis über die Ohren verschuldet, hatten keinen Cash-flow und kaum Kapitalanlagen.«

Das klingt vertraut? In mancher Hinsicht stellt unser finanzielles Gebaren als Nation in den letzten 20 Jahren »den Sieg des Suchtdenkens über das Vernunftdenken, der Verleugnung über die Realität« dar, sagt Boundy. »Es scheint, daß wir wie das süchtige Individuum glauben möchten, wir seien kollektiv unverwundbar, hätten immer recht und natürlich alles unter Kontrolle.«

Mehr als vorherige Generationen werden die Menschen der heutigen jüngeren Generation von Schulden erdrückt, ehe sie 30 Jahre alt sind – manchmal sogar noch früher. Die Maxime ist nicht mehr, daß man im Leben klein anfängt. Diese jungen Leute sind von klein auf verschuldet.

Die Versuchung, Geld auszugeben, nimmt ernste Formen an, sobald ein Kind den wachsamen Augen seiner Eltern entzogen ist, aber immer noch von ihnen unterstützt wird. Die Verlockung beginnt an dem Tag, an dem der junge Mensch auf dem College eintrifft. In derselben Halle, in der die Einschreibung stattfindet, sind Stände der Kreditkarten- und Telefongesellschaften aufgestellt. Die Gebühren für Kreditkarten sind lächerlich gering. Die Folgen dieser schnellen und billigen Kredite sind verheerend. In drei Jahren hat sich die Verschuldung von Studenten nahezu verdoppelt – von 18 Milliarden 1993 auf 33 Milliarden 1996.[3]

Die Colleges selbst bieten in Amerika den Studenten Kreditkarten an. Die Folgen von so viel verfügbarem Geld sind Schulden, die so hoch sind, daß die jungen Leute gezwungen werden, das College zu verlassen. »Als Erstsemester erhalten sie drei oder vier Kreditkarten, und sie glauben, sie könnten ihren früheren familiären Lebensstil kopieren oder sich einen ganz neuen Lebensstil zulegen«, stellte ein Berater der *National Foundation for Consumer Credit* im Gespräch mit der *New York Times* fest. Im Lauf des zweiten Jahres sind ihre Kreditkarten ausgereizt, und sie erhalten weitere. »Am Ende werden sie entweder von ihren Eltern ausgelöst, oder sie verlassen die Schule, um ihre Kreditkarten abzuzahlen.«

Eine Umfrage der Iowa State University ergab, daß 76 Prozent der Studenten mindestens drei Kreditkarten besaßen; 40 Prozent hatten mindestens sechs.

Mitarbeiter eines Programms für finanzielle Hilfe berichten, daß eine wachsende Zahl junger Männer und Frauen das College mit riesigen Schulden und ruinierter Kreditwürdigkeit aufgrund von Kreditkarten verläßt. Sie benutzen Kreditkarten wie Bargeld, anstatt sie als Anleihen mit hohen Zinsen zu betrachten. »Ich wurde vorgewarnt, daß ich mir nur eine Karte zulegen und nicht durchdrehen sollte, aber ich bin durchgedreht«, sagte Melissa, Studentin an der Universität von Kalifornien mit dem Hauptfach Soziologie, in einem Bericht der *New York Times*. »Ich zerbrach mir nicht den Kopf darüber, daß ich Geld verdienen müsse, weil ich dachte: ›Ich werde einfach mit meiner Kreditkarte bezahlen.‹ Leider ruiniert es auf lange Sicht die Kreditwürdigkeit.«

Kreditberater sagen, die jungen Leute wüßten theoretisch zwar, daß Schulden etwas Negatives sind, aber sie hätten keine rechte Vorstellung, welche Einschränkung für die Zukunft eine ruinierte Kreditwürdigkeit bedeute. Und wahrscheinlich haben sie durch ihre Erziehung kaum eine Vorstellung davon, was notwendig ist, um schulden*frei* zu bleiben. Die Studienjahre werden nicht als eine Zeit der Pfennigfuchserei betrachtet, sondern als eine Zeit, in der man Spaß hat. Die jungen Leute lernen wenig über die Feinheiten persönlicher Finanzen. Sie geben das Geld in der vagen Vorstellung aus, daß irgendein künftiger Glücksfall ihnen helfen wird, alles zu bezahlen.

Es ist nicht überraschend, daß die Zahl der Studenten, die während des Semesters arbeiten, zurückgeht. Aber einen Job zu haben, ist heutzutage für viele junge Leute die einzige Möglichkeit, ihr Studium zu finanzieren, es sei denn, sie machen Schulden. Um nicht mit Studentenkrediten den eigenen Untergang zu besiegeln, hetzt Allen, Studentin an der Universität von Maryland mit dem Hauptfach Psychologie, in drei Jahren durch das normalerweise vier Jahre dauernde Studium. »Ich will hier nicht mit einem Berg von Schulden herauskommen«, sagt sie. Aber sie steht schon unter der Knute ihrer Kreditkartenfirma. Nachdem sie einen Teil der Studiengebühren für ein Semester mit ihrer Kreditkarte bezahlt hat, kann sie nicht mehr als den monatlichen Mindestbetrag erübrigen.

Marcy kämpft sich ihren Weg frei

Wir sitzen an einem Augusttag, der so heiß ist, daß die Klimaanlage der Feuchtigkeit fast nichts anhaben kann, in meiner Wohnung. Marcy ist mit ihrem Baumwollrock und einer ärmellosen weißen Bluse sehr sorgfältig gekleidet. Ich bin nicht weiter überrascht, als sie mir erklärt, sie sei eine Perfektionistin. »Wenn ich etwas tue, möchte ich die Beste sein.«

Sie möchte die Beste sein, und zwar sofort. »Mein Problem mit den Selbsthilfeprogrammen ist, daß ich glaube, schon geheilt zu sein, wenn ich die Schritte durchgearbeitet habe. Aber so funktioniert Heilung nicht. Heilung kommt in Sprüngen und Schüben. Und außerdem ... bin ich sehr selbstkritisch. Ich neige dazu, nicht auf das Erreichte zu achten. Ich muß immer daran denken, wieviel Schulden ich noch habe.«

Ihre Schulden auf ihrer Kreditkarte betragen 9000 Dollar. Es quält sie, daß sie beim Geldausgeben die Kontrolle verloren hat. Es ist ein Kampf, der beinahe jeden Tag stattfindet. »Heute zum Beispiel war nach zweieinhalb Jahren der letzte Arbeitstag in meinem Job, und ich war traurig. Ich wurde zornig und wütend. Ich wollte mich abreagieren. Ich wollte nicht trinken, ich wollte meine Kreditkarte nehmen und einkaufen gehen. Manche Leute meinen vielleicht, das sei keine große Sache, aber es ist eine große Sache.«

Mit 30 Jahren hat Marcy sich kürzlich den *Debtors Anonymous* angeschlossen. Sie ist in einer wohlhabenden Gegend von Westchester County aufgewachsen, hat das College besucht und ihren Magister in Sozialarbeit gemacht. Heute arbeitet sie als Familientherapeutin in New York. Sie hat ihr eigenes Reihenhaus an der Upper West Side von Manhattan (erworben mit Hilfe eines Familientreuhandvermögens) und hat gewaltig mit Kreditkartenschulden und Selbstwertproblemen zu kämpfen. Mit Anfang 20 hatte sie an einem Anti-Drogen-Programm teilgenommen, aber das zwanghafte Schuldenmachen in den Griff zu bekommen, sagt sie, sei das Härteste, was sie jemals versucht habe.

»Ich bin schon mit einigen Dingen fertig geworden, einschließlich einer Eßstörung. Ich habe mit Depressionen zu kämpfen gehabt. Aber ich glaube, der Kern all meiner Probleme ist die Geldfrage. Wenn ich eine Sache gelöst hatte, war die Geldgeschichte immer noch da. Sie war seit Jahren da, und ich habe nicht hingesehen.«

Um gegen ihre Neigung zur Selbstkritik anzugehen, versucht Marcy, sooft es geht, ihre Erfolge anzuerkennen. »Mein Fortschritt heute war, daß ich nicht nach Hause kam und mir meine Kreditkarte schnappte. Ich habe kein Geld verschwendet. Ich war ganz locker. Und das ist für mich ein Riesenschritt.«

Marcys Generation wurde zu Schulden verführt, wie sie zu Drogen verführt wurde. Als ich aufs College ging, war Alkohol die einzige Droge, und Schuldenmachen im großen Stil war unmöglich, weil kein Bankangestellter mit klarem Verstand einem 18- oder 20jährigen einen Kredit eingeräumt hätte. Heute ist das anders. In dieser Generation sind Kredite und Drogen gleichermaßen verfügbar, und die Anstrengung, ihnen aus dem Weg zu gehen, kann ungeheure Ausmaße annehmen.

Marcy bringt die Lage der jungen Leute, denen man Kredite nachgeworfen hat, seit sie Teenager waren, treffend zum Ausdruck: »Ich finde, daß die Kreditkartengesellschaften die jungen Leute wirklich ausbeuten. Wenn du dich benachteiligt fühlst oder emotional nicht mit dir im reinen bist oder aufs College gehst oder auf die High School und es schwer ist, Rechnungen zu bezahlen, dann möchtest du angesichts der Tatsache, daß du einen Kredit hast, am liebsten abheben.«

Außerdem scheine es »für die Trennung von den Eltern Symbolwert zu haben, über eigenes Geld zu verfügen, du hast die Kreditkarte, du kannst losgehen und dir kaufen, was du willst, ohne daß du sie um irgend etwas bitten mußt«.

Der mühelose Kredit bringt die 20- bis 30jährigen für den Rest ihres Lebens in Schwierigkeiten. »Man hat es mit Banken und anderen Institutionen zu tun, die viel mächtiger sind als man selbst. Kreditkartengesellschaften bieten dir einen Kredit an, selbst wenn du Konkurs angemeldet hast. Ich wollte eine Wohnung kaufen, und die Bank meinte, mein Kreditrahmen reiche nicht aus. Und ich sagte: ›Ich hatte zwei Kreditkarten, die ich zurückgegeben habe, und ich zahle meine Schulden zurück.‹ Ich dachte, es wäre gut, nicht eine Unmenge Kreditkarten zu haben, aber die Bank sah das anders. Und ich dachte: ›Das ist verrückt.‹ Ich will keine Schulden machen. Ich will nicht so viele Kreditkarten haben.«

»Was vor allem brachte Sie zu den *Debtors Anonymous?*« fragte ich.

»Ich fühlte mich in bezug auf Geld völlig außer Kontrolle, ich fühlte mich machtlos. Ich war nicht stark genug, es allein anzugehen. Ich gehe nicht verantwortungslos mit Rechnungen um. Ich habe meine Umlagen und die Miete immer bezahlt. Aber aus irgendeinem Grund muß ich mich über die Kreditkarten austoben.«

Marcy sagt, sie habe als Heranwachsende eine Menge widersprüchlicher Botschaften erhalten, wenn es um Geld ging. »Meine Eltern kamen beide aus der Arbeiterschicht, aber sie wurden sehr wohlhabend. Sie sind beide Ärzte, Fachärzte. Sie konnten sagen: ›Du kriegst einen festen Zuschuß, darauf kannst du dich verlassen.‹ Und eine Woche später hatten sie es vergessen. Meistens gaben sie mir einfach Geld, wann immer ich es brauchte. Mein Dad wollte nicht, daß ich mir während der Collegezeit einen Job suchen mußte, weil er selbst auf dem College so schwer hatte arbeiten müssen und wirklich arm gewesen war.«

»Haben Ihre Eltern Ihnen geholfen, seit Sie das College verlassen haben?«

»Ja. Und ich habe ein, ich glaube ein Treuhand-, ja, ein Treuhandvermögen.«

»Es fällt Ihnen sogar schwer, es auszusprechen.«

»Ich fühle mich nicht besonders wohl damit. Mein Vater hatte es lange allein verwaltet.«

Vor drei Jahren legte sich Marcy endlich ihren eigenen Steuerberater zu. »Meine Eltern sind in den Westen gezogen. Mein Vater sagte, sein Steuerberater könne meine Steuererklärung nicht machen, weil er die für New York gültigen Steuerbestimmungen nicht kenne. Also sagte er mir, ich solle mir selbst einen

Steuerberater suchen, und er würde ihn bezahlen. Ich ließ ihn ein Jahr lang bezahlen, aber dann tat ich es selbst. Ich glaube, mein Vater ist sehr großzügig, aber er ist auch sehr eigenmächtig.«

»Er ist sich im unklaren, wie er helfen soll.«

»Ich glaube, das stimmt. Als ich ihm erzählte, daß ich bei den *Debtors Anonymous* bin, war das erste, was er fragte: ›Wie hoch sind deine Schulden?‹ Und ich sagte: ›Darum geht es nicht, Dad.‹ Ich sagte: ›Ich will dein Geld nicht.‹ Er war bereit, meine Schulden einfach zu bezahlen. Ich sagte: ›Du könntest meine Schulden bezahlen, und ich wäre am nächsten Tag wieder verschuldet.‹ Mein Vater hatte mich früher schon einmal aus Kreditkartenschulden herausgeholt.«

Marcy sagt, die »Schuldenkrankheit« ziehe sich durch ihre ganze Familie. »Meine Brüder und Schwestern hatten alle Probleme mit Kreditkarten. Ich weiß nicht, wie es jetzt um sie steht. Darüber sprechen wir nicht. Keiner von uns spricht darüber. Ich glaube, Geld ist etwas, worüber die Leute überhaupt nicht gerne sprechen.«

Das erste, was Marcy dazu brachte, über ihre Situation nachzudenken und etwas dagegen zu tun, war Jerrold Mundis' Buch *How to Get Out of Debt, Stay Out of Debt and Live Prosperously.*[4] »Es war wie meine Bibel. Ist es immer noch. Eine Sache, die ich daraus gelernt habe, ist, daß heutzutage niemand in den Schuldturm kommt. Es *gibt* keinen Schuldturm. Wenn ich einer Kreditkartengesellschaft nicht mehr als fünf Dollar im Monat schicken kann, ist das in Ordnung. Obwohl ich Geld habe und meine Eltern mir schlimmstenfalls helfen könnten, mache ich mir immer Sorgen wegen Geld. Es ist sehr destruktiv, wegen Geld soviel Angst zu haben.«

Die Zahlungsfähigkeit zu erhalten – was der Ausdruck der Anonymen Schuldner für »keine neuen Schulden machen« ist –, ist für zwanghafte Schuldenmacher extrem schwierig. »Sechzig Tage blieb ich solvent, und dann war es aus. Ich tobte mich mit meiner Kreditkarte aus. Jetzt bin ich seit 21 Tagen wieder solvent. Ich bin so frustriert. Es ist nicht leicht. Dieses ganze ›Einen-Tag-nach-dem-anderen‹. Ich fühle mich wie ein Alkoholiker mit der

Kreditkarte. Es fällt mir schwer, ein Bedürfnis hinauszuzögern. Die sofortige Befriedigung ist es. Ich war Haschischraucherin. Ich war eine exzessive Esserin. Es hatte etwas damit zu tun, daß ich immer alles sofort haben wollte. Und deshalb war die Kreditkarte in meiner Hand wie eine Stange Dynamit, weil ich damit im nächsten Augenblick kriegen konnte, was immer ich gerade haben wollte.«

Marcy wurde sich zum erstenmal bewußt, daß ihr Verhältnis zum Geld außer Kontrolle war, als sie wegen einer Eierstockzyste operiert worden war und eine Flut von Ärzterechnungen über sie hereinbrach. »Einige Dinge waren durch meine Krankenversicherung nicht abgedeckt, und ich fing an auszurasten. Ich bekam wirklich Angst und dachte: ›Ich halte es nicht aus, wenn noch eine Rechnung kommt. Was mache ich nur? Ich muß auf mich aufpassen. Ich muß es in den Griff kriegen.‹ Das passiert immer noch. Ich raste aus, wenn Rechnungen kommen, anstatt mir zu sagen: ›Okay, das wird sich regeln.‹ Jedenfalls fühlte ich mich durch die Krankenhausrechnungen wirklich zermürbt, und dann wurde ich hysterisch. Ich rief meine Mutter an und heulte, daß ich es einfach nicht mehr aushielte. Und mein Vater wieder: ›Ich werde zahlen, was du an Schulden hast.‹ Für die Krankenhausgeschichten kam am Ende die Krankenversicherung auf. Es war das andere Zeug, die Arztrechnungen, die man extra bezahlt, man muß herausfinden, wer was bekommt...«

»Ich entnehme Ihrem Bericht, daß Sie vor allem das Gefühl hatten, Sie würden nicht damit fertig.«

»Ich konnte einfach nicht damit umgehen. Ich fürchtete mich davor, die Post zu öffnen oder den Anrufbeantworter abzuhören. Ich wollte einfach, daß sich jemand anderes an meiner Stelle darum kümmert.«

»Können wir genauer darüber sprechen? Was meinen Sie, woher das kommt?«

»Nun, ich denke, es ist ein Gefühl der Machtlosigkeit. Man denkt: Das hier ist stärker als ich. Es ist größer als ich. Es ist außer Kontrolle, so gewaltig, daß ich nicht damit umgehen kann. Es ist ein Ungeheuer.«

»Gab es etwas in Ihrer Erziehung als Mädchen, das zu diesem Gefühl beigetragen haben könnte, zu diesem: ›Ich schaffe es nicht. Ich hatte noch nie mit so etwas zu tun. Ich kenne die Spielregeln nicht. Diese Leute sind hinter mir her.‹ Das Gefühl auszurasten, das Sie beschreiben.«

»Ich weiß, daß meine Schwester irgendwelche Steuerschulden hatte und daß sie auch so einen Ausraster hatte. Sie rief meine Eltern an, und sie halfen ihr. Meine Brüder, glaube ich, behalten einfach mehr für sich. Sie können einfach nicht... Ich kann sie mir nicht vorstellen, wie sie ausrasten. Bei meiner Schwester kann ich mir vorstellen, wie sie ausrastet und sagt: ›Ich schaffe es nicht.‹«

»Meinen Sie, daß etwas von diesem ›Ich schaffe es nicht‹ – dem Gefühl, Sie hätten nicht das nötige Zeug, um mit den Arztrechnungen klarzukommen –, damit zu tun haben könnte, daß Sie als Mädchen aufgewachsen sind?«

»Meine Brüder würden sich nicht so verhalten, das weiß ich. Meine Schwester und ich wurden immer ein bißchen anders behandelt... Ich war immer unabhängig. Oder ich *dachte* immer, ich wäre unabhängig. Ja, ich hatte in der Tat Gefühle wie: ›Ich wünschte mir nur, daß irgendein Typ mich hier herausholt.‹ Aber jetzt nicht mehr. Jetzt wünsche ich mir wirklich, ich würde mehr Geld verdienen. Ich *will* mehr Geld verdienen.«

»Denken Sie, es steht in Ihrer Macht, das zu verwirklichen?«

»Ja, ich denke schon, ich weiß nur nicht, wie. Ich glaube manchmal, ich wüßte wie, aber dann denke ich: ›Will ich eine Privatpraxis aufmachen? Interessiert mich das? Will ich ein Buch schreiben? Über was würde ich ein Buch schreiben wollen?‹ Oder vielleicht würde ich lieber etwas Kreativeres machen. Ich glaube, ich habe genügend Fähigkeiten und Persönlichkeit, um mehr als einen Acht-Stunden-Job zu machen, aber ich weiß nicht, was es sein könnte.«

Diese Art der Verwirrung scheint mir unmittelbar etwas damit zu tun zu haben, wie Mädchen schon in jungen Jahren von ihren Wünschen abgeschnitten werden. Ich habe viele in Marcys Alter gekannt und befragt, die genauso unschlüssig waren. Es sind gescheite, gebildete, privilegierte junge Frauen, die mit ihren etwa dreißig Jahren nur vage Vorstellungen davon haben, was sie gern tun würden. Etwas in ihnen ist auf Abwege geraten.

»Ich möchte mehr Geld verdienen. Ich will nicht, daß meine Eltern mir Geld geben. Ich möchte meine Schulden loswerden. Das ist so frustrierend. Ich möchte sofort schuldenfrei sein. Aber ich glaube, die andere Seite ist, daß ich auch Angst davor habe, schuldenfrei zu sein.«

»Was würde das für Sie bedeuten?«

»Ich glaube, ich fürchte mich vor dem, was sein könnte, wenn ich *keine* Schulden hätte. Es ist, als wenn man in einer schlechten Ehe lebte und sich nicht vorstellen kann, nicht in einer schlechten Ehe zu leben. Wie es wäre, *nicht* verheiratet zu sein oder *keine* Beziehung zu haben, allein zu sein.«

»Das Unbekannte ängstigt uns.«

»Richtig. Man weißt nicht, wie es sein wird. Es könnte wirklich wunderbar sein, aber es ist auch erschreckend.«

Marcy hat den Kern all ihrer Probleme berührt – ihre Angst vor finanzieller Unabhängigkeit.

Die Verlockung der Totalsanierung

Was würden Sie tun, wenn Sie einige Hunderttausend Dollar in Form eines Begabtenstipendiums von der MacArthur-Stiftung bekämen? Ein Haus bauen? Reisen? In ein neues Unternehmen investieren?

Als Rebecca Goldstein 1996 den begehrten Preis für ihre Arbeit als Romanschriftstellerin gewann, tat sie mit den 285000 Dollar, was die meisten von uns damit getan hätten: Sie bezahlte ihre Schulden. Traurig, aber wahr; die saftige Summe verhalf Goldstein und ihrem Mann am Ende nicht etwa zu neuen Lebensgenüssen, sie diente vielmehr dazu, die Auswirkungen früherer Exzesse zu beheben – wozu nicht einmal das Schwelgen im maßlosen Geldausgeben, sondern der kostspielige Luxus gehörte, »nicht über Geld nachdenken zu müssen«.

Vor elf Jahren, als sie 37 Jahre alt war, gab Goldstein ihr Lehramt in Barnard auf, um sich ganz dem Schreiben zu widmen. Ihr Mann Sheldon hat ein festes Einkommen als Mathematikprofessor an der Rutgers University, aber das Geld wurde immer weniger, als sie ihre Stelle aufgab, und die Goldsteins haben sich nie davon erholt. Sie gaben weiterhin großzügig Geld für ihre beiden Töchter aus (Ballett, Musikunterricht, Privatschule), und die ältere Tochter hat vor, in Harvard zu studieren, was für vier Jahre mehr als 125 000 Dollar Studiengebühren bedeutet. Ihr Zweitwagen, ein zusammengeflickter alter 78er Ford, müßte seit langem ersetzt werden. Der MacArthur-Preis – der sich nach Abzug der Steuern auf nicht mehr ganz so extravagante 31 000 Dollar pro Jahr verkleinert – wird ihnen, wie Rebecca es nennt, »etwas Erleichterung« bringen.[5]

»Begabtenstipendium kittet marode Finanzen« war der Artikel in der *New York Times* überschrieben. Um die Story aufzubauen, beauftragte die Zeitung zwei Finanzplaner, sich die Finanzen der Goldsteins genauer anzusehen. Beide meinten, daß das Ehepaar eigentlich nicht in einem so desolaten Zustand sein müßte. Ihr gemeinsames Einkommen liegt etwas über 100 000 Dollar. Und sie vergeuden kein Geld. Was war ihr Hauptproblem? Sie sprechen nicht über Geld. Wenn möglich, *denken* sie nicht an Geld. Ms. Goldstein, deren Romane von der Philosophie, die sie liebt (und früher lehrte), beeinflußt sind, bemerkt, daß Platon in der *Politeia* »eine sehr sozialistische Gesellschaft beschreibt, in der Geld so weit wie möglich zu meiden sei«. Spinoza war ein weiterer Denker mit »einer Verachtung für weltliche Dinge«. Und Goldstein bekennt ihrerseits, daß das Thema sie langweile. Sobald ihr Mann über Geld spreche, werde ihr Blick glasig. Und häufig würde er Geldangelegenheiten gar nicht erst mit ihr besprechen, weil er wisse, daß sie wegen der Unregelmäßigkeit ihres gemeinsamen Einkommens seit der Beendigung ihrer Lehrtätigkeit ein »schlechtes Gefühl« habe.

Aber dies ist keine Geschichte über Zahlen oder über die Angst vor Zahlen. Professor Goldsteins Gebiet ist schließlich die Mathematik. Und jeder, der in der Lage ist, Spinoza zu verstehen, hat das Zeug, seine Steuerzahlungen umsichtig zu planen. *Dies ist eine Geschichte über Widerstand – Widerstand gegen Verantwortung, Widerstand gegen die Wahrnehmung von Grenzen, Widerstand – ungeachtet aller dem Erwachsenenleben entsprechenden Ausstattung – gegen das Erwachsenwerden.*

Die Goldsteins haben keine Haushalts- oder Steuerplanung; sie haben jahrelang über die Verhältnisse ihres sechsstelligen Einkommens gelebt. Wenn es eng wird, borgen sie sich etwas. In den späten achtziger Jahren erwirkten sie einen dem Wert ihres Hauses entsprechenden Dispositionskredit von 80000 Dollar. Das erhöhte ihre monatlichen Ausgaben um 800 Dollar zusätzlich zu den 900 Dollar für ihre ursprüngliche Hypothek. Der variable Zins für den neuen Kredit betrug zehn Prozent. Als Rebecca Goldstein ihren ersten MacArthur-Scheck erhielt, nahm sie davon 15000 Dollar, um das Soll von 66000 Dollar aus dem Eigenheim-Darlehen zu reduzieren. »Ich wünsche mir so sehr, keine Schulden mehr zu haben«, sagte sie. Sie ist die Tochter eines Kantors; ihre Familie war arm, aber immer zahlungsfähig. Doch auch ohne die Hypothek waren die Goldsteins, typisch für ihre Generation, seit der Geburt ihrer nunmehr achtzehnjährigen Tochter immer verschuldet gewesen. Nichts und niemand in ihrer Umgebung – ob nun die Kreditsachbearbeiter ihrer Bank, die Fernsehwerbung oder das, was die Nachbarn mit ihrem Geld machen – hat ihnen jemals suggeriert, daß ihre Lebensweise alles andere als vernünftig sei.

Und nun dieser Zufluß frischen Geldes. Die Finanzplaner machten Vorschläge, was die Goldsteins tun müßten, um sich aus ihrer Klemme zu befreien. Zum ersten müßten sie sich bewußt und konsequent mit ihren Finanzen konfrontieren. Kein Verstekken mehr. Sie müßten sich regelmäßig zusammensetzen und miteinander sprechen. Sie brauchten einen Haushaltsplan. Sie müßten vorausplanen im Hinblick auf künftige hohe Ausgaben. Bei einer jährlichen Inflationsrate von 4 Prozent würde es sie etwa 140000 Dollar kosten, wenn sie in sieben Jahren ihre jüngere Tochter aufs College schickten. Die einzige Möglichkeit für die Goldsteins, eine solche Summe aufzubringen, wäre, jetzt damit zu beginnen, monatlich 865 Dollar beiseite zu legen und sie mit 8 Prozent Zinsen anzulegen.

Würde ein Paar, das seit 18 Jahren Schulden machte, anstatt wirtschaftlich zu planen, sich um 180 Grad drehen können?

»In unserer Familie spricht man nicht gern über Geld, aber ich bin inzwischen viel offener für das Thema«, sagt Rebecca. »Ich habe das Gefühl, als hätte ich eine Hürde genommen. Vielleicht wird mein Mann gemeinsamen Gesprächen über Geld in Zukunft nicht mehr aus dem Weg gehen, und ich werde mich nicht mehr dagegen sträuben, mich mit den Einzelheiten zu befassen.«

Vielleicht. Aber meistens braucht es mehr als eine Krise, um die tiefgreifende persönliche Veränderung herbeizuführen, die notwendig ist, um einen lebenslangen Selbstbetrug einzusehen.

»Ich habe immer auf gut Glück gelebt«, sagt die Choreographin Elizabeth Streb.[6]

Als sie in den siebziger Jahren nach New York kam, hielt sich Streb als Tellerwäscherin und als Köchin über Wasser. Um das Geld für ihren Tanzunterricht zusammenzubringen, lebte sie jahrelang in einem rattenverseuchten Loft und vermietete ihn tagsüber für Proben an Tanzschulen. Dann, Anfang der achtziger Jahre, erhielt sie Stipendien – nichts Großartiges, aber genug, um zusammen mit einer Erbschaft von 60000 Dollar ihre eigene Schule, *Ringside,* zu eröffnen. Heute sind die acht Tänzer der Schule bekannt für ihre der Schwerkraft trotzende Körperbeherrschung, für Tänzer, die einen fünf Meter hohen Pfahl hinauflaufen oder gegen Mauern springen.

Eine Schule zu unterhalten – den Tänzern Gehälter zu zahlen und die Kosten für Veranstaltungen aufzubringen – ist eine gewaltige Herausforderung. Strebs Erbschaft war nach drei Jahren aufgebraucht, und sie begann auf Kreditkarten zurückzugreifen, um alles zu finanzieren. 1989 hatte sie 14 Kreditkarten und 30000 Dollar Schulden.

Im Lauf desselben Jahres erhielt sie durch den Verkauf von Familienbesitz 30000 Dollar. Sie bezahlte die Schulden und verschloß die Kreditkarten sofort in einem Safe. Aber nach »einem verzweifelten Jahr«, in dem sie sich über Wasser zu halten versuchte, holte sie die Kreditkarten wieder hervor.

Streb sagt, sie sei nie eine Sparerin gewesen. Ihr Vater, von Beruf Maurer, hatte schließlich jahrelang gespart in der Hoffnung, mit einer vollen Rente in den Ruhestand zu gehen. Aber mit 62, drei Jahre bevor seine Rente fällig wurde, war er körperlich so kaputt, daß er nicht mehr arbeiten konnte. Den Rest seines Lebens verbrachte er mit weniger Komfort, als er es gehofft hatte. »Wenn man seine Zukunft allzu anspruchsvoll plant, fällt alles auseinander«, lautete die Lektion, die Streb aus den Erfahrungen ihres Vaters lernte.

Mit ihrem kurzen, zerzausten Haar, der Lederjacke und ihrem Adlerprofil sieht Elizabeth Streb aus wie eine Frau, die ernstzunehmen ist, sie macht den Eindruck, daß es eine große Herausforderung für sie ist, das Leben so zu gestalten, wie sie es sich vorstellt. Aber 1997, als sie 47 Jahre alt war, gewann sie ihrerseits den begehrten MacArthur-Preis – 290 000 Dollar. Wird diese eindrucksvolle Summe es ihr leichter machen, ihre künstlerische Laufbahn weiter zu leben und zu verfolgen?

Wie Rebecca Goldstein wird auch Elizabeth einige größere Veränderungen in ihrer Lebens- und Handlungsweise vornehmen müssen, wenn das Geld eine langfristige Hilfe für sie sein soll. Zum einen sind da ihre Schulden. Als das Stipendium eintraf, hatte Strebs Tanzschule ein Kreditkartensoll von 12 000 Dollar, das sie mit 200 Dollar im Monat abbezahlte. Außerdem hatte sie 8000 Dollar private Kreditkartenschulden. Dann gab es ein altes College-Darlehen, das 1973 fällig gewesen wäre, das sie jedoch bis 1996 vor sich herschieben konnte, bis ihre alte Alma mater sie einholte. Bei einer ursprünglichen Höhe von 3500 Dollar belief sich das Darlehen mittlerweile auf 7000 Dollar.

Streb zahlt 50 Dollar monatlich für das College-Darlehen und die Mindestzahlung von 225 Dollar für ihre persönliche Kreditkarte. Ihre übrigen monatlichen Ausgaben umfassen 700 Dollar für ihren Loft (den sie sich mit einem Freund teilt), 125 Dollar Telefongebühren, 100 Dollar Strom und 400 Dollar für Essengehen. Seit kurzem läuft *Ringside* so gut, daß sie sich zum erstenmal selbst ein Gehalt zahlen kann. 1996 waren es 42 000 Dollar. Das MacArthur-Stipendium wird ihr nach Abzug der Steuern etwa

45 000 Dollar im Jahr bringen – allerdings weniger, wenn sie weiterhin 42 000 verdient.

Natürlich hat sie Träume. Sie würde das Geld gern dafür benutzen, den Tanz leichter zugänglich zu machen, vielleicht durch Veranstaltungen in Einkaufszentren und Parks. Ihre Dusche war lange Zeit unbrauchbar; vielleicht könnte sie sie kacheln lassen. Vielleicht könnte sie eine Pause einlegen und Physik studieren. Aber zwei Finanzberaterinnen sind der Meinung, daß die Schulden sie ruinieren werden und daß der größte Teil des Geldes dazu dienen sollte, die Schulden zu bezahlen. Aufgrund ihrer Schuldengeschichte war sie bisher nicht in der Lage, ihre Zahlungen über ein einziges Konto mit niedrigen Zinsen zu konsolidieren. Ihre drei Kreditkarten kosten sie sage und schreibe 18 bzw. 19 Prozent.

Es wäre ideal, wenn sie 12 000 Dollar flüssiges Kapital für Notfälle hätte. Gerade als Tänzerin müßte sie gegen Krankheit und Berufsunfähigkeit versichert sein (was sie noch nie war!). Und sie sollte in ihre Zukunft investieren. Die Beraterinnen legten ihr nahe, von ihrem Stipendium 15 000 Dollar jährlich für eine steuerbegünstigte Rente abzuzweigen. Das alles zusammen würde etwa 75 Prozent ihrer ersten Jahresrate verschlingen.

Der Kauf einer Wohnung würde die Steuern für ihr Stipendium verringern. Wenn sie insgesamt 57 000 Dollar von den nächsten Raten ihres Stipendiums beiseite legen könnte, hätte sie genug für eine 20prozentige Anzahlung und die Courtage für ein 250 000-Dollar-Reihenhaus in Manhattan. Mit einer auf 30 Jahre festgelegten Hypothek mit 7 Prozent Zinsen würde es sie 1400 Dollar im Monat kosten. Das ist mehr, als sie jetzt bezahlt, aber sie würde dadurch 4000 Dollar Einkommensteuer im Jahr sparen. Allerdings müßte sie, lange nachdem das MacArthur-Stipendium ausgelaufen wäre, weiterhin 1400 Dollar monatlich aufbringen. Vielleicht glaubt sie, es sei besser für sie, wenn sie in ihrem gemieteten Loft bleibt.

Kurz gesagt, Goldstein und Streb haben es hier mit der Falle der Großen Sanierung zu tun. Wie viele andere Glücksfälle auch ist das MacArthur-Stipendium geringer, als es zuerst den Anschein hat, vor allem, wenn man bedenkt, daß es auf fünf Jahre verteilt wird und Steuern davon abgezogen werden. Außerdem ändert so ein Glücksfall nichts an der Grundsituation – die in diesem Fall bedeutet: Wie kann ich als Künstlerin überleben, ohne mich auf lange Zeit zu verschulden? Wie so viele andere Frauen scheint Streb sich von dem Gefühl, daß sie kaum eine Chance habe, so sehr überwältigt zu fühlen, daß sie nie damit begonnen hat zu planen. Und wenn man daran denkt, was mit ihr sein wird, wenn sie nicht mehr arbeiten kann, werden die Aussichten noch beunruhigender. Immer öfter überlegt sie, auf welche Freunde sie sich im Alter stützen kann. Zugleich ist ihr die Vorstellung, abhängig zu sein, zuwider. »Offen gesagt habe ich keine Lust, mich wie eine Idiotin aufzuführen, die man am Ende aushalten muß.«

Die aus der Leugnung resultierenden Verhaltensmuster sind schwer aufzubrechen, denn sie sind Symptome eines ganzen Bündels destruktiver psychischer Einstellungen. Wenn einen etwa das Thema der eigenen Finanzen »langweilt«, kann das ein Zeichen von scheinbarer Großzügigkeit sein. Man denkt, man werde schon überleben, ungeachtet persönlicher Anstrengungen, nur aufgrund der eigenen Besonderheit. Man möchte über den irdischen Tagesmühen schweben.

Kreative Menschen leiden mit besonderer Wahrscheinlichkeit an dieser Selbstüberschätzung. Es kann sogar sein, daß ein gewisses Maß an Übersteigerung notwendig ist. Wie sonst könnten sie vor einer leeren Projektionsfläche stehen und sich ein Bild vorstellen, eine Choreographie, einen Roman? Wer kann aus nichts etwas machen, wenn nicht eine kleine Göttin? Und welche Göttin möchte sich schon mit so niederen Dingen wie Bankauszügen oder Kreisdiagrammen abgeben?

Aber die Künstlerin, die den kreativen Prozeß versteht, wird von sich sagen, daß es tatsächlich nicht die Vision des vollendeten Projektes ist, die sie in Gang hält. Was sie bewegt, was sie mit Freude erfüllt, ist die tagtägliche Arbeit an der Sache. Es ist die

Verbundenheit mit dem Prozeß, der Augenblick, der zählt, nicht der künftige Ruhm.

»*Wirkliche* Sanierungen kommen von innen, nicht von außen«, schreibt der Schuldenexperte Jerrold Mundis. »Nichts Äußerliches – vom Starruhm bis zum Lotteriegewinn – kann das *Selbst* auch nur einen Deut besser machen. Das Selbst ist das, wie man sich selbst wahrnimmt, es setzt sich zusammen aus dem, was man denkt und glaubt. Wenn dieses Selbst sich nicht ändert, wird man genauso handeln und fühlen wie zuvor.«

Illusionen der Macht

Die Hausrenovierung, die mein Kartenhaus zum Einsturz brachte, war Teil dessen, was ich den romantischen Mythos nenne. Ich hatte mir ein Märchenhaus geschaffen. Nicht einfach »geschaffen« im Sinne von Renovieren, sondern wirklich von Bauen – oder zumindest das Bauen überwachen. Ich liebte die Stattlichkeit des Projekts, die Bulldozer, die die alten Fundamente ausgruben und den Platz für neue vorbereiteten, die Steinmetze, die den Kamin vergrößerten, die Zimmerleute, die die Dachbalken errichteten. Dieses Dach war eine Zierde. Es maß 8½ Meter im Quadrat und hatte vier steile Giebel, auf jeder Seite des Quadrats einen. Der Architekt hatte ein System ausgearbeitet, nach dem jeder Balken so genutet war, daß er sich an seinem Platz genau einfügen würde.

Wenn ich vom Grundstück auf der anderen Straßenseite aus dem Baubetrieb zuschaute, war ich wie ein kleines Mädchen, das den großen Jungs bei einem Spiel zusieht. Aber wenn ich zuerst die Straße und dann die kleine Brücke über den Fluß überquerte und schließlich das Haus betrat mit seinem Geruch nach frischem Sägemehl und dem Lärm von Hämmern und Baumaschinen – dann wurde ich größer. Ich durfte mitmachen!

»Kommen Sie rauf!« schrie der Bauleiter von oben herunter, und ich kletterte die Leiter hinauf und war plötzlich oben bei ihnen, um uns herum die Blätter, die sich golden färbten, und Holzrauch, der von benachbarten Kaminen herüberwehte, und über uns der Himmel blau wie Kristall. Und diese sagenhaften, balkenreichen Giebel, die so schnell hochgezogen wurden, daß es einem den Atem raubte. Das war Leben, draußen in der freien Natur, im Wettlauf mit dem ersten Schneefall, eine Tanztruppe von Männern in Jeans und karierten Hemden, deren Bewegungen wie choreographiert wirkten. Auf dem Höhepunkt des Unternehmens waren elf Männer am Werk, die herumflitzten und die ihnen zugewiesene Arbeit erledigten. Und ich fühlte mich wie einer von ihnen, dort oben auf der Plattform. Ich war es, die das alles möglich machte, ich war der Boß der Bosse, die Frau mit dem Geld.

Es war, als wäre ich mein Vater, nur noch mehr: Ich hatte mehr Verantwortung, mehr Bedeutung, mehr Macht. Ich war nicht mehr das neidische kleine Mädchen mitten unter lauter Jungen mit ihren Lastwagen und ihrem Motorengebrumm. Diese Männer akzeptierten mich. Ich war geschäftstüchtig, aber auch vernünftig. Ich war lustig. Sie mußten nicht verstummen, wenn ich die Leiter herauf zu ihnen auf die Plattform kam. Ich lachte über ihre dreckigen Witze. Ich machte tss-tss wie eine gütige Mutter. Aber ich war diejenige, die bestimmte, welche Sorte Bauholz verwendet wurde, deren unbeirrbarer ästhetischer Blick dominierte. Der Architekt wollte einen Bogendurchgang zwischen Eßzimmer und Küche. Ich sagte: keine Bögen. Er wollte in der Küche keine Hängeschränke. Ich sagte: Das ist lächerlich, haben Sie jemals in einer Küche *gearbeitet*? Als er konterte, meine Idee mit den Glastüren für das große Badezimmer sei unpraktisch, sagte ich, sie seien schön, und wenn die Leute Intimität wollten, sollten sie Vorhänge anbringen.

Das Ganze war wie ein Rausch. Autos fuhren langsamer, um zuzuschauen, wie mein schönes Haus immer schöner wurde. Freunde kamen vorbei. Gegen Ende herrschte eine manische Hochstimmung, die jeden erfaßte bis hin zu dem Jungen, der jeden Abend den Schutt zusammenkehrte, damit die Männer morgens wieder einen sauberen Arbeitsplatz vorfanden. *Das* war ein Projekt. Glänzende Fußböden, emporstrebende Giebel, massive Kalksteinmauern, ein Kamin aus eigens aus dem Fluß hochgehievtem Gestein. Die *Energie*, die in das Projekt floß. Es war Daddys Energie, die sich überall verwirklichte, und ich war dabei und ein Teil davon.

Den letzten Dreh erhielt das Ereignis durch das Glücksspiel, den Reiz der letzten Frist. Das war die Lage: Das Projekt mußte so rechtzeitig fertig sein, daß ich die Bezugsbescheinigung bekam, bevor die Bank am letzten Tag einer Aktion, bei der ein Hypothekenzins von acht Prozent angeboten wurde, dichtmachte. In meinem Kopf war das ganze Projekt nur aufgrund dieser acht Prozent möglich geworden. Es blieben noch 36 Stunden bis zum Countdown, und das Bauamt hatte die letzte Inspektion noch nicht vorgenommen. Ich suchte das Büro des Bauinspektors auf, um zu erfahren, daß er soeben die Stadt verlassen habe. Tränen schossen mir in die Augen. Die Sekretärin bekam einen Schreck. »Ich will versuchen, ihn übers Autotelefon zu erreichen. Vielleicht kann Marty die Bescheinigung unterschreiben.«

Marty war sein Assistent. Sie waren beide x-mal draußen gewesen, um die Renovierung zu begutachten. Wir waren jetzt bei den Türgriffen angelangt. Ich konnte es nicht glauben, wie riskant ich spielte. Ich saß vor dem Schreibtisch der Sekretärin und schaute niedergeschlagen aus dem Fenster in den dunkler werdenden Novembernachmittag. Und dann, Volltreffer! Sie hatte ihn erreicht. Er war auf dem Weg ins Wochenende zum Jagen und Trinken. Er sagte ja, Marty könne es unterschreiben. Ich fühlte mich ekstatisch und schwungvoll. Ich hatte es geschafft. Ich hatte über die widrigen Umstände gesiegt.

Wenn ich auf das alles zurückblicke, ist es so, als träumte ich einen wilden Traum. Einen Alptraum unbeantworteter Fragen. Würde die billige Heizung funktionieren? Würde der Bauinspektor das Wasser entdecken, das aus einer stillgelegten Toilettenspülung tropfte?

Und wenn es schließlich so aussah, daß ich mit allem davonkam und die Frist für die Hypothekenzinsen von acht Prozent einhalten konnte, würde ich denn die Tausende Dollar ausgleichen können, die ich von meinem Ruhestandskonto genommen hatte, um dieses romantische Bilderbuchhaus zu finanzieren?

Auge in Auge mit dem Finanzbeamten

Ich zog Mitte November in das renovierte Häuschen ein. Es war ursprünglich, und es war vollkommen; aber als im folgenden April meine Steuern fällig wurden, geriet ich in einen Schockzustand. Ich schuldete dem Staat 50000 Dollar. Und nachdem ich mein ganzes Geld für die Renovierung ausgegeben hatte, schlug ich für das laufende Jahr eine langsamere Gangart an. Es war einfach kein Geld da, um die Steuern zu bezahlen. Mittlerweile versuchte ich, den Rückstand mit dem Buchmanuskript, das ich zur Seite gelegt hatte, wieder aufzuholen, aber das Arbeiten fiel mir schwer, weil mich Depressionen heimsuchten. Ich wußte, daß der einzige Weg aus meinem Sumpf heraus der war, daß ich das Buch fertig schrieb. Trotz meiner Niedergeschlagenheit und vieler Unterbrechungen schrieb ich weiter. Was immer an Geld hereinkam, gab ich für die Leute aus, die engagiert wurden, um Interviews zu transkribieren und meine endlosen Änderungen in den Computer einzugeben.

Meine Angst war groß, meine Stimmung schlecht. Die beiden Frauen, die fröhlich jeden Morgen kamen, um mit mir zu arbeiten, gaben mir Struktur und menschlichen Halt, was mir durch diese dunkle Periode hindurch half. Außerdem begann ich wieder eine Therapie. Schließlich beendete ich das Manuskript und war stolz auf das, was ich geschafft hatte. Aber ich war immer noch in der Klemme wegen der Steuer, und die Schreiben vom Finanzamt wurden immer drängender. Am Ende des Jahres war ich natürlich weitere vier Quartalszahlungen schuldig.

Im Rückblick wundert es mich, daß der Staat mich nicht früher heimsuchte, aber als er es schließlich tat und für beide Häuser Zwangsvollstreckungen verfügte, schuldete ich ihm beinahe 80000 Dollar. Ich dachte: Gott weiß, wie ich aus dieser Sache wieder herauskomme. In meinem Hinterkopf hegte ich noch die Phantasien einer freien Schriftstellerin – ein unverhoffter Glücksfall, ein Volltreffer, ein Bestseller. Ich wollte nicht weiter über die statistische Unwahrscheinlichkeit, daß dies eintreffen würde, nachdenken. Ich brauchte jedes bißchen falscher Hoffnung, das ich auftun konnte.

Ich glaubte nicht daran, daß ich auf die langsame, mühevolle Tour meine Schulden loswerden konnte, indem ich meine Ausgaben einschränkte und regelmäßige Zahlungen an das Finanzamt leistete. Nach meinem Verständnis würde mich ein so weltliches Vorgehen nicht ins Lot bringen können. Ich glaubte, daß es Erlösung nur durch das Wunder eines Hauptgewinns geben könnte oder überhaupt nicht.

Erlösung ist das entscheidende Wort. Ich brauchte jemanden, der kam und sich um meine Angelegenheiten kümmerte, so wie mein Daddy es getan hatte, als er mir für die Collegezeit einen wöchentlichen Betrag aussetzte. Nun, ich hatte Sehnsucht nach Big Daddy, und er kam: Big Daddy, die US-Regierung. Er kam in Gestalt von Mark Hinds, einem strengen, aber überraschend freundlichen Finanzbeamten, der mich in sein Büro zitierte, sich alles anschaute und mir dann sagte, ich müsse beide Häuser verkaufen und alles, was ich durch den Verkauf einnehme, auf direktem Wege dem Staat aushändigen. Danach, sagte er, würde das Finanzamt mir einen Rückzahlungsmodus einräumen, dessen monatliche Beträge von ihm, Hinds, festgelegt würden. Außerdem erwarte man natürlich, daß ich meine vierteljährlichen Steuerveranlagungen pünktlich bezahle. Wenn ich dem nicht nachkäme, würden die Rückzahlungsmodalitäten gestoppt und schärfere Maßnahmen verfügt. Insbesondere werde das Finanzamt sich einen direkten Zugriff auf mein Einkommen vorbehalten, sobald es bei meiner Agentin eingetroffen wäre.

Hinds Ankündigung wirkte prompt und hilfreich. Ich empfand Erleichterung darüber, daß ich nicht länger auf diesem dünnen Eis herumrutschte, wie ein Kind, das keine Kontrolle über sich hat. Der Alptraum war zu Ende. Ein Plan, so streng er auch sein mochte, war erstellt worden, mit dessen Hilfe ich die Dinge tatsächlich wieder ins Lot bringen konnte.

Ich machte mich daran, zuerst das eine Haus und dann das andere zum Kauf anzubieten. Ich war so Feuer und Flamme beim Schreiben meiner Anzeigentexte, als sei der Gewinn für mein eigenes Bankkonto bestimmt. Und der Gewinn ging ja in der Tat an mich, da er in die Begleichung meiner Schulden floß, die mich ruinierten.

Der bloße Gedanke, daß ich die Kontrolle zurückgewinnen könnte, wenn auch durch Rückzug, stellte meine Würde in gewissem Maße wieder her. Ich beschloß, niemanden auf die äußerste Dringlichkeit meiner Lage aufmerksam zu machen, am allerwenigsten die Makler. Der Markt war flau wie nie, ich wußte also, daß ich keine großartigen Gewinne machen würde, aber ich würde mich auch nicht übers Ohr hauen lassen. Es würde keinen Notverkauf geben.

Nachdem ich langwierige Anstrengungen und harte Münze in die Aufwertung beider Häuser gesteckt hatte, wußte ich sie zu schätzen. Und ich wußte genug, um mir von den Computerausdrucken der Makler nicht einreden zu lassen, wie viele Häuser mit der gleichen Quadratmeterzahl in den letzten zwölf Monaten für wieviel verkauft worden waren. Meine Häuser waren etwas Besonderes, mit Wasser und Garten und wunderschönem Ausblick. Und sie waren sorgfältig in Schuß gehalten.

Wie ich es erwartet hatte, meldete sich fast sofort ein seriöser Käufer für das größere Haus. Ich blieb in der Verhandlung zäh bis zum Schluß. Selbst nach zehn Stunden, als der Käufer immer noch Zugeständnisse herauszuholen versuchte und der Makler mich bat, dem Käufer nachzugeben, damit mir das Geschäft nicht entgehe, blieb ich stur. Der Käufer war ein Rechtsanwalt, der alle Register zog, um den Preis um ein paar tausend Dollar zu drükken. Ich hatte zur gleichen Zeit den Verkauf meiner Möbel in die Wege geleitet, um meine monatlichen Ausgaben decken zu können, aber er hatte keinen blassen Schimmer, in welcher Bedrängnis ich war.

Am Morgen des großen Möbelverkaufs tauchte um neun Uhr unerwartet der Makler auf, um mir eine Liste der Antiquitäten zu präsentieren, die der Käufer von mir haben wollte, um auf diese Weise noch mehr Geld von einem Preis abzuzwacken, dem er schon zugestimmt hatte. Ich sagte nein.

Ich glaube, ich war dabei, eine wichtige Lektion zu bekommen. Du kannst es dir nicht leisten, klein beizugeben, wenn andere ihre Muskeln spielen lassen. Noch kannst du die passive brave Tochter spielen, die fügsam an ihrem Platz bleibt, und dich darauf verlassen, daß Tugend und gute Absichten dir beistehen. Obwohl mir etwas Schreckliches zugestoßen war – vielleicht *weil* mir etwas Schreckliches zugestoßen war –, war die Zeit, da ich mich voller Angst verkroch, vorbei. Die Schleier hoben sich von meinen Augen. Ich erwachte aus einem Traum, dem Traum vom Gerettetwerden. Endlich begann ich zu verstehen, wie die Dinge wirklich abliefen.

Das Immobiliengeschäft ist für manche Leute eine Art Spiel, bei dem es darum geht, wer am meisten Profit machen kann. Aber manche, die durch die Verhandlungen gehen und nicht den meisten Profit machen, fürchten, naiv auszusehen. Zu dieser Kategorie zählte ich meinen Rechtsanwalt-Käufer. Er war nicht wirklich der knallharte Halsabschneider, er versuchte nur, abgebrüht zu erscheinen. Seine Frau leckte sich die Finger nach dem Haus.

Und ich? Ich hatte Geschäfte, um die ich mich kümmern mußte. Je mehr ich bei dem Abschluß einsteckte – richtiger, je mehr das Finanzamt einsteckte, denn es würde den Scheck sofort nach dem Abschluß requirieren –, um so kürzer wäre die Zeit, die ich dem drückenden Rückzahlungsplan unterworfen wäre.

Mein Leben würde sehr viel anders verlaufen als vorher, aber schließlich sah ich jetzt klar. Sehr klar.

Nach dem Verkauf der beiden Häuser, der insgesamt 50 000 Dollar Entlastung für meine Steuerschulden brachte, sammelte ich sechs Monate lang Rechnungen und stornierte Schecks, damit Mark Hinds sich ein Bild von meinen monatlichen Ausgaben machen konnte. Er forderte auch Nachweise für mein Einkommen. Mit diesen Dokumenten und einem flinken, geschmeidigen Stift bestimmte er dann, wieviel ich jeden Monat für meine Steuern aufbringen mußte. *Er* entschied, ob meine Telefonrechnung mit 250 Dollar monatlich zu hoch war, um als gerechtfertigte Ausgabe zu gelten. (Sie sei es, sagte er: »Ich gewähre Ihnen 175 Dollar.«) Es war ein wenig wie am Verhandlungstisch. Er wollte, daß ich nicht mehr als 600 Dollar Miete bezahle. Ich hielt daran fest, daß ich in Woodstock keinen Platz zum Leben und Arbeiten für weniger als 1000 Dollar finden würde. Schließlich stimmte er dieser Summe zu, was er dadurch ausglich, daß er bei den Zuteilungen in anderen Bereichen, wie Essen und Unterhaltung, Abstriche machte. Aus ist es mit dem Essengehen, dachte ich, wenn sich auch herausstellte, daß ich, wenn ich auf mein Geld achtgab, viel mehr machen konnte, als ich erwartet hatte.

Schließlich legte Hinds die magische Zahl auf den Tisch. Am 16. jeden Monats hatte ich 760 Dollar an das Finanzamt zu zahlen, zusätzlich zu den regelmäßigen vierteljährlichen Veranlagungen.

Seltsamerweise warf mich die Nachricht nicht um. Nachdem ich diese Dinge mit Hinds abgewickelt hatte, bekam ich ein Gefühl der finanziellen Bodenständigkeit. Zum erstenmal in meinem Leben wußte ich, wieviel Geld ich ausgeben würde und wofür. Ich hatte ein Programm, um meine Übertretungen auszugleichen. Der Auftrag war klar. Es war, als wäre ich zur Beichte gegangen, um von meiner Schuld freigesprochen zu werden. Hinds erlegte mir eine Buße auf und erlöste mich von meinen Sünden.

Einige Monate lang bekam ich jedesmal, wenn die 760 Dollar fällig waren, Angstanfälle. Hatte ich genug? Wenn nicht, wo würde ich es herkriegen? Manchmal mußten andere Gläubiger vertröstet werden. Unerfreuliche Telefongespräche folgten. Ich konnte mich drehen und wenden, wie ich wollte – irgend jemand fühlte sich am Ende immer schlecht behandelt. Mit Bankkrediten, die ich nicht rechtzeitig zurückzahlte, waren Zinszahlungen verknüpft. Aber, so hatte Mark Hinds mir eingeschärft, das Finanzamt hatte Vorrang. *Niemand*, sagte er fröhlich, würde mir mehr Zinsen und Bußgelder abverlangen als die US-Regierung.

Ich suchte sein Büro noch einmal auf, damit er sicher sein konnte, daß ich spurte. Ich teilte ihm mit, daß ich an einem Programm zur finanziellen Sanierung teilnehme, da ich wußte, daß ich mich zwar als fähig erweisen würde, Marks Anweisungen zu folgen, ich mir aber nicht sicher war, ob ich auch in Zukunft frei von finanziellen Schwierigkeiten bleiben würde. Ich war ganz wild darauf, mit der Beseitigung meines finanziellen Chaos zu beginnen, ich war voller Hoffnung, daß ich am Ende mein Verhalten würde verstehen und ändern können. In unserer zweiten Sitzung begrüßte ich Hinds beinahe mit Zuneigung. »Das Ganze war nicht gerade ein Spaß«, sagte ich zu ihm, »aber es war gut für mich. Eines Tages werde ich darüber schreiben.«

»Sie sind vielleicht eine«, strahlte er mich an. Ich strahlte zurück. Und dann kam eine Einsicht! *Wieder einmal wurde ich dafür belohnt, daß ich die Super-Schülerin war, das kleine Mädchen, das mit hochgestreckter wedelnder Hand die Aufmerksamkeit des Lehrers suchte.*

Wenn ich mich wirklich ändern sollte, mußte ich mir meine Motive lange und gründlich anschauen. War es überhaupt möglich, für mein Leben die Verantwortung zu übernehmen, wenn ich immer noch das »brave Mädchen« spielte?

Offenkundig war es nicht möglich.

An einem bestimmten Punkt unseres Lebens – hoffentlich früher als später, aber bei Frauen scheint es häufig eher später zu geschehen – erwacht in uns die unangenehme Erkenntnis, daß die Geschichte eine andere Wendung genommen hat als erwartet. Der weiße Lattenzaun ist verfallen, der Prinz ist längst entschwunden, und wir sind und bleiben für unseren finanziellen Lebensunterhalt selbst verantwortlich. Es ist niemand da, der uns den Rücken stärkt, wenn die Miete fällig wird, niemand, der für unsere Ausgaben aufkommt, wenn wir stürzen und uns den Knöchel brechen und nicht arbeiten können. Wir wissen das, und dennoch gehen wir den Maßnahmen, die notwendig sind, um finanzielle Sicherheit zu erlangen, aus dem Weg.

Ernährungsexperten raten heutzutage eher zu Änderungen des Lebensstils als zu Diäten. Ändere deine Einstellung zum Essen. Ändere die Einstellung zu deinem Körper und zu dir selbst. Schaffe dir ein neues Wertsystem, das dich leitet auf einem gemächlichen, gesunden Weg nach vorn über den langen Zeitraum eines produktiven Lebens.

Und genauso ist es mit Geld. Wie Jerrold Mundis sagt: Es gibt keine schnelle Sanierung. Hier stehen lebenslange Einstellungen und Gewohnheiten und Vermeidungstechniken zur Debatte.

Aus Gründen, die wir noch untersuchen werden, kann es große Angst in uns auslösen, wenn wir uns ernsthaft auf Geldverdienen, Investieren und Altersvorsorge einlassen. Wir verletzen Tabus, wenn wir uns zu den Wahrheiten unseres Lebens bekennen. Aber wenn wir diese Angst ins Auge fassen und Geldangelegenheiten als den nächsten Bereich unserer Entwicklung als Frauen aufnehmen, können wir dafür ein Gefühl der Macht über unser eigenes Leben gewinnen – vielleicht zum erstenmal. Mit eigenem Geld sind wir frei zu leben, mit wem wir wollen; oder allein zu leben. Wir sind frei, Träumen nachzugehen, die wir vielleicht vernachlässigt haben, um Kinder großzuziehen. Wir sind frei von unnötiger Angst vor Armut und Alleinsein im Alter.

KAPITEL 3

Wie wir Geld ausgeben: Wenn Einkaufen zum Zwang wird

Es war ein phantastischer Sonntag im Frühherbst, hoher, klarer Himmel, die Luftfeuchtigkeit geringer als sonst. Meine Tochter Gabrielle, meine Freundin Wilma und ich wollten »auf die Jagd« gehen. Das hieß natürlich: einkaufen; einkaufen mit den Augen, einkaufen mit unseren Mägen, einkaufen mit unseren Sinnen. Ich öffnete das Verdeck des Autos, drehte die Stereoanlage lauter, und wir fuhren durch die Straßen von Lower Manhattan, beflügelt vom weiblichen Fieber des Schauen-, Haben- und Einpackenwollens.

»Kannst du dich erinnern, wo der Laden war, der uns so gut gefallen hat?« fragte ich Wilma. Wir hatten ihn vor Monaten aufgesucht, einen spektakulär ausgestatteten Laden, angefüllt mit den elegantesten Dingen: langgestreckte kupferne Lampen im Giacometti-Stil mit kleinen perlenverzierten Schirmen; Kaskaden von zart bemalter Seide, nicht zum Anziehen, sondern für die endlos hohen Fenster, wie man sie in den Lofts von Manhattan findet; eine gerahmte Auslage mit nichts als Troddeln – Samttroddeln, schimmernde Troddeln aus Metall, Troddeln aus gedrehter Seide. Der Laden war kühl und dunkel mit weichen Lichtflecken und einer Decke, die so hoch wie der Himmel erschien. Niemand kam ins *Anthropologie*, um etwas Praktisches zu kaufen. Hier kaufte man Träume ein.

Wir fanden einen Parkplatz, stiegen aus und entdeckten, daß wir ausgerechnet vor dem Laden standen, nach dem es uns verlangte! Welch ein märchenhafter Zufall! Aber rechts daneben befand sich ein Laden, den wir noch nie gesehen hatten; er war auf aktuelle Raumausstattungen spezialisiert, auf Sofas, einfache Stühle, Geschirr, das aus Brennöfen in der Toskana zu stammen schien.

Wilma wollte nach einem Sofa schauen. Sie suchte seit Jahren nach einem neuen, aber jetzt war sie Feuer und Flamme und meinte, daß ihr Ofen zu Hause 40 Jahre alt sei, müsse nicht unbedingt bedeuten, daß sie einen neuen brauchte. Ein Freund, ein genialer Freund, habe gemeint, daß sie wahrscheinlich nur einen neuen Boiler benötige. Oder vielleicht war es auch nur ein Ersatzteil für den Boiler, sie wußte es nicht genau. Jedenfalls betraten wir, Wilmas Wünsche im Sinn, den Phantasie-Laden und gelangten in das einladende Reich von Wolfman, Gold und Co. Es war etwa elf Uhr morgens. Ein prächtiges gepolstertes Sofa prangte uns entgegen, kaum daß wir einen Fuß über die Schwelle gesetzt hatten. Und man stelle sich vor: Es war ein Sonderangebot! Wir gingen um das Sofa herum, beäugten seine vollkommenen Proportionen, den dicken, weichen Damast des losen Bezugs, der genau im richtigen Maß lose war. »Kann ich helfen?« fragte eine extrem dünne blonde Frau, die ein schwarzes Etuikleid und eine mit Elfenbeinkreuzen gespickte Halskette trug. »Ja!« sagten wir. »Und was riecht hier so nach Plätzchen?«

»Es sind Plätzchen«, sagte sie. »Wir backen sie hier.«

Sie führte uns tiefer in das anheimelnde Schummerlicht, wo wir bald auf eine lange, schieferverkleidete Theke stießen, die von einer Vase mit Geißbart und zwei Schüsseln mit dampfenden Plätzchen gekrönt wurde. »Mir scheint, sie kommen gerade aus dem Ofen«, sagte die Blonde, als sei sie überrascht. Für Ernährungsbewußte gab es zwei Sorten Götterspeise, angerichtet in Weinpokalen, die in Eis gebettet waren: Limone und Cappuccino. Und natürlich gab es richtigen Cappuccino. Das war Einkaufen der ästhetischen Art, Einkaufen, wie es auf der Fifth Avenue nie möglich war, Einkaufen, wie man es nur in einer Enklave von Künstlern und Möchtegern-Künstlern finden konnte, von Leuten, die sich mit Farben und Formen auskannten, die Geschmack hatten, wie die Reichen ihn sich nicht einmal träumen ließen. Wir hatten das Gefühl, daß jeden Augenblick etwas Aufregendes passieren könnte.

Wilma sah aus wie immer. Rattenschwänze, weil sie ihr Haar nie richtig hinkriegte, ein verknittertes schwarzes T-Shirt, ein langer Leinenrock, der vorn geschlitzt war, Clogs. Sie räkelte sich auf der wunderschönen Couch, die für nur 2000 Dollar zu haben war, und fragte, in welchen Farben sie erhältlich sei. Nur in zwei, sagte die einem Wüstenleguan gleichende Verkäuferin, Kitt und Gelb Moiré. Sie hielt uns Stoffmuster entgegen. »Lieber Gott, es ist beige«, sagte Wilma. »Beige kann ich nicht nehmen. Meine Mutter hatte beige.«

»Nun, wir könnten es nach Ihrer Wahl anfertigen lassen, aber dann wird es 1000 Dollar teurer. Dies hier ist nicht nur am Lager, es ist im Angebot. Es ist ein gutes Geschäft, wenn Ihnen die Farben recht sind.«

Wilma griff wieder nach den Stoffmustern. »Na ja«, sagte sie, »es ist wirklich nicht übel. Gar nicht übel. Außerdem ist meine Mutter tot.«

Der Wüstenleguan zeigte ein kleines Lächeln. »Kitt ist nicht das gleiche wie beige«, sagte sie.

Wir verließen den Laden mit fotokopierten Abbildungen der Couch, an die kleine Muster in Kitt und Gelb Moiré geheftet waren. Ich überlegte, ob das Gelb Moiré nicht auch etwas für mich wäre. (Wir hatten nicht, wie ich voller Stolz anmerken muß, in Plätzchen oder Götterspeise geschwelgt, aber daß es sie gab, war hilfreich beim Kaufabschluß.)

Wir traten hinaus auf die Mercer Street. Inzwischen war es Mittag. Wir blieben stehen, um das Schaufenster von *Steve Madden Shoes* zu betrachten. Gabrielles Blick fiel auf ein Paar offene rote Plateaus mit Knöchelriemen. Sie sagte nachdenklich: »Wenn ich im Nutten-Look herumlaufen wollte, könnte ich sie mit meinen schwarzen Rollerblade-Hosen und dem kurzen Oberteil tragen.«

Wir waren ziemlich sicher, daß sie niemals im Nutten-Look herumlaufen würde, aber allein die Vorstellung reichte aus. Sie huschte in den Laden. Es gab gerade eine 15-Dollar-Nachlaß-Aktion. Sie kam mit ihrem Einkauf wieder heraus. »Nur 35 Dollar«, sagte sie. »Als ich merkte, wie sehr es mir gefallen würde, sie einfach nur anzugucken, wenn sie vor meinem Schrank stehen, wußte ich: Die muß ich haben.«

Nächste Station: *Pottery Barn,* um nach Sisalteppichen zu

schauen. Wenn Wilma mit der kittfarbenen Couch zufrieden sein sollte, würde sie die gelben Farbtöne ihres Pinienbodens im Wohnzimmer verändern müssen. Der Wüstenleguan hatte uns darauf hingewiesen, daß es eine versteckte Ecke mit Sisalteppichen bei *Pottery Barn* gäbe, die unseren Ansprüchen genügen würde. Wir schritten leicht und erhaben die Straße hinunter. Wir waren auf einer Mission. Da Wilma innerhalb der ersten Stunde unseres Einkaufsbummels 2000 Dollar hingelegt hatte, mußten wir dafür sorgen, daß dieser Kauf rundum stimmte.

»Angriff!« rufen Betty und Wilma von den Feuersteins mit unechter weiblicher Kraft, wenn sie sich in den Kaufrausch stürzen.

Heute kann sich ein kleines Mädchen darauf vorbereiten, ein großes Mädchen zu werden, indem es mit Melanies Einkaufszentrum spielt. Melanie ist mit ihren zehn Zentimetern eine Mini-Barbie-Puppe mit langem, seidigem Haar und einer Reihe von Läden, die die Mädchen sammeln und zu einem Einkaufszentrum zusammenstellen können. (Zur Auswahl der Läden gehören: Beauty World, Abendkleidung und Melanies Make-up, jeweils mit einer dazugehörigen Einkaufstasche. Melanie hat für ihre Einkäufe das mächtigste Instrument der Frauen: eine Goldene Kreditkarte.)

Wenn eine Frau sich frustriert und machtlos fühlt, schaltet sie in der Regel auf Macho-Manier um und stürzt sich in Einkäufe. »Ich weiß, was ich tun werde, ich werde mein Schlafzimmer neu gestalten!« Und runter mit den Tapeten, raus mit dem Teppich, Tage gehen dahin, weil die Wände behandelt werden müssen, damit die Farbe – Farbanstrich ist aktueller als die langweiligen Tapeten – gut darauf aussieht.

Meine Freundin Andrea durchstöbert die Läden nach heruntergesetzter Bettwäsche, damit sie ihr Bett neu ausstatten kann, »für einen Pappenstiel«, wie sie sagt. Man poche nicht darauf, wie viele Stunden es kostet, die Sonderangebote zu finden. So denkt Andrea nicht. Sonderangebote sind ihr Spezialgebiet. Einkaufen ist ihre Art zu spekulieren. Aber natürlich kommt kein Gewinn dabei heraus, was der Fall wäre, wenn sie tatsächlich in einen

Markt investieren würde. Was dabei herauskommt, ist ein neues Schlafzimmer.

Und das flüchtige Gefühl, etwas getan zu haben, das von Dauer ist. Jeden Abend, wenn sie die beruhigenden auberginefarbenen Wände betrachtet, die luftigen Fensterquadrate, die wundervolle Bettwäsche von Ralph Lauren, die sie zum halben Preis erstanden hat, dann hat sie das Gefühl, daß sie etwas auf die Beine gestellt hat. Und das hat sie auch. Aber sie hält kaum je inne, um zu überlegen, wie anders ihr Leben sein könnte – sicherer, mit mehr Raum für wirklich schöpferische Unternehmungen –, wenn sie denselben Schwung, dieselbe Energie und Vorstellungskraft dafür verwendete, ihre Aktien zu verwalten oder ihre Kreditkartenschulden abzubauen. Nicht nach Armani-Schnäppchen zu stöbern, sondern nach niedrigeren Zinssätzen für all ihre Schulden. Was geschähe, wenn sie ihre Zeit damit verbringen würde zu lernen, was dazu gehört, Investmentfonds auszuwählen, in ausländische Märkte zu investieren, Gewinne zu ermitteln?

Das Image verbessern

Für Frauen ist es häufig nicht leicht, Probleme mit Geld und Geldausgeben zu erkennen, oder sie erkennen zwar die Probleme, aber nicht ihre eigene Rolle bei deren Entstehung. Statt dessen halten sie daran fest, wie hart sie arbeiten – meistens wirklich sehr hart. Und sie neigen dazu, für die Bedürfnisse anderer Geld auszugeben – Zahnspangen, Schulkleidung, Ballettunterricht für ein Kind; Hochzeitstag der Eltern; Familienurlaub; Unterstützung eines Liebhabers. Das Einkommen einer verheirateten Frau ist vielleicht gut, für die kleinen »Extras« zu sorgen, und es macht sie stolz, daß sie in der Lage ist, den Lebensstil der Familie zu verbessern.

Ich erinnere mich, mit welchem Stolz es mich erfüllte, mein Haus mit »edlen Dingen« ausstaffieren zu können, wenn ich auf Auktionen und Flohmärkten einkaufen ging – lieber antike Tische und Samtsofas als die leicht abgestanden aussehenden Möbel von

Sears und Montgomery Ward, mit denen ich aufgewachsen war. Indem ich ländliche Auktionen auf der Suche nach ausrangierten Dingen des neunzehnten Jahrhunderts durchstreifte, erhob ich mich selbst über meinen bescheidenen Status.

Viele Frauen gewinnen ein Gefühl der Macht aus der Tatsache, daß sie die »Schöpferinnen« eines Heimes sind. Was macht es schon, daß sie ganztags arbeiten gehen – sie erschaffen eine Welt im Innern des Hauses, eine ästhetische Umgebung, auf die jeder in der Familie seine Identität und sein Selbstwertgefühl stützen kann. Es ist die Aufgabe der Frau, das zu tun, genau, wie es ihre Aufgabe ist, dafür zu sorgen, daß jeder sich wohl fühlt. Und dafür gibt es eine emotionale Belohnung. Ihr Mann, wenn nicht ihre Kinder werden ihr dankbar sein, dessen ist sie sicher. *Er* könnte – oder würde – das alles nicht tun. Er muß sich um größere Fische kümmern. Aber er schätzt den sicheren Hafen, den sie ihm geschaffen hat, den er genießen kann, wenn er abends zur Tür hereinkommt. (Was macht es schon, daß sie zur selben Zeit zur selben Tür hereinkommt.)

So wird der Frau durch das Zuhause, sein Erscheinungsbild und seine Atmosphäre, Status suggeriert, nicht nur, weil es vielleicht an Anmut und Stil dasjenige Zuhause übertrifft, in dem sie aufgewachsen ist, sondern auch, weil ihre Fähigkeit, Flohmarktfunde in etwas Wunderbares zu verwandeln, ein wichtiger Teil dessen geworden ist, was sie an sich selbst schätzt.

Und wofür andere sie schätzen, glaubt sie. Wenn die Ehe zerbricht, wird *sie* ihre ästhetische Sensibilität behalten, während er, der Arme, nichts außer seinem Bankkonto behalten wird. Da sie seine Unfähigkeit, »sich selbst ein Zuhause zu schaffen«, für ebenso erbärmlich hält, fühlt sie sich vielleicht sogar ein bißchen überlegen.

Ein großer Teil der weiblichen Kaufwut rührt von dem Bedürfnis her, den romantischen Mythos zu verwirklichen: verführerische Bettwäsche, flauschige Handtücher nach dem Bad, Kerzen, Make-up, Düfte – häusliche Dinge zur Schaffung eines sicheren und Geborgenheit vermittelnden Heims. »Aber genau das können Frauen so gut«, mag manch einer argumentieren,

»und es ist wichtig, und es ist wertvoll. Und man muß auch an die Kinder denken. Sie brauchen schließlich ein passendes Umfeld.«

Der Streitpunkt ist vielleicht nur das Ausmaß. Wieviel Zeit und Geld verwendet eine Frau auf den Versuch, das häusliche Image aufzuwerten? Wieviel von ihrem Phantasieleben wird von Vorstellungen dessen absorbiert, was sie sich *wünscht*? Wie sehr legt sie den Schwerpunkt darauf, Dinge besser erscheinen zu lassen – sich selbst oder die Auffahrt zum Haus oder die Kinderzimmer oder, Gott bewahre, die Anzüge ihres Mannes?

In welchem Maß versucht sie, die ganze Familie besser erscheinen zu lassen, als sie ist, weil sie selbst sich minderwertig fühlt?

Meine Mutter hatte das Gefühl, ihr Überleben hänge davon ab, daß sie das Image meines Vaters schützte, wenn nicht verbesserte. Ihre Sorge machte auch nicht vor seinen Achselhöhlen halt. Er weigerte sich zum Beispiel, Deodorant zu benutzen, weil er das »affig« fand. Meine Mutter hatte Sorge, mein Vater könnte im Unterricht oder im Fakultätsclub, wo er sein Mittagessen zu sich nahm, Anstoß erregen, und so fand sie Mittel und Wege, sein Image zu wahren (und natürlich damit auch ihres). Sie kaufte genügend weiße Hemden, so daß er jeden Morgen ein frisches anziehen konnte, und rang ihm die Zusage ab, jeden Tag zu duschen und frische Unterwäsche anzuziehen.

Alles andere nahm sie selbst in die Hand. Sie nähte Schweißblätter in jedes Jackett, das er besaß. Sie trennte sie regelmäßig heraus, wusch sie und nähte sie wieder ein. Und mein Vater, arglos und voller Vertrauen darauf, daß meine Mutter auf sein Image achtete, stürmte jeden Morgen frisch wie ein Veilchen los, um die Welt zu erobern.

Indem sie ihren Prinzen beschützte, tat meine Mutter, was Frauen immer getan haben, um ihren gemeinsamen Lebensunterhalt zu sichern: Sie paßte auf, daß er ihn nicht verlor. Leute wurden schon für weniger als Körpergeruch entlassen. Meine Mutter konnte es sich nicht leisten, meinen Vater Anstoß erregen zu lassen. Wenn man ihn entließ, wer sollte uns dann versorgen?

Die heftige Sorge meiner Mutter um das Image meines Vaters und um die Aufrechterhaltung des häuslichen Gleichgewichts ist nur ein Beispiel für die Komplexität der Lage der Frauen. Frauen leben mit dem Gefühl, in einer Falle zu sitzen, weil es ihnen nicht erlaubt ist, direkt auf die Welt einzuwirken. Heute jedoch sind Frauen zunehmend für *alle* finanziellen Bedürfnisse ihrer Familie verantwortlich. Sie fürchten, daß, wenn sie wie wahnsinnig dafür arbeiten müßten, um diese Bedürfnisse zu erfüllen, sie am Ende – für immer – allein dastehen und sich und ihre Familien ohne die Hilfe eines Mannes oder des Staates erhalten müssen.

In der Hoffnungslosigkeit all dessen gefangen, durchstreifen die Frauen die Einkaufszentren und lassen ihren Blick schweifen auf der Suche nach dem kleinen, harmlosen Trost. Und dieser winzige, scheinbar bedeutungslose Schnickschnack summiert sich, lenkt sie ab und hält sie gefangen. Trödelkäufe fürs traute Heim sind das Opium fürs weibliche Volk.

Man weiß seit langem, daß Menschen, die keine Hoffnung haben, genug Geld anzuhäufen, um etwas Substantielles zu kaufen – die sich machtlos fühlen, Kapital zu schaffen –, dazu neigen, fortwährend für kleine kompensatorische Dinge Geld auszugeben.[1] »Es könnte einfach ein kleiner Abtropfkorb für Messer und Gabeln sein. Oder vielleicht ein Paar Kissenbezüge«, sagt eine Frau, die ich kenne und die keine Woche verstreichen läßt, ohne eine schnelle Runde durch *Marshall's* zu machen, »aber ich fühle mich gut dabei.«

Die meisten Frauen, die ich kenne, geben in dieser Weise Geld aus. Wir geben Geld aus, um uns selbst zu belohnen, um Gefühle der Benachteiligung und Kränkung beiseite zu schieben. Wir neigen dazu, unseren Kindern gegenüber allzu großzügig zu sein in dem fehlgeleiteten Bemühen, ihrem Leben eine Form zu geben, ihre beständige Loyalität und Liebe zu gewinnen oder unsere Schuldgefühle zu besänftigen. Wir geben Geld aus zur Deklaration unserer Freiheit, um zu beweisen, daß wir anders sind als unsere Mütter.

Unsere Mütter wußten häufig, wie man das Haushaltsgeld strecken konnte. Aber als Kinder und junge Frauen, die ihnen zuschauten, haben wir ihre Restriktivität vielleicht mit wenig Wertschätzung betrachtet.

Als die Frauenbewegung in den sechziger und siebziger Jahren in vollem Gang war, begannen wir, unser Recht, Geld auszugeben, in die Tat umzusetzen – und zwar leidenschaftlich. Mit den Worten von Lieberman und Lindner: »Wir hatten starke Schranken überwunden, um unsere finanzielle Unabhängigkeit zu erreichen, manchmal mit hohen Kosten; wir wollten keine Schranken für unsere Möglichkeit, Geld auszugeben. Wir sahen die Dinge, die man für Geld kaufen konnte, als greifbaren Beweis für unseren Erfolg und als Belohnung für unsere Kämpfe.«[2]

Niemand würde uns mehr erzählen, wir könnten nicht 200 Dollar für ein Paar Stiefel ausgeben oder 2000 für einen Skiurlaub.

»Ich habe versucht, gut zu heiraten«, sagt die Schriftstellerin Cynthia Kling. »Sogar zweimal. Ich sage nicht, daß ich mich gierig auf einen fetten Geldsack mit schlechten Zähnen gestürzt hätte. Ich investierte in mich – Fitness-Clubs, Haarschnitte, Urlaube – und erwartete, daß der Mann, den ich mir geschnappt hatte, für den Rest sorgen würde. Nicht für die Rechnungen, aber für die ernsten, langfristigen Dinge – Investitionen, Steuern, Altersvorsorge.«[3]

Wir geben so freizügig Geld aus, weil wir immer noch erwarten, daß am Ende das Geld von irgend jemand anderem uns beschützen wird. Daß wir erwarten, gerettet zu werden, ist nicht selbstverständlich – jedenfalls nicht für uns. Nach all den Jahren der Frauenbewegung hüten wir uns einzugestehen – auch uns selbst gegenüber –, daß wir auf jemanden warten, der uns aus der Patsche hilft. Aber unsere Finanzen handhaben wir genauso. Die meisten von uns haben niemals wirklich geglaubt, daß sie sich bis zum dicken Ende um sich selbst kümmern müßten. »Na ja, eine Weile kann ich es machen«, haben wir uns gedacht.

Aber was dann? Wenn es uns schließlich dämmert, daß wir die letzten Jahrzehnte unseres Lebens für uns selbst sorgen müssen, ist es oft zu spät. Der romantische Mythos hat uns untergekriegt. Wir haben weder Ersparnisse, noch vertrauen wir darauf, daß wir uns selbst erhalten können.

Verschwenderinnen: Außer Rand und Band

»Sobald sie liquide ist, kennt sie nur ein Ziel: ausgeben, ausgeben, ausgeben«, sagte ein Mitglied der königlichen Familie bei der Beschreibung der unmäßigen Ausgaben der frisch geschiedenen Herzogin von York.

Lieberman und Lindner haben festgestellt, daß geschiedene Frauen ihre Ausgleichszahlungen häufig für Luxusgüter ausgeben, um die Strapazen der Ehe und die weiteren Strapazen der Scheidung zu kompensieren.

»Ohne Frage sind ihre Ausgaben hoch«, schreibt die *New York Times* über Fergie. »Ihr Haus in Surrey kostet monatlich 9000 Dollar Miete. Letztes Jahr, so heißt es, habe die Herzogin 78000 Dollar für Essen und Trinken ausgegeben, 120000 Dollar für Kleidung und Geschenke und 36000 Dollar für die Wäscherei plus hunderttausender diverser Kosten in einer Gesamthöhe von 81000 Dollar im Monat.«[4]

Und auch mit Reisen ist sie nicht kleinlich. Als sie einen sechswöchigen Urlaub in Südfrankreich verbrachte, zitierten die britischen Zeitungen Hausangestellte, die berichteten, daß sie eine 30000-Dollar-Villa bewohne und es geschafft habe, weitere 150000 Dollar »für eine Konsumorgie und nächtliche Parties und Vergnügungen« auszugeben. Als sie wieder in Surrey war, wäre ihr beinahe der Strom abgestellt worden, weil sie ihre Rechnungen nicht bezahlt hatte.

Ob wir nun reich sind oder arm, es holt uns immer ein. Eine von Fergies Wohltäterinnen, die ihr für den Urlaub in Frankreich 150000 Dollar geliehen hatte, verklagte sie 1996, weil sie nur 75000 Dollar zurückgezahlt hatte.

Für Fergie war es nicht die erste finanzielle Krise. Zwei Jahre zuvor war Berichten zufolge die Königin mit 750000 Dollar eingesprungen, nachdem eine Bank die Herzogin aufgefordert hatte, einen anderen Kredit zurückzuzahlen. Als sich der Prozeß wegen der Urlaubsausgaben anschloß, hatten die königlichen Schwiegereltern genug. Sie unternahmen den beispiellosen Schritt, öffentlich zu verkünden, daß sie ihr nicht helfen würden. »Die Queen hat der Herzogin von York mehrere Jahre lang eine großzügige Versorgung gewährt«, sagte ein Sprecher des Königshauses. »Ihre geschäftlichen Unternehmungen werden von allen anderen Verpflichtungen des Königshauses getrennt geführt, und jegliche sich aus ihnen ergebenden Transaktionen müssen zwischen der Herzogin und ihren Gläubigern bereinigt werden.«

Zu letzteren gehörte eine lange Reihe von Bekleidungsgeschäften, Kreditkartengesellschaften und Freunden, die ihr Geld geliehen hatten.

In Amerika sind es nicht Mitglieder einer königlichen Familie, sondern Prominente, die in bezug auf Geld außer Rand und Band geraten. Ein Beispiel dafür ist die Geschichte einer weiteren hart arbeitenden Schriftstellerin, die beinahe alles verspielt hätte.

Anfang 1993 hatte Patricia Cornwell einen Kriminalroman auf der Bestsellerliste und einen auf dem besten Wege dorthin. Im Jahr davor hatte sie eine Million eingenommen. »Nicht schlecht für eine geschiedene 37jährige ehemalige Reporterin, die drei Jahre zuvor noch in einem fensterlosen Büro im Souterrain des Richmond-Leichenschauhauses gearbeitet und sich das Geld für ihre Rechnungen von Freunden geliehen hat«, kommentierte die *New York Times*.[5]

Cornwells Einkommen war durch ihre Schriftstellerei von fast null im Jahr 1989 auf 560000 Dollar im Jahr 1991 und auf 1,7 Millionen Dollar im Jahr 1992 hochgeschnellt. Aber wie so viele andere, die relativ schnell zu Geld kommen, hatte Cornwell keine Vorstellung, wie sie ihr Geld unter Kontrolle halten sollte. Anstatt sich über mögliche Investitionen beraten zu lassen, frönte sie impulsiven Kauforgien. »In meiner manischen Phase konnte ich einen 100000-Dollar-Mercedes kaufen und damit wegfahren oder ich kaufte für 10000 Dollar Schmuck«, sagte sie. Ein Einkaufsbummel endete mit Ausgaben in Höhe von 27000 Dollar für Möbel.

Schließlich kam der Zusammenbruch. Am Ende eines Nachmittags mit vielen Bloody Marys und einem Essen in Gesellschaft ihrer Agentin fuhr sie den Pacific Coast Highway entlang nach Hause, rammte einen liegengebliebenen leeren Lieferwagen und überschlug sich dreimal mit ihrem Mercedes. Cornwell mußte mit einer Rettungsschere aus dem Wrack befreit werden.

Drei Jahre später, mit sechs Bestsellern in der Tasche, sagt sie, der Kampf mit dem Tod sei das Beste gewesen, was ihr habe passieren können. »Die Dinge spitzten sich zu und waren dabei, außer Kontrolle zu geraten. Ich habe es als Alarmsignal verstanden.«

Cornwell wurde eine bipolare – oder manisch-depressive – Störung diagnostiziert, eine Art der Depression, bei der Tief und Hoch einander abwechseln. Das letztere manifestiert sich in frenetischen Kaufexzessen und Episoden unkontrollierten Verhaltens. Bombastische Übertreibung ist für jeden, der an dieser Krankheit leidet, typisch, aber wenn sehr reiche Leute mit Geld um sich werfen, erhalten sie die Aufmerksamkeit der Medien. Cornwell erzählte der *New York Times*, daß einmal, als nach ihrem Unfall eine Krankenschwester ihr ein paar Fäden gezogen habe, »sie auf meine Escada-Jeans schaute und sagte: ›Jesus, Maria und Joseph, sind das Escada-Jeans, die Sie da tragen?‹«, und sie sei so gerührt gewesen, daß sie in die Escada-Boutique gegangen sei und eine 2000-Dollar-Jacke für die Krankenschwester gekauft habe.

Da sie sich überwältigt und außer Kontrolle fühlte, gab Cornwell immer mehr Geld dafür aus, Leute zu engagieren, von denen sie sich Hilfe erhoffte. Sie hielt sich einen Anwalt für 75 Dollar pro Stunde, der ihre persönlichen Angelegenheiten regeln sollte. »Wenn ich mich hinsetzen und meine ganze Zeit mit Anwälten und Steuerberatern verbringen müßte, würde ich nie Bücher schreiben. Ich gebe nicht vor, eine Geschäftsfrau zu sein. Ich bin eine Frau, die zu tun hat und die eine Künstlerin ist.«

Schöpferische Menschen versuchen oft, den lästigen Kleinigkeiten aus dem Weg zu gehen, wozu sie sich aufgrund ihrer künstlerischen Begabungen für berechtigt halten. Es ist ein Anspruch, der *immer* ins Auge geht.

Mildere Formen manischer Verschwendung

Manische Depression ist eine Krankheit mit breitem Spektrum. Es gibt mildere Formen, die häufig gar nicht erkannt werden. Das Gefühl grandioser Übersteigerung beim Einkaufen ist ein Zeichen dafür, daß etwas Ungewöhnliches vor sich geht. Doch wie viele Frauen erleben das schwindelerregende Gefühl der Einkaufsucht und nehmen es einfach als eine gute Art, über den Tag zu kommen? Immer häufiger findet man in Magazinen und Zeitungen Berichte Betroffener über die Einkaufsucht.

Martha McPhee beschreibt die belebende Wirkung eines Einkaufs in ihrem Lieblingsladen in Manhattan, *agnes b.* »Sie hatten nur ein kleines Sortiment, aber ich wollte alles haben. Alles sah gut aus an mir.«[6] Die letzte Äußerung ist aufschlußreich.

Der Laden war für Martha bei weitem zu teuer, ein einfaches T-Shirt kostete mehr, als sie normalerweise für einen Wintermantel ausgab. Meistens ging sie nur hinein, um Luftschlösser zu bauen. »Allein durch das Betreten des Ladens schienen sich alle Möglichkeiten aufzutun.« Sie konnte Stunden damit verbringen, Kleider anzuprobieren und sich vorzustellen, wie es wäre, sie zu tragen.

Dann sah sie eines Tages, wie die Schriftstellerin Tama Janowitz eintrat, einen riesigen Stapel schöner Sachen anprobierte und sie samt und sonders kaufte. Martha war überwältigt und fühlte sich plötzlich verarmt, weil sie von so etwas nur träumen konnte. Aber dann, kaum zu glauben, kam mit der Post eine neue Kreditkarte. »Riesige Deckung. Keine Fragen. Kaufen Sie jetzt, bezahlen Sie später – der amerikanische Traum.« Sie nahm die Karte und rannte los. Lief zu *agnes b.*, wo sie »abhob« – Kleider, Mäntel, Kostüme, eine Lederjacke, »sogar Unterwäsche«. (Und Unterwäsche von *agnes b.* ist keine Kleinigkeit.)

Wie eine alternde Filmdiva, die auf eine Ehe mit einem gutaussehenden Schurken zurückschaut, sagt Martha heute, sie bereue nichts. »Die Kleider sind nach all diesen Jahren noch immer hervorragend. Und ich bezahle sie immer noch ab.«

Eine andere Frau, Meghan Daum, schildert, wie sie sich in eine Bluse aus Wildleder verliebte. Es war, wie sie sagt, »eine Jungfernfahrt in die Welt betörender Garderobe«.[7] Nichts ist mit dem ersten Mal vergleichbar. Daum schnappte sich die Bluse, vor kurzem erst von 300 Dollar auf 129,99 heruntergesetzt, und verlor augenblicklich ihre Vorliebe für kunstvoll zerrissene Hosen und formlose, moosartige Wollsocken. Das hier war etwas anderes, sagt sie. »Die Bluse war eigentlich ganz einfach, mit dem Material verhielt es sich wie mit einem Liebhaber, dessen Besonderheiten niemand so richtig versteht.«

Für Meghan war es mehr als nur eine Bluse. Es war ein gutes Gefühl, »teuer auszusehen«. Sie konnte sogar die Brautparty einer Freundin besuchen, ohne auf die Geschenke und den Bräutigam neidisch zu werden, weil sie ihre Bluse trug und sich damit geschützt fühlte.

Eine ganz andere Art der Überlegenheit erfahren diejenigen, die nach Katalogen einkaufen. »Die Käuferin ist immer der Held, der Star. Jeder Bildtext, jedes Foto, jede Darstellung beugt sich ihrem kühlen, abschätzenden Blick. Nur sie hat die Freiheit der Bewegung. Nur sie hat die Wahl«, erklärt Walter Kirn ausgerechnet in der Zeitschrift *Vogue*. Das ist Isolation, Schutz auf einem anderen Niveau. In Geschäften mußt du auf die Jagd gehen, ergattern. »Mit Katalogen lehnst du dich zurück und schiebst eine ruhige Kugel. Es geht nur um Kontrolle.«[8]

Das ist eine interessante Theorie, wenn man bedenkt, wieviel Zeit Frauen durch die Finger rinnt, in der sie sich *außer* Kontrolle fühlen. Thema der meisten Katalogtexte, so Kirn, ist es, »das Chaos zu besiegen«. Zuerst erfindet der Katalog ein Problem (etwa so: »es ist frustrierend, eine Grapefruithälfte zu essen, die ständig wegrutscht und sich partout nicht fügen will«), dann löst er das Problem (indem er die Hilfe eines netten, kleinen Grapefruitlöffels anbietet).

Warum sollte diese Macht so wichtig sein? Bei Frauen ist es meines Erachtens so, weil sie in ihrem alltäglichen Leben nicht genügend Macht ausüben.

Dinge zu kaufen, kann ein Gefühl von Macht erzeugen und

besonders Frauen die Empfindung verleihen, sie hätten ihre Welt unter Kontrolle. Da sie sonst nirgends herrschen, werden sie zu Beherrscherinnen der häuslichen Arena und der Arena des äußeren Scheins. Ich kann es ändern, meinen sie – mit Make-up, einem neuen Kleid, Strumpfhosen mit einem höheren Lycra-Anteil. Ich kann bewirken, daß meine Beine anders aussehen, daß mein Wohnzimmer anders aussieht. Wenn ich diesen Kauf tätige, kann ich bewirken, daß die Leute mich anders sehen, und kann so mein Schicksal beeinflussen.

Bekenntnisse einer heimlichen Käuferin

Ich bin in der Sauna von *Equinox*, einem New Yorker Fitneß-Club. Auf den Zedernholzbänken unter mir liegen lang ausgestreckt zwei Frauen, nackt bis auf die Finger, die mit antiken Ringen überladen sind. Eine von ihnen steht immer wieder auf und gießt Wasser auf die Steine, so daß eine nach Eukalyptus duftende Wolke aufsteigt. Ich weiß nicht, wie es in der Männersauna zugeht, aber in der Frauensauna wird wie beim Friseur bemerkenswert häufig gebeichtet.

Diese Frauen, stelle ich fest, sind sorgfältig eingecremt und haben perfekt ausgeführte Bikini-Rasuren. Es sind »Frauen, die auf sich achtgeben«.

Zumindest äußerlich.

Frau Nummer 1 gähnt. »Hast du jemals einen Haushaltsplan aufgestellt?«

»Das ist ein ziemlich abwegiger Gedanke für mich«, erwidert Frau Nummer 2. »Ob ich wohl je einen aufstellen werde? Ich bezweifle es, obwohl es wahrscheinlich sehr praktisch wäre, schwarz auf weiß aufzuschreiben, was da ist und was nicht. Alles aufschreiben. Ich habe es eine Zeitlang mit dem, was ich esse, gemacht. Ich habe schon eine Vorstellung davon, daß ich unverhältnismäßig viel Geld aus Leichtsinn und für Kleider ausgebe.«

»Was ist der Unterschied?« sagt Frau Nummer 1. Ich habe

schon oft festgestellt, daß, wenn Frauen sich unterhalten, die eine beichtet, während die andere den Inquisitor spielt.

»Das stimmt. Leichtsinn und Kleidung sind dasselbe«, sagt Frau Nummer 2. »Ich hatte einen Therapeuten, der mir sagte, das, was ich ausgebe, sei nicht so furchtbar viel. Er meinte, wenn man bedenke, daß mein Einkommen zu Peters hinzukäme, sei es vollkommen in Ordnung, soundsoviel Geld für Kleider auszugeben. Vielleicht zehn- oder zwölftausend im Jahr.«

»Das ist eine Menge Geld für Kleider.«

»Ja. Aber Tatsache ist, daß mein Einkommen *nicht* meines plus Peters ist, sondern wirklich nur *mein* Einkommen. Wir tun nichts zusammen. Also muß ich Kleider und andere Ausgaben mit meinem Einkommen finanzieren.«

Es ist interessant, finde ich, wie männliche Therapeuten ihre Patientinnen immer noch als traditionelle Ehefrauen ansehen.

»Was meinst du, wieviel du tatsächlich für Kleider ausgibst?« fragt Frau Nummer 1, auf ein Fazit drängend.

Die Frage nach einer wirklichen Zahl brachte einen anderen Ton in die Sache, weil Frau Nummer 2 bekannte, daß sie ins Schwimmen geriet. »Letztes Jahr, meinst du? Wahrscheinlich könnte ich nachsehen. Ich weiß nicht, wieviel ich ausgegeben habe. Ich lasse eine Menge bei BCBG. Dort habe ich neulich erst 700 Dollar ausgegeben. Ich finde gar nicht, daß es so schrecklich viel ist, weil ich zwei Outfits dafür bekommen habe, Frühling und Sommer. Ich habe schon überlegt, ob ich nicht noch einmal hingehen und mehr einkaufen soll. Wirklich schrecklich ist der Schmuckladen bei mir in der Nähe, ich kann einfach hingehen und Geld ausgeben... Vor zwei Monaten bin ich dort gewesen und habe eine Halskette für 200 Dollar gekauft, Ohrringe für 100 Dollar und noch ein Paar Ohrringe für 160 Dollar. Und ein Armband habe ich mir zurücklegen lassen. Und Peter weiß natürlich nichts davon. Ich gebe mein Geld ganz impulsiv aus.«

»Ich verstehe nie so recht, was ›impulsives Geldausgeben‹ bedeutet.«

»Für mich bedeutet es, Geld auszugeben, das ich nicht habe. Ich glaube, es ist wie mit dem Essen, und ich kriege die gleichen

Gefühle, wie wenn ich zwanghaft esse. Es ist wie Rausch und Angst zur gleichen Zeit.«

»Siehst du es als Exzeß?«

»Ja.«

»Tust du es, um deine Stimmung zu heben?«

»Das habe ich mich neulich auch gefragt. Tue ich es, wenn ich deprimiert bin oder wenn ich etwas brauche und es nicht bekomme, vor allem wahrscheinlich in bezug auf Peter, oder wenn ich sehr viel Streß und Angst habe? Manchmal frage ich mich: Tue ich es gerade dann, wenn ich glaube, wir würden uns trennen, also kaufe ich, solange ich es noch kann?«

Es wird heiß in der Sauna, sehr heiß. Ich wünsche mir, ich säße auf einer Bank weiter unten, wo die Hitze nicht gar so groß ist, aber ich möchte jetzt nicht aufstehen und den Gesprächsfluß unterbrechen.

»Was für ein Gefühl hast du, bevor du es tust? *Weißt* du, daß du es tun wirst?«

»Nein, nicht immer. Manchmal denke ich: Okay, du willst da reingehen und etwas kaufen, das du nicht kaufen solltest, also reiß dich zusammen. Aber meistens ereilt es mich, wenn ich schon im Laden bin. Ich sage einfach: Okay, los, nur zu.«

»Wie oft machst du das, impulsiv Geld ausgeben?«

»Ich würde sagen... warte. Ich habe es im Oktober getan, als ich in Italien war. Das zähle ich nicht einmal zur selben Kategorie, weil ich in Florenz war und Gelegenheiten hatte, die ich sonst nicht habe. Das bereue ich überhaupt nicht. Käufe wie in dem Schmuckgeschäft um die Ecke mache ich ungefähr einmal im Jahr, würde ich sagen. Die Ohrringe, die 160 Dollar gekostet haben, da mußte ich reingehen, weil ich ein Geburtstagsgeschenk für meine Tochter suchte, so daß ich schließlich eins für sie und eins für mich hatte. Dann trat ich auf einen Ohrring und zerbrach ihn, also brachte ich ihn zurück, um ihn reparieren zu lassen, und sah all die anderen Sachen, die ich unbedingt haben mußte.«

»Wie fühlst du dich *währenddessen*?«

»Schwindelig.«

»Und hinterher?«

»Hinterher führe ich ein Selbstgespräch. Nicht so sehr: Das hättest du nicht tun sollen. Eher: Was werden die Leute denken, wenn du stirbst?«

Frau Nummer 1 lachte schallend. Ich auch. Die Stimmung in der Sauna verwandelt sich in Ausgelassenheit – öffentliche Beichte, Frauen bekennen ihre gemeinsamen Sünden.

»Und wenn du stirbst, öffnen sie deine Schubladen. Meine Tante Zoe entschlummerte über 14 Kästen voller Schmuck. Sie hatte auch 140 Einwegrasierer und 200 Beutel mit Wattekugeln.«

Frau Nummer 2 wird ernst. »Hast du den Schmuck bekommen?«

»Ja. Meine Mutter hat auch einen Teil bekommen und ihn für viel weniger, als er wert ist, verkauft.«

»Meine ganzen Kreditkarten sind ziemlich hoch belastet«, seufzt Frau Nummer 2. »Ich mußte mir einen Kredit zu niedrigen Zinsen besorgen, damit ich sie zu einem niedrigeren Satz abzahlen konnte. Ich nahm mir vor, die Dinge etwas mehr unter Kontrolle zu behalten, aber dann kam Weihnachten, und ich wurde rückfällig.«

»Wie lange hat es gedauert, die Schulden anzuhäufen?«

»Meine Visa-Card hatte sechs- oder siebentausend drauf. Meine Optima 4000, das macht 10000. Dann zahlte ich einen Teil der Mastercard ab, aber ich habe sie gleich wieder ausgereizt. Die anderen Karten habe ich zurückgegeben, also habe ich jetzt noch eine Karte, auf die ich Schulden übertragen kann.«

»Du sagtest, du hattest Weihnachten einen Rückfall. Wieviel?«

»Etwa 6000.«

Offensichtlich war das hier ebenso eine geistige Schwitzkur wie eine körperliche. »Sechs*tausend*?«

»Ich weiß nicht mehr genau, warum ich so viel ausgegeben habe. Ein Teil war für Geschenke. Vielleicht sollte ich mir die Rechnungen noch einmal ansehen. Was habe ich zu Weihnachten gekauft, das so teuer war? Dann war da eine Frau, die ihren ganzen Hausstand verkaufte. Sie war auch ein Teil meines Problems. Sie hatte unglaubliche Sachen. Ich meine Sachen, die du in den meisten Geschäften nicht findest. Sie zog von New York weg und kam noch einmal zu einem letzten Besuch. Sie rief mich an, weil ich ihr Zeug angucken sollte, und ich ging hin und kaufte ein paar Dinge, aber das war es immer noch nicht. Ich weiß einfach nicht mehr genau, für was ich das Geld zu Weihnachten ausgegeben habe.«

»Na, ein Teil muß für Geschenke draufgegangen sein.«

»Ein Teil für Geschenke und ein Teil für mich. Es fällt mir schwer, mich zu erinnern. Ich versuche gerade, meine Schränke durchzugehen... (ihr Gesicht hellt sich auf) ah, ich weiß! Im Februar waren wir zu einer ausgefallenen Hochzeit in Kalifornien eingeladen. Und ich habe mir ein paar wirklich irre Sachen zugelegt. Ich habe ein Kostüm für die Arbeit und eines für die Hochzeit gekauft. Sie haben zusammen wahrscheinlich über 1000 Dollar gekostet, mit Leichtigkeit.«

»Mein Gott, und du hast die 6000 angesammelt, nachdem du eben gerade deine vorherigen Schulden geregelt hattest? Wie hast du dich denn da gefühlt?«

»Nervös. Sehr nervös.«

»Du wußtest, was du tust, während du es getan hast?«

»Ja. Aber du mußt verstehen, auf welche Weise ich bestärkt werde. Das Problem ist, daß ich mich nie attraktiv gefühlt habe. Ich hatte das Gefühl, ich sei fett und häßlich und unbeholfen. In Wirklichkeit wog ich mehr, als ich zwanzig war. Dann wurde ich dünn, aber ich ging immer noch in dieselben Geschäfte und fragte nach den reichlichen Größen. Dann fand ich diesen BCBG-Laden in meiner Nachbarschaft, der wirklich nicht superteuer ist. Ich begann dort einzukaufen, und es waren wirklich sehr, sehr nette Leute. Sie machten mir immer Komplimente. Sie halfen mir festzustellen, daß ich vielleicht gar nicht so fett und plump war. Ich war immer besorgt wegen meines Äußeren, also mußte es vollkommen sein, um die Unzulänglichkeit auszugleichen. Außerdem wurde ich immer bestärkt. Weil die Verkäuferinnen mir immer sagen, ich sähe gut aus. So war es auch eine bestärkende Erfahrung.«

Frau Nummer 1 beschließt, die Stimmung aufzuheitern. »Du

wirst also sterben. Nächste Woche wirst du von einem Taxi überfahren werden. Willst du, daß ich hingehe und irgend etwas von deinem Zeug beiseite schaffe?«

Nummer 2 lacht. »Nimm dir, was du willst.«

»Hast du das Gefühl, das steht dir alles nicht zu, oder was?«

»Das ist unterschiedlich. Ich glaube, manches ist exzessiv. Aber ein Teil von mir sagt, daß ich nicht mit einem Haufen Geld, den ich nicht ausgegeben habe, sterben will. Wir wissen nicht, wann wir sterben. Ich laufe nicht herum und jammere, aber ich will nicht so leben, wie meine Mutter lebte. Vielleicht hat das Geldausgeben damit etwas zu tun.«

»Wie lebte sie denn?«

»Sie war vor allem knauserig. Sie hatte Geld geerbt. Für bestimmte Dinge gab sie Geld aus; sie ging auf Reisen. Aber absolut nichts Extravagantes. Noch eher gab sie Geld für mich aus, zum Beispiel indem sie mich in ein wirklich teures Restaurant einlud. Sie wäre nie auf die Idee gekommen, so etwas für sich selbst zu tun. Sie gab nie Geld für Taxis aus. Diese Mentalität liegt mir nicht.«

»Du hast gesagt, Peter wüßte nichts von deinen Ausgaben.«

»Was er nicht bemerkt, bespreche ich nicht mit ihm. Ich besitze eine Lederjacke, die ich vor zwei oder drei Jahren gekauft habe. Ich habe sie noch nicht getragen. Es war ein Sonderangebot in San Francisco für 600 Dollar. Ein supergutes Geschäft. Aber weil die Jacke so wundervoll ist und weil ich sie nicht wirklich brauche, fühle ich mich so befangen, daß ich sie noch nicht aus dem Kleiderschrank geholt habe.«

»Also weiß Peter nichts davon. Wie würde er reagieren?«

»Er ahnt etwas von meinen Ausgaben, weil er den Kredit, den ich aufgenommen habe, gegenzeichnen mußte, und er meinte: ›Was ist denn hier los?‹ Als ich ihm erzählte, daß ich mit meinen Kreditkartenzahlungen im Rückstand sei, sagte er: ›Gibt es noch mehr, was ich nicht von dir weiß?‹

Er hat schon einige exzessive Einkäufe mitgekriegt, die ich mit seiner Kreditkarte bezahlt habe. Als einmal ein paar Leute zum Abendessen kommen sollten, ging ich zu Balducci und kaufte

Kalbfleisch für fast 300 Dollar. Als Peter die Rechnung sah, fragte er: ›Was ist *das?*‹ Ich brachte das Fleisch zurück und kaufte einfache Steaks.«

An dieser Stelle verließ ich die Sauna. Nummer 1 und Nummer 2 blieben da und schwitzten es aus.

Wenn der Einkaufsbummel schon früh im Leben als Stimulation gehandhabt wird, entsteht eine Rückkopplung. Untersuchungen haben gezeigt, daß Kaufen an sich als Stimulans im Gehirn wirken kann. Ist der Kaufexzeß jedoch beendet, fühlt sich die Frau erneut deprimiert und ist bald wieder unterwegs, um auf der Suche nach einem neuen Kick Geschäfte zu durchstöbern.

In der weiteren Entwicklung des Kaufsyndroms beginnt das Verhalten der Frauen den Methoden jener Süchtigen zu ähneln, die ihre Gewohnheiten verteidigen: Sie verstecken und leugnen sie und »isolieren« sich sogar (indem sie etwa lieber allein einkaufen gehen als zusammen mit einer Freundin). Die besonderen Ausprägungen entsprechen der Persönlichkeit der einzelnen und den Umständen. Möglicherweise versteckt eine Frau ihre Einkäufe, um den prüfenden Blicken der Familie zu entgehen (so wie die Trinkerin ihre Flasche versteckt). Vielleicht gibt sie vieles von dem, was sie eingekauft hat, zurück, damit sie ohne Schuldgefühle erneut einkaufen gehen kann. (Es ist das Kaufen, welches das Gehirn stimuliert, nicht das Besitzen der Gegenstände.) Vielleicht gibt sie die im Exzeß gekauften Kleider ihren Kindern, nachdem sie sie ein- oder zweimal oder gar nicht getragen hat, um so die Zwanghaftigkeit ihrer Kleiderkäufe scheinbar zu leugnen. Vielleicht macht sie großzügige Geschenke, so daß sie den Reiz des Kaufens ohne die üblichen Schuldgefühle erleben kann (obwohl viele triebhafte Geschenkemacherinnen am Ende immer, wenn sie für jemand anderen etwas einkaufen, auch »eine Kleinigkeit« für sich selbst mitnehmen). Vielleicht lagert sie ihre Einkäufe in einem bestimmten Schrank, so daß sie sie vergessen kann. All diese Verhaltensweisen verfolgen das Ziel, abzustreiten, daß eine Frau ein Problem hat – indem sie die Illusion aufrechterhalten, sie habe noch immer alles unter Kontrolle. Auf diese Weise trägt das

Verhalten dazu bei, das Problem zu verstärken. Die triebhafte Verschwenderin mag lange Zeit »zurechtkommen«. Sie bricht nicht *ganz* zusammen. Aber sie ist in einem Zustand permanenter Anspannung, weil sie ihre Sucht zu meistern versucht.

Der Tatsache auszuweichen, daß das, was sie tut, Suchtcharakter hat, erzeugt ebenfalls Anspannung.

Die New Yorker Psychologin Oriole Peterfreund meint, »Shopaholics«, Kaufsüchtige – Berichten zufolge zu 80 Prozent Frauen –, litten häufig unter Depressionen und niedrigem Selbstwertgefühl, und der Erwerb materieller Güter sei ein Versuch, ihre Stimmung zu heben.

Einer Untersuchung der Universität von Minnesota zufolge beginnt die typische Kaufsüchtige als Jugendliche, wobei aber das volle Ausmaß des Problems weitere zehn Jahre unerkannt bleibe. »Psychologen haben schon lange darauf hingewiesen, daß Frauen die Hauptleidtragenden sind. Jüngste Untersuchungen – die aus Minnesota und eine weitere von der University of Iowa School of Medicine, 1995 veröffentlicht – haben festgestellt, daß Kaufsüchtige typischerweise Frauen um die dreißig mit Collegeausbildung sind«, berichtet die *New York Times.*[9]

In dem Artikel wird die Geschichte von Barbara erzählt, einer 47jährigen Management-Beraterin und Autorin aus Los Angeles, die, obgleich sie mehr als 100000 Dollar im Jahr verdient, jedes Jahr Geld borgen muß, um ihre Rechnungen zu bezahlen, weil sie ihre Ausgaben nicht zügeln kann. Die Vorfälle, von denen sie berichtet, sind für süchtiges Einkaufen charakteristisch. Beim Einkauf in einem kleinen Mode- und Accessoirladen, wo sie ein Urlaubsgeschenk für eine Freundin besorgen wollte, hatte sie sich zusätzlich zu dem Geschenk eine 30-Dollar-Mütze genehmigt. Außerdem nahm sie zwei aus Herrenkrawatten gefertigte Westen mit, eine Skulptur, drei Röcke und ein Paar Ohrringe – und einen Bilderrahmen für 30 Dollar, was insgesamt eine Summe von 450 Dollar ergab.

»Die meisten Kaufsüchtigen sind Menschen, die anderen gern eine Freude bereiten«, sagt Janet Damon, Psychoanalytikerin in Manhattan, die sich auf Zwangsstörungen spezialisiert hat. »Wenn ein Kaufsüchtiger Geschenke kauft, versucht er, Liebe und Macht zu kaufen. Es geht nicht wirklich um Geld. Es geht um die Gefühle der Angst, von denen er sich durch Kaufen zu befreien sucht.«

Kaufexzesse im Urlaub sind nur das übersteigerte Verhalten von Leuten, die ohnehin zwanghaft Geld ausgeben – der Urlaub schafft lediglich eine legitime Atmosphäre. Barbara erzählte der *Times*, sie sei kürzlich einem Impuls, Weihnachtseinkäufe zu machen, erlegen und habe 15mal mehr Geld ausgegeben als geplant. »Wenn ich all diese Geschenke kaufe, fühle ich mich so mächtig und großzügig«, sagte sie. Als Mitglied der *Debtors Anonymous* hatte »Barbara« zwar einem Interview zugestimmt, aber nur unter der Bedingung, daß ihre Identität nicht preisgegeben werde.

Zu Hause stopft sie die Geschenke in einen Extra-Schrank und kann sich kaum erinnern, was sie für wen gekauft hat. Im Lauf eines Jahres kann es ihr passieren, daß sie fünf Geschenke für dieselbe Person für denselben Anlaß kauft.

Barbara hat zehn Kreditkarten, auf denen sie 60000 Dollar Schulden hat. (Außerdem hat sie eine Hypothek von 200000 Dollar aufgenommen.) Sie sagt, ihre Mutter habe ihr Geld geliehen, etwa 6000 Dollar im Jahr, um ihr zu helfen, ihre Rechnungen zu bezahlen. Nach den Zinssätzen ihrer Kreditkarten befragt, antwortete sie: »Das weiß ich nicht.« Sie hatte ihre Steuererklärung für das vergangene Jahr noch nicht eingereicht. »Ich tätige meine Bankgeschäfte bei der Nebelbank«, erklärte sie mit einem Ausdruck der *Debtors Anonymous*.

Es liegt in der besonderen Natur des zwanghaften Geldausgebens, daß man weiß, was man tut, wenn man sich auch außerstande fühlt, damit aufzuhören. Frau Nummer 2 in der Sauna wußte, daß sie kaufte, um ihr Selbstwertgefühl kurzfristig zu steigern, aber selbst nachdem sie diese Einsicht gewonnen hatte, fiel es ihr schwer aufzuhören. Eine Art Rückkopplungsmechanismus stellt sich ein. Du probierst das Kleid an; die Ladenbesitzerin erzählt dir, wie großartig du aussiehst; du kaufst es und segelst aus der Tür auf den Schwingen der Hoffnung.

Zwanghaftigkeit

Neurologen glauben, daß das Rückkopplungsphänomen – ähnlich den Abläufen bei einer Sucht – tatsächlich auf physiologischen Vorgängen beruht.

Einige von den Menschen, die ich interviewt habe, meinen, daß Kaufsüchtige an einer Art Zwangsstörung leiden, die von einem Ungleichgewicht bestimmter Hirnsubstanzen herrührt. Menschen, die mit ihrer Kaufsucht, die sie nicht unter Kontrolle halten können, ihr Leben zerstören, werden mit Medikamenten, die die Serotonin-Ausschüttung steigern, behandelt und verlieren tatsächlich den Drang zu kaufen. Die Medikamente sind chemisch nichts anderes als Antidepressiva, die bei der Behandlung einer ganzen Reihe von Zwangsstörungen hilfreich sind, etwa der Freßsucht, der Bulimie (Eß- und Brechsucht), der Anorexie (Magersucht), der Spielsucht und dem Alkoholismus.[10]

Eine der ersten Wissenschaftlerinnen, die sich auf die medikamentöse Behandlung Kaufsüchtiger spezialisiert hat, ist Dr. Susan McElroy, Leiterin der biologischen Psychiatrie der University of Cincinnati School of Medicine. McElroy gehörte zu dem Harvard-Team, das die ersten Untersuchungen durchführte, mit denen gezeigt wurde, daß Antidepressiva nicht nur für die Behandlung der Kaufsucht nützlich sind, sondern auch bei Kleptomanie, dem zwanghaften Stehlen.

McElroy sagt, der unkontrollierbare Drang zu kaufen betreffe ein Prozent der Bevölkerung, zum größten Teil Frauen. Üblicherweise empfindet der oder die Betroffene eine zunehmende Anspannung, die sich erst abbaut, wenn er oder sie in Geschäfte stürzt und durch Kaufen »einen Rausch, eine vibrierende Erregung, eine Hochstimmung« erlebt.[11]

Auf der Jahrestagung der *American Psychiatric Association* im Jahr 1995 berichtete McElroy, daß 90 Prozent der Kaufsüchtigen, mit denen sie gearbeitet habe, auch an einer schweren Gemütserkrankung wie Depression oder dem Wechsel von Depression und Manie leiden. Die Kaufsucht hörte bei annähernd drei von vieren auf, nachdem sie stimmungsstabilisierende Medikamente eingenommen hatten.

Viele Frauen, die an Bulimie leiden, berichten ebenfalls, daß sie sich von einem unwiderstehlichen Drang getrieben fühlten, Dinge zu stehlen, die sie weder sich wünschten noch brauchten. Harrison Pope und James Hudson von der Harvard-Universität beschreiben dieses Verhalten als »Zusammenbruch der willkürlichen Kontrollmechanismen«. Die meisten von uns widerstehen x-mal am Tag dem Drang, etwas zu tun, das unangemessen oder schädlich ist. »Der Vorgang geschieht so schnell und automatisch, daß wir ihn kaum bewußt wahrnehmen – unsere willkürliche Impulskontrolle ist uns selbstverständlich«, sagten sie mir in ihrem Büro im McClean Hospital außerhalb Bostons.[12] »Die Leute sind unweigerlich schockiert, wenn sie hören, daß etwa ein Drittel unserer bulimischen Patienten – viele von ihnen wohlhabende, gesetzestreue Bürger mit dem allerbesten Ruf in ihren Gemeinden – regelmäßig Ladendiebstähle im Wert von Tausenden Dollar begehen.«

Hudson und Pope, die Pionierarbeit leisteten, als sie bei der Behandlung der Bulimie Antidepressiva einsetzten, machten die überraschende Entdeckung, daß kleptomanische Bulimiker, wenn sie mit Antidepressiva behandelt wurden, das Stehlen ebenso aufgaben wie das unmäßige Essen. Bei der Auswertung von zehn großangelegten Studien über Ladendiebe stellten die Wissenschaftler fest, daß acht Probanden in erhöhtem Maß Depressionen aufwiesen. Es sei bemerkenswert, so schrieben sie im *Journal of Clinical Psychopharmacology*, daß sowohl bulimische wie kleptomanische Frauen »auf Medikamente reagierten, die die Serotonin-Transmission beeinflussen, und Serotonin spielt eine Rolle bei der Regulierung von Stimmung, Appetit und Impulsivität«.[13]

McElroy, Hudson und Pope haben zwar vor allem Frauen mit extremem Zwangsverhalten untersucht (besonders Bulimie und Kleptomanie), ihre Arbeit ist jedoch auch für weniger schwere Formen von Zwangsstörungen aufschlußreich. Das Zwangsverhalten löst einen »Rausch« oder »Schwindel« aus, weil es den Serotoninspiegel ansteigen läßt. Das läßt vermuten, daß die betreffenden Frauen unbewußt eine Selbstmedikation vornehmen. Ihr verringerter Serotoninspiegel erhält einen momentanen Auftrieb, wenn sie im Kaufrausch sind, was ein zeitweiliges Hochgefühl auslöst. Wie bei jeder schweren Sucht ist die erlebte Bestärkung nicht nur psychischer, sondern auch physischer Natur. Die Hormone höchstselbst sind beteiligt und lösen einen Extra-Kick aus. Ob der einzelne nun nach Essen oder Trinken oder Drogen oder Kaufen süchtig ist – was es so schwer macht, das Suchtverhalten aufzugeben, ist die teuflische Kombination von psychischen und physischen Verstärkungseffekten.

Die Unsicherheit, die sich einstellt, wenn wir nicht auf unser Geld achtgeben, untergräbt unser Selbstvertrauen und unsere Freude. Sie macht uns zu Sklaven unserer Alpträume. Wir erkennen sie vielleicht nicht, aber die Angst, preisgegeben zu sein, ist immer da. Das ist letztlich die Angst, die uns deprimiert.

Heute befinden sich die Frauen in einer anderen Situation. Wir können nicht nur unser eigenes Geld verdienen, sondern es auch verwalten.

Wir können nein sagen zu dem Impuls, zu kaufen und Geld auszugeben, weil wir erkennen, daß das Nein uns keinen Nachteil bringt; daß es vielmehr einem umfassenderen Interesse dient – unserem Gefühl, ausgeglichen zu sein, eine Frau zu sein, die wirkliche Entscheidungen trifft, die weiß, daß sie die Lage in ihrem Sinne beherrschen kann. Selbstmanagement und Selbstregulierung sind gefragt, wenn wir uns vom Patriarchat befreien wollen.

Aber bevor das möglich ist, müssen wir das Gefühl für uns selbst zurückgewinnen. Das und nicht weniger ist die Voraussetzung für Unabhängigkeit und Autonomie. Andernfalls bleiben wir untergeordnet, Sklavinnen unserer Ängste, wenn nicht unserer Väter und Ehemänner.

KAPITEL 4

Obdachlosenträume: Warum Frauen fürchten, in Armut zu enden

Im Sommer 1996 erschien diese kurze Notiz in der *New York Times* unter der Rubrik »Dance Notes«: »Es ist ein dringender Spendenaufruf an die Öffentlichkeit ergangen zur Bereitstellung von Strom und Gas für Katherine Dunhams Wohnung, Schule und Museum in East St. Louis, Illinois, der von Armut gezeichneten Stadt, wo Ms. Dunham, heute 83 Jahre alt und bei schlechter Gesundheit, seit 1971 gelebt und gearbeitet hat.«[1] Die Spenden konnten direkt an Ms. Dunhams Bank in East St. Louis geschickt werden.

Der Schmerz der Erkenntnis. Katherine Dunham, Choreographin und große Dame des amerikanischen Tanzes, war mit 83 Jahren außerstande, ihren Verbrauch an Strom und Gas zu bezahlen? Entsetzlich.

»Ich habe eine immer wiederkehrende Schreckensvorstellung, die durch meine schwärzesten Nächte spukt«, schreibt Barbara Kerbel in ihrer Zeitungskolumne »Die arbeitende Frau«. »Anstatt meine Tage als Großmutter damit zu verbringen, Coupons auszuschneiden und meinen begeisterten Enkelkindern frisch gebackene Plätzchen zu schicken, wird man mich in den 11-Uhr-Nachrichten zeigen, wie ich entlang der Fifth Avenue die Mülltonnen durchwühle.

›Erkennen Sie diese Frau?‹ hebt der Off-Kommentar an, als die Kamera zur Nahaufnahme auf mein wettergegerbtes Gesicht schwenkt. ›Die einst vielgelesene Kolumnistin und Verlagsleiterin, die ihre beiden Töchter in einem nur wenige Minuten von der Stadtmitte entfernten Vorort großzog, lebt nun auf Parkbänken und auf der Straße.‹«[2]

Ich habe mich mit Barbara Kerbel getroffen. Sie ist eine elegant gekleidete, gescheite, lustige und kultivierte Frau, die in einer netten Gemeinde auf Long Island arbeitet und schreibt.

Aber sie scherzt nicht, was ihre Angst, in Armut zu enden, betrifft.

Die Angst der Frauen, in Armut zu enden, hat, wie wir sehen werden, mit der finanziellen Wirklichkeit zu tun; aber ich glaube, daß sie auch eine Folge des Frontalzusammenstoßes von traditionellen kulturellen Normen mit der relativ neuen Erwartung ist, daß Frauen autark seien. Wie sich all dies letzten Endes auf die einzelne Person auswirkt, manchmal geradezu lähmend, hoffte ich durch meine Recherchen herauszufinden. Was ich fand, war dies: Unsere Alpträume werden zwar von der wirtschaftlichen Unsicherheit, wie sie für Frauenleben kennzeichnend ist, verursacht, andererseits spielt das vage, aber beständige Gefühl, daß wir keine Kontrolle über das tatsächlich vorhandene Geld haben, ebenfalls eine Rolle. Viele von uns haben die Tatsache, daß wir selbst und sonst niemand für unsere finanzielle Erhaltung verantwortlich sind – und daß wir nicht nur Geld verdienen, sondern es auch verwalten müssen –, nicht akzeptiert.

Eine Untersuchung hat ergeben, daß die Hälfte aller gebildeten Frauen aus der Mittelschicht von der Angst erfüllt ist, in Armut zu enden. Die Stadtstreicherin ist für uns Frauen das sichtbare Abbild eines Schreckens geworden, der uns seit Tausenden von Jahren heimsucht – der Angst, verlassen zu werden, niemanden zu haben, der für uns sorgt.

So ist die Stadtstreicherin zu einem zwingenden, fast archetypischen Symbol geworden – Symbol für eine Fülle unbestimmter, kaum realisierter Ängste, die nicht nur mit unserer realen finanziellen Situation zu tun haben, sondern auch mit unserem Widerstand gegen die Verantwortung für unsere Zukunft.

Wenn wir jedoch die Zähigkeit des psychischen Widerstands der Frauen gegen den Umgang mit Geld verstehen wollen, müssen wir uns als erstes ansehen, wie sich das wirtschaftliche System, das die Frauen ungeheuer benachteiligt, auf uns auswirkt. Diese uralte Diskriminierung erschwert uns jegliches Vertrauen in unsere Fähigkeit, finanziell erfolgreich zu sein.

Nur wenige erkennen das Ausmaß, in dem Frauen auch heute noch finanziell benachteiligt werden. Seit vor dreißig Jahren der *Equal Pay Act*, das Gesetz für gleiche Entlohnung, verabschiedet wurde, sind die Fortschritte quälend langsam gewesen. »Es gibt überwältigende Beweise für die Fortdauer der geschlechtsspezifischen Diskriminierung bei der Entlohnung«, berichtet Rosalind Barnett vom *Wellesley Center of Research on Women*.[3]

Zwischen 1985 und 1990 erhöhten sich die Gehälter von Frauen gerade einmal um einen Cent. 1991 rutschten sie wieder um zwei Cents ab, heißt es in einem Bericht von Maggie Mahar in der *New York Times*.[4] Die am besten ausgebildeten Männer (mit einem College-Abschluß und zwei weiteren Jahren akademischer Ausbildung) konnten mit der Inflation Schritt halten. Zwischen 1973 und 1991 blieb ihre Bezahlung mit etwa 21 Dollar pro Stunde stabil. Frauen mit zweijähriger Postgraduiertenausbildung konnten zuschauen, wie ihr Realeinkommen von 18,01 Dollar pro Stunde im Jahr 1973 auf 16,57 Dollar im Jahr 1991 sank.

1996 lag die durchschnittliche Bezahlung voll arbeitender Frauen bei 75 Prozent der durchschnittlichen Bezahlung von Männern. *Und trotz der geringeren Bezahlung tragen Frauen zum Familieneinkommen ebensoviel bei wie Männer oder mehr als sie.*

Hier findet ein historischer Wandel statt – dessen Mitteilung, wie ich doch festhalten möchte, auf die Seite 20 der *New York Times* verbannt wurde. Eine landesweite Erhebung, die im Herbst 1997 veröffentlicht wurde, ergab, daß nahezu zwei Drittel der arbeitenden Frauen *die Hälfte* des Familieneinkommens *oder mehr* verdienen! Selbst wenn sie mit ihrem Mann zusammenleben, tragen heute 52 Prozent die Hälfte oder mehr zum Haushaltseinkommen bei.[5]

»Frauen fühlen sich zunehmend verantwortlich für das Wohlergehen ihrer Familie«, teilte Karen Nussbaum, Leiterin des größten amerikanischen Gewerkschaftsverbandes, der Öffentlichkeit mit.

Sie fühlen sich nicht nur verantwortlich, sie *sind* verantwortlich mit ihrem Beitrag von mehr als 50 Prozent!

Die Illusion finanzieller Sicherheit in der Ehe

»Ich war am Ausflippen«, meinte Roxanne, eine Frau Anfang 40, aufgrund des »Beinahe-Zusammenbruchs«, den sie erlebte, als ihre Ehe in die Brüche ging und ihr Ex-Ehemann alle Finanzen sperrte, auch dann, als er sich damit ins eigene Fleisch schnitt. »Er war ein erfolgreicher Arzt. Er hatte in Immobilien investiert. Wir besaßen sieben Häuser, die Einnahmen brachten. Und plötzlich wurden die Hypotheken für nichtig erklärt, so daß ich keine Einnahmen mehr aus den Häusern beziehen konnte. Er natürlich auch nicht, aber er war so wütend auf mich, daß es ihm gleichgültig war.«

Wie so häufig war die Auswirkung von Dads Wut auf Mom finanziell verheerend für das Leben der Kinder. »Sechs Jahre lang bekam ich überhaupt keine Unterhaltszahlungen.«

Roxanne empfand das als einen ebenso schweren Angriff auf ihre Identität wie auf ihr Bankkonto. »Mein Selbstverständnis war immer das einer reichen Frau.« Heute kauft sie für ihren halbwüchsigen Sohn bei *Daffy's* Boxershorts zu 1,33 Dollar das Paar und lebt in einer Sozialwohnung an der West Side von Manhattan.

»Wie sind Sie zu einer Sozialwohnung gekommen?« fragte ich sie, weil ich wußte, daß die Einkommensgrenzen streng gehandhabt werden.

»Leicht«, sagte sie. »Ich bin arm.«

»Manche Leute sagen sich, eine Ehe sei nicht für die Ewigkeit und die Frauen sollten wirtschaftlich darauf vorbereitet sein«, erklärt die Journalistin Charlotte Kintslinger-Bruhn, die über die Armut alleinerziehender Mütter in Ulster County berichtete. »Aber viele Frauen meiner Generation, die nach der Befreiungsbewegung groß wurden, waren außerstande, den eingefleischten Mustern der Mütter vor uns zu entgehen: Karriere ist gut, aber Ehe und Kinder sind besser; das ist noch immer das unausgesprochene Evangelium – ob gebildet oder ungebildet, reich oder arm.«[6]

Die Vorstellung, daß die Gesellschaft für Frauen und Kinder

Sorge trägt, ist eine absolute Illusion. Sie tut es nicht. Frauen und Kinder sind am verwundbarsten. Wenn die Familienbande reißen, wenn es, wie in den letzten beiden Jahrzehnten, zunehmend die Regel ist, daß Ehen zerbrechen, wird die Illusion vom Beschütztsein im Herzen des Systems so offenkundig wie die Fäulnis im Innern von Fallobst. Die Familie beschützt uns nicht; das System beschützt uns nicht. Niemand beschützt uns. Wir haben eben erst begonnen, dieser Tatsache ins Auge zu sehen.

Hier ist nicht die Rede von Frauen, die nie außer Haus gearbeitet haben. Die meisten Ehefrauen arbeiten, aber sie werden nicht ausreichend bezahlt, sie sparen nicht genug, und sie haben am Ende nicht genug in die Sozial- und / oder Rentenversicherung eingezahlt. Namkee G. Choi berichtet im *Journal of Family Issues*, daß trotz einer durchschnittlichen Arbeitszeit von 23 Jahren *mehr als ein Drittel der geschiedenen Frauen im Ruhestand arm oder beinahe arm sind.*[7]

»Scheidung bedeutet für Frauen häufig eine finanzielle Katastrophe«, schreiben Sharon Hicks und Carol Anderson.[8]

Das erzählen Experten den Frauen seit Jahren, aber wir stekken weiterhin den Kopf in den Sand und halten offensichtlich lieber an der Fiktion fest, daß die Ehe Frauen und Kindern einen sicheren Hafen biete.

»Anstatt meine eigene Karriere zu verfolgen, half ich meinem Mann, mit seinem Geschäft voranzukommen«, sagt Christine Durth, die in einem Vorort von Detroit lebt. Aber mit der Scheidung erlebten sie und ihre Kinder den üblichen Einbruch des Lebensstandards.[9]

Während der Ehe hatte Durth die für Frauen typische Doppelarbeit geleistet: im Büro und zu Hause. »Ich hatte vier Kinder. Ich machte die Betten. Ich kochte die Mahlzeiten. Ich machte das Haus sauber. Ich hielt meine ehelichen Versprechen. Jetzt in meiner Lebensmitte bin ich geschieden und habe keinerlei berufliche Laufbahn.« Ihr Ex-Mann verdient 100000 Dollar im Jahr, während sie und die Kinder sich abmühen, mit einem Viertel dieser Summe zurechtzukommen.

Dieser entmutigenden Geschichte können Frauen zumindest eine Moral abgewinnen: Rechne nicht damit, daß Gesetze dich schützen. Und unterlasse es, deinem Mann beim Aufbau seiner Karriere zu »helfen«. Wenn er Hilfe braucht, soll er jemand anderen engagieren. Starte deine eigene Karriere und baue deine Fähigkeiten aus – *und* dein eigenes Bankkonto.

Die Häufigkeit von Scheidungen ist in den letzten 25 Jahren um 30 Prozent gestiegen. Manche Soziologen lasten der Abschaffung des Prinzips der Schuldzuschreibung die Hälfte dieses Anstiegs an. Die Leidtragenden sind Frauen und Kinder. 1994 betrug das mittlere Einkommen für ein verheiratetes Paar mit Kindern etwa 75 000 Dollar, für die Familie einer alleinstehenden Mutter jedoch lag das mittlere Einkommen unter 15 000 Dollar.

Die Höhe der von Vätern geleisteten Unterhaltszahlungen ist in den letzten zehn Jahren nicht angestiegen, sondern um 25 Prozent gesunken.[10] Nur 20 Prozent der Männer kommen den festgesetzten Unterhaltszahlungen vollständig nach; weitere 15 Prozent erfüllen sie nur teilweise.[11] Dem *Federal Office of Child Support Enforcement* (Bundesamt zur Durchsetzung der Unterhaltsverpflichtungen) zufolge sind nach rechtskräftiger Scheidung 80 Prozent der Eltern ohne Sorgerecht mit ihren Zahlungen im Rückstand.[12] Der wohlklingende Ausdruck »Eltern ohne Sorgerecht« bezeichnet im wesentlichen Männer, da 90 Prozent der Eltern mit Sorgerecht Frauen sind.[13]

Kein Wunder, daß es geschiedenen Frauen mit Kindern am Ende schlechter geht als Witwen, einerlei, wie hart sie arbeiten. Es ist eine schockierende Tatsache, daß 59 Prozent der alleinerziehenden Mütter den alleinigen Unterhalt für ihre Kinder stellen.[14] Etwa einer von zehn Haushaltsvorständen in Amerika lebt in Armut, aber bei alleinstehenden Müttern und geschiedenen Hausfrauen, die einem Haushalt vorstehen, erhöht sich die Zahl auf das Vierfache. *Fast die Hälfte der alleinstehenden Frauen mit Kindern lebt unterhalb der Armutsgrenze.* Alleinstehende schwarze Mütter befinden sich am untersten Ende der Skala. 1985 betrug das mittlere Einkommen für weiße männliche Familienvorstände 16 322 Dollar im Vergleich zu 13 551 Dollar für schwarze. Das mittlere Einkommen für weiße weibliche Familienvorstände betrug für dasselbe Jahr nur 5561 Dollar und erschrekkende 3917 Dollar für schwarze.[15]

Trotz bedeutend besserer Ausbildung und längerer Lebensarbeitszeit haben geschiedene Frauen, wenn sie in den Ruhestand treten, kein bedeutend höheres Einkommen als Frauen – Witwen –, die nie gearbeitet haben. Das ist eine schockierende Entdeckung. Frauen mit der reichhaltigsten beruflichen Vergangenheit – Frauen, die besser ausgebildet, gesünder und geneigter sind, auch in höherem Alter noch zu arbeiten – werden mit größerer Wahrscheinlichkeit arm sein als Witwen, die als gesellschaftliche Gruppe eine bei weitem weniger reichhaltige berufliche Vergangenheit aufweisen.[16]

Da sich die Auswirkungen der »Einkommenskluft« im Lauf eines Lebens summieren, wird ihre Bedeutung für die ältere Frau spürbar schmerzhaft. Eine Vollzeit arbeitende Frau mit mittlerem Einkommen, die nach 40 Jahren ununterbrochener Arbeit in den Ruhestand geht, kommt auf einen Bruttoverdienst von 818 840 Dollar. Ein Mann mit einem mittleren Einkommen kommt in derselben Zeit auf 1 289 840 Dollar. Das ist eine Differenz von fast einer halben Million Dollar![17]

Die Diskriminierung holt zum endgültigen Schlag aus, wenn es um die Sozialversicherung geht. Die Leistung basiert auf dem Verdienst, aber da der Verdienst zunächst einmal geschlechtsspezifisch ist, sind wieder die Frauen die Verliererinnen, weil sie 40 Prozent weniger erhalten als Männer – oder im Durchschnitt 4226 Dollar jährlich im Vergleich zu 7342 Dollar bei Männern.[18]

Ein Blick auf ältere Frauen

Wenn Frauen älter werden, merken sie, daß sie mit einem Fuß auf festem und mit dem anderen auf schwankendem Boden stehen, da die geschlechtsbezogene Kluft sich vergrößert. Mit 50 Jahren und mehr verdienen Frauen nur 64 Prozent dessen, was

Männer bekommen.[19] Und häufig haben sie weniger Zeit zur Verfügung, um Geld zu verdienen. In der Lebensmitte beginnt für die Frauen oft eine Phase, in der sie viel Zeit für die Versorgung ihrer Eltern aufbringen. Mehr als 75 Prozent von denen, die sich Tag für Tag um die Alten kümmern, sind Frauen. Und das fordert seinen Tribut. Die Zahl der für die Betreuung kränkelnder Eltern notwendigen Stunden steigt von einem Jahr zum nächsten erschreckend an, Zeit, welche die Töchter ansonsten an ihrem Arbeitsplatz verbringen könnten. »Die Versorgung alter Eltern stellt [für die Frauen] eine enorme finanzielle Belastung dar«, berichtet Anita Jones-Lee.[20]

Wenn Frauen älter werden und sehen, wie ihr Einkommen schrumpft, gewinnt das Gespenst der Stadtstreicherin an Schrekken. Tatsächlich benötigen sie im Alter erheblich mehr Geld als Männer (diejenigen, die das 65. Lebensjahr erreichen, leben im Durchschnitt 12 Jahre länger als Männer) und werden von der erschreckenden Aussicht heimgesucht, daß sie zu wenig Geld haben werden. Eine Erhebung des *American Council of Life Insurance* (einer bundesweiten Beratungsinstitution für Lebensversicherungen) ergab, daß *67 Prozent der Frauen befürchten, daß ihre Ersparnisse aufgebraucht sein werden, bevor sie sterben.*[21]

Ihre Sorge ist berechtigt. Fast die Hälfte aller älteren Frauen in unserer Gesellschaft hat ein mittleres Einkommen, das weniger als 5000 Dollar beträgt (im Vergleich zu 20 Prozent der Männer).[22]

Die AARP-Zeitung berichtete von einer 64jährigen College-Professorin, die zwei Drittel des durchschnittlichen Gehalts ihrer männlichen Kollegen verdiente. Eine andere Frau, 75 Jahre alt, verdiente halb soviel, wie sie verdienen würde, wenn sie nicht den tragischen Fehler begangen hätte, zwölf Jahre auszusetzen, um eine Familie zu gründen. Nun gehöre sie zum alten Eisen. Wenn Frauen die 50 erreichen, so erklärte sie der AARP-Zeitung, »werden sie als jenseits von Gut und Böse betrachtet. Firmen halten es nicht der Mühe wert, in die Karriere älterer Frauen zu investieren.«[23]

Aber selbst Frauen, die ohne Unterbrechung arbeiten, sind im Alter stark auf die je nach Geschlecht unterschiedlichen Sozialversicherungsleistungen angewiesen. Die Betriebe schließlich sind an der späteren finanziellen Sicherheit von Frauen – ob es nun Angestellte oder Ehefrauen von Angestellten sind – nicht sonderlich interessiert. 61 Prozent der Frauen, die heute arbeiten, haben keinen Altersvorsorgeplan, berichtet das Magazin *Money*. Und 76 Prozent der Frauen, die heute im Ruhestand sind, erhalten keine Rentenzahlungen.[24]

»Für die meisten verwitweten alten Frauen ist die Zahlung der Sozialversicherung ihres verstorbenen Ehemannes die hauptsächliche, wenn nicht einzige Einkommensquelle im Alter«, schreibt Beth B. Hess, Expertin für die Auswirkungen der Sozialpolitik auf älter werdende Frauen.[25]

Viele Babyboom-Frauen, die jetzt in der Lebensmitte angekommen sind, fürchten, daß ihren Müttern das Geld ausgeht. Für diese immer älter werdenden Frauen wurde nicht ausreichend vorgesorgt. Ihre Männer haben die Sozialversicherung frühzeitig beansprucht. Oder, Gott bewahre, ihre Männer haben sie verlassen. Sie mögen ihr ganzes Leben lang gearbeitet haben, aber sie haben nie genug verdient, um etwas sparen zu können. Jüngere Frauen – Töchter, Enkeltöchter – schauen sich diese Generation von Frauen an, die ihre letzten Tage in Angst verbringen, und fürchten, daß ihre eigene Lage keinen Deut besser sein wird.

Eine Frau fühlt sich dem System auf Gedeih und Verderb ausgeliefert, auch wenn sie vielleicht eine Zeitlang hofft, daß irgendeine Vaterfigur sie beschützen wird. Nachts träumt sie, daß sie versucht, irgendwohin zu gelangen, es aber nicht schafft, die Schuhe an den Füßen zu behalten. Sie soll auf eine große Reise gehen, aber sie schafft es nicht, ihre Koffer zu packen. Ihre Kleider sind auf dem Bürgersteig verstreut, und sie hockt da und versucht, ihr Hab und Gut in ein paar Koffer zu stopfen. Die Sache wächst ihr über den Kopf. Der Bus zum Flughafen kommt, aber sie verpaßt ihn. Der Traum endet mit dem Gefühl: »Ich bin allein und immer am Kämpfen.«

Ich war es, die diesen Traum träumte, eine 58jährige Frau, seit dreißig Jahren eine erfolgreiche Schriftstellerin, Mutter von drei Kindern, Großmutter eines Enkelkindes. Mir erging es wie anderen Frauen auch, als meine Mutter starb und ich sah, daß ihr binnen kurzem das Geld ausgegangen wäre: Es war eine ausgezeichnete Einstimmung auf die Lage, in der ich mich bald selbst befinden würde.

Denn Jahre, bevor sie starb, hatte die Angst vor der Verarmung auch in ihren Träumen gewütet.

Tagsüber ging sie die Zahlen wieder und wieder durch und versuchte, einen Anschein von Kontrolle aufrechtzuerhalten, während die Arztrechnungen ihre paar Pfennige auffraßen. Nachts träumte sie, daß sie »in einer üblen Gegend der Stadt« festsaß und außerstande war, den Heimweg zu finden. Der Traum suchte sie immer wieder heim, er ängstigte sie während des Tages, und nachts wachte sie davon auf. Warum war sie in dieser üblen (sprich »unsicheren«) Gegend der Stadt? Sie war in die Irre gelaufen, verwirrt, allein – sie war verlassen.

Die Wahrheit über unsere wirtschaftliche Verwundbarkeit tritt in unseren Träumen zutage. Und die Botschaft unserer Träume lautet: *Auf uns selbst gestellt, kommen wir nicht zurecht. Niemand wird uns unterstützen. Unsere Kinder werden nicht anständig versorgt werden. Wir stehen mit dem Rücken zur Wand.*

Mein Vater, der Universitätsprofessor gewesen war, erhielt eine Pension, aber er war überzeugt, daß er meine Mutter überleben würde, und hatte seine Auszahlungen entsprechend disponiert. Am Ende überlebte sie ihn um vier Jahre, und in diesen Jahren fragte sie sich täglich, wer sie zuerst heimsuchen würde: der Tod oder der Ruin.

Wenn die Party vorbei ist

In einem vom *University of Pittsburgh Medical Center* gestützten Forschungsprojekt führte die Psychologin Carol Anderson Interviews mit 90 Probandinnen – Frauen, die nie geheiratet hatten oder geschieden oder verwitwet waren, aber alle auf eigenen Füßen standen. Diejenigen, die geschieden waren, beschrieben ihre Erfahrung als einen »Alptraum« und konnten es kaum begreifen – so betäubt waren sie zunächst –, daß ein Leben als Alleinstehende eine mögliche Alternative wäre. Am Anfang konnten sie nur daran denken, sich wiederzuverheiraten. »Ehe und das Gefühl, als Frau etwas wert zu sein, waren im Bewußtsein der Frauen so eng miteinander verknüpft, daß es ganz natürlich schien, wenn die anfängliche Lähmung sich lichtete, wieder nach einem ›Prinzen‹ zu suchen, der sie aus der beschämenden Niederlage retten und ihr bei der Wiederherstellung ›des Traums‹ helfen konnte.«[26] Es war, als hätte man sie ihres eigentlichen Lebens beraubt. »Diese Frauen hatten ›den Traum‹ verwirklicht, und nun mußten sie nach dessen Ende überleben.«[27]

Frauen, die die Scheidung nicht selbst veranlassen, scheinen es am schwersten von allen zu haben, denn sie erleiden nicht nur den Verlust einer Ehe, sondern auch den einer Illusion. Die meisten der Frauen, die von Carol Anderson befragt wurden, beschrieben ein Gefühl, »außer Kontrolle zu geraten«, als ihre Männer sie verließen. »Sie waren traumatisiert durch die völlige Zerstörung ihrer Lebenspläne, außerstande, weiterhin als diejenige Frau zu funktionieren, die zu sein man sie erzogen hatte.«

Aber diese Frauen, »die von einem ›Prinzen‹ verlassen worden waren oder gezwungen worden waren, ihn zu verlassen«, wußten wohl, daß es töricht wäre, nach einem anderen Mann zu suchen, der sie retten sollte. Jetzt ging es darum, ihr Leben wieder in die richtige Bahn zu lenken. In den meisten Fällen bedeutete das eine ziemliche Anstrengung, wie auch Roxanne, die frühere Arztgattin, die nun aus Armut in einer Sozialwohnung in Manhattan leben muß, entdeckte, da sie nun für ihren eigenen Unterhalt und den ihrer Kinder ganz oder zum größten Teil selbst aufkam.

Viele der Frauen in Carol Andersons Untersuchung meinten, daß es eine der gewaltigsten Herausforderungen ihres Lebens gewesen sei, sich mit Geld auseinanderzusetzen. »Sich mit ihren eigenen finanziellen Angelegenheiten zu befassen, konnte bei ihnen das Gefühl auslösen, sie wären mitten in einen heimtückischen Sturm geraten«, schrieb die Psychologin. Geld wurde zur »letzten Grenze ihrer Unabhängigkeit«.[28]

Anderson und ihre Kolleginnen, so verständnisvoll sie gegenüber der wirtschaftlichen Realität der geschiedenen Frauen waren, machten jedoch eine wichtige Beobachtung. Bei den von ihnen interviewten Frauen schien *die bloße Möglichkeit, daß sie allein und arm dastehen könnten, eine Atmosphäre der Unsicherheit und Verwundbarkeit zu erzeugen, die weit über das aktuelle Thema, nämlich genug Geld zu haben, hinausging.*

Das heißt, die bloße Vorstellung, allein zu sein, beschwor Visionen der Armut herauf.

Überraschend viele Frauen benutzen das furchteinflößende Bild der Stadtstreicherin, um ihre Angst vor einem Ende in Armut auszudrücken. Doch die desperate Vorstellung der Frauen von Finanzen – in der sie weniger verdienen, weniger sparen, weniger investieren und im Alter, wenn nicht schon vorher, arm sind – hat zum Teil mit Problemen zu tun, die sie noch immer beim Umgang mit Geld haben. Auf einer bestimmten Ebene verstehen Frauen es noch immer nicht. Viele denken nach wie vor: »Wenn ich das Richtige tue, wird sich schon jemand um mich kümmern.«

Frauen haben Angst vor Verarmung, weil für viele Frauen in unserer Gesellschaft in der Tat am Ende die Verarmung steht. Aber sie haben auch Angst davor, weil sie wissen, daß sie sich nicht selbst schützen. Von 65 Frauen, die ich für mein Buch *Frauen im Aufwind,* einen Bericht über die Lebensmitte der Babyboom-Frauen, interviewt habe, hatten nur zwei hinreichende Ersparnisse oder Kapitalanlagen – obwohl einige von ihnen mehr als 100000 Dollar im Jahr verdienten! All diese Frauen hegten die Phantasie, daß, wenn sie älter werden, jemand sie erlösen würde – Freunde, Kinder, der Staat, das plötzliche Auftauchen eines Ritters in Waffen, mochten Lanze und Schild durch Nichtgebrauch auch rostig geworden sein.

Als ich sie fragte, wie hoch ihrer Meinung nach ihre Pension sein würde, wenn sie in den Ruhestand ginge, antwortete Linda, eine Teilzeit arbeitende Suchtberaterin und geschiedene Mutter: »Ich habe nicht groß darüber nachgedacht. Ich habe nie geglaubt, ich *müßte* darüber nachdenken. Ich dachte wohl, daß an einem bestimmten Punkt ein Mann für mich sorgen würde. Statt dessen sorge ich für mich selbst, für meine Mutter *und* für meine Kinder.«

Einige der Frauen, die ich für *Sterntaler* interviewt habe, schilderten, daß sie von Kraftlosigkeit und Trübsinn überschwemmt würden, sobald das Gespräch auf festverzinsliche Wertpapiere komme. Die 67jährige Marcia, geschieden, verwitwet und »wahrscheinlich für immer« arbeitend, nennt es Sich-dumm-Stellen. »Mein Blick wird glasig, ich vergesse wichtige Einzelheiten, kann mich nicht mehr richtig ausdrücken. Ich glaube, ich versuche, den Leuten zu beweisen, daß ich keine wirkliche Kontrolle über mich habe. Etwa so: ›Keine Angst, ich weiß nicht wirklich, was ich tue. Ich bin nicht wirklich eine starke Frau.‹«

Hinter all den verbesserten Gehältern, den wohlklingenden akademischen Titeln, dem scheinbaren Durchblick und der Lebensfreude liegt ein bösartiger Hang zur Selbstdestruktivität, der die Sicherheit der Frauen untergräbt. Viele von uns haben *keine* Kontrolle. Geld rinnt durch unsere Hände wie Wasser durch ein Sieb. Wir halten nichts fest. Wir investieren nicht. Und das Faktum unserer finanziellen Unverantwortlichkeit hängt unmittelbar mit unserer Angst zusammen, in Armut zu enden.

Hofdamen: Warum Frauen ihre finanzielle Unabhängigkeit sabotieren*

Vielen von uns geht es wie unseren Müttern: Wir glauben nicht – nicht wirklich, nicht von ganzem Herzen, nicht auf lange Sicht – an uns selbst. Wir haben so etwas wie episodisches Selbstvertrauen, Vertrauen, das sich auf bestimmte Ereignisse, bestimmte Leistungen, momentane Triumphe bezieht. Das ist etwas anderes als ein Vertrauen, das mit uns selbst zu tun hat, mit einem festen Glauben an unsere Fähigkeiten und unsere Intelligenz. Wir

* Hofdamen heißen auf englisch *ladies in waiting*, Frauen, die darauf warten, daß sie gebraucht werden. (Anm. d. Übers.)

sind stark auf die Illusion über die Kontrollierbarkeit angewiesen, auf die dünne Hoffnung, daß wir durch Willenskraft, Timing und beharrliches Schuften vielleicht alles zusammenhalten können. Gib die Kontrolle für eine Minute, eine Sekunde auf, und du bist erledigt, verarmt, das einzige, was du noch für dich tun kannst, ist, das eiernde Rad am Einkaufswagen zu reparieren, bevor all deine irdischen Güter in den Rinnstein fallen.

Selbst bei unverheirateten Frauen – die eindeutig weniger finanzielle Probleme haben als verwitwete und noch weniger als geschiedene Frauen – wirkt sich der Glaube, daß der Status des Unverheiratetseins vorübergehend sei, verheerend auf die finanzielle Sicherheit aus.

Allzu oft ist auch bei einer unverheirateten Frau die Ansicht anzutreffen, daß sie eines Tages doch noch einen Mann heiraten werde, der finanziell für sie sorgt, schreiben Sharon Hicks und Carol Anderson, Psychologinnen am *Western Psychiatric Institute* in Pittsburgh, in ihrem Buch *Women in Families.* »Mit dieser Annahme kann sie an ihrer Karriere arbeiten, aber sie wird sich mit Sicherheit nicht mit der Verwaltung ihrer Finanzen beschäftigen, wie es ihre männlichen Gegenspieler tun; bei ihr ist es weniger wahrscheinlich, daß sie Investitionen in Betracht zieht, daß sie ihre Altersvorsorge absichert oder ein Haus kauft. Wenn ihr schließlich aufgeht, daß sie für ihren Unterhalt immer auf sich selbst angewiesen sein wird, sieht sie sich möglicherweise sehr realen finanziellen Problemen gegenüber und geringen Zeitreserven, um die Probleme in den Griff zu kriegen.«[29]

In ihrer Studie über Frauen in Pittsburgh, die auf eigenen Füßen stehen, stellten Hicks und Anderson fest, daß der Mangel an »finanzieller Gesundheit«, wie sie es nennen, ein wesentliches Problem sei. »Überraschend viele, im übrigen intelligente Frauen verwalten trotz ihres beruflichen Erfolgs ihre Finanzen nicht gut. Scheckbücher sind nicht gedeckt, Investitionsmöglichkeiten werden nicht geprüft, Ersparnisse sind Phantasiegebilde.«[30]

Hicks und Anderson gelang ein Durchbruch in der Behandlung alleinstehender Frauen – so wurde es von Familientherapeuten wahrgenommen –, indem sie eine Behandlungsrichtung ausbildeten, die sich auf die Auswirkungen der Finanzen auf das Leben ihrer unverheirateten Klientinnen konzentrierte. Für die Familientherapeuten vollzog sich ein Paradigmenwechsel. Sie betrachteten die Unfähigkeit der Frauen, mit Geld umzugehen, nicht mehr als Symptom, sondern als *Ursache* – bei Angst, bei Verlust des Selbstwertgefühls, sogar bei Identitätsverlust.

»Leider bleiben diese Frauen innerlich zu einem wesentlichen Teil ›Hofdamen‹, die darauf warten, daß früher oder später ein Mann vorbeikommen und sie retten werde«, schreiben Hicks und Anderson.[31]

Da sie warten, stellen sie sich nie auf die Realität der Gegenwart ein, und noch viel weniger planen sie für die Realität der Zukunft.

Eine Organisation mit Namen *An Income of Her Own* (AIOHO) begann 1992 in Santa Barbara mit der Grundlagenarbeit, »Frauen unter 20 Jahren in die wirtschaftliche Bildung einzuführen«.[32] AIOHO, mittlerweile von nationaler Reichweite, hat 123 Millionen Frauen unter 20 Jahren ermittelt, die »in einer prekären wirtschaftlichen Lage« sind. Das liegt großenteils daran, daß sie mit einer Mutter leben, die ihrerseits arm ist, zumeist wegen Scheidung oder Tod des Ehemannes. AIOHO hat die *Girls Scouts* und die *Girls Inc.* dazu gebracht, ihre Programme für finanziellesBewußtsein und für die Ausbildung von Sachkenntnis für Mädchen verfügbar zu machen. »Die Erwartung, daß junge Frauen, die wirtschaftlich gebildet sind, tatsächlich besser darauf vorbereitet seien, sich um ihr wirtschaftliches Wohlergehen zu kümmern, ist nicht unvernünftig«, meinen die Gründerinnen von AIOHO.

Etwa ein Jahr bevor meine Mutter starb, setzte ich mich mit ihr zusammen und machte eine Aufstellung, wie hoch die monatlichen Kosten für ihren Lebensunterhalt waren. Ich entschied, daß, wenn ihre Miete niedriger wäre, sie genug Geld für die nächsten fünf Jahre hätte. Ich suchte den Geschäftsführer ihres Altenwohnstifts auf und schilderte ihm die Situation meiner Mutter. Für 1350 Dollar im Monat erhielt sie zusätzlich zu ihrer Wohnung zwei Mahlzeiten pro Tag und einmal wöchentlich eine Haushaltshilfe. Das war zunächst einmal nicht schlecht, aber die Miete war in dem durch Arztkosten belasteten Budget meiner Mutter der einzige Punkt, an dem vielleicht etwas zu machen war.

Es ist bemerkenswert, daß der Geschäftsführer, nachdem er sich die Geschichte meiner Mutter angehört hatte, sich bereit erklärte, ihre Miete um 400 Dollar zu senken. Als ich es meiner Mutter erzählte, war sie außer sich vor Dankbarkeit und Erleichterung. Ich triumphierte voller Stolz. Es war mir schließlich gelungen, meiner Mutter wirklich zu helfen. Sie mußte nun nicht mehr so häufig von einem Ende in Einsamkeit träumen, vom nächtlichen Herumirren in einer üblen Gegend der Stadt.

Aber das Ganze hatte noch einen anderen Effekt. Das Eintauchen in die Finanzen meiner Mutter konfrontierte mich mit der Gefährlichkeit meiner eigenen Lage. Ich hatte nie einen angemessenen Plan für meine finanzielle Zukunft aufgestellt. Was wäre der entscheidende Punkt gewesen? Ich hatte nicht genug Geld, um im Falle von Krankheit oder Invalidität länger als ein paar Monate zu überdauern. Es war zu entsetzlich, um darüber nachzudenken, und deshalb vermied ich es und konzentrierte mich statt dessen auf die Probleme anderer. Ich gab meinen Kindern Geld, wenn sie welches brauchten. Ich wollte nicht, daß sie sich so verlassen fühlten wie ich, als ich in ihrem Alter, zwischen 20 und 30, war.

Mein Problem in bezug auf Geld hatte vor allem damit zu tun, daß ich das Gefühl gewann, für mein Wohlergehen selbst verantwortlich zu sein. Dafür gab es bei mir kein Konzept. Der Collegeabschluß war für eine Frau in den fünfziger Jahren kaum etwas anderes als eine Warteschleife, ein Zwischenstadium voller Hoffnungen. In New York zu leben, Mitbewohnerinnen zu haben, die mit mir vom College in die Stadt gekommen waren und die Wohnung mit mir teilten, eine Anstellung, die mir für den Anfang 45 Dollar pro Woche einbrachte – all das schien wie eine Verlängerung des College-Lebens. Die Kids trafen sich in Bierkneipen und tranken sich durch die Wochenenden. Wir schnorrten Zigaretten und borgten alles voneinander – Kleidung, Geld, abgelegte Freunde. Es war ein Paradies der Unverantwortlichkeit, und wir meinten, wir könnten darin bleiben, bis uns die Realität heimsuchen würde – was für Mädchen mit Sicherheit Heirat bedeutete.

Unsere Frauengeneration war nicht die einzige, die meinte, sie hätte Zeit, die Jahre zu genießen, bevor sie in die Sicherheit des ehelichen Glücks eintrat. Auch die Generation unserer Mütter betrachtete die Jahre mit Anfang 20 als die letzte Gelegenheit, sich auszutoben. Sie waren Hofdamen, die darauf warteten, daß der Ernst des Lebens beginne, daß der Prinz geritten käme.

Erst als sie achtzig Jahre alt war, erzählte mir meine Mutter von dieser Zeit der Sorglosigkeit in ihrem eigenen Leben. Ich hatte sie mir nie wirklich als arbeitende junge Frau in Washington vorstellen können, die sich neue Kleider kaufte, auf dem Potomac Kanufahren ging und an Wochenendnachmittagen Tanztees besuchte. Auf einem dieser Tanztees traf sie meinen Vater, und sie heirateten schließlich – aber davor, diese Freiheit! Sie trat in einen Chor ein, weil sie furchtbar gern sang. Sie besuchte Abendkurse und bereitete sich auf ihren Collegeabschluß vor. Sie lebte mit Freundinnen zusammen in einer Wohnung – genau wie ich! Sie machte Ferien.

Irgendwie hatte ich nie von diesen Dingen erfahren – daß es für sie eine Zeit der Freiheit und Unbeschwertheit gegeben hatte. Ich glaube, sie heiratete den hoffnungsvollen Studenten, um einer Zukunft des Mangels zu entgehen. Eine Sekretärin zu sein wie meine Mutter war so ziemlich das Äußerste, was eine Frau in den dreißiger Jahren üblicherweise erreichen konnte. Aber keine konnte auf lange Sicht mit dem Gehalt einer Sekretärin überleben, nicht, wenn sie eine Familie haben wollte.

Also arrangierte sich meine Mutter um der Sicherheit willen – und verlor ihre Freiheit. Ich fühlte das irgendwie – fühlte es schon als ganz junges Mädchen. *Ich glaube, das war die Botschaft für die Töchter der Frauen der Generation meiner Mutter: Du kannst wählen zwischen Freiheit und Sicherheit, aber du kannst nicht beides haben.*

Man hat mir nie die Vorstellung nahegelegt, daß ich eines Tages solche Verantwortung übernehmen müßte. Mädchen legte man das nicht nahe. Ich gedieh schließlich im Chaos. Als ich erwachsen wurde, gefiel es mir als Idee, wenn nicht gar in Wirklichkeit, mich auf Messers Schneide zu bewegen. Ich mochte die vorgebliche Freiheit, wenn nicht gar den alltäglichen Aufruhr impulsiven Verhaltens. Ich heiratete einen Mann, der die Impulsivität in Person war, und neun lange Jahre gingen wir auf dem Zahnfleisch, bis ich die Anstrengung nicht mehr ertrug – und ihn verließ.

Ich versuchte, ein stabileres, unabhängiges Leben aufzubauen. Ich wußte, daß meine Kinder das brauchten. *Ich* brauchte es. Aber Geld war immer ein prekärer Punkt. Es war wenig Geld da, und aus Gründen, denen ich nicht nachging, kam es gar nicht in Betracht, einen Haushaltsplan aufzustellen oder gar zu sparen. Ich bezahlte die Rechnungen, wenn ich konnte, und schaffte es, mich über Wasser zu halten.

Aber die Stadtstreicherin verfolgte mich dennoch. Ich lebte in der Angst, die Miete für den nächsten Monat nicht aufbringen zu können.

Nichtsdestoweniger machte es mich stolz, daß ich als Schriftstellerin für meine Kinder sorgte, ohne fremde Hilfe. Ich glaubte nicht, daß ich es *besser* hinkriegen könnte, als es der Fall war. Die meisten meiner Freundinnen – Frauen, die aus ihrer Ehe ausgestiegen waren, um ihren Weg allein zu gehen, in der Freiheit der vom Feminismus geprägten siebziger Jahre – waren so mittellos wie ich. Die Vorstellung, unabhängig zu sein, war uns lieb und teuer, aber nachts träumten wir unsere Obdachlosenträume. Wir gaben es vielleicht nicht zu, aber in unserem tiefsten Innern hatten wir Angst.

Zwanzig Jahre später ist diese Angst noch immer da. Wir haben uns vielleicht stärker an die finanzielle Unsicherheit gewöhnt. Es ist bemerkenswert, wie leicht wir uns mit der Angst abfinden. Wir lachen sogar darüber. (»Es ist lächerlich! Schau, wieviel Geld ich verdiene, und ich habe immer noch diese Träume.«) Aber wir *fühlen* uns nicht sicher.

»Frauen fragen sich nicht nur, wie ihre Zukunft wohl aussehen wird, sie sind um sie besorgt – sehr besorgt«, berichtet die

Zeitschrift *Money*. Nach einer Erhebung von Phoenix-Hecht/Gallup fürchten 20 Prozent mehr Frauen als Männer, daß sie für die Bedürfnisse ihrer Familie oder für den eigenen Ruhestand nicht genug sparen. »Wir nennen es den Alptraum von der Stadtstreicherin«, erklärte Olivia Mellan, Psychotherapeutin in Washington, D.C., der Zeitschrift *Money*. »Selbst wohlhabende Frauen fürchten, daß sie eines Tages ohne Wohnung dastehen könnten.«[33]

Viele Frauen suchen auf einem Web-Site namens *Bag Lady Syndrome* (Stadtstreicherin-Syndrom) (http:gnn/meta/finance/feat/bag) Lösungen für ihre finanziellen Ängste. »Es sind berufstätige Frauen, die diesen Site aufsuchen«, sagt die Finanzplanerin Suze Orman, die den Site betreibt. »Aber ihnen sitzt noch immer die Angst in der Magengrube.«

»Ich weiß, daß Ersparnisse wichtig sind, aber irgendwie scheint es, als könnte ich nicht sparen. Ich betrüge mich selbst; ich kriege Panik. Es ist fast, als könnte ich für immer Kind sein; es macht mich wütend auf mich selbst.«

Die Frau, die so spricht, ist kein Kind. Sie ist eine 44jährige Publizistin der Touristikbranche, die hier das Chaos ihrer finanziellen Lage eingesteht. Ein Jahr zuvor mußte ihr Vater einspringen, als sie das Geld für ihre Steuern nicht aufbringen konnte: 2300 Dollar.[34]

Von den Frauen, die Leslie Brenner interviewt hatte, hatten überraschend viele »einen Horror vor Geld«. Sie bezahlten ihre Rechnungen zu spät oder gar nicht und ließen die Schulden auf ihrer Kreditkarte wachsen. Es fiel ihnen schwer, nach Gehaltserhöhungen zu fragen. Sie brachten es nicht fertig, ihren Kontostand auszugleichen. »Bewußt mögen sie sich wünschen, mehr Geld zu verdienen, und den Gedanken sogar stimulierend finden, aber gleichzeitig fühlen sie sich schuldig und voller Angst, wenn es darum geht, die mit dem Geldverdienen verbundene Macht auszuüben«, schreibt Brenner in der Zeitschrift *New Woman*.

Das trifft selbst auf Frauen zwischen 20 und 30 zu. Faye Girsh, Psychologin in San Diego, die sich auf Geldangelegenheiten spezialisiert hat, erzählte Brenner: »Jüngere alleinstehende

Frauen, die Angst davor haben, sich um ihre Finanzen zu kümmern, haben auch Angst, allein zu bleiben und sich finanziell wie emotional allein durchzuschlagen.« Wenn sie aus dem Elternhaus ausziehen, werden sie von Angst erfaßt, weil sie zum erstenmal für sich selbst sorgen und mit Rechnungen und Kreditkarten verantwortungsvoll umgehen müssen. Viele befinden, daß sie ihren Weg nicht allein machen können. »Sie geben sich einer Art magischen Denkens hin«, meint Girsh, »daß jemand sich um sie kümmern wird. Oder daß etwas geschehen wird und sie nicht der Armut anheimfallen werden.«[35]

Viele wünschen sich dauerhaft, daß jemand anderer für sie sorgen möge. So Sharon Greenburg, Dr. phil., Psychologin in Chicago: »Frauen verhalten sich ambivalent gegenüber dem Versorgtwerden.« Diese Ambivalenz beeinflußt die Art und Weise, wie sie mit Geld umgehen. »Man kann nicht wirklich finanziell unabhängig sein, wenn man emotional von Eltern oder sonst jemandem abhängig ist.«[36]

»Frauen brauchen Hilfe, um ihre finanziellen Angelegenheiten unter Kontrolle zu bekommen«, schrieben Hicks und Anderson. »Ohne diese Kontrolle werden sie ihre Macht, ihr Selbstwertgefühl, ihren Stolz und ihre Autonomie nie in vollem Maß erfahren.«[37]

Abhängigkeit stellt die eigentliche Schwierigkeit dar, wenn es darum geht, daß Frauen sich Sicherheit verschaffen. Solange ein Teil unserer selbst der romantischen Vorstellung vom Gerettetwerden anhängt, werden wir weiterhin unsere finanzielle Unabhängigkeit gefährden.

Aber was, so fragen wir uns, läßt Frauen immer noch glauben, daß ihre Sicherheit in der romantischen Liebesbeziehung zu finden sei? Die wichtigste Botschaft, die junge Frauen heute erhalten, lautet, daß sie es allein nicht schaffen können. Ungeachtet des Feminismus und der Tatsache, daß viele der Frauen, von denen sie aufgezogen und unterrichtet werden, sich für emanzipiert halten. Wie wir in den folgenden Kapiteln sehen werden, verzichten Mädchen und junge Frauen auch heute noch auf Unabhängigkeit, weil sie fürchten, daß Autonomie ihnen ein Leben beschert, in dem sie isoliert, ohne Liebe und allein sind. Lieber Armut als so etwas!

Und mit diesen beiden einander widersprechenden Vorsätzen gewappnet, beginnen sie das Netz ihrer sich selbst erfüllenden Prophezeiungen zu spinnen.

KAPITEL 5

»Cool« werden: Wie wir lernen, uns selbst zu verraten

Als ich sechs Jahre alt war, kaufte ich meiner Mutter zu Weihnachten einen Satz bunte Rührschüsseln, voller Freude, daß ich mir soviel Großzügigkeit leisten konnte. Natürlich hatte mein Vater mir das Geld gegeben.

Mit sieben hatte ich ein komplizierteres Stadium des Schenkens erreicht. Ich hatte den Eindruck, daß meine Mutter überarbeitet war und unterbewertet wurde. Der elektrische Mixer, den ich ihr diesmal zu Weihnachten schenkte, sollte ihr das Leben erleichtern, sie aber auch, so sehe ich es jetzt, erheben, ihren Wert erhöhen, sie zur Besitzerin eines tollen neuen technischen Gerätes machen. Ich wollte, daß meine Mutter sich wie eine Bürgerin erster Klasse fühlte.

Die meiste Zeit meines Lebens dachte ich, daß es eine besondere Lebensgeschichte in bezug auf Geld bei mir nicht gebe, auch keinen Grund oder mehrere Gründe dafür, daß ich am Ende solche Angst vor der Herausforderung, für mich selbst zu sorgen, hatte. Jahrelange Psychotherapie brachte keine wesentlichen Einsichten. Über Geld als solches wird in Therapien häufig gar nicht gesprochen. Probleme mit dem Verdienen und Verwalten des Geldes werden als Symptome angesehen. Heile die Frau (oder den Mann), und die Zahlungsunfähigkeit regelt sich von allein.

In meinem Fall wurde im Verlauf einer 16 Jahre dauernden Psychoanalyse kein Muster des Schuldenmachens je identifiziert. Ein Grund dafür war, daß ich immer mehr Geld verdiente, je länger ich in der Therapie war. Es war für uns, den Analytiker und mich, sehr verführerisch gewesen zu glauben, daß alle finanziellen Probleme im Zusammenhang mit meiner Neigung, mich von anderen übermäßig abhängig zu machen, besiegt waren.

Aber in Wirklichkeit verdankte sich die dramatischste Veränderung meiner finanziellen Lage einem glücklichen publizistischen Volltreffer. In dem Buch, das mir so viel Geld einbrachte, ging es – welche Ironie! – genau um jenes Problem, in das ich unbewußt noch immer verstrickt war. Ich glaubte, *Der Cinderella-Komplex* habe den Kern dessen getroffen, was die Schwierigkeiten von Frauen mit der Selbstversorgung ausmacht. Damals verstand ich nicht, wie vielschichtig dieses Problem ist, wie sehr einen die Oberfläche, auf der man weit über die destruktiven Probleme mit der Abhängigkeit hinaus gelangt ist, darüber täuschen kann, daß man noch immer mit den tiefgreifendsten Überlebensängsten als Frau zu kämpfen hat.

Den Mangel spüren

Wenn das Geld auch knapp war, als ich heranwuchs, so waren wir doch nicht arm. Mein Vater war Collegelehrer, meine Mutter eine traditionelle Mutter. Für den Blick eines Außenstehenden waren wir eine »normale« Familie – keine Sucht, kein offenkundiger Mißbrauch, nur die übliche Machtstruktur einer traditionellen Familie der fünfziger Jahre. Aber doch, es gab eine Geschichte. Es gibt immer eine Geschichte.

Ich erinnere mich an ein Foto, das mich in der zweiten Klasse zeigte, dünn, mit sandig-blondem Haar und einer Lücke zwischen den oberen Schneidezähnen. Die Augen waren neugierig, das Lächeln schüchtern. Ein embryonales weibliches Wesen in einer Bluse, die die Mutter genäht hatte.

Sie nähte schön, meine Mutter, sorgfältig und gewissenhaft nähte sie mir Kleider, die zu ihren paßten, gefütterte Wollkostüme, kleine Pillboxhüte. Die Sparsamkeit einsetzend wie ein Mann seine Machete, suchte sie nach guten Stoffen zu herabgesetzten Preisen und hatte dabei ein Auge für phantasievollen Putz. Ich wußte die Eleganz der Sachen, die sie für mich nähte, zu schätzen: Ich verstand es, als sie mich über ordentliche Abnäher und Seidengarn und fein ausgeführte Knopflöcher belehrte. Aber ich fühlte mich in diesen Kleidern nicht wie ich selbst. Meine Mutter hatte zu sehr an ihnen arbeiten müssen. Sie waren zu ausgefallen, genau wie mein Haar. Als ich sieben war, pflegte meine Mutter es mit aller Gewalt künstlich aufzuplustern, indem sie mir am Küchentisch eine übelriechende *Toni-Home*-Dauerwelle verpaßte.

Irgend etwas stimmte nicht. Meine Mutter gab sich zuviel Mühe, und ich war Zeugin ihrer Bemühung und zugleich der Mühe nicht wert. Aber um was ging es bei ihrer Bemühung? Darum, uns hübsch zu machen, ja, aber auch darum, eine Statusverbesserung zu bewerkstelligen. Zu wissen, was gut war, und zu verwerfen, was protzig und schlecht gemacht war, oder sich darüber zu erheben. Auch Ordentlichkeit zählte. Vielleicht hat meine Mutter mein glattes Haar mit einer Dauerwelle versehen, weil sie es nicht leiden konnte, wie es mir normalerweise über die Augen fiel.

Noch mit 88 Jahren, als sie starb, war sie sorgfältig auf ihre Kleidung bedacht. Die Schuhe paßten immer zu den Kleidern. Das Halstuch paßte immer zur Bluse. Ich freute mich für sie, wenn ich ihr half, die roten Ballerinas vorsichtig über ihre alten Füße zu ziehen. Ihre Strümpfe hatten keine Laufmaschen, ihr Lidschatten war sorgfältig aufgetragen. Ich freute mich, weil sie noch immer stolz auf ihre Erscheinung war und würdevoll auftrat. Ich hatte mich in all den Jahren oft minderwertig gefühlt, wenn ich mich mit ihr verglich. Manchmal bewunderte meine Mutter den Schnitt meiner Hose oder die Stoffqualität meines Seidenhemdes, aber meistens traf mich ein resignierter Blick. Richtig »angezogen« war ich, nach ihrem Verständnis, nur, wenn es die Umstände wirklich erforderten, und selbst dann schaffte ich es nicht, alles aufeinander abzustimmen.

Natürlich gab es zwischen uns einen Generationsunterschied. In der Zeit, als meine Mutter volljährig wurde, nahmen Frauen der Mittelschicht »sich zusammen«, sie versuchten, eine Art Vollständigkeit zu erreichen, Modeschmuck auf die Form eines Kragens oder auf die Größe einer Schuhschnalle abzustimmen. Frauen meiner Generation ist an Bequemlichkeit und Einfachheit gelegen, eine deftige Farbe und der Rest schwarz. Meine Mutter haßte Schwarz. Wenn ich sie besuchte, hatte ich immer das Gefühl, ich hätte, in ihren Augen, einen Mangel.

Mangel ist, wie in den meisten Geldgeschichten, das ausschlaggebende Wort. Wie ich feststellen mußte, ist es in der Tat möglich, eine ganze Menge Geld zu haben und trotzdem Mangel zu empfinden.

Meine Eltern stammten nicht aus wohlhabenden Familien. Meiner Mutter, das vierzehnte von 16 Kindern, mangelte es als Heranwachsender an fast allem. Ihre Eltern waren deutsche Einwanderer, die der Erde einen Lebensunterhalt abzugewinnen versuchten. Mein Vater, das älteste von sieben Kindern einer irischen Arbeiterfamilie im Süden, wuchs ebenfalls mit wenig Geld auf. Er war der einzige unter seinen Brüdern und Schwestern, der das College besuchte. Danach machte er sofort seinen Magister in Washington (wo er meiner Mutter begegnete), und neun Jahre, nachdem ich geboren war, promovierte er an der Columbia University. Der Weg nach oben war für meinen Vaters der des Intellektualismus, der meiner Mutter bestand darin, meinen Vater zu heiraten.

Auf Fotos sah mein Vater als junger Mann mit seinem schwarzen Mantel und seinem weißen Seidenschal charmant aus. Bei ihrer ersten Verabredung gewann mein Vater die Aufmerksamkeit meiner Mutter, indem er sie ins Theater einlud. Später umwarb er sie in einem Kanu auf dem Potomac. Als sie eines Abends kenterten, entstieg sie dem Wasser in einem tropfnassen weißen Spitzenkleid. Sie fuhren im Taxi zurück nach Georgetown.

Das war ein ferner Ruf aus dem randständigen Bauerndasein ihrer Kindheit in Nebraska und aus seinen frühen Jahren in Charleston, wo er und die anderen mageren Jungen, die im Hafen schwimmen gingen, Werftratten genannt wurden. Das schönste Geschenk, das mein Vater jemals von seinem Vater bekam, war ein Esel, den sein Vater bei einer Wette gewonnen hatte. Er nannte ihn Moses, ritt auf ihm durch die Stadt und dachte gar nicht daran, daß er eines Tages seine Familie verlassen und nach Norden ziehen könnte, um ein Mädchen aus Nebraska kennenzulernen und zu heiraten und schließlich eine akademische Laufbahn einzuschlagen auf einem Gebiet, das ihn isolierte, weil weder seine Frau noch seine Kinder jemals etwas davon verstanden.

Jeder hat seine Geschichte in bezug auf Geld, und jede Geschichte hat ihre Besonderheiten. Sie sind prägnant, und sie bedeuten etwas. Anfangs und vielleicht für lange Zeit mag es so scheinen, als hätten die Besonderheiten wenig mit Geld zu tun. Geld ist die letzte Sünde, das heimliche Laster. Wie beim Sex sind die Vorlieben und Verdrehungen, mit denen wir an die Sache herangehen, nahezu universal und mit genügend Scham verbunden, um verdeckt zu bleiben. Die meisten Menschen wissen nicht einmal, wie verwickelt ihre Einstellungen zum Geld sind und wie sehr sie ihnen die Luft abschnüren.

Bis ich neun Jahre alt war, arbeitete mein Vater tagsüber beim *Brooklyn Naval Yard* und besuchte abends die Columbia University, wo er promovierte. Geld an sich war nie ein Ziel für meine Eltern, aber Stabilität war es, Stabilität und eine gewisse Statusverbesserung. Meine Eltern legten großen Wert auf ihre Fähigkeit, sich und uns einen festen Lebensstandard zu ermöglichen und aufrechtzuerhalten. Aber unter ihrer scheinbaren Zufriedenheit über ihren Eintritt in die Mittelschicht lag das Bestreben, anerkannt zu werden, als wertvoll akzeptiert zu werden, Bürger erster Klasse zu sein.

Mein eigenes Gefühl für das, was notwendig war, um als Frau anerkannt zu werden, war von meiner Mutter beeinflußt und wurde immer offenkundiger, je mehr ich mich der Pubertät näherte. Diese duftigen Baumwollkleider, die in meinem Schrank hingen, schuf sie, damit sie sich – und ich mich – akzeptabel fühlen konnte. Freitagnachmittags, wenn das Hausmädchen gegangen war (sie war eine Schwarze, kam einmal in der Woche zum Bügeln und war gehalten, ihre Straßenkleidung in einem winzigen Badezimmer im Kellergeschoß aus- und anzuziehen), öffnete ich meinen Kleiderschrank und dachte, wie gut ich es doch hätte. Mein Schlafzimmer roch angenehm nach Wäschestärke. Die Kleider waren hübsch. Wenn es so weiterging, würde ich mit all den Dingen aufwachsen, die man brauchte, um ein richtiges Leben zu führen.

Natürlich war ich mir nicht sicher, was ich brauchte. Noch hatte ich die leiseste Ahnung, was dazu gehörte, ein richtiges Leben zu führen. Die gestärkten und gebügelten Kleider machten mich präsentabel; wenn ich eines auswählte, gab es mir das Gefühl, »angezogen« zu sein.

Das war im Sommer. Im Winter, als ich auf die private High School für Mädchen kam, die zu bezahlen meine Eltern hart ankam, fühlte ich mich zweitklassig. Die meisten meiner Freundinnen kamen aus Familien mit mehr Geld, und wenn auch die gräßlichen braunen Uniformen unter der Woche die finanziellen Unterschiede einzuebnen schienen, so erfüllten mich die Kaschmirpullover, die manche der Mädchen trugen, mit Unbehagen. Es war nicht so, daß ich unbedingt einen Kaschmirpullover haben wollte, vielmehr glaubte ich, ich würde vor den anderen nicht bestehen, weil ich keinen hatte. Wenn ich sie besuchte, sah ich, daß ihre Häuser größer waren als unseres und aufwendiger möbliert. Es herrschte eine Atmosphäre von Aufgeschlossenheit und Wohlstand. Ich begann mich eingezwängt zu fühlen in unserem kleinen Reihenhaus mit seinem eingezäunten Hinterhof und der Nähe zu den Nachbarn. Ich haßte die Enge der Zimmer, wo Opern und Baseball zur selben Zeit plärrten. Wenn ich von meinen Freundinnen mit den Autos ihrer Väter abgeholt wurde, hatte ich das Gefühl, ich flüchtete in eine bessere Welt, eine Welt, in der die Leute nicht nur Autos *hatten* (mein Vater wollte keines haben), sondern ihren Töchtern auch zutrauten, sie zu fahren.

Mir hätte man das nicht zugetraut, davon war ich überzeugt.

Forcierter Übergang

An meine Mutter erinnere ich mich als eine ernste Frau, die immer versuchte, das Richtige zu tun, und die selten lachte. Ich erinnere mich nicht an Augenblicke geteilter Freude, Augenblicke, in denen ihre Wachsamkeit nachließ. Tatsächlich fällt es mir schwer, mich überhaupt an sie während meiner Kindheit zu erinnern. Als Erwachsene war ich bis auf die letzten Jahre ihres

Lebens wütend auf sie. Ich glaube, das Gefühl, verraten und verlassen worden zu sein, war sehr stark. Sie ließ es zu, daß unser Vater uns kränkte und verletzte, weil sie selbst Angst vor ihm hatte. Er war jähzornig und unberechenbar und geriet außer sich, wenn ihn etwas aufbrachte. Wir wußten nie, was dieses Etwas sein würde. Alles mußte nach seinem Zeitplan ablaufen. Wenn er sagte, wir würden zu einer bestimmten Zeit das Haus verlassen, mußten wir genau zu der Zeit fertig sein. Er hatte niemals Zweifel an seinem Recht zu befehlen.

Auch hatte er keine Zweifel an seinem Recht zu bestrafen, wenn er glaubte, daß die Umstände es erforderten. Er schlug mich zweimal; einmal, als ich zehn oder elf war und an einem Sommerabend fünf Minuten zu spät nach Hause kam, und einmal, als ich fünfzehn war und er mich an einem Aprilabend im Drugstore beim Rauchen erwischt hatte. Als wir den Drugstore verließen und die Straße hinuntergingen, schlug er mich mehrmals auf den Po, und ich fühlte mich furchtbar gedemütigt.

Nach der Episode mit dem Rauchen durfte ich wochenlang nicht ausgehen, aber ich erinnere mich, daß meine Mutter eingriff, um meinen Vater zu überreden, mich auf eine Tanzveranstaltung gehen zu lassen, auf die ich mich schon lange gefreut hatte.

Sie griff auch bei einer früheren Gelegenheit ein, einer Tanzveranstaltung, als ich zwölf war und eben mit der High School begonnen hatte. Mein Vater meinte, ich sei zu jung, um hinzugehen. Meine Mutter erwiderte, wenn ich alt genug sei, um die High School zu besuchen, sei ich auch alt genug, um an den gesellschaftlichen Aktivitäten teilzunehmen.

Aber im Rückblick war ich tatsächlich unglaublich jung. Die Tanzveranstaltung fand in einem Hotel in der Innenstadt von Baltimore statt. Ich mußte einen Jungen anrufen und ihn bitten, mich zu begleiten. Das war schrecklich für mich. Ich hatte das Gefühl, ich müsse an dieser Veranstaltung teilnehmen – wie an einem Übergangsritus –, und ich freute mich in Wirklichkeit überhaupt nicht darauf. Ich erinnere mich an das Kleid, türkisfarbener Taft, gekauft, nicht selbstgenäht, mit einem sogenannten

Schlüssellochausschnitt. Ich stopfte meinen Büstenhalter mit Nylonstrümpfen aus und ging irgendwann während der Veranstaltung auf die Toilette, wo ich zu meinem Entsetzen entdeckte, daß ein Strumpf sich oben aus dem Büstenhalter geschoben hatte und aus meinem Ausschnitt herauslugte.

Man stelle sich vor, zwölf Jahre alt zu sein und das Gefühl zu haben, daß man eine Tanzveranstaltung im Hotel mit einer Live-Band und Papierschlangen und Luftballons nur überstehen kann, wenn man sich Nylonstrümpfe in den Büstenhalter stopft. Ich weiß nicht, ob der Junge irgend etwas davon gemerkt hat. Aber ich erinnere mich an das Ganze als meine erste Erfahrung, in der ich die Rolle des Mädchens an der Schwelle zur Pubertät spielte. Nichts erschien dabei natürlich, alles nur gezwungen. Die Kindheit hinter mir zu lassen, bedeutete *keinen* Übergang zu vollziehen. Den einen Tag draußen herumzurennen und Fangen zu spielen und mir dabei die Knie aufzuschlagen und am nächsten Tag Make-up und dünne Strümpfe und Schuhe mit Absätzen zu tragen und wie ein Roboter mit einem Jungen in einem Hotelsaal zu tanzen – das bedeutete es. Ich war froh, als das Fest zu Ende war, unendlich froh. Keine Prüfung hat mir jemals mehr Angst eingejagt. Aber ich hatte mich ihr gestellt, ich hatte es überstanden.

Ich denke, meine Mutter hatte mit dem Standpunkt, den sie wegen der Tanzveranstaltungen meinem Vater gegenüber einnahm, recht. Ich glaube, sie wußte, daß, wenn es nach seiner Nase gegangen wäre, ich ohne normalen gesellschaftlichen Umgang aufgewachsen wäre. Mein Vater hatte selbst zuviel Angst vor dem Leben. Aber ich hatte nie das Gefühl, daß ich meiner Mutter meine Ängste anvertrauen könnte. Sie war eine Verbündete gegen die Rigidität meines Vaters, aber nicht wirklich mit mir verbündet.

Meine Mutter stand mir in den Zeiten, da ein Mädchen die Hilfe seiner Mutter braucht, um einen Übergang zu schaffen, nicht zur Verfügung. Sexualerziehung war eine von der Kirche kontrollierte Angelegenheit voller Euphemismen. Ich konnte mit meiner Mutter auch nicht über die Beziehungen zu meinen Freundinnen sprechen, weil sie eifersüchtig auf sie war. Sie versuchten, mein Leben zu beherrschen, warnte sie mich. »Diese Gerry läßt dich keine einzige Bewegung machen, über die sie nicht Bescheid weiß.« Das stimmte, in gewisser Weise mußte ich das bestätigen, aber ich konnte mit ihr nicht wirklich über die Schwierigkeiten sprechen, ohne ihrer unausgesprochenen Agenda Nahrung zu liefern, welche lautete: Brich die Beziehung zu diesen Mädchen ab; bleib zu Hause bei mir. Als ich älter wurde, weitete sie ihre Kritik aus. Meine Freundinnen waren nicht gut genug, nicht klug genug, ihre Familien gingen nicht in die Oper.

Und so wurde mein wirkliches Leben notgedrungen ein Leben im Verborgenen. Ach, die Freiheit, die Leichtigkeit, die Beschwingtheit, die ich empfand, wenn ich die Vordertreppe hinunterlief und in den großen grünen Buick einstieg, der dem Vater meiner Freundin gehörte; die Freude, hinauszukommen und abzuheben.

Wo war meine Vision?

Nur zu fliehen reicht natürlich nicht aus, denn einer Hydra gleich reckt dasselbe Problem sofort wieder sein Haupt: Wohin willst du überhaupt fliehen? Wie soll es in deinem Leben weitergehen?

Üblicherweise schaut man auf der Suche nach Vorbildern auf seine Eltern. Die Rolle meiner Mutter bestand darin, den Überblick über die Dinge zu bewahren und sie, wenn es sein mußte, wieder ins Lot zu bringen – häufig voller Mißmut. Mein Vater beanspruchte so viel Luft für sich, daß allen anderen in der Familie das Atmen schwerfiel. Ich wollte kein Leben wie meine Mutter führen, aber ich konnte mir auch kein Leben wie das meines Vaters vorstellen.

Wir waren nur zu viert in unserer Familie, mein Bruder war fünf Jahre jünger als ich, aber das Haus erschien mir oft überfüllt und laut. Mein Vater ging jeden Morgen zur Universität, wo er mit Lehren und Forschen unseren Lebensunterhalt verdiente. Zu jener Zeit waren technische Wissenschaften nichts für Mädchen, und ich wollte auf keinen Fall irgend etwas mit den abstrakten Lehrsätzen zu tun haben, die mein Vater ständig auf liniertes gelbes Papier kritzelte. Aber es wäre mir nicht unrecht gewesen, unser überfülltes kleines Haus morgens zu verlassen, mich in die Gesellschaft interessanter Leute zu begeben und mittags im Fakultätsclub essen zu gehen.

Einmal verbrachte ich einen Sommer damit, für meinen Vater in seinem Büro zu tippen, und ich entschied, daß sein Leben an der Universität letzten Endes ziemlich langweilig sei. Ich aß in einem nahegelegenen Drugstore zu Mittag, von dem er nichts wußte. Dort kauerte ich mich in eine der hintersten Ecken, rauchte Zigaretten und las Zeitschriften voller Liebesgeschichten, um mehr über Männer, Frauen und Sex zu erfahren.

Und doch war die Lebensweise meiner Mutter und meines Vaters offenbar die einzige Möglichkeit, die mir zur Verfügung stand. Meine Verwandten lebten weit weg, in South Carolina und Nebraska. Es gab keine Tanten, bei denen ich den Nachmittag hätte verbringen können, keine Vorbilder für eine andere Art des Lebens, nur das Gefühl, von allen abgeschnitten zu sein und daß es meinen Eltern so lieber war. Wir waren eine typische, isolierte Kleinfamilie.

Beginn des Zweifels, erste Schulden

Als ich die Pubertät halbwegs hinter mich gebracht hatte, hatte ich jeden Sinn für Ursache und Wirkung verloren. Auf dem College fing ich an, Schulden zu machen – ich schnorrte Zigaretten, Geld für eine Cola oder eine Tasse Kaffee, gelegentlich für ein Essen in Washington. Es schien, daß ich dauernd irgend jemandem irgend etwas schuldete.

Einmal zeigte mir meine Zimmergenossin, ein Mädchen aus einer wohlhabenden Familie in Trinidad, ihren Ärger darüber, daß ich immerzu ihre Chesterfields schnorrte. Ich war schockiert. Ich empfand meine Zigarettenschnorrerei nicht als so gewohnheitsmäßig wie sie. Außerdem betrug ihr Taschengeld 70 Dollar im

Monat – mehr als dreimal soviel wie meines. Was konnten ein paar Chesterfields ihr schon bedeuten? Ich begann, sie für raffgierig und geizig zu halten, und seitdem fühlte ich mich furchtbar unwohl, wenn ich mir etwas – Geld, Zigaretten, Kleider – von ihr borgte. Ich hatte Angst, sie könnte nein sagen. Ich nahm ihr die Macht, die sie über mich hatte, übel, und ich fühlte mich gedemütigt.

Trotzdem mußte ich sie fragen. Es gab Anlässe, für die ich einfach nicht die richtigen Kleider hatte. Es gab Orte, von denen ich annahm, daß ich einfach hingehen mußte, wenn ich dazugehören wollte. Und es gab die verfluchten Zigaretten. Die brauchte ich, da gab es keinen Zweifel. Das Dumme war nur, daß fünf Dollar pro Woche nicht ausreichten. So jedenfalls sah ich das Problem: Ich habe nicht genug. *Es kam mir niemals in den Sinn, daß ich vielleicht mehr Geld verdienen oder daß ich meine Bedürfnisse neu definieren oder daß ich irgendwie sonst meine Situation unter Kontrolle bringen könnte.*

Ich fühlte mich im Kern meines Wesens machtlos. Ich brauchte jemand anderen, der die Hauptlast meines Unterhalts tragen sollte, und wer lag da näher als meine reichere, also mächtigere Zimmergenossin? (Es war nicht überraschend, daß sie sich für das folgende Jahr um eine andere Mitbewohnerin bemühte.)

Lange Zeit blickte ich auf diese Collegejahre mit der depressiven Bitterkeit und dem Gefühl zurück, etwas Schlechteres, Zweitklassiges zu sein: kein wirklich schlechter Mensch, aber auch nicht ganz in Ordnung. Eine, der nicht aus eigenem Verschulden fehlte, was sie brauchte, und die nur durch Borgen bekommen konnte, was sie brauchte. Ich nahm lange nicht zur Kenntnis, daß ich schon früh ein regelrechtes Muster des Schuldenmachens entwickelte, und hätte es wahrscheinlich auch weiterhin nicht getan, wenn ich mich nicht schließlich einer Selbsthilfeorganisation für finanzielle Sanierung angeschlossen hätte. Das Schuldenmachen setzte sich über Jahrzehnte fort und wurde, wie bei einer fortschreitenden Krankheit, deren Symptome nicht richtig sichtbar sind, allmählich schlimmer. Und dasselbe ungute Gefühl, das ich beim Schnorren von meiner Zimmergenossin auf dem College erlebt hatte, kehrte immer und immer wieder. Je öfter dieses Gefühl auftauchte, desto stärker lähmte es mich, da ich immer raffiniertere Verleugnungsstrategien entwickelte, um mit meinen neuen Geldnöten fertig zu werden.

Anfangs schien es ein völlig normales Szenarium: Eine junge Frau in der großen Stadt wird allmählich flügge. Wenn sie Schwierigkeiten mit Geld hat, nun, haben nicht alle jungen Leute, die zum erstenmal draußen in der Welt sind, Schwierigkeiten damit? Ich lebte mit drei ehemaligen Kommilitoninnen in einer Wohngemeinschaft. Meine Arbeit als Redaktionsassistentin einer Modezeitschrift betrachteten wir alle als einen Prestige-Job, aber er zahlte sich nicht besonders aus. Die Arbeit bei *Mademoiselle,* so stellte sich heraus, lieferte eine erstklassige Umgebung dafür, das Muster fortzuführen, das ich seit meiner Kindheit kannte. Da waren all die Redakteurinnen, die in schicken Kostümen und teuren Schuhen herumliefen. Ich arbeitete nicht in der Moderedaktion, aber das machte kaum etwas aus. Von uns *allen* wurde erwartet, daß wir uns an die Linie hielten, die die Herausgeber vertraten, und die lautete: Stil ist alles. Hoch oben in Condé Nasts Adlerhorst in der Madison Avenue galten sorgfältig gearbeitete Knopflöcher ebensoviel wie im Nähzimmer meiner Mutter.

Meine Kolleginnen in der Redaktion Beruf und Bildung betrachteten sich als die Betriebsintellektuellen. Wir trugen Strümpfe mit Laufmaschen, spotteten über diejenigen, die sich wie besessen mit Rocklängen beschäftigten, und waren zugleich neidisch auf das exquisite Aussehen der Modeexpertinnen, die uns wiederum für naiv oder sogar ein wenig vertrottelt hielten (was wir unter einem modischen Aspekt sicher auch waren). Wir waren stolz auf unseren Verstand und schauten auf die Unwissenden hinab, deren Träume, so stellten wir uns vor, von Erwin-Pearl-Ohrringen erfüllt waren.

Der Neid, den ich empfand, und meine arrogante Abwehr gegen diesen Neid waren eine vollendete Reproduktion der Art und Weise, wie mein Vater sich auf die Welt bezog. Seinen Sehnsüchten begegnete er, indem er ihre Existenz leugnete, indem er sich über sie erhob und sie mit dem, was er für seine geistige Überlegenheit hielt, kompensierte.

Meine Mutter erfüllte sich ihre Sehnsüchte mit Beharrlichkeit und Fleiß – indem sie eine fachkundige Schneiderin wurde und indem sie schließlich noch einmal sehr erfolgreich das College besuchte. Es gab in meiner Familie entschiedene Bestrebungen weiterzukommen, aber es wurde nicht darüber gesprochen. Es schickte sich nicht, Wünsche zu haben. Wünsche waren etwas für die Unterschicht. Als ich mein erstes »Treffen zur Druckentlastung« hatte, nachdem ich mich den *Debtors Anonymous* angeschlossen hatte, erhielt ich die Aufgabe, eine Wunschliste aufzustellen. Ich sah den Mann und die Frau, die das Treffen leiteten, an, als wären sie verrückt. Okay, ich gierte nach den Kleidern in der *Vogue*, den Möbeln in *House & Garden*, den blühenden Birnbäumen im Katalog von *Gardener's Eden*. Jede freie Minute war von unendlich vielen Wünschen ausgefüllt. Aber mich ihrer schuldig bekennen? Sie auflisten? Meine Wünsche mir zu eigen machen? Niemals. Etwas zu wünschen würde bedeuten, daß ich mich unvollständig fühlte.

Natürlich fühlte ich mich unvollständig, aber daran wagte ich jahrelang nicht einmal zu denken. Mein Verlangen geheimzuhalten, war ein zentrales Moment in meiner psychischen Abwehr als Frau. Verlangen ist Macht. Ohne Verlangen – das heißt, ohne dessen bewußte Anerkennung, denn das Verlangen selbst wird nie ganz erstickt – kommen wir zum Stillstand.

Mit meinem Problem, in der Beziehung zu anderen mir selbst treu zu bleiben, war ich keineswegs allein, wie man an den immer klareren Forschungsergebnissen sehen kann. Es begann in der späten Kindheit mit der Unterdrückung meiner wirklichen Gedanken und Gefühle.

Es war der Verlust der »Stimme«, der in den achtziger Jahren von Psychologen als das zentrale Problem in der Entwicklung von Mädchen angesehen wurde. Ich denke, daß die Unterdrückung der eigenen Stimme sich auf die Fähigkeit der Mädchen auswirkt, zu autonomen Frauen heranzuwachsen, die in der Lage sind, eigenständig und machtbewußt mit Geld umzugehen. Als ich mich in die neueste Forschungsliteratur vertiefte, mußte ich meine eigene Kindheit neu bewerten. Die neuen Forschungsergebnisse dokumentierten zum erstenmal, wie systematisch Mädchen zur Selbstverleugnung erzogen werden. Ich war überrascht, wie stark ich mich mit den Mädchen identifizierte, die in den neunziger Jahren volljährig wurden. Das hätte ich sein können, meine Kindheit, was die Sozialwissenschaftler hier beschrieben.

Eintritt in den Untergrund

Im Herbst 1981 fuhr eine junge Frau, die zum Lehrkörper der *Harvard Graduate School of Education* gehörte, von Cambridge nach Troy, New York, zur *Emma Willard School*, einer Tages- und Internatsschule für Mädchen. Sie sollte vier Jahre in dieser privilegierten, aber sonderbar abgeschiedenen Umgebung mit Forschungen über Schülerinnen zubringen. »Die Schule ist von Mauern umgeben, auf einem Hügel errichtet, abseits der Stadt, vom *Rensselaer Polytechnic Institute*, das weiter unten auf der anderen Seite der Straße lag, abseits vom Fluß, vom Tal, weit weg von Jungen«, schrieb sie später. »Die Gebäude verbreiten eine Atmosphäre der Abgeschiedenheit; sie sind größtenteils im gotischen Baustil errichtet – elegant gegen den späten Septemberhimmel, ein Kloster, das einen Rasen umschließt, dessen Gras sorgfältig gepflegt ist und der diagonal von Wegen durchkreuzt wird.«[1]

Die Frau, die diese Worte schrieb, war Carol Gilligan, eine bahnbrechende Psychologin, im Begriff, eine Untersuchung darüber zu beginnen, was »Entwicklung« für Mädchen, die im späten 20. Jahrhundert volljährig wurden, tatsächlich bedeutete. Gilligans Projekt, das bald als Meilenstein auf diesem Gebiet anerkannt werden sollte, wurde von der *Emma Willard School*, der *Harvard Graduate School of Education* und der *Geraldine Rockefeller Dodge Foundation* gemeinsam getragen. Aber Gilligan hoffte, so teilte sie den vor ihr versammelten Mädchen an jenem ersten frischen Herbstmorgen mit, daß ihre wirkliche Zusammenarbeit die mit *ihnen* sein würde, daß sie in einer gemeinsamen Anstrengung beginnen würden, eine eklatante Lücke in der Forschungsliteratur zu füllen: das Verhalten von Mädchen in der Adoleszenz.

Ein Mädchen hob seine Hand und kristallisierte in einer einzigen Frage die Auswirkungen dieses seit langem bestehenden Mißstandes heraus: »Was können Sie denn schon erfahren, wenn Sie eine Untersuchung mit uns machen?«

Gilligan war sich natürlich der psychologischen Schwierigkeiten von Mädchen in der Adoleszenz bewußt. Weibliche Teenager verhalten sich selbst gegenüber geringschätziger als Jungen. Ihre Körperwahrnehmung ist stärker gestört. Mit Beginn der Pubertät sind depressive Phasen bei Mädchen mehr als doppelt so häufig wie bei Jungen. Seit Freud war die »Flucht vor dem Selbst« für Mädchen in der Adoleszenz als vorhersagbar – und unvermeidlich – betrachtet worden. Bis 1980 hatte jedoch niemand untersucht, was mit Mädchen während des Übergangs von der Vorpubertät zur Pubertät tatsächlich geschieht. Zwar hat man flüchtige Blicke auf diese Phase geworfen, die so lange als eine Zeit des Abdriftens gesehen wurde, man hat sie zur Kenntnis genommen, aber nie in irgendeiner Weise systematisch untersucht. Sie wurde einfach als normal betrachtet.

Das Interesse der Harvard-Universität, Forschungen über Mädchen mitzutragen, war eine direkte Folge des außerordentlichen Lobs, das die Harvard-Professorin Carol Gilligan für ihre frühere Arbeit über männliche und weibliche »Stimmunterschiede« von öffentlicher und wissenschaftlicher Seite erhalten hatte. Männer meinen, wenn sie sich selbst kennen, werden sie auch keine Schwierigkeiten haben, Frauen zu kennen.[2] Frauen dagegen meinen, nur wenn sie andere kennen, könnten sie auch sich selbst kennen. Die meisten Frauen, schrieb Gilligan in ihrem Buch *Die andere Stimme*, haben das Gefühl, sie müßten, um in Beziehungen zu leben, ihre wahren Gedanken und Gefühle unterdrücken. Beziehungen sind so wichtig für sie, daß sie nichts tun mögen, von dem sie fürchten, es könnte ihre Verbindungen zu anderen Menschen gefährden.

Das trifft ganz sicher auf die Frauen zu, die ich interviewt habe. Eine Frau Anfang 60, Sängerin und Songschreiberin, beschrieb die Beziehung zu ihrem 35jährigen Sohn, in der sie sich außerordentlich eingeengt fühlte. »Ich kann einfach nicht ich selbst sein, wenn wir zusammen sind«, sagte sie traurig.

Sie könne ihrem Sohn einfach nicht heftig widersprechen, könne sich nicht gegen ihn auflehnen, ihm keine Szene machen oder ihre Intelligenz einsetzen, weil sie Angst habe, ihre Stärke könnte ihn klein machen – oder daß er in ohnmächtiger Wut einfach fortgehen würde. Ihr Therapeut meinte, sie habe die gleichen Gefühle, die sie einst gegenüber seinem Vater gehabt hatte, von dem sie seit langem geschieden war, auf ihren Sohn übertragen.

Im besten Fall bietet das Familienleben den Kindern ein Gefühl der Möglichkeit, der Hoffnung, einen Glauben an ihre Fähigkeit, etwas auf die Beine zu stellen. Im schlimmsten Fall explodiert die Kleinfamilie, laut oder leise, und vernichtet das Gefühl eines Kindes für Selbstwert und Zukunft. Ich glaube, das kann auch in sogenannten normalen Familien geschehen. In meiner ist es geschehen.

Es war die größte Sünde meiner Eltern, ihrer Angst nachzugeben. Meinem Bruder und mir wurde beigebracht, Risiken zu vermeiden. Mein Vater erzählte uns, die Gefahr lauere draußen, in der Welt. Aber die Gefahr, der wir ausgesetzt waren, lauerte in der Familie.

Als ich heranwuchs, verband meine Familie nichts mit der Welt draußen, niemand hatte ein Gefühl dafür, daß ich darauf vorbereitet werden sollte, ein Leben auf eigenen Füßen zu beginnen. Es hätte auch nicht klarer sein können, wenn sie es laut ausgesprochen hätten: »Wir bringen dir bei, wie man sich benimmt, jetzt, in diesem Augenblick, und zwar so, daß wir uns nicht mehr um dich kümmern müssen. An morgen denken wir nicht einmal.«

Meine Rebellion vollzog sich auf der High School; zu Hause hatte ich Angst zu rebellieren. Die Nonnen in der Schule zeigten eine Machtlosigkeit, die mich zugleich ärgerte und ermunterte. Im Vergleich zu meinem Vater waren sie schwach. Ich verfiel schnell darauf, sie zu verspotten und die Regeln zu brechen. Ich rauchte in der Uniform, sooft ich Gelegenheit dazu hatte, ein Kardinalverbrechen, das mit Ausschluß bestraft werden konnte. Ich verhielt mich so offen verächtlich gegenüber der Nonne, die unserem Zimmer als Lehrerin zugeteilt war, daß ich zur Strafe schließlich meines Amtes als Klassensprecherin enthoben wurde.

Als ich 16 war, wechselte ich auf das *Trinity College* in Washington, D.C., 40 Meilen von zu Hause entfernt. Mein Gefühl für mich selbst begann sich aufzulösen. Das College mit seinen Regeln und Bestimmungen, die heute lächerlich erscheinen, bot so viel mehr Freiheit, als ich es gewöhnt war, daß es mich ängstigte. Es dauerte nicht lange, und ich rauchte ein Päckchen Zigaretten pro Tag, ich stolperte blindlings durch meine Lehrbücher und versuchte herauszufinden, warum andere Mädchen gute Noten bekamen und ich nicht. Ich konnte mich nicht konzentrieren, ich war völlig befangen. In jenem ersten Jahr wäre ich fast vom College geflogen. Ich hatte immer weniger ein Gefühl dafür, wer ich war.

Das Gefühl der Entwertung, das ich auf der High School gehabt hatte, dauerte an. Ich weiß nicht, ob meine Mitschülerinnen in mir jemanden sahen, der aus einer Familie ohne Geld kam – ich sah mich so. Ich kam durch ein Stipendium aufs College, das mein Vater mit Hilfe eines Priesters arrangiert hatte, den er vom Lehrpersonal kannte. Ich arbeitete in der Küche, um einen Teil meiner Ausgaben zu bezahlen, aber ich sah das Geld nie in Wirklichkeit, weil es einfach von meinen Studiengebühren abgezogen wurde. Für mich hatte ich ein Taschengeld von fünf Dollar pro Woche. Ich konnte mich darauf verlassen, daß jeden Montag ein Scheck in meinem Briefkasten sein würde. In vier Jahren war mein Vater nicht einmal im Rückstand. Ich fragte ihn einmal, ob er mir nicht anstelle der wöchentlichen Schecks das Geld für einen Monat auf einmal schicken könnte, aber er sagte, es sei unmöglich. Wenn mir das Geld ausginge, bevor der Monat vorbei wäre, könnte er mir nicht mehr geben.

Angesichts dieser Erwachsenenlogik kapitulierte ich. Wenn ich mit fünf Dollar pro Woche nicht auskommen konnte, warum sollte ich mir dann vorstellen können, mit 20 Dollar im Monat auszukommen? Ich würde in Rückstand geraten. Schwer in Rückstand. Ich lebte schon auf Messers Schneide und fühlte die gefährliche Nähe der Armut.

Die Vaterfigur ist für das Mädchen der Beginn einer Affäre mit der romantischen Liebe, ihr erster Prinz, die machtvolle Verkörperung der patriarchalischen Realität. Er selbst glaubt an diesen Mythos, und mit der Lanze im Arm, den Schild gegen den Feind erhoben, tut er ritterlich, was er tun kann, um alle Gefahren abzuwehren. Die Gefahr war in diesem Fall meine, wenn auch unerwiesene Unfähigkeit, mit Geld umzugehen. Mein Vater unterband von vornherein jede Möglichkeit, daß ich mit meinen Finanzen scheitern und ihm Schwierigkeiten machen könnte. Jahre später, als ich steif vor Wut auf der Couch meines Analytikers lag, stellte ich wieder und wieder fest, daß er Schutz versprach, aber was er wirklich ausübte, Kontrolle war. Die Lektion, die ich in so jungen Jahren lernte, war die meiner Inkompetenz.

Abschotten und schweigen: Vorbereitung auf die romantische Liebe

Was geschieht mit den Mädchen in jüngeren Jahren, daß sie sich so sehr hüten, ihre wahren Gedanken und Gefühle auszudrücken, was nicht nur ihre Fähigkeit, echte Beziehungen einzugehen, einschränkt, sondern auch ihre Fähigkeit außer Kraft setzt, mit Freude emotional und finanziell unabhängig zu werden?

Psychologen, die nur Untersuchungen über kleine Mädchen durchgeführt haben, werden keine Antwort auf diese Frage finden, denn vor der Pubertät sind die meisten Mädchen lebhaft und freimütig. Der Wandel findet statt, wenn sie den Scheideweg zwischen Kindheit und Adoleszenz erreichen. Wenn sie Mädchen kurz vor der Adoleszenz interviewte, berichtet Gilligan, habe sie manchmal das Gefühl gehabt, sie würde in einen »weiblichen Untergrund« eintreten, »wo die Mädchen mich in Höhlen des Wissens führten, die plötzlich wieder verhängt wurden, als wüßte niemand irgend etwas und als wäre nichts geschehen«.[3]

Gilligan wurde vorgeführt, wie Mädchen lernen, *nicht* zu wissen, was sie wissen – vor allem, wie sie schließlich unterdrükken, was ihnen zu große Konflikte bereitet. Am Ende der Kindheit beginnt der Satz »ich weiß nicht« sich in die Sprache der Mädchen einzuschleichen. Gilligan hörte so oft »ich weiß nicht« bei den 12jährigen Mädchen, daß sie zu verstehen begann, daß der Satz mehr als nur ein Tick war. Er stand für wirklichen Verlust und Gefühle der Machtlosigkeit. Sie *hatten* etwas verloren. Sie hatten die Erinnerung daran verloren, wer sie in ihrer Kindheit gewesen waren. »*Ich weiß nicht*«, schreibt Gilligan, »ist das Tor zum Untergrund der weiblichen Adoleszenz.«

Das dissoziative Vergessen war eine Schutzmaßnahme, die ihren Eintritt in die falsche, gesellschaftlich vorgegebene Version von »Weiblichkeit« weniger schmerzhaft sein ließ.

Erwachsene – auch und ganz besonders Frauen, stellte Gilligan fest – bieten Mädchen wenig Unterstützung, wenn es darum geht, aufzustehen und für sich selbst zu kämpfen. Eher leiten sie Mädchen zum »Bravsein« an, zu Gehorsam und Vollkommenheit. Weil sie ihre eigene schmerzliche Vergangenheit verdrängt oder verleugnet haben, reagieren Frauen verstört, wenn sie Mädchen zuhören, die gegen die Gewalt, die ihnen die Gesellschaft antut, kämpfen.

Erst ein paar Jahre später, als die *American Association of University Women* ihren Bericht *Shortchanging Girls, Shortchanging America* veröffentlichte, wurde das weibliche Trauma der Adoleszenz erstmals klar und deutlich dokumentiert. 85 Prozent der Mädchen gaben an, daß sie in der Schule sexuell belästigt würden – mehr als die Hälfte davon im Klassenzimmer. Die Belästigung war so schwerwiegend, daß ein Drittel der betroffenen Mädchen deswegen nicht mehr zur Schule gehen wollte. 55 Prozent der Mädchen der Mittel- und Eingangsstufen hatten Sex – und viele von ihnen bedauerten es. Die meisten haßten ihren Körper.[4]

»Die Herausforderungen, mit denen es junge Mädchen zu

tun haben, waren noch nie so gewaltig«, schrieb Jane Brody in einem Artikel in der *New York Times*. Brody berichtete über eine umfassende Erhebung, die 1997 vom *Commonwealth Fund* durchgeführt worden war und die besagte, daß »junge Mädchen, die in die Pubertät kommen, zu mehr als 50 Prozent eine Vertrauenskrise erleben, die sie für gesundheitsgefährdende Verhaltensweisen anfällig macht, denen zu widerstehen sie nicht die Kraft oder den Willen haben«.[5]

Im High-School-Alter waren nur 39 Prozent der Mädchen voller Selbstvertrauen, und die älteren Mädchen hatten ein geringeres Selbstwertgefühl als die jüngeren. »Ältere Jungen dagegen hatten eher ein stärkeres Selbstvertrauen als die jüngeren«, so der Bericht, »wobei mehr als die Hälfte aller Jungen auf der High School starkes Selbstvertrauen zeigte.«

Daß Depressionen mit dem Verlust von Selbstwertgefühl Hand in Hand gehen, ist nicht überraschend. »29 Prozent der Mädchen berichteten von Suizidgedanken, 27 Prozent gaben an, sie seien ›häufig‹ oder ›immer‹ traurig, und ein Drittel der älteren Mädchen meinte, sie seien ›an vielen Tagen‹ oder ›jeden Tag‹ den Tränen nahe.«

Eßstörungen sind bei den Mädchen in den späten neunziger Jahren stark verbreitet. Bis zu 25 Prozent der Jugendlichen – von diesen wiederum sind 90 Prozent Mädchen – erbrechen regelmäßig, um ihr Gewicht unter Kontrolle zu halten, stellte die Erhebung fest.

Die Mädchen berichten »von erschreckend häufigem Auftreten von Gewalt, wobei 18 Prozent der Mädchen der fünften bis zwölften Klassen körperlichen oder sexuellen Mißbrauch in irgendeiner Form angeben«, der in mehr als 50 Prozent der Fälle von einem Familienangehörigen begangen wurde. Hört jemand zu?

Zu Beginn ihrer Arbeit an der *Emma Willard School* stellten Gilligans Forscherinnen fest, daß auch sie nicht imstande waren, die leidvollen Botschaften der Mädchen zu verstehen. Weil niemand darauf reagierte, begannen die Mädchen, sich nach allen Seiten abzuschotten. An diesem Punkt erkannten die Forscherinnen, daß sie das ganze Projekt umstrukturieren mußten, wenn sie eine Umgebung schaffen wollten, in der die Mädchen sich frei fühlen würden, wirklich zu *sprechen.*

Als sie schließlich sprachen, kam die Wahrheit über die gewaltigen Verluste, welche die Mädchen mit dem Herannahen der Adoleszenz erleben, ans Licht. Da sie mit den Mädchen, die auf dem Weg von der Kindheit zur Adoleszenz waren, in jährlichen Intervallen sprachen, beobachteten Gilligans Mitarbeiterinnen einen »Wechsel von der Teilnahme an der reichen sozialen Welt der Kindheit, in der über Gedanken und Gefühle – gute ebenso wie schlechte – direkt und offen gesprochen wird, zu einem Kampf an der Schwelle zur Adoleszenz; sie kämpfen darum, an dem, was sie denken und fühlen und daher wissen, festzuhalten und ihre Erfahrungen gelten zu lassen ...«.[6]

Um zu erfahren, wie heranwachsende Mädchen ihre Art und Weise des Umgangs mit anderen allmählich verändern, forderten Carol Gilligan und Lyn Brown die Mädchen auf, eine von Aesops Fabeln zu interpretieren.[7] Die Fabel von den Maulwürfen und dem Stachelschwein enthält einige der Beziehungsfragen, die für Mädchen und Frauen offenbar so schwierig sind.

Es war ein Novum bei dieser Untersuchung, daß die Mädchen jährlich aufgefordert wurden, über die Fabel zu sprechen, so daß die Forscherinnen Veränderungen in den unbewußten Einstellungen der Mädchen zu sich selbst und zu anderen verfolgen konnten, während diese heranwuchsen.

Dies ist die Fabel:

> Es wurde langsam kalt, und ein Stachelschwein sah sich nach einem Zuhause für den Winter um. Es fand eine sehr verlockende Höhle, sah dann aber, daß sie von einer Maulwurffamilie belegt war. »Könnte ich vielleicht den Winter bei euch wohnen?« fragte das Stachelschwein die Maulwürfe. Die Maulwürfe waren sehr großzügig und hatten nichts dagegen, also zog das Stachelschwein ein. Aber die Höhle war klein, und jedesmal, wenn die Maulwürfe sich in ihr rührten, sta-

> chen sie sich an den spitzen Stacheln des Stachelschweins. Die Maulwürfe ertrugen diese Strapaze, so lange es ging. Dann nahmen sie schließlich all ihren Mut zusammen und gingen auf ihren Gast zu. »Bitte geh«, baten sie, »wir möchten unsere Höhle wieder für uns allein haben.« – »O nein!« erwiderte das Stachelschwein. »Das ist genau der richtige Platz für mich.«

Als Jessie acht Jahre alt war, interpretierte sie die Situation so, daß Maulwürfe und Stachelschweine nicht gut zusammenpassen und deshalb eigentlich nicht zusammen wohnen sollten. Als Lösung schlug sie vor, die Höhle zu vergrößern.

Ein Jahr später war ihre Reaktion auf die Fabel weniger eindeutig geworden. Vielleicht sollten die Maulwürfe Stellung beziehen und sagen: »Es tut uns leid, aber bitte geh. Das ist unsere Wohnung. Ich laß dich nicht mehr rein, also geh jetzt.« Aber Jessie gefielen die möglichen Folgen eines so entschiedenen Standpunktes nicht, weil sie besorgt war, was dann mit dem Stachelschwein geschehen würde. »Das ist so, als ob man ein Baby bei sich zu Hause hat«, meinte sie.

Die Forscherinnen bemerkten, daß Anklänge von Jessies Eltern und Lehrern zu hören waren. »Du solltest nett zu deinen Freundinnen sein und dich mit ihnen verstehen und nicht ... einfach machen, was du willst«, faßt Jessie zusammen. Sie wünscht dem Stachelschwein und den Maulwürfen, daß sie »zufrieden sind und sich nicht mehr streiten müssen. Sie könnten einfach nur Freunde sein und es dann auch für immer bleiben.«

Harmonie würde die Konflikte mindern – zumindest Jessies Konflikt.

Beim nächsten Interview ist Jessie elf Jahre alt. Sie hat begonnen, Begegnungen mit anderen als potentiell gefährlich anzusehen. Jetzt ist sie bereit, nett zu sein, damit ihre Freundinnen mit ihr spielen, und weniger, weil sie Lust hat, nett zu sein. Und ihre Reaktion auf die Geschichte von der Zwangslage der Maulwürfe hat sich stark verändert. Die Maulwürfe *könnten* zwar sagen: Verschwinde, wir wollen dich hier nicht mehr, aber das wäre

»nicht so nett«, meinte Jessie, »weil sich das Stachelschwein dann ausgeschlossen fühlen würde«. Jetzt lautet die Lösung, die Höhle zu vergrößern, »weil es schön wäre, einen Nachbarn im Haus zu haben«.

Sie beginnt definitiv, sich zu fügen. Während es mit acht Jahren kein Problem für sie war, über ihre Gefühle zu sprechen, wird sie mit neun weniger eindeutig, und mit elf hält sie ihre persönliche Einschätzung völlig zurück, wenn sie die Möglichkeit eines Konflikts wittert. Wenn ein Mädchen ein anderes nicht mag, ist es besser, so zu tun, als würde sie es mögen.

Vielleicht hat Jessie mit elf Jahren ein subtileres Verständnis ihrer selbst und der Welt, aber sie wird auch mit größerer Wahrscheinlichkeit Beziehungen aufrechterhalten, in denen sie leidet, und »eher bereit sein, sich selbst zum Schweigen zu bringen, als den Verlust von Beziehungen durch eine offene Auseinandersetzung zu riskieren«.

Ein perfektes Mädchen ist im Entstehen.

Es ist natürlich eine universelle Frage, wie man aufrichtig mit anderen umgehen kann, ohne sich selbst zu schaden. Aber die Untersuchung zeigt, daß Mädchen dazu neigen, das Problem neu zu definieren: Entweder entspricht man den anderen und gibt sich selbst auf oder man entspricht sich selbst und gibt die anderen auf. Die Hoffnungslosigkeit dieses Dilemmas, so Gilligan, »kennzeichnet eine Sackgasse in der psychischen Entwicklung der Mädchen«.[8]

Es war verblüffend, daß die Untersuchung von Lyn Brown und Carol Gilligan über Mädchen wie Jessie dokumentierte, wie wenig sich hinsichtlich der Verwirrung über die Kindheit verändert hat, seit ich selbst ein kleines Mädchen war. Das Buch, das die beiden Autorinnen über diese Untersuchung geschrieben haben, *Die verlorene Stimme*, konfrontierte mich mit Erinnerungen, die ich verdrängt hatte, weil sie zu schmerzlich für mich waren. Die Recherchen von Brown und Gilligan erlaubten mir zu sehen, wie auch ich als Kind begonnen hatte, meine Stimme zu senken.

»Prunella«: Ein Mädchen wird von seinem Alter ego beschützt

Letzten Winter traf ich eine junge Frau, die zur zweiten Generation von Forscherinnen in der neuen Ära der Mädchen-Psychologie gehört. Elizabeth McLeod hatte gerade ihren Magister an der *Harvard School of Education* gemacht und war im Begriff, in die Tat umzusetzen, was sie gelernt hatte. Sie und eine Kollegin gründeten ein Zentrum in San Francisco, um in das Leben 12- und 13jähriger Mädchen einzugreifen und dafür zu sorgen, daß sie auf dem Weg ihrer Entwicklung zur Frau nicht soviel würden aufgeben müssen. Das Projekt hatte seine Wurzeln in Elizabeths eigener Kindheit.

Als Elizabeth bei Carol Gilligan an einem Kurs mit dem Thema »Eine radikale Geographie der Psyche« teilnahm, erinnerte sie sich mit 33 zum erstenmal seit Jahren, wie lange sie und drei Freundinnen als Mädchen das zu werden versucht hatten, was die Gesellschaft von ihnen erwartete, ohne ihr aggressives, kreatives Kindheitsselbst zu verlieren. An einem verschneiten Wintermorgen erzählte sie mir in meinem Wohnzimmer vor dem Kaminfeuer ihre Geschichte. Groß, blond, schlank, in enganliegenden schwarzen Jeans und schwarzen Stiefeln schien sie eine Apotheose kühler Gelassenheit zu sein.

Aber sie war immer noch heftig bemüht, den Wunsch, cool zu sein, hinter sich zu lassen.

Der Kampf hatte 1974 angefangen. Der Lebensabschnitt zwischen elf und vierzehn Jahren, erinnert sich Elizabeth, war von ihrem Wunsch beherrscht gewesen, von den beliebtesten Mädchen akzeptiert zu werden. »Ich erinnere mich an den ›Krieg um Caroline‹, als sich monatelang alle um dieses Mädchen scharten. Jeden Tag verlagerte sich das Machtgefüge.« Elizabeth war immer am Rande, mit einem Bein in der Gruppe, die den Ton angab, mit dem anderen bei den Außenseitern.

Aber sie wußte intuitiv, daß bei diesen Außenseitern ihr wirkliches Ich – das kreative Mädchen, das quicklebendige Mädchen, das Mädchen, das vielleicht etwas seltsam aussah, aber keinen Pfifferling darauf gab, weil es interessantere Dinge im Sinn hatte – lebendig bleiben konnte.

Betsy – so wurde Elizabeth damals genannt – und ihre Freundin Gigi schrieben sich eines Tages in Mr. Thompsons Lesestunde in der fünften Klasse Briefchen, als sie die Phantasiegestalten Priscilla und Prunella erfanden. Ohne es zu wissen, begannen die beiden Mädchen ein außergewöhnliches Abenteuer der Kreativität und Selbsterhaltung, das, sich immer mehr verfeinernd, zwei wichtige Jahre dauern sollte.

Anders als die »coolen« Mädchen Gigi und Betsy, die herauszufinden versuchten, um was es beim Beliebtsein eigentlich ging, ließen Priscilla und Prunella die Stile und Moden der siebziger Jahre außer acht. »Mein neuer imaginärer Zwilling Prunella war zugleich kindlich und erwachsen; sie spielte immer noch gern die Spiele, denen ich entwachsen war, aber anders als ich war sie auch schon in die Welt der Jungen und Verabredungen eingetreten.«[9]

Elizabeth kann sich lebhaft an die Zeit erinnern, als sie und ihre Freundinnen sich unerträglich befangen fühlten, unter ständigem Druck, clever und nett und freundlich und weiblich und reif und vor allem »beliebt« zu sein. Prunella verkörperte dagegen all die Wesenszüge und Eigenarten, die für ein elfjähriges Mädchen immer weniger akzeptabel erschienen. Sie konnte ungehindert geradeheraus und albern sein.

Aber sie war es nur innerhalb der Grenzen einer Gruppe gleichgesinnter Alter egos: Prunella und ihre Freundin »Priscilla« schlossen sich mit zwei anderen Mädchen zusammen, die sich die Namen »Prunisia« und »Preteesia« zugelegt hatten. Die vier Alter egos spielten noch immer, wie sie es in der dritten und vierten Klasse getan hatten, wagten sich jedoch auch auf ein Territorium, das von den coolen »wirklichen« Mädchen noch nicht erforscht war: die Welt der Jungen.

»Prunella hatte nicht nur einen Freund«, erzählte Elizabeth, »sie erforschte ihre sexuellen Gefühle in einer Art und Weise, wie *wir* es uns nicht getraut hätten.«

Die vier Mädchen gründeten einen Klub, dessen Namen

P.R.A. sie davon herleiteten, daß alle ihre Namen mit PR begannen und mit einem A endeten, und der *Popular Recreation Association* heißen sollte. Die Mädchen der P.R.A. waren »manchmal kleine Mädchen und manchmal junge Frauen, sie trugen Pferdeschwänze und immer noch praktische schwarze Lederschuhe; sie hatten auch Freunde, und sie trugen Büstenhalter und Make-up, bevor wir uns trauten«.

Untersuchungen haben ergeben, daß begabte Mädchen mit größerer Wahrscheinlichkeit von Gleichaltrigen gemieden werden als begabte Jungen.[10] Die Mitglieder der P.R.A. waren zweifellos begabt, genau die Sorte Mädchen, die von den weniger begabten Mitschülerinnen geschnitten werden, weil sie anders sind. Die P.R.A. hatte ihren eigenen Kunst-Verein, M.M.S., *Masterpiece Maker's Society*, und die Mädchen füllten ein Notizbuch nach dem anderen mit Zeichnungen von sich selbst und von ihren Freunden. Prunellas Zeichnungen zeigten sie als Baby, als Kind, als Jugendliche. (Die Bilder der Adoleszenz stellten eine faszinierende Mischung aus kleinem Mädchen und junger Frau dar: Brüste und Haarschleifen, Overalls und schicke Brillen.)

Sie schrieben Romane mit Liebesszenen, in denen die Romangestalten mit ihren Freunden »schmusten«. »Uns war die Faszination der P.R.A.-Mädchen in bezug auf ihre heranwachsenden Körper und der unerschrockene Ausdruck ihrer Gefühle und Begierden zwar oft peinlich«, erinnert sich Elizabeth, »aber unsere Zwillinge waren auch eine dauernde Quelle der Unterhaltung für uns.«

Am Ende der sechsten Klasse schrieben und produzierten alle Mitglieder der P.R.A. Theaterstücke, malten, schufen alternative Jahrbücher und vollendeten ihre Romane. »Da Prunella und ich denselben Körper bewohnten und Prunella so viele Projekte und kreative Bestrebungen verfolgte, blieb immer weniger Zeit für mich. Ich kam an einen Punkt, da Prunella mich, selbst wenn ich in Erscheinung treten wollte, einfach aus dem Weg stieß. Ich versuchte normal zu sprechen, aber plötzlich fing ich an zu schnauben und die Zähne zu zeigen; Prunella hatte eindeutig die Herrschaft übernommen.«

An einem Sommerabend Ende August, kurz bevor sie in die siebte Klasse kam, saß Betsy auf der Veranda ihres Hauses, als Stacey vorbeikam. »Stacey und ich waren seit ewigen Zeiten Freundinnen. Sie verstand, wie wichtig Phantasie ist, und sie respektierte Prunella und die P.R.A. Trotz alledem sagte Stacey jedoch, sie mache sich Sorgen um mich. Sie fürchtete, ich könnte die Verbindung zur Realität verlieren. Ich erinnere mich an das Beispiel, das sie benutzte und mit dem sie meine Aufmerksamkeit erregte. Sie behauptete, im Sommer davor hätte ich alle Texte der Top-Ten-Radio-Hits auswendig gewußt, und dieses Jahr wüßte ich nicht einmal die Titel. Diese Bemerkung beinhaltete, daß ich möglicherweise im Begriff war, meine ›Coolness‹ zu verlieren.«

Jener heiße Augustabend nach Staceys Besuch war der Anfang von Prunellas Ende. Als nur wenige Wochen später die siebte Klasse begann, stand das P.R.A.-Klubhaus leer, das Zeichnen und das Schreiben hörten auf. »Meine Freundschaft mit den anderen Mädchen in der Gruppe begann sich zu verschlechtern, und wir kamen uns nie wieder so nahe.«

»Ich hatte zwei einander widersprechende Bedürfnisse«, erklärte Elizabeth. »Ich wollte gern ein Selbst entwickeln, das einzigartig und kreativ war, und zugleich ein Selbst, das gesellschaftlich akzeptabel war und in meine Peergroup paßte.« Die Peergroup wollte hübsch und gestylt und über die neueste Musik auf dem laufenden sein. »Es war auch wichtig, clever, nett, ordentlich und bescheiden zu sein. Wer diese Eigenschaften hatte, wurde von den Jungs beachtet, und die Mädchen wollten mit ihnen befreundet sein.«

Carol Gilligan nennt diesen Druck die »Tyrannei des perfekten Mädchens«. »In der weißen amerikanischen Mittelschicht ist es diejenige, die keine schlechten Gedanken oder Gefühle hat, eine Person, mit der jeder zusammensein möchte, diejenige, die – perfekt, wie sie ist – Lob und Aufmerksamkeit verdient, Anerkennung und Liebe.«

Elizabeth nahm den Kampf, in der populären Gruppe akzeptiert zu werden, wieder auf, und in den folgenden Jahren wurde es ihr Hobby, die gesellschaftliche Szene geschickt zu manipulieren.

Sie kehrte niemals zum Zeichnen und Malen, Stückeschreiben und -spielen zurück, doch während ihrer ganzen Jugend fuhr sie fort zu schreiben. »Aber ich schrieb keine Geschichten und Gedichte mehr«, erzählte sie mir. »Statt dessen füllte ich Tagebücher und Notizbücher mit Gedanken, Ängsten, Hoffnungen in bezug auf Freundschaften und romantische Liebe.«

Prunella war Betsys Verbindung zur schöpferischen, sorgenfreien Welt ihrer Kindheit gewesen. »Nachdem sie ausgelöscht war«, schreibt die 33jährige Elizabeth, »erlitt auch meine Phantasie eine Art Tod.«

Die Frage ist, wie man sein Selbst bewahren kann, wenn man überall ermuntert wird, die Konvention der weiblichen Selbstlosigkeit zu akzeptieren. Gilligan meint, in einer patriarchalischen oder »von der männlichen Stimme dominierten« Welt mündig zu werden, sei für Mädchen implizit traumatisch. Dissoziation wird für sie zu einem »hervorragenden psychischen Mechanismus«, weil sie außerhalb ihrer selbst keine Resonanz finden können und deshalb einen schützenden Resonanzraum erschaffen.

»Meine Freundinnen und ich kamen auf eine andere Lösung«, sagt Elizabeth. »Wir schufen imaginäre Zwillinge, um unseren zum Schweigen gebrachten Stimmen einen Körper zu verleihen, und die P.R.A. war unser Resonanzraum.«

Teresa Bernardez, Psychoanalytikerin und Ausbildungssupervisorin vom Lehrpersonal des *Michigan Psychoanalytic Counsel*, sieht einen direkten entwicklungsmäßigen Zusammenhang zwischen dem vollkommenen, sich selbst verleugnenden Mädchen und der psychisch notleidenden Frau. Da Mädchen lernen, »gelassen« zu sein, liegt der Ausdruck von Wut nicht mehr im Bereich des Möglichen. Diese Lektion behalten sie viele Jahre. »Ich habe bei erwachsenen Frauen die schädlichen psychischen Auswirkungen dieses gesellschaftlichen Verbots, im Interesse der eigenen Sache Wut auszudrücken, immer wieder angetroffen«, sagt Bernardez.

Sie meint, Therapeuten müßten frei heraus und laut verkünden, was Mädchen und Frauen nicht selbst erkennen können: die Unterdrückung, die sie in ihrer Familie und durch die Gesellschaft erfahren. Ihre Symptome resultieren aus dem Bemühen, dieser Unterdrückung zu *widerstehen*, meint Bernardez. Sie stellen den Versuch dar, Verbindung zu dem vereitelten Wunsch aufzunehmen, ein authentischerer Mensch zu sein. Therapeuten, die das erkennen, haben eine Chance, »dem jungen, klugen und mutigen Mädchen früherer Jahre ans Licht zu helfen«. *Alle* Frauen, so Bernardez, trügen »dieses Mädchen, das verlassen und verraten wurde«, in sich.

Die erwachsenen Frauen, die bei Gilligans Untersuchungen über Mädchen an verschiedenen Schulen (Untersuchungen, die als »Harvard-Projekt über die Entwicklung von Mädchen und die Psychologie von Frauen« bekannt wurden) mitarbeiteten, begannen sich zu erinnern, daß in ihrer eigenen Kindheit ähnlich wie bei den Mädchen, mit denen sie zu tun hatten, Verrat geschehen war – und, schlimmer noch, daß sie sich selbst hatten verraten müssen!

Als ich Elizabeth McLeod interviewte, sagte sie mir, sie sei bisher nicht in der Lage gewesen, ihre Finanzen in den Griff zu kriegen. An der Hochschule konnte sie hervorragende Arbeit leisten und sich voll und ganz der Aufgabe widmen, Programme für Mädchen zu entwickeln, aber sie konnte nie ihre Rechnungen und Schulden meistern. »Es ist mein nächstes Projekt«, meinte sie, »es *muß* sein.«

Aber dann blitzte in ihrem Gesicht derselbe fragende Blick der Verzweiflung auf, den ich schon so oft bei Frauen gesehen habe, wenn das Thema Geld zur Sprache kam. *Werde ich es tun? Kann ich es tun? Ich bin mir nicht sicher. Wahrscheinlich nicht.*

Die Phase der Dissoziation, die so viele Mädchen in der späten Kindheit und frühen Adoleszenz durchlaufen, wo sie das Gefühl haben, sie können nicht zugleich sie selbst sein und überleben, trägt zu dem Mangel an Wirklichkeitsbewußtsein bei, den sie später erleben, wenn sie finanziell für sich selbst sorgen sollen. Die finanzielle Unabhängigkeit ist für Frauen ein konfliktgeladenes Thema. Aber Mädchen haben die Lektion des Abspaltens oder Verleugnens von Konflikten sehr gut gelernt. Sie werden nicht darin unterrichtet, Konflikte zu überwinden, und so bleiben sie mit einer Lücke in ihrer emotionalen Intelligenz zurück.

Ohne Verbindung

Die Unterbrechung der Verbindung zwischen Mädchenzeit und Erwachsenenleben wird perpetuiert, da erwachsene Frauen häufig nicht in der Lage sind, Mädchen bei der Überbrückung des beängstigenden adoleszenten Stillstands zu helfen. Ohne Überbrückung spalten sich die Mädchen, sie verlieren den Kontakt zu ihrer Vergangenheit in einer Weise, daß ihnen der solide emotionale Unterbau für einen Weg in die Zukunft verlorengeht.

Diese Spaltung war die Quelle jenes Gefühls, das ich als Mädchen gehabt hatte: daß es keine Verbindung gebe – und damit keine Zukunft. Den einen Tag war ich ein Kind, und am nächsten war ich draußen in der Welt mit hohen Absätzen und Schlüssellochausschnitten und versuchte mir vorzustellen, ich wäre eine Frau. Meine Mutter war nicht zur Stelle gewesen, um mir beim Übergang in die Adoleszenz zu helfen. Die Lehrerinnen nicht. Niemand.

Infolgedessen wird eine Art vorgetäuschter Reife entwickelt, durch die das Mädchen im Innern und seine überhandnehmende Abhängigkeit vertuscht werden. Nachdem ich in New York auf eigenen Füßen stand, hatte ich immer wieder einen Traum, der mir, wenn ich ihn zu deuten verstanden hätte, meine eigene schleichende Abhängigkeit hätte offenbaren können. Der Traum überging die äußere Realität meiner akademischen Ausbildung, in deren Verlauf ich das College schließlich mit Auszeichnungen abgeschlossen hatte. Dieser Traum handelte wie alle Träume von der inneren Realität.

> Am Ende meines letzten Studienjahres stelle ich fest, daß ich bestimmte Dinge erledigen muß, wenn ich meinen Abschluß machen will, Tests, die zu absolvieren sind, Kurspunkte, die mir noch fehlen. Aber die Zeit reichte nicht. Aufgrund irgendeines kleinen, aber fatalen Fehlers werde ich meinen Abschluß nicht schaffen. Das ist ziemlich am Anfang des Traumes klar. Der Rest des Traums handelt davon, daß ich

mir Gedanken darüber mache, was ich mit meinem Leben anfangen soll, nachdem ich aus der Spur geraten bin.
Das einzige, was mir einfällt, ist, zurück zu meinen Eltern zu gehen und an der örtlichen Universität Kurse zu belegen, aber es wird nie ein richtiger Plan daraus. Vor allem weiß ich nicht genau, was ich tun muß, um an einem anderen College meinen Abschluß zu machen. Müßte ich noch einmal ganz von vorn anfangen? Oder wäre es etwa möglich, einfach auf einem anderen College weiterzustudieren? Hatte ich meine einzige Chance, mein Elternhaus zu verlassen und ein richtiges Leben zu führen, vertan?

In dem Traum geht es um das Gefühl, daß ich für den Eintritt in das Erwachsenenleben noch nicht bereit bin. Ich selbst verhindere den College-Abschluß, damit ich dort bleiben kann – oder damit ich zurück zu meinen Eltern gehen kann. Der am stärksten alptraumhafte Aspekt dieses Traums war das Gefühl festzusitzen. *Der Kleister, der mich umgibt und mich niederhält, ist selbst angerührt.*

Diese Machtlosigkeit hängt meines Erachtens eng mit dem Selbstverrat zusammen, den Mädchen in ihrer Kindheit erlernen. Frauen *glauben* nicht wirklich daran, daß sie es schaffen können. Sie sind nicht in der Lage, sich auf sich selbst zu verlassen; indem die Umgebung ihre wahre Stimme nicht fördert, nimmt sie ihnen die Kraft.

Eltern sind voller Ambivalenz gegenüber der Zukunft ihrer Töchter. Sie wissen, daß sie riskieren, ihre Töchter zu seelischen Krüppeln zu machen, aber es ist, als wären sie machtlos dagegen. Was ist, wenn sie das arme Mädchen aus dem Haus stoßen und es nicht damit fertig wird? Also gehen sie auf Nummer Sicher und bieten die falsche Art von »Hilfe« an – bezahlen zum Beispiel ihre Rechnungen, anstatt ihr zu helfen, zu verstehen, wo das Problem liegt.

Wir Eltern müssen unsere Ambivalenz auflösen. Wenn wir die Mädchen zu sehr behüten, erliegen wir unseren eigenen Ängsten und verstärken die ihren. Die Mädchen nicht loszulassen, vermittelt ihnen vor allem die Botschaft: *Ich glaube nicht, daß du es draußen in der Welt schaffst, wenn ich dir nicht helfe.*

Meine Töchter wurden die ganzen Jahre zwischen 20 und 30 von mir finanziell unterstützt. Mein Sohn nicht. Er war darauf eingestellt und ich auch, daß, sobald er seinen Magister hatte, es der erste Punkt auf seiner Tagesordnung sei, Arbeit zu finden und seine Rechnungen zu bezahlen. Er bekam einen Job als Schuhverkäufer für fünf Dollar die Stunde. Er bezahlte seine Rechnungen.

Für meine Töchter, dachte ich, sei es das Wichtigste, daß sie sich selbst »finden«. Sie mußten ihre Identität entwickeln. Sie waren gescheit und talentiert und versuchten herauszufinden, was dazu gehörte, sich ein Leben zu erschaffen. Ich identifizierte mich mit ihnen ungeheuer. *Zu der Zeit hatte ich nicht die geringste Ahnung, daß innere Sicherheit irgend etwas mit finanzieller Sicherheit zu tun haben könnte.*

Das im Zusammenhang mit dem College-Abschluß auftretende Gefühl, in der Vergangenheit gefangen zu sein, hatte damit zu tun, daß ich den Kontakt zu meinen Wünschen verloren hatte – zu jeglichem persönlichen Verlangen. Verlangen ist die Brücke zur Zukunft, und ich hatte keines.

Die neue Psychologie der Weiblichkeit konzentriert sich auf eine ernste Frage: Was kann getan werden, damit die Mädchen ihren Ängsten vor dem Alleinsein nicht erliegen?

Bei den Frauen, meint Carol Gilligan, geht es ums Überleben. Im Grunde fürchten sie, allein auf einem kalten Planeten zu enden. Und so opfern sie sich in der Hoffnung, daß, wenn sie sich dem Wohl anderer widmen, man sich im Gegenzug um sie kümmern wird.

Daß die Neigung von Frauen, sich um andere zu kümmern, zum Teil von der Sorge um die eigene Sicherheit herrührt, ist Gilligan nicht entgangen. In dieser Weise von Beziehungen abhängig zu sein, geht unweigerlich schief und untergräbt zudem die persönliche Entwicklung.

Frauen sitzen im Getriebe einer sozialen Umwälzung fest. Die meisten von ihnen versorgen sich derzeit selbst. Und sie versorgen andere. Selbst diejenigen, die mit einem Ehemann zusammenleben, steuern, wie wir im vorigen Kapitel gesehen haben, die Hälfte des Geldes oder mehr für ihren Haushalt bei.

Dennoch verführt sie der Traum von der Sicherheit, die ein Mann und eine Ehe angeblich bereithalten, immer wieder. Sein tiefer Einfluß hat, wie wir im nächsten Kapitel sehen werden, mit der systematischen Einschränkung von Aggression und Selbstvertrauen bei jungen Frauen zu tun. Man lehrt sie noch immer, ihre Träume aufzugeben und sich mit dem romantischen Ideal zu begnügen.

Ende der siebziger und Anfang der achtziger Jahre machte ich Fortschritte in meinen Bemühungen um Unabhängigkeit. Indem ich meiner Abhängigkeit ins Auge sah, hörte ich allmählich auf, mich hinsichtlich der – finanziellen wie emotionalen – Versorgung nur auf meinen Mann zu verlassen, und vertraute mehr auf mich selbst. Die seit langem gesuchte Klarheit und Bestimmtheit erweiterten die Beziehung mit meinem Partner, sie schufen Raum für Autonomie und gegenseitigen Respekt.

Als *Der Cinderella-Komplex* publiziert wurde, veränderte sich mein Leben in vielerlei Hinsicht. Ich wurde aufgefordert, Dinge zu tun, zu denen ich mich niemals für fähig gehalten hätte. In Tokio hielt ich eine Vorlesung an der Universität, an der so viele Leute teilnahmen, daß man in der Halle vor dem Saal Monitore aufstellen mußte, um die Zuhörer, die im Saal keinen Platz fanden, zu bedienen. In Italien nahm ich mit Italiens ungestümsten Feministinnen an einer öffentlichen Diskussion über die Konflikte der Frauen in bezug auf Unabhängigkeit teil, wobei keine Geringere als die Filmemacherin Lina Wertmüller anwesend war. Danach gab es ein Abendessen, bei dem ich neben dem Bürgermeister von Rom saß – und mich mit ihm unterhielt! Das war eine Welt, die ich mir niemals ausgemalt hatte, aber ich fühlte mich relativ wohl dabei, weil ich wußte, daß ich etwas erreicht hatte. Dadurch daß ich den »Cinderella-Komplex« erkannt hatte, hatte ich den Frauen ein Instrument an die Hand gegeben, mit dem sie ihr Leben verändern konnten.

In den Jahren nach der Veröffentlichung des Buches lebten

mein Partner und ich uns auseinander. Ich wurde als Person stärker, und mein Sinn für das, was ich wollte, veränderte sich. Ich begann das Gefühl zu haben, daß ich auf eigenen Füßen stehen müsse. Wenn man in einer Beziehung das »Ich« aufgibt, um »Wir« zu werden, kann man den Blick für das verlieren, was man als Individuum fühlt und denkt. Die Dinge können sich hoffnungslos verheddern. Anstelle von zwei Menschen, die sich aufeinander beziehen, gibt es auf einmal ein Durcheinander gegenseitiger Abhängigkeiten.

Aber es war verlockend, auf Nummer Sicher zu gehen und einfach alles laufen zu lassen. Zur Zeit unserer Krise hatten mein Partner und ich schon 15 gemeinsame Jahre hinter uns, und ich wußte, daß statistisch gesehen meine Chance, wieder eine langjährige Beziehung anzuknüpfen, nicht sehr groß war. Das Gespenst des Alters in Einsamkeit – der stereotype Alptraum alleinlebender Frauen – begann in meiner Phantasie zu spuken, um mich einzuschüchtern. Aber ich spürte die Unzufriedenheit meines Partners und meine eigene. Vielleicht fühlten wir uns beide nicht wohl mit den Veränderungen, die im Lauf der Jahre bei jedem von uns stattgefunden hatten. L. war ein erfolgreicher Geschäftsmann geworden. Die Dinge, die ihn interessierten, fesselten meine Aufmerksamkeit nicht mehr. Und wenn er es auch abstreiten würde, so bin ich mir doch nicht sicher, ob es ihm gefiel, wie unabhängig oder erfolgreich ich geworden war. Für ihn sah es aus, als brauchte ich ihn weniger, und ich brauchte ihn tatsächlich weniger, jedenfalls in dem alten Sinn. Er war zehn Jahre jünger als ich und dabei, bestimmte wichtige Lebensfragen zu klären. Wir waren keineswegs am selben Punkt. Obgleich L. es nie gesagt hatte, wünschte er sich vielleicht zumindest die Möglichkeit, Kinder zu haben. Mit mir wäre es nicht möglich gewesen.

Eine Zeitlang wartete ich darauf, daß etwas »passieren« würde, und hegte die irrige Annahme, daß die Entscheidung, sich zu trennen, beide gemeinsam treffen müßten. Dann stellte ich fest, daß, wenn ich diesen Schritt wollte, ich ihn in die Wege leiten mußte. Es ist interessant, was dann geschah. L. meinte, wenn ich nicht Schluß gemacht hätte, wäre er vielleicht den Weg des geringsten Widerstands gegangen und in der Beziehung geblieben, obgleich auch er die Trennung wünschte. »Welche Ironie«, sagte er, »aber es stellt sich heraus, daß ich der abhängigere von uns beiden bin.«

Man kann keine authentische Beziehung haben, wenn man sich selbst preisgibt; das war eine der wichtigsten Beobachtungen, die Gilligan während ihrer Arbeit mit den Mädchen machte. Manchmal schlängeln sich Frauen jahrelang durch in dem Versuch, diesen Widerspruch auszugleichen. In erster Linie schützen wir unseren Wunsch, geliebt zu werden, und unseren anerzogenen Glauben, das wäre nur möglich, wenn wir die Bedürfnisse anderer vor unsere eigenen stellen. Dem Sog des romantischen Mythos zu widerstehen, erfordert eine neue Bewertung dessen, was wir brauchen – eine neue Vorstellung von Güte, von unserer Qualität als Frau, die ihr Selbst respektiert und ehrt.

KAPITEL 6

Der Mythos der romantischen Liebe: Wie Frauen vom Ziel der Selbstversorgung abgelenkt werden

In meiner ersten Psychoanalyse, die in den siebziger Jahren begann, verbrachte ich Jahre mit dem Versuch zu verstehen, warum ich mit 24 so infantil, so abhängig, so hoffnungslos kindisch gewesen war, daß ich den falschen Mann heiratete und über Jahre mir selbst und meinen Kindern so viel Kummer bereitete. So lautete eine typische Formulierung des Problems, direkt aus der Werkstatt meiner analytischen Väter.

In den neunziger Jahren machte ich eine zweite Analyse bei einer Frau, einer Feministin, und begann Dinge klar zu sehen, die ich zuvor nicht erkannt hatte. Jahrelang hatte ich mir selbst die Geschichte meiner Ehe in derselben Weise erzählt, wie man sie in den fünfziger Jahren erzählt hätte. Ich hatte versucht, die volle Verantwortung für die Fehlschläge in meinem Leben zu übernehmen, wenn auch ein Teil meiner selbst in meiner Mädchenzeit niedergemacht worden war. Aber nun fing ich an, es anders zu sehen. Meine Beziehung zu dem »Mann« – meinem Vater, der Kirche, dem Papst, dem Katechismus, der Struktur des institutionalisierten Patriarchats – hatte mich zutiefst beeinflußt. Ich entwickelte Sichtweisen meiner selbst in Beziehung zu Männern – und zur Welt –, die letztlich destruktiv waren. Geld, finanzielle Planung, eine Verpflichtung dazu, mich ein Leben lang selbst zu versorgen, blieben nebulöse Ideen, für die ich Lippenbekenntnisse ablegte. Aber psychologisch betrachtet, das verstand ich allmählich, hatte ich Hemmungen, mich selbst zu versorgen. Die meisten Frauen haben diese Hemmungen. Sie haben das unbewußte Gefühl, finanziell unabhängig zu werden, bedeute, den Ast abzusägen, auf dem man sitzt.

Kapitulation vor Daddy

Nachdem ich vier Jahre lang in New York gelebt hatte – derselbe Job, dieselben Freunde, wenige Rendezvous (mit einem Mann zu sprechen, wann immer ich tatsächlich einem begegnete, machte mich nervös) –, traf ich einen Mann, der sich sehr um mich bemühte. Ich war gefesselt von seinem Interesse an mir, seiner Eloquenz, seiner Intelligenz und seiner angestrengt mondänen Urbanität, die vor allem darin bestand, Künstlerkneipen im Village aufzusuchen. Die Menschen in diesen Lokalen waren immer lässig gekleidet und hatten, soweit ich sehen konnte, keine Jobs, aber sie alle sprachen, als würde ihr Leben nur in ihren Köpfen stattfinden. Selbst die Frauen – Malerinnen, Schriftstellerinnen – waren freimütig und ungeniert und hielten bei den Gelagen anständig mit. Ich fühlte mich völlig unbedarft unter ihnen, aber sie faszinierten mich. Nach ein paar Bieren oder vielleicht etwas Cognac begann Ed, mit einem irischen Akzent grölend Yeats zu rezitieren. Er war in Sheepshead Bay aufgewachsen, aber er verfügte über eine Shakespearsche Syntax.

Nachdem ich mich etwa einen Monat lang mit diesem Mann getroffen hatte, schrie er mich eines Nachts betrunken im Taxi an, weil ich nicht mit ihm ins Bett gehen wollte – und in der folgenden Nacht schlief ich mit ihm. Daß ich mich verzweifelt fühlte, ist klar, zumindest im Rückblick. Ich hatte Angst, er könnte mich verlassen. Er war 30 Jahre alt und hatte schon in Paris gelebt. Was wollte er mit einer unreifen Halbjungfrau, die sich noch immer vor dem Leben fürchtete?

Ich war mir keineswegs sicher, ob ich ihn wollte, aber ich wünschte mir die Chance, die Dinge weiter zu taxieren. Sein Leben erschien mir in mancher Hinsicht exotisch, aber es hatte auch etwas Verstörendes. Er war arbeitslos, weil er seinen Job als Reporter einer Zeitschrift verloren hatte, nachdem er sich auf einer Presseparty betrunken hatte. Er erzählte die Geschichte, als wäre es eine einmalige Entgleisung gewesen. In meinem Innern wußte ich, daß es anders war. Die Leute, mit denen er sich in den Kneipen südlich der 14. Straße unterhielt, waren eher Bekannte als Freunde. Aber sie schienen alle vereint in der Rebellion gegen das Establishment, die Bourgeoisie, wie sie es nannten.

Und sie waren vereint im Trinken. Aber eigentlich waren das damals alle.

Ich hatte den stillen Verdacht, daß ich zur Bourgeoisie gehörte. Aber vielleicht nicht ganz. Ich war noch nie Menschen wie diesen hier begegnet und fühlte zum erstenmal, wie meine Welt einen Riß bekam und sich öffnete. Das war neu. Davon hatte man mir nie etwas erzählt. Niemand stand hinter den Kulissen und warnte mich, weil niemand, den ich kannte, hierüber Bescheid wußte. Nicht daß es einen großen Unterschied gemacht hätte, wenn jemand Bescheid gewußt hätte. Wenn ich mit diesem exzentrischen Mann (wenn er trank, verlor er wirklich seine Balance) unterwegs war in der Welt der Großstadt, kümmerte mich meine Vergangenheit nicht mehr.

Ich wußte fast von Anfang an, daß ich meine behütete Welt der gutbürgerlichen Viertel verließ. Bald empfand ich Verachtung denen gegenüber, die acht Stunden am Tag arbeiteten und tatsächlich glaubten, ihre Arbeit sei wichtig. Im Rückblick war das eine perfekte Szenerie für mich, eine neue Art, mich überlegen zu fühlen, eine Art, überlegen zu sein, indem ich mich einer Elite anschloß. Meine Eltern gehörten zur Bourgeoisie, und jetzt konnte ich mich auch ihnen überlegen fühlen.

Das alles geschah sehr schnell. Ich traf Ed jeden Abend nach der Arbeit. Meine Mitbewohnerinnen sah ich gar nicht mehr. Wir schliefen in einer Wohnung in der Carmine Street, die seinem Bruder gehörte. Ich erinnere mich nicht wirklich an meine sexuellen Erlebnisse jener Zeit. Ich glaube, wir waren meistens betrunken, wenn wir miteinander schliefen. Ich fiel in einen Schacht, in einen Tunnel; ich lebte nun ein Großstadtleben.

Als meine Periode zwei Monate lang ausblieb, vereinbarte eine Freundin – keines von den katholischen Mädchen – für mich einen Termin bei ihrem Gynäkologen und begleitete mich. Ich konnte nicht glauben, was geschah. Ein Taxi zur Arztpraxis, eine Untersuchung, wie ich sie noch nie zuvor erlebt hatte, ein kurzes

Gespräch mit dem Arzt, und plötzlich gehörte mein Leben nicht mehr mir.

Schwanger. Ich war wie vor den Kopf geschlagen. Ich hatte mich in einem Zustand völliger Verleugnung befunden. Ich rief Ed an und erzählte es ihm am Telefon. Er war begeistert und bestand darauf, daß ich ihn sofort in einer Bar treffen sollte. Ich fuhr in demselben ärmellosen Etuikleid, das ich auch beim Arztbesuch getragen hatte, in die Innenstadt, hockte mich in die dunkle Bar und sagte Ed, daß ich ihn nicht heiraten würde. Ich wollte das Kind bekommen und zur Adoption freigeben. Mein Glaube ließ keine Abtreibung zu, und ich hätte mir einen solchen Lauf der Dinge auch nicht vorstellen können. Ich trug etwas Lebendiges in mir. So wie ich zuvor die Möglichkeit einer Schwangerschaft geleugnet hatte, war es jetzt, nach dem Arztbesuch, so, als hätte mich der Papst höchstpersönlich samt Kind erschaffen. Das Wort des Arztes, eines Mannes, und nicht mein Körper machte es wahr.

Aber ich konnte das Kind nicht als mein eigenes behalten, dessen war ich mir sicher, denn nichts an dieser Situation war, wie es sein sollte. Ich hatte mich mit Ed nur einige Wochen lang getroffen. Er bat mich an jenem Nachmittag in der dunklen, leeren Bar, ihn zu heiraten, und es rührte mich, daß er mich heiraten wollte, aber ich war unbeirrbar in meiner Entscheidung, mein Leben alleine weiterzuführen. So weit war ich mir sicher: Es war nicht seine Entscheidung, es war nicht unsere Entscheidung, es war meine Entscheidung.

Aber es vergingen weitere drei Wochen, ohne daß ich es meinen Eltern erzählte. Ich hatte fürchterliche Angst vor ihrer Reaktion und mußte mich zwingen, meinen Schreibtisch im Büro zu verlassen, um das öffentliche Telefon unten in der Halle aufzusuchen und sie anzurufen. Ich habe immer geglaubt, es sei ihr moralisches Urteil gewesen, vor dem ich mich fürchtete, und sicher war es zum Teil auch so. Aber heute meine ich, daß ich vor allem Angst davor hatte, die Trennung, die sich vollzogen hatte, anzuerkennen. Daß sie die Verbindung zu meinem Leben verloren hatten, hatte ich mir nicht eingestehen können. Diesen Anruf zu erledigen bedeutete soviel wie zu sagen: »Ihr kennt mich nicht mehr.«

Und sie kannten mich tatsächlich nicht mehr. Unsere Wege hatten sich wortlos getrennt, nachdem ich von zu Hause fortgegangen und nach New York gekommen war. Ich spürte ihre Mißbilligung. Ihnen diese Nachricht zu übermitteln war etwa so, wie ihnen die Erfüllung ihrer schlimmsten Ängste auf einem silbernen Tablett zu servieren. Tochter tauscht Zuhause gegen Sodom und Gomorrha und kehrt schwanger zurück.

Aber ich glaube, ich wußte auch, daß sie mich in meiner Entscheidung nicht unterstützen und mir keine Hilfe anbieten würden. Und so war es. Mein Vater ging in sein Schlafzimmer und schloß sich drei Tage lang ein, erzählte meine Mutter mir später. Als er herauskam, hatte er entschieden, was ich zu tun hatte. Ich mußte heiraten.

»Ich will nicht heiraten«, sagte ich.

Und dann, nur einen Augenblick später, hatte mich seine Sicht der Dinge voll im Griff. Unfähig, an meinem eigenen Willen festzuhalten, folgte ich meinem moralischen, aufrechten, allwissenden Vater. Meine Verantwortung gehöre nicht mir, verkündete er, sondern meinem Kind.

Natürlich. Wie hatte ich so verrückt sein können?

Ich war für ein Leben der Selbstlosigkeit bestimmt, gewiß eine Vorstellung, welche die katholische Schule mir eingepaukt hatte, seit ich in die erste Klasse gekommen war. Mein Vater erinnerte mich nur an Verpflichtungen, an die zu denken ich einen Augenblick vergessen hatte.

»Liebe ist [männlichen] Theologen zufolge vollkommene Hingabe, sie hegt keinen Gedanken für eigene Belange und strebt nur nach dem Guten für den anderen«, schreibt die Theologin Valerie Saiving. Die Frau fügt sich tadellos in diesen Rahmen, wenn sie glaubt, daß »sie kein Recht hat, irgend etwas für sich selbst zu verlangen, sondern sich bedingungslos unterwerfen muß, da sie sich für Ehe und Kinder entschieden hat und so im Einklang mit den Bedürfnissen ihrer Familie nach Liebe, Erholung und Versöhnlichkeit lebt«.[1]

Aber ist es möglich, daß es etwas Tröstliches hat, fügsam zu sein?

Hocherfreut über meine Kehrtwendung, kam Ed mit zu meinen Eltern, um sie kennenzulernen. Mein Vater fürchtete, die Kirche könnte das Verfahren verlangsamen, weil Ed seit Jahren keinen Gottesdienst besucht hatte. Im Schwarzweißdenken meines Vaters war ein nicht praktizierender Katholik faktisch dasselbe wie ein Ungetaufter. Daher glaubte er, die Kirche würde unsere Ehe als »Mischehe« ansehen und endlose Wochen der Unterweisungen fordern, um Ed für sein Versprechen vorzubereiten, das Baby katholisch zu erziehen. Ed hatte kein Problem damit, ein solches Versprechen zu geben, weil er bereits katholisch war. Aber mein Vater hatte dieses Problem in seinem Kopf aufgebaut und mußte sich nun damit herumschlagen. Er rief seinen alten Freund Pater Hagmaier in New York an und fragte, was er tun könne, »um die Dinge voranzutreiben«. Ich fühlte mich, als wäre ich Teil einer Zunft.

Mein Vater hatte Pater Hagmaier seit Jahren nicht gesehen und war über seine Karriere nicht auf dem laufenden. Es stellte sich heraus, daß er gerade promovierte, und zwar – ausgerechnet – im Fach Psychologie. Er bereitete sich auf eine Laufbahn in der Eheberatung vor! Als Hagmaier meine Geschichte hörte und sich mit Ed traf, um auch mit ihm zu sprechen, riet er mir, nicht zu heiraten. Mein Vater ging hoch wie eine Rakete. »Gottverdammt!« brüllte er ins Telefon.

Ich hatte wieder von meinem Arbeitsplatz aus das öffentliche Telefon in der Halle aufgesucht. Ich hatte zwei Unterredungen mit Pater Hagmaier gehabt und fühlte mich in meiner ursprünglichen Entscheidung bestätigt und unterstützt. Es gebe eine Menge »rote Fähnchen« in Eds Geschichte, sagte mir der Priester. Er führte an, daß Ed 30 sei und schon eine Anstellung wegen Trunkenheit verloren habe. Er sagte mir auch, daß Eds Vater Alkoholiker und jahrelang hospitalisiert gewesen sei, weswegen, wußte niemand so genau. Pater Hagmaier schlug vor, ich sollte das Baby einer Pflegefamilie überlassen, um mir selbst die Zeit zu geben, die ich für die Entscheidung brauchte, ob ich heiraten und das Baby behalten oder es zur Adoption freigeben wolle. »Lassen Sie sich Zeit«, hatte er gesagt. »Lernen Sie diesen Mann erst einmal kennen, um zu sehen, ob Sie diese Beziehung wirklich wollen.«

Ich gab diese Gedanken an meinen Vater weiter, aber sie machten keinen Eindruck auf ihn. Er sammelte alle Kraft seiner moralischen Autorität. »Du hast diese Entscheidung getroffen im Akt der Konzeption!« donnerte er ins Telefon. »Du bist verantwortlich für dieses Kind!«

Im Akt der Konzeption. Was für eine Formulierung. Der Ausdruck hatte so einen lateinischen Anklang. Es versetzte mich geradewegs zurück in die katholische Schule, zurück zu den Nonnen, den Priestern, dem Baltimore-Katechismus, den Regeln, die ich rezitiert hatte, den Sünden, die ich während meiner ganzen 24 Jahre in dunklen Beichtstühlen aufgezählt hatte. Mit diesen Worten hatte mein Vater mich am Wickel, ein für allemal. Keine Rede mehr davon, ein eigenes Leben zu führen. Ich würde heiraten. Plötzlich schien es genau das zu sein, was ich tun mußte.

Mädchen neigen dazu, Männer für ehrlich, mutig und stark zu halten, womit sie dem Rollenvorbild ihrer Mütter folgen. Angesichts meiner drohenden Verdammung schwieg meine Mutter. Dies war eine ernste Angelegenheit, zu ernst, als daß sie ihre Meinung dazu geäußert hätte – und sicherlich zu ernst, als daß sie meinem Vater widersprochen und Hilfe angeboten hätte.

Aber identifizierte sie sich denn nicht mit mir? War das möglich – einerlei, ob sie als junge Frau jemals selbst in einer solchen Lage gewesen war? Gab es denn keine Verbindung mehr zwischen ihr und mir?

Ich kann mich an keinerlei Diskussionen mit meiner Mutter erinnern, außer daß sie mir erklärte, ich dürfe meinem 19jährigen Bruder nicht erzählen, was mir zugestoßen sei, weil mein Vater fürchtete, daß es »seine Moral erschüttern« könnte. Sie und mein Vater würden Freunden sagen, ich hätte fünf Monate zuvor heimlich geheiratet, und von mir wurde erwartet, daß ich mich nicht blicken ließ.

Vielleicht war meine Mutter selbst von ihrer Vergangenheit abgeschnitten. Oder vielleicht war sie durch die Angst vor meinem Vater traumatisiert. An diesem kritischen Punkt meines Lebens tat meine Mutter, was sie immer getan hatte, wenn sie nicht wußte, wie sie mit mir reden sollte: Sie nähte. Diesmal war es ein Umstandskleid aus braunem Serge. So ernst. So schäbig. Als wäre ich über Nacht zu einer Art Nonnenmutter geworden zum Ausgleich für meine Sünden. Ich empfand Dankbarkeit gegenüber meiner Freundin Nancy, einer Designerin für Theaterkostüme, die den Stier bei den Hörnern packte, als ich sie fragte, was ich bei der kirchlichen Trauung tragen sollte, und sie mir antwortete: »Himbeerfarben.«

Nancy grub ein elegantes *Vogue*-Schnittmuster aus und nähte mir ein himbeerfarbenes Mohairkostüm mit einer großen Kellerfalte vorn. Als ich schließlich in der Kirche getraut wurde (Pater Hagmeiers Interventionen zum Trotz), war ich im fünften Monat schwanger. Das Kostüm – und eine Mantilla aus goldener Spitze von einer meiner Mitbewohnerinnen – halfen mir, den Bauch zu verhüllen und den Kopf aufrecht zu halten.

Lange Zeit erlebte ich die Schwere meines neuen Lebens als Strafe dafür, daß ich schwanger geworden war, daß ich hatte heiraten »müssen«, wie wir damals sagten. Aber diese Interpretation erscheint im Licht dessen, was ich seitdem über Mädchen und Frauen gelernt habe, nicht mehr angemessen. Das Gefühl, daß mit *mir* etwas nicht stimmte, war älter als jede »Sünde«, die ich hätte begehen können. Daß ich mich immer minderwertig gefühlt hatte, wird dadurch deutlich, daß ich nie irgendwelche Hoffnungen oder Träume für mich selbst hatte. Ein eigenes Zuhause, eine Familie, ein Auto in der Auffahrt, ein Planschbecken hinter dem Haus – nichts davon konnte ich mir vorstellen. Ebensowenig konnte ich mir ein Arbeitszimmer vorstellen, ein Labor, einen Seminarraum an der Universität wie den, in dem mein Vater unterrichtete. Jede Vorstellung von der Welt, die vor mir lag, war bestürzend unklar.

Warum erhob sich diese leere weiße Leinwand vor mir, die jeden Blick auf eine Zukunft versperrte? Die Leere war, wenn ich zurückdenke, erschreckend. Die meisten Mädchen, die in den fünfziger Jahren aufwuchsen, stellten sich wenigstens zwei kleine, fein angezogene Figuren auf einer riesigen Hochzeitstorte vor. Ich sah nichts.

Mutlos

Als Mädchen eines prominenten Ivy-League-College in einem Interview gefragt wurden, warum sie sich um das berühmte Rhodes-Stipendium bewarben – das heißt, was sie nach ihrem Studienabschluß zu tun beabsichtigten –, wußten diese gescheiten, leistungsfähigen Studentinnen nicht, was sie antworten sollten.[2] Ihre Vorstellungskraft reichte gerade bis zu den akademischen Auszeichnungen. Äußerlich erfolgreich, waren sie von ihren wirklichen Wünschen abgetrennt und außerstande, sich selbst eine Zukunft auszumalen.

Diese Wünsche, eine innere Bejahung des Lebens, sind wesentlich, um sich eine Vorstellung von Autonomie zu eigen zu machen – um nicht nur zu glauben, daß man für sich selbst sorgen kann, sondern um es zu *wollen*. Leider finden viele Mädchen nicht zu dieser Bejahung! Echtes Verlangen wird bei Mädchen und Frauen untergraben, schreiben Elizabeth Debold, Marie Wilson und Idelisse Malavé in *Die Mutter-Tochter-Revolution*.[3]

Und dabei ist Verlangen die eigentliche Wurzel jeden tatkräftigen Handelns. Es richtet uns auf, bringt uns in Schwung, verleiht unserem Handeln Kraft. Von dieser Kraft werden wir getrennt, wenn unser Verlangen verboten oder bloßgestellt wird. Es findet eine Spaltung statt, und wir erleben nicht mehr die tiefe Quelle unserer Wünsche. Das hat verheerende Auswirkungen auf unser Gefühl von persönlicher Autorität. Die Studentinnen, die sich für das Rhodes-Stipendium bewarben, hatten wie so viele andere Mädchen keinerlei Ansporn, ihr künftiges Leben aufzubauen, noch konnten sie sich vorstellen, daß in der Welt Platz für sie sei. Als ob das Leben zu Ende wäre, bevor es überhaupt angefangen hat.

Wie wir sehen werden, werden Mädchen systematisch der Fähigkeit beraubt, die Verantwortung für ihr Leben zu übernehmen. Während der Schulzeit werden sie im Klassenzimmer eingeschüchtert und auf den Gängen belästigt. Selbst Lehrer, die vielleicht bewußt eine Atmosphäre der Gleichberechtigung schaffen möchten, scheitern. Mädchen bleiben geschwächt und besiegt zurück. In einem sehr realen Sinn geben sie sich selbst auf.

In dieser Leere macht sich so unvermeidlich, wie die Nacht auf den Tag folgt, der romantische Gegenterror breit. Wenn die Mädchen in die Pubertät kommen, beginnt die Gesellschaft ihnen zu erzählen, daß »wahre Liebe« nicht mehr die Liebe ihrer Mütter, Geschwister und Freundinnen sei, sondern die Liebe eines Mannes – und nur die eines Mannes. Diese Männer-Liebe, als romantische Liebe verbrämt, soll all das wettmachen, was sie gerade zu verlieren im Begriff sind. »Vollkommenes Verlangen, vollkommene Liebe und vollkommenes Glück werden den Frauen als Belohnung dafür hingestellt, daß sie die Macht psychischer Integrität, leidenschaftlicher Kindesliebe, der weiblichen Kindheitswelt aufgeben«, schreiben Elizabeth Debold und ihre Ko-Autorinnen.

Der Frauenbewegung und der massiven Ausbildung und Professionalisierung von Mädchen und Frauen in unserer Gesellschaft zum Trotz besteht der romantische Mythos heute weiter fort und hält Männer wie Frauen in seinem Netz gefangen. Männer werden noch immer zu Helden stilisiert – sie sind die Mentoren, die Beschützer. Und Frauen suchen noch immer Schutz, ohne den sie sich ängstlich und verwundbar fühlen.

Für die Liebe eines Helden geben die Mädchen nicht weniger auf als ihr Potential, eine Triebkraft ihres eigenen Lebens zu werden. Aber niemand spricht davon, wie sich diese unüberwindbare Knebelung auf die Bemühungen der Frauen, sich selbst zu versorgen und die Verantwortung für ihr Leben zu übernehmen, auswirkt.

In meinen Interviews mit Frauen stellte ich fest, daß nur sehr wenige Frauen eine aus eigener Kraft geschaffene finanzielle Stabilität – ohne die innere Sicherheit und ein Gefühl der Freiheit praktisch unmöglich sind – kennen, planen oder auch nur wollen. Frauen sind so konditioniert, daß sie nicht wissen, *wie* sie es wollen könnten.

Eine Frau verdient heute ihr eigenes Geld, manchmal sogar sehr viel. Aber, so schreiben Annette Lieberman und Vicki Lindner in *Unbalanced Accounts*, »nichts hat sie in ihrer psychischen oder kulturellen Geschichte so ausgestattet, daß sie sich vorstellen könnte, für den Rest ihres Lebens für sich selbst zu sorgen. Da sie weder gerettet noch von ihren Phantasien des Gerettetwerdens befreit wird, kann eine Lähmung in finanzieller Hinsicht die Folge sein.«[4]

Finanzielle Unabhängigkeit hat nichts damit zu tun, wie fleißig jemand arbeitet. Die meisten Frauen arbeiten in Doppelschichten Tag für Tag und träumen dennoch nachts von einem Ende als Stadtstreicherin. Sie sind pflichtbewußt: Sie kümmern sich um alles. Nur nicht um sich selbst.

Es ist bemerkenswert, wie nachhaltig Mädchen und Frauen in unserer Gesellschaft noch immer zur Abhängigkeit erzogen werden. Als in den achtziger und neunziger Jahren die ersten Untersuchungen über Mädchen publiziert wurden und ich erfuhr, was sich in Familien und Schulen abspielt, begann ich die Geschichte meines eigenen finanziellen Niedergangs besser zu verstehen – und die Geschichten anderer Frauen.

Frauen wird tatsächlich beigebracht, sie seien außerstande, auf sich selbst zu zählen, wenn es darum geht, Lösungen für Probleme zu finden. Man bringt ihnen bei, Männer hätten die Voraussetzungen zum Überleben, und sie hätten sie nicht. Man bringt ihnen bei – heute so systematisch wie ehedem –, daß sie auf andere angewiesen seien.

Demütigung im Klassenzimmer

Alarmiert von den ersten Ergebnissen des Harvard-Projektes, die besagten, daß mit dem Beginn der Pubertät bei Mädchen eine Krise einsetzt, führte die *American Association of University Women* 1990 eine Erhebung zum Selbstwertgefühl bei Mädchen durch. Sie ergab verblüffenderweise, daß in der Grundschule zwar 60 Prozent der Mädchen und 67 Prozent der Jungen mit sich zufrieden waren, daß aber auf der High School nur noch 29 Prozent der Mädchen sich selbst leiden konnten im Vergleich zu fast 50 Prozent der Jungen.[5]

Doppelt so viele Jungen wie Mädchen äußerten, was sie am meisten an sich selber schätzten, seien ihre besonderen Talente, so berichtete die AAUW. Was Mädchen am meisten an sich schätzen (wenn überhaupt irgend etwas), sei ihre äußere Erscheinung. Jungen in der Adoleszenz hatten größere Träume als Mädchen, »und sie glauben eher daran, daß ihre Träume wahr werden können«.[6]

Als die AAUW ihre beunruhigenden Nachrichten in einem Bericht mit dem Titel *Shortchanging Girls, Shortchanging America* veröffentlichte, lösten sie bei der Journalistin Peggy Orenstein tiefe Besorgnis aus. Dies war die umfassendste bundesweite Erhebung über Geschlecht und Selbstwertgefühl, die man je durchgeführt hatte, und das Bild, das sie vom Leben der Mädchen zeichnete, war schockierend. Der Bericht hielt fest, daß allen Veränderungen hinsichtlich der Rolle der Frauen in der Gesellschaft zum Trotz sich viele der heutigen Mädchen in traditionelle Strukturen wie geringes Selbstwertgefühl, Selbstzweifel und Selbstzensur ihres schöpferischen und intellektuellen Potentials fügen. Während der Adoleszenz läßt ihre Selbstachtung in stärkerem Maße nach als die der Jungen, und dieser Rückstand wird nie wieder aufgeholt. Mädchen lassen mit bescheideneren Erwartungen und geringerem Vertrauen in sich selbst und ihre Fähigkeiten ihre Teenager-Jahre hinter sich als Jungen. Sie sind anfälliger für Gefühle von Depression und Hoffnungslosigkeit und viermal stärker suizidgefährdet.[7]

Orenstein wollte selbst sehen, was im Leben der Mädchen geschah und diese dramatischen Verluste verursachte. Sie verbrachte ein Jahr mit Mädchen der achten Klasse an zwei kalifornischen Schulen, sie berichtete überaus genau über das Äußere, die Einstellungen, Träume, Ängste und Verhaltensweisen der Mädchen. Sie interviewte auch deren Eltern und Lehrer. Es stellte sich heraus, daß die Journalistin durch die Beobachtung dieser Mädchen zurück in ihre eigene Adoleszenz vor zwanzig Jahren geführt wurde – und zu der deprimierenden Erkenntnis, daß sich bemerkenswert wenig geändert hatte. Als sie 13 war, schreibt Orenstein, ließ sie im Mathematikunterricht die Hand sinken, »um sie nie wieder zu heben aufgrund einer plötzlichen Angst, ich könnte eine falsche Antwort geben und gedemütigt werden«.[8]

Mit 16 nahm sie 40 Pfund ab, »ich weigerte mich zu essen und nahm Unmengen von Abführmitteln, bis ich schließlich überhaupt nicht mehr essen konnte«. Mit 21 war »ich beim Schreiben meiner Abschlußarbeit wie gelähmt, ich war überzeugt, daß meine Schwindelei auffliegen würde«.

In ihrem Buch über die Achtkläßlerinnen, *Starke Mädchen – brave Mädchen*, schreibt Orenstein, daß Mädchen »lernten, Jungen als freier, unbeschwerter, letztlich machtvoller anzusehen. Das verminderte Selbstgefühl der Mädchen bedeutet, daß sie, häufig unbewußt, einen zweitklassigen, versorgenden Status annehmen.«

Obgleich manche Lehrer bewußt versuchten, ihre Klassen ohne geschlechtsbezogene Voreingenommenheit zu führen, setzte sich ein »verborgener Lehrplan« durch. Den Mädchen, mit denen Orenstein sprach, war zwar nie direkt gesagt worden, sie müßten sich anders verhalten als die Jungen, aber sie lernten diese Lektion auch so und bezahlten einen gewaltigen Preis dafür. Ohne ein starkes Selbstgefühl sind die Mädchen beim Eintritt in das Erwachsenenleben »weniger imstande, ihre Möglichkeiten auszuschöpfen, weniger bereit, Herausforderungen anzunehmen, weniger bereit, bei der Wahl ihrer beruflichen Laufbahn der Tradition die Stirn zu bieten«, was bedeutet, daß ihre finanzielle Sicherheit gefährdet ist.

Aber es gibt noch andere Faktoren, die ihre Fähigkeit zur Selbstversorgung beeinflussen. Alles in allem war Orensteins Vorhersage für die Zukunft der Mädchen apokalyptisch. »Ihre Erfolge werden sie nicht befriedigen, und ihre Mißerfolge werden katastrophal sein, was wiederum ihren Selbstzweifel nährt. Sie werden weniger darauf vorbereitet sein, den Stürmen des Erwachsenenlebens zu trotzen, sie werden mit größerer Wahrscheinlichkeit von Depression, Hoffnungslosigkeit und Selbstdestruktivität heimgesucht werden.«

Als ich Orensteins Bericht über das, was sich in den Klassenzimmern abspielt, las, als ich mir vor Augen führte, was sie gesehen und gehört hatte, wurde mir allzu klar, daß ihre Schlußfolgerungen (und die der AAUW) keineswegs übertrieben waren. Wie die Mädchen Mitte der neunziger Jahre in der Schule behandelt werden, ist geradezu niederschmetternd. Wie kann jemand, der so aufwächst, den Glauben an seine Fähigkeit aufrechterhalten, sich selbst zu versorgen ohne einen stärkeren, mächtigeren, mit mehr Fertigkeiten ausgestatteten anderen, auf den man sich stützt?

Es war genau die Art und Weise, wie ich aufgewachsen war!

Außerhalb des Klassenzimmers ist die 13jährige Amy unerschrocken, frech und willensstark, drinnen jedoch verhält sie sich ganz anders. Wenn sie sich setzt, die Arme verschränkt, vornüber auf ihren Schreibtisch gestützt, scheint sie sich kleiner zu machen. Verschwunden ist ihre forsche spielerische Art; im Unterricht sagt sie kaum ein Wort.

Die Jungen dagegen lümmeln mit ausgestreckten Beinen auf ihren Plätzen. Nate wippt mit seinem Stuhl und beginnt eine Unterhaltung mit einem Freund. Die Lehrerin Mrs. Richter hat farbige Quadrate verteilt, mit denen Primzahlen gekennzeichnet werden sollen. Als sie die Klasse auffordert, die Primzahlen zu nennen, die sie gefunden haben, ist Nate der erste, der ruft: »Elf!« Als sie bei zwanzig und dreißig ankommen, schreien Nate, Kyle und Kevin immer lauter im Wettstreit um die schnellste Antwort und die größte Lautstärke. Die Lehrerin läßt ihnen das einschüchternde Verhalten durchgehen. Das Mädchen Allison, das die ganze Zeit die Hand gehoben hat, um die Aufmerksamkeit der Lehrerin zu erringen, gibt auf.

Nachdem die Jungen bei 100 angelangt sind, fragt Mrs. Richter, ob 103 eine Primzahl oder eine teilbare Zahl sei.

Kyle ruft: »Primzahl!«, aber Mrs. Richter versucht, jemand anderem eine Chance zu geben. Kyle fügt sich nicht. »Er fängt an, mit dem Stuhl hin und her zu wackeln und zu skandieren: ›Primzahl! Primzahl! Primzahl!‹«

Wenn die Mädchen etwas sagen, halten sie sich folgsam an die Regeln. Allison hebt die Hand und wartet, bis sie an der Reihe ist; diesmal mit Erfolg. Auch Amy meldet sich und hebt die Hand, aber ihre Lösung einer einfachen Multiplikationsaufgabe ist falsch. Sie »wird feuerrot und wirft den Kopf nach vorn, so daß ihr die Haare ins Gesicht fallen«.

Gelegentlich schreien auch Mädchen Antworten einfach heraus, aber meistens nur auf die leichtesten Fragen, berichtet Orenstein. »Wenn die Mädchen einmal Antworten auf komplexere Fragen zu äußern wagen, behaupten die Jungen ›ihr‹ Territorium und schreien sie mit ihren Antworten nieder.«

Die Lehrerin sagt zwar nichts, was Nachsicht mit dem Verhalten der Jungen ausdrückt, aber das ist auch nicht nötig. Der verborgene Lehrplan schwingt das Zepter.

Mrs. Richter beginnt eine neue Unterrichtsstunde über Exponenten und fragt: »Was bedeutet drei hoch drei?«

»Ich weiß es!« ruft Kyle.

Anstatt Kyle aufzurufen, wendet sich die Lehrerin an Dawn. »Weißt du es, Dawn?«

Dawn zögert und setzt an: »Also, man zählt die Anzahl der Dreien und ...«

»Aber ich weiß es!« unterbricht Kyle sie. »Ich weiß es!«

Dawn kommt durcheinander. Sie beendet ihren Satz nicht.

»Ich weiß es! ICH!« ruft Kyle. *»Es ist drei mal drei mal drei!«*

»Ja«, sagt Mrs. Richter. »Haben es alle verstanden?«

»JA!« schreit Kyle; Dawn sagt nichts.

Später erklären die Mädchen der Journalistin, daß sie es hassen, Antworten zu geben, aus Angst, sie könnten falsch sein, und aus Angst, von der Lehrerin korrigiert zu werden. »Jungen ist es ganz egal, ob sie recht haben oder nicht«, sagt Amy. »Sie können die komischsten Sachen sagen, Sachen, die manchmal mit dem Unterricht überhaupt nichts zu tun haben.«

Im Unterricht frei heraus zu reden und dafür anerkannt zu werden, hebt Orenstein hervor, ist eine Bestärkung. Die Kinder, die im Unterricht *nicht* frei sprechen, haben weder die Gelegenheit, durch Lob ihr Selbstwertgefühl zu verbessern, noch haben sie die Chance, aus Fehlern zu lernen.

In jeder Klasse, die Orenstein besucht hat, gab es mindestens einen Jungen wie Kyle oder Nate, der beständige und unangemessene Aufmerksamkeit forderte und dem der Lehrer nachgab. Nach Orensteins eigener Zählung, wer im Unterricht spricht – »wer Antworten herausschreit, wer vom Lehrer aufgerufen wird, wer den größten Teil der Interaktion bestimmt« –, ist das Verhältnis von Jungen und Mädchen etwa fünf zu eins.

»Von ihren Lehrern ignoriert und ihren Mitschülern klein gemacht, werden die Mädchen mutlos«, berichtet Orenstein. »Es kann so weit kommen, daß sie nur noch widerstrebend am Unterricht teilnehmen, außerstande, den kleinen Mißerfolgen standzuhalten, die notwendig sind, um auf lange Sicht akademisch erfolgreich zu sein.«

Wenn es auch so aussieht, als würden die Jungen ihrer Klasse sie überrennen, so hat Mrs. Richter doch eine klare Vorstellung von dem Schaden, der bei den Mädchen angerichtet wird, und davon, daß ihr eingeschränktes Vertrauen sie daran hindert, Risiken einzugehen. In der High School sind die Jungen risikofreudiger und schneiden bei allen Tests besser ab. Obgleich sie sachkundig sind, geben die Mädchen auf, weil sie so große Angst davor haben, sich mit falschen Antworten bloßzustellen. Jungen sind anders, meint Mrs. Richter. »Ihre Hausaufgaben können ganz und gar falsch sein, aber es kümmert sie nicht, da sie es ja versucht haben. Es ist ihnen nicht peinlich, sondern sie versuchen herauszufinden, warum sie falsch waren. Das gibt ihnen mehr Vertrauen.«

Was sie verschweigt, ist, daß die Jungen es sich erlauben können, Fehler zu machen, weil niemand sie vor allen anderen dafür demütigt.

Was im Mathematik- und naturwissenschaftlichen Unterricht stattfindet, kann auf die Fähigkeiten von Frauen, sich finanzielle Sicherheit zu verschaffen, lebensverändernde Auswirkungen haben. Welches Gebiet sie später auch wählen mögen – *Frauen, die mehr als zwei Mathematikkurse auf dem College belegen, sind die einzigen, die gleiche Bezahlung für gleiche Arbeit erreichen.*[9]

Mädchen und Jungen, die sich mit Mathematik und Naturwissenschaften befassen, entwickeln ein stärkeres Selbstwertgefühl als andere Kinder. Untersuchungen zeigen, daß Mädchen, die Mathematik und Naturwissenschaften mögen, mit größerer Wahrscheinlichkeit eine berufliche Laufbahn einschlagen.

Karen Karp, Lehrbeauftragte für Mathematik an der Universität von Louisville, hat ein Programm mit dem Namen *Feisty Females* (*Forsche Frauen*) entwickelt. Sein Ziel ist es, »Mathematiklehrer der Grund- und Mittelstufe darin auszubilden, daß sie Schülerinnen befähigen, mathematische Probleme genauso erfolgreich anzugehen, wie man es bisher eher von Jungen erwartet«, berichtete die *New York Times.*[10] Karp dachte sich Geschichten mit starken weiblichen Charakteren wie Cinder Edna aus, die nicht darauf wartet, daß jemand anders ihre Probleme löst. Und sie belastet auch nicht ihre Kreditkarte bis zum Anschlag. »Sie kauft sich ein Kleid, das sie in Raten bezahlt, zieht ihre bequemen Slipper an und fährt mit dem Bus zum Ball, wo sie den Vetter des Prinzen trifft.«

Untersuchungen zeigen, daß Mädchen in der frühen Kindheit tatsächlich über ein besseres mathematisches Verständnis verfügen als Jungen. Aber sie verlieren ihren Vorsprung, wenn sie älter werden und sie sich allzu sehr von Regeln fesseln lassen, weil ihnen die Zustimmung der anderen wichtig wird. »In Mathematik muß man wirklich etwas riskieren«, meint Mrs. Karp, deren Programm von der *National Science Foundation* finanziert wird.

Mein Vater, der Mathematiker war, meinte, ich sollte imstande sein, Mathematik zu lernen. Aber wenn er mir zu helfen versuchte, war er so aufbrausend und hitzig, daß ich es als Demütigung erlebte und aufgab.

Als Jahre später meine Tochter Gabrielle auf der High School in Mathematik glänzte, wunderte ich mich. Woher hatte sie dieses Talent? Wo immer sie es her hatte, es schien ihre männlichen Lehrer ebenso zu irritieren (sie korrigierte sie hin und wieder) wie die Tatsache, daß in einem Oberstufenjahr, in dem sie sich unterfordert fühlte, ihre Teilnahme nachließ. Ein Lehrer, der eher ärgerlich als besorgt erschien, drohte, sie würde in Trigonometrie durch das Examen fallen. Dessen ungeachtet kam sie in der Prüfung auf 99 Prozent. Außerdem wurde sie durch ein volles Harvard-Stipendium und die Einladung ausgezeichnet, das erste Studienjahr zu überspringen und gleich im zweiten zu beginnen. Bei der High School-Abschlußfeier wurde jede kleine Ehrung, die je ein Schulabgänger in jener ländlichen Gegend erworben hatte, getreulich erwähnt – nicht aber Gabrielles Harvard-Stipendium. Sie hatte sich nicht an die Regeln gehalten. Sie hatte den Mund nicht gehalten. Und das System bestrafte sie.

»Schlampen«: Das Trauma der sexuellen Reife

Mädchen werden nicht nur intellektuell zum Schweigen gebracht, sie werden auch wegen ihrer sexuellen Entwicklung gedemütigt. Sie werden zugleich Objekt der Begierde wie des Spotts. Die Botschaft verwirrt und ängstigt sie und bewirkt, daß sie weniger an ihre Stärken glauben und statt dessen im romantischen Mythos Schutz suchen.

Noch ehe sie richtige Teenager sind, werden die Mädchen der prekären Welt erwachsener weiblicher Sexualität ausgesetzt. Mit 12 Jahren hat bei einem Drittel von ihnen die Menstruation eingesetzt. Ihre Brüste beginnen zu wachsen, ihre Körperkonturen verändern sich. Durch diese sichtbaren Veränderungen und die Art, wie die Gesellschaft darauf reagiert, werden die Mädchen schroff und unvermittelt aus ihrer Welt der Kindheit gestoßen, meinen Elizabeth Debold und ihre Kolleginnen. Sie fühlen sich verunsichert, auf gefährlich schwankendem Boden. Während Jungen im allgemeinen die pubertären Veränderungen ihres Körpers mit Begeisterung wahrnehmen und sie mit wachsender Kontrolle und Macht in der Welt gleichsetzen, verbinden die meisten Mädchen die Veränderungen ihres Körpers mit einem Verlust an Kontrolle.[11] Beinahe über Nacht wird alles, was sie auf mädchenhafte Weise an Neugier, Direktheit und Freude ausdrücken, in einem sexuellen Sinn verstanden.[12] Plötzlich werden sie mit den kommerzialisierten Bildern der Frau identifiziert, der Frau als Objekt der Begierde.

Sie werden begehrt und zugleich verunglimpft, weil sie begehrenswert sind. Dieses verwirrende Paradox wirkt prägend und löst sich für viele Frauen niemals auf. Eine Gruppe von Frauen aus meiner Bekanntschaft, die sich im Alter um die 40 scheiden ließen und wieder frei für Männerbekanntschaften waren, bezeichnete sich selbst als »Schlampen«. Es ist zwar als Witz über ihr Vergnügen am Sex und ihre Beschäftigung mit Sex gemeint, aber es ist in Wirklichkeit ein Zeichen der Scham.

Der Machtkampf zwischen »Schlampen« und »Hengsten«, der heute an amerikanischen Schulen ausgetragen wird, wäre eine lächerliche Angelegenheit, wenn er nicht so heimtückisch destruktiv wäre.

In *Starke Mädchen – brave Mädchen* wird sehr anschaulich eine Szene in einer kalifornischen Schulklasse beschrieben.[13] In Mrs. Websters Unterrichtsstunde wird das Thema der Übertragung von Krankheiten durch Sexualverkehr behandelt.

Sie beginnt, indem sie das griechische Symbol für »weiblich« an die Tafel zeichnet. »Nehmen wir an, sie ist infiziert, hat es aber noch nicht bemerkt und hat Sex mit drei Männern.« Sie zeichnet drei Symbole für »männlich« an die Tafel. Ein Junge flüstert vernehmlich: »So eine Schlampe!« Die Klasse kichert.

Die Lehrerin, die den Kommentar offensichtlich nicht gehört hat, skizziert weiter, wie eine Epidemie sich ausbreitet. Der erste Mann habe drei sexuelle Begegnungen, erklärt sie, und zeichnet drei weitere weibliche Symbole. »Der zweite war sehr aktiv, er hatte sexuellen Verkehr mit fünf Frauen.« Während sie mit dem

Rücken zur Klasse an der Tafel zeichnet, stehen zwei Jungen auf und machen Verbeugungen.

Der dritte war »schlau«, fährt sie fort; er hat mit keiner Frau geschlafen. Das beeindruckt die Jungen keinen Deut. Einer zeigte auf den anderen, und sie machen sich über die bloße Vorstellung eines sexuell passiven Mannes lustig.

In den High Schools werden die Jungen typischerweise als sexuelle Hasardeure betrachtet, die sexuell aktiven Mädchen dagegen als Schlampen. Sexuelle Aktivität ist für den Ruf der Mädchen verheerend, für den der Jungen großartig.

Ich habe Frauen um die 20 gehört, die junge Männer als Schlampen bezeichneten. Aber sie benutzen natürlich ein weibliches Schimpfwort. Der Begriff ist meistens auf Mädchen und Frauen gemünzt, und er dient dazu, ihnen Fesseln anzulegen. »Was würde geschehen, wenn wir den Mädchen die Wahrheit sagen würden,« fragt Orenstein in *School Girls*, »wenn wir eingestehen würden, daß ihr Verlangen ebenso machtvoll sein kann wie das der Jungen?«

Verlangen wird, wenn es um Mädchen geht, nur im Sinne von Ja-Sagen oder Nein-Sagen abgehandelt – Ja oder Nein zu Jungen, nicht etwa zu sich selbst. Die Erzieherin Michelle Fine meint, Sexualität, wie sie an den High Schools vermittelt werde, unterstütze die Vorstellung vom »Mann, der seinem Verlangen folgt« und von der »Frau, die Schutz sucht«. Die Lust der Mädchen ist kein Thema, ihre Sexualität wird in Begriffen der Fortpflanzung abgehandelt – Menstruation, Eierstöcke, Uterus.

Wenn die Gesellschaft über die weibliche Sexualität nicht diskutiert, fördert sie deren Unterdrückung und die Vorstellung, daß sexuelle Lust bei Frauen anstößig sei. Scham wird den Mädchen schon in sehr jungen Jahren eingeschärft – während andererseits Sex schon in sehr jungen Jahren für sie verfügbar ist. Mehrere Untersuchungen haben gezeigt, daß mehr als die Hälfte aller Kinder der Grund- und Mittelstufe in den High Schools schon mindestens einmal sexuellen Verkehr hatte.[14] Das sexuelle Empfinden der Mädchen ist von Anfang an von Schuldgefühlen durchdrungen.

Mit Beginn der sexuellen Reife erlebt ein Mädchen Gefühle von Lust und Verlangen, und es fühlt sich sicherer, wenn es annimmt, diese Gefühle würden von einem bestimmten Jungen geweckt – oder gar verursacht. Er könnte eine Zahnspange tragen, die voller Essensreste ist, er könnte ein wenig galantes Verhalten gegenüber Mädchen an den Tag legen, vielleicht nimmt er es mit dem Waschen nicht so genau – es macht keinen großen Unterschied, *wer* er ist. An diesem Ausbund an Gewöhnlichkeit wird sie alles festmachen, ihre Freude am Mittwoch darüber, daß sie für Samstag eine Verabredung hat, ihre Gefühle von Attraktivität und Wert, diese tiefen Sehnsüchte im Innern ihres Körpers, die, wie sie glaubt, nur durch die Nähe zu *ihm* zustande kommen. Sie glaubt, daß er tatsächlich diese Gefühle in ihrem Innern verursacht.

Indem sie die Verbindung zu ihrem Körper abbricht, spaltet sie sich von ihren Wünschen und Sehnsüchten ab, legt sie in seine Hände, macht sie ihm zum Geschenk. Und indem sie sich von der Verantwortung für ihre Sehnsüchte befreit, verliert sie den Kontakt zu jener Kraft, die diese Sehnsüchte verleihen. Da sie Verlangen nach diesen Gefühlen hat, die, wie sie glaubt, von ihm verursacht werden, macht sie sich zu seiner Sklavin. Sie beginnt zu glauben, daß sie Verlangen nach ihm hat, wo ihr Verlangen doch in Wirklichkeit vielleicht mehr als allem anderen ihrem verlorenen Selbstgefühl gilt und ihrem Traum, Abenteuer zu erleben.

Der Verlust dieses Selbstgefühls hat Folgen, die weit über die Mädchenzeit hinausreichen. Für eine Frau, die aus ihrer finanziellen Abhängigkeit und Dysfunktion ausbrechen will, ist es entscheidend, mit etwa 20 Jahren eine berufliche Karriere in Angriff zu nehmen und die Verantwortung für das eigene finanzielle Wohlergehen zu übernehmen. Aber die Fähigkeit zur Eigenverantwortung wird bei Mädchen untergraben, nicht zuletzt – was noch *nie* angemessen zur Kenntnis genommen wurde –, weil ihr Körper nicht respektiert wird. Der wichtigste Beitrag, den Elizabeth Debold und ihre Kolleginnen in *Mother Daughter Revolution* leisten, beinhaltet, daß ein Mädchen, das die Verbindung zu seinem Körper nicht mehr wahrnimmt, ebenso seine Wünsche, Träume und Hoffnungen für die Zukunft begräbt.

»Ich fühl' mich mies«, sagt Evie zu Peggy Orenstein in *Starke Mädchen – brave Mädchen*. »Obwohl ich es nicht wirklich getan habe, fühle ich mich innerlich wie eine Schlampe.«[15] Der Junge, in den Evie »verliebt« gewesen war, hatte ihr zwei Jahre lang – in der sechsten und siebten Klasse – keine Ruhe gelassen, weil er Sex mit ihr haben wollte. Orenstein fand, daß Evies Geschichte – eine Geschichte, so meint sie, von männlicher Aggression und weiblicher Abwehr – typisch sei.

Um sich selbst zu schützen, negieren die Mädchen ihre natürlichen Instinkte und versuchen, »brav« zu werden. Das ist nicht so sehr eine Frage der Moral, meint Orenstein, als vielmehr des Überlebens. Mädchen müssen ihr erwachendes sexuelles Verlangen kontrollieren. »Sie müssen gut achtgeben, aufeinander und auf sich selbst.«

Der Preis für diese Wachsamkeit ist enorm. »Wenn Begehrtwerden das Begehren aussticht, gewinnt die sexuelle Aktivität eine beängstigende Dimension: Sie wird zum Versuch, den eigenen Selbstwert, die eigene Liebenswürdigkeit durch einen anderen zu bestätigen«, schließt Orenstein.

Eltern und Lehrer meinen, sie würden die Mädchen beschützen, wenn sie den Schwerpunkt auf die Gefahren des Sex legen – Schikanierung, Schwangerschaft, Krankheit. Zwar gibt es reale Gründe für diese Ängste, aber auch das Verlangen ist real, und darüber lernen die Mädchen nichts. Kulturell geben wir den Mädchen nichts an die Hand, wie sie zwischen Gefahr und Verlangen ihren Weg zu einer gesunden Erotik finden können. »Das Recht auf Sexualität – ein Gefühl der Autonomie in bezug auf den eigenen Körper und die eigenen Wünsche – ist ein wesentlicher Bestandteil eines gesunden erwachsenen Selbst«, schreibt Peggy Orenstein. Aber wir flößen den Mädchen vorsätzlich Schamgefühle ein.

Für ein adoleszentes Mädchen ist Sex beängstigend. Er wird es durch Mißbrauch und Herabsetzung. Einer neueren Untersuchung zufolge berichtete die große Mehrzahl (acht von zehn) der Mädchen, die in der Schule sexuelle Belästigungen erlebt hatten, daß sie berührt, gekniffen, angefaßt wurden. Mehr als ein Drittel gab an, jeden Tag in der Schule belästigt zu werden.[16]

Die meisten Mädchen stehen vor einem verstörenden Dilemma, wenn sie die sexuelle Reife erlangen. Sie spüren, daß sie die Gefahren meiden müssen, die einem offenen Ausdruck von Sexualität auf dem Fuße folgen würden. Mädchen brauchen eine sichere Umgebung, in der sie sich durch die Herausforderungen des Übergangs in die erwachsene Sexualität hindurcharbeiten können. Statt dessen erleben die meisten diese Zeit als so gefährlich und unberechenbar wie ein Minenfeld.

»Viele Mädchen, vor allem Mädchen aus der Mittelschicht, werden ›körperlos‹, indem sie sich vom sexuellen Wissen und Gefühl in ihrem Körper distanzieren, damit sie sich sicherer und weniger verletzlich fühlen können«, schreiben die Autorinnen von *Die Mutter-Tochter-Revolution*. Aber diese Strategie ist natürlich ein Bumerang. »Da sie nicht in der Lage sind, zu ihrer Sexualität zu stehen und sie in ihr Gesamtbild zu integrieren, werden die Mädchen von der Dringlichkeit ihrer Gefühle überrascht und lassen sich aus lauter Unsicherheit auf Liebesbeziehungen ein.«[17]

In einer Atmosphäre körperlicher Angst und Demütigung aufzuwachsen, ist gleichbedeutend mit Gehirnwäsche. *Mädchen werden noch immer mit der Botschaft bombardiert, sie seien minderwertig*. Sie seien nicht in der Lage, auf sich selbst aufzupassen. Dabei wird von ihnen auch gar nicht erwartet, daß sie auf sich selbst aufpassen. Am Ende der High School, wenn nicht früher, wissen sie, daß die Sache mit der romantischen Liebe und dem tröstlichen Schutz, den sie verspricht, aber niemals hält, das endgültige Aus für sie bedeutet.

Der trügerische Schutz der romantischen Liebe

»Ich weiß nicht, woher die Vorstellung kam, daß ich mich später nicht selbst würde versorgen müssen«, sagt eine Frau in meiner Tagebuchgruppe. »Irgendwie war klar, daß ein Schiff kommen würde, der Ritter, der Traummann – der ›eine‹, der vollkommene, der einzige.«

Ob diese Worte ausgesprochen werden oder nicht – Frauen

werden mit einem verborgenen Lehrplan, dem Mythos der romantischen Liebe gefüttert. Wenn wir uns so verhalten, wie es sich gehört, wenn wir unser Verlangen aufgeben, wenn wir die Bedürfnisse anderer über unsere eigenen stellen, werden wir beschützt werden. Diese Vorstellung – Schutz im Tausch gegen Fügsamkeit in die traditionellen weiblichen Rollen – bildet den eigentlichen Kern des romantischen Mythos. Und an die Geschichte wird weiterhin geglaubt, obwohl die meisten Frauen schockiert sind, wenn sie entdecken (eher früher als später), daß das Versprechen des romantischen Schutzes wenig mehr ist als ein grausamer Scherz.

Es war beängstigend, als ich mit 25 Jahren feststellte, wie unbeständig das Leben wurde, *weil* ich geheiratet hatte. Man hatte mich darauf programmiert, etwas anderes zu erwarten. Was mir schließlich zustieß, schien nicht normal zu sein. Zumindest am Anfang erschien es nahezu pervers.

Und dann gewöhnte ich mich natürlich daran und spürte, daß dies die Realität war und daß die andere Geschichte – die Geschichte vom rosenumrankten Schloß – etwas für kleine Mädchen war. Am Ende hat man begriffen, wie bei der Geschichte mit dem Weihnachtsmann, daß sie nicht wahr ist. An diesem Punkt, erst dann, kann man sagen, man habe angefangen, erwachsen zu werden.

Kein Schloß erwartete mich, nachdem ich mich der Weisung meines Vaters gefügt und geheiratet hatte. Die Wohnung, die Ed und ich fanden, hatte einen langen, dunklen Flur, von dem zwei kleine Schlafzimmer und ein schäbiges, baufälliges Badezimmer abgingen. Am Ende des Flurs führte eine winzige Küche in zwei kleine Zimmer, die durch einen Rundbogen voneinander getrennt waren. Die Böden waren aus weichem, splittrigem Holz. Die Wände waren rissig und schon oft übermalt worden. Licht kam von den Neonröhren an der Decke, die alles grell erleuchteten. Es schien keinen Platz zu geben, an dem man sich hätte hinlegen und geschützt fühlen können.

Die Wohnung war lange nicht sauber gemacht worden. Die Fenstersimse waren rußbedeckt, Küche und Bad hochbetagt und schimmelig. Gott weiß, wer hier vorher unter welchen Umständen gewohnt hatte. Ich dachte: Und hier soll sich unsere kleine Familie ihr Nest bauen? Jeden Tag wachte ich auf, schaute erbittert auf das fahle Licht, das durch die schmutzigen Fenster sickerte und fühlte mich unendlich niedergeschlagen.

Aber Ed war stolz. Es gefiel ihm, von seiner neuen Arbeit als Barmann nach Hause zu kommen und mich, die ich im Zimmer am anderen Ende des Flurs saß und auf ihn wartete, mit lautem Hallo zu begrüßen. Unsere Hochzeitsnacht verbrachten wir in jenem Zimmer auf einer Matratze auf dem Fußboden.

Diese Wohnung hatte, anders als die, in der ich mit meinen Zimmergenossinnen gelebt hatte, keinerlei bourgeoise Vorzüge. Zwar sagte ich mir, sie sei steril bis zur Bedeutungslosigkeit gewesen. Aber ich mußte immerzu an die zwei Badezimmer denken, an die Klimaanlagen und an den neuen Kühlschrank. Sie hatte sich in einem Hochhaus in der Nähe des East River befunden. Es gab sogar einen Portier, jener Inbegriff der Sicherheit für hübsche junge Frauen. Im Fahrstuhl wurde man mit Musik berieselt. Was sollte ich nun mit dieser Reihe von dunklen, schmutzigen Räumen anfangen? Was bedeuteten sie für meine Zukunft? Was bedeuteten sie für mich?

Als ich über die neuen Untersuchungen über Mädchen nachdachte und mir meine eigene Kindheit in Erinnerung rief, erkannte ich allmählich, wie sehr die Indoktrination mit dem Mythos der romantischen Liebe verhindert, daß die Mädchen lernen, für sich selbst zu sorgen. Sie bestärkt sie in dem Glauben, daß das die Aufgabe von jemand anderem sei. Anstatt auf meine tiefsten Sehnsüchte zu achten, hatte ich draußen nach einer Anleitung für das, was ich wünschen *sollte*, gesucht und mich schließlich an die Illusion des romantischen Schutzes verloren. Daß ich mir diesen Schutz *wünschen* sollte, daß ich das Gefühl haben sollte, ich brauchte ihn, war durch Konditionierung aufs engste mit meinem Gefühl, eine Frau zu sein, verknüpft worden.

Jetzt begann meine Recherche rund zu werden. Auf der Grundlage der Berichte von Frauen, die ich interviewt hatte, von

Untersuchungen, die ich gelesen hatte, und von Expertinnen, mit denen ich über die Schwierigkeiten von Frauen gesprochen hatte, finanzielle Unabhängigkeit als ihr Anliegen zu betrachten, fügte sich alles zu einem Bild. *Alles* hat mit der weiblichen Einstellung zu Männern zu tun und mit unserer verinnerlichten Einstellung zu uns selbst in Beziehung zu Männern. Bei der gegebenen Ordnung des Systems könnte es gar nicht anders sein.

Das System impliziert, wie wir gesehen haben, daß die Mädchen »ihre Stimme verlieren«, wenn sie sich der Pubertät nähern und keine erwachsene Frau in ihrem Umkreis ihnen hilft, weil diese Frauen vergessen haben, wie sehr sie selbst in dem Alter traumatisiert wurden.

Es impliziert, daß die Mädchen voller Entsetzen in die Defensive gehen, wenn ihr Körper sich entwickelt, weil sie spüren, daß ihre zunehmende Weiblichkeit zum Gegenstand von Hohn und Spott der Jungen wird. Es impliziert, daß die Mädchen Angst haben, am Geschehen in der Klasse teilzunehmen, weil die Jungen, von denen sie als dumm bezeichnet werden, sie dominieren und demütigen. Und weil die Lehrerinnen, die sich stillschweigend auf die Seite der Jungen stellen, nichts unternehmen, um die Situation auszugleichen.

Zur selben Zeit beginnt der gesellschaftliche Druck auf die Mädchen, sich dem Mythos der romantischen Liebe zu ergeben und zu glauben, Jungen seien ihre Rettung. Dieser Doppelschlag – der Angriff gegen ihre Kompetenz als Mädchen, dem das Versprechen, sie zu beschützen, folgt – verleiht dem Mythos seine verheerende Macht.

Und Macht hat er noch immer, wie eine kürzlich durchgeführte Erhebung über die romantischen Einstellungen von Mädchen in bezug auf ihre Zukunft attestiert. *81 Prozent der Mädchen im Teenager-Alter rechnen einer jüngeren Untersuchung in Kalifornien zufolge nicht damit, daß sie arbeiten gehen werden, wenn sie Kinder haben!*[18]

Eine Untersuchung, die 1992 in Denver über Schulmädchen durchgeführt wurde, ergab, daß die meisten nicht damit rechneten, als erwachsene Frauen voll arbeiten zu müssen. Sie hatten vor, zu heiraten und Kinder großzuziehen. (Es ist erwähnenswert, daß viele dieser Mädchen mit ihren geschiedenen Müttern zusammenlebten, die ihren Töchtern davon abrieten, sich aufs Arbeiten vorzubereiten, und ihnen nahelegten, sich einen Mann zu suchen.)[19]

Wenn die Mädchen sehen, wie schwierig das Leben ihrer Mütter ist, die einen Balanceakt zwischen Job und Arbeit zu Hause vollführen, phantasieren sie häufig über die romantische Liebe als einen Weg zu finanzieller Befreiung, schreibt Linda Christian-Smith in *Becoming a Woman Through Romance*[20], einer Untersuchung darüber, wie Mädchen durch Liebesromane beeinflußt werden. Besonders grausam kann die falsche Hoffnung, die durch solche Geschichten geweckt wird, für Mädchen aus armen Verhältnissen oder aus der Arbeiterschicht sein.

Viele Mütter bestärken ihre Töchter, den Mythos der romantischen Liebe für bare Münze zu nehmen. Als Victoria, eines der im Harvard-Projekt interviewten Mädchen, in der siebten Klasse war, las sie Seite an Seite mit ihrer Mutter Liebesromane. Da Victorias Vater gestorben war, als sie noch klein war, und ihre Mutter mit einem »harten Leben« zurückließ, wie Victoria es nennt, hofft sie nun, daß sie den Mann ihrer Träume heiraten und ein glückliches Leben führen wird.

Die Harvard-Forscherinnen, denen Victoria diese Geschichte erzählte, bemerkten, daß weder Victoria noch ihre Mutter sich vorstellen konnten, aus eigener Kraft Lösungen für ihre Lebensfragen zu finden. Victoria träumt davon, den »perfekten Prinzen« zu heiraten, einen Mann, der »mindestens 1,80 Meter groß ist und einen Bart hat, und er muß wirklich nett und sanft sein... Reich ist er außerdem noch.«[21] Sharon Thompson, Expertin für adoleszente Sexualität, berichtet, wie 15- und 16jährige Mädchen »sich in ausgefeilte Geschichten über ein sexuelles und romantisches Leben« stürzen, die so klingen, als kämen sie geradewegs aus einem Groschenroman.[22] Mädchen lassen sich von diesen Geschichten dermaßen verführen, daß sie tatsächlich glauben, sie könnten ihr Leben wie eine Romanhandlung aufbauen.

Man vergleiche die Tugenden von Victorias Phantasie-Liebhaber mit den Richtlinien, den die *Silhouette*-Liebesromane

Möchtegern-Schreiberinnen an die Hand geben. Es wird erwartet, daß der Held acht bis zwölf Jahre älter als die Heldin ist. »Er ist selbstsicher, gebieterisch, temperamentvoll, ebenso fähig zur Gewalt wie zu Leidenschaft und Zärtlichkeit. Oft ist er rätselhaft launisch«, schreibt Christian-Smith.[23] Die Heldin ist dagegen ein unscheinbares kleines und naives Ding, der eine erstaunliche Verwandlung gelingt, wenn sie schöne Kleider anzieht. In ihrem Alltag befindet sie sich »in einem Umbruch, verläßt das College, ist unzufrieden mit ihrer Arbeit«, meint Christian-Smith. Und »sie hat gewöhnlich keine Eltern oder Beziehungen, die ihr Schutz gewähren«.

Das heißt, allein in der Welt. Ihren eigenen kümmerlichen Ressourcen überlassen. Für die Heldin eines Liebesromans, so Elizabeth Debold und Kolleginnen, besteht der Kampf darin, »ihre relative Machtlosigkeit in Macht zu verwandeln, indem sie den Helden zum Gefangenen seiner Gefühle macht, bis er sie schließlich einfach heiraten *muß* (und auf diese Weise seine ökonomische Macht und seine Privilegien mit ihr teilt), um nicht den Verstand zu verlieren«.[24]

Stella sorgt für sich selbst, einstweilen jedenfalls

Ihre Eltern waren in den sechziger Jahren aufgewachsen und Mitglieder der *Human-Potential*-Bewegung. Schwankende Emotionen, schneller Wechsel. Es war eine Zeit der Permissivität, der Reaktion gegen den Konservatismus der Eisenhower-Jahre und gegen die Herkunft von Eltern, die in der angstvollen Zeit der Großen Depression aufgewachsen waren.

Lewis und Monica hatten beide IQs, die für Geisteswissenschaftler, Chirurgen oder Unternehmensvorstände gut gewesen wären. Aber irgend etwas war aus der Spur geraten. Viele waren »Aussteiger«, die sich nur um ihre eigene Sache kümmerten. Haschischrauchen wurde im Leben vieler Erwachsener zum selbstverständlichen Ritual, das die Enttäuschung milderte. Das Lustprinzip gewann die Oberhand.

Es war nicht so, daß Lewis und Monica nicht gut für Stella und ihren Bruder sorgten. Zuerst lebten sie in einem Sandsteinhaus im Museumsviertel von Philadelphia und hatten ein Kindermädchen. Sie leiteten Gruppen für erfolgreiche, aber unglückliche Berufstätige, die an zwei, manchmal drei Abenden in der Woche zu ihnen kamen, sobald ihr Arbeitstag zu Ende war. Im Philadelphia der siebziger Jahre wurden bevorzugt Primär-Strategien eingesetzt, eine avantgardistische Kombination von Urschreitherapie, Encountergruppen (gegen Suchtverhalten) und Liebe, Liebe, Liebe.

Die Gruppen der Andersons wurden zum Stadtgespräch. Lewis und Monica verdienten viel Geld. Manchmal begleiteten Stella und ihr jüngerer Bruder die Mutter, wenn das Kindermädchen keine Zeit hatte. Es war immer jemand zur Stelle, der auf sie aufpaßte, wenn Mom in den großen Raum ging und ihre Gruppenmitglieder durch die Rituale geleitete: »wütend werden«, »die Angst fühlen« und sogar »in den Eimer kotzen«, wenn die Angst im Umfeld solcher Gefühle zu intensiv wurde. Die Menschen riefen sich ihre Traumata aus der frühen Kindheit wieder zurück und fühlten sich besser.

Aber irgendwann hatten die Begründer der Primär-Strategien vom Stadtleben genug. War das der Ort, wo die Generation der Sechziger ihre Familien großziehen wollte? Kaum. Zuviel Kriminalität. Zu viele Drogen. Zuviel Schmutz auf den Straßen. Die Andersons packten ihre Sachen und zogen nach New Hope, kauften sich ein großes Haus und setzten ihre therapeutische Arbeit fort, nur auf einem bescheideneren Niveau. Beide, Mutter und Vater, empfingen Klienten und versuchten, ihnen bei ihren Problemen zu helfen. Aber die wirtschaftliche Lage änderte sich in den achtziger Jahren, die Menschen interessierten sich mehr für materielle Dinge und waren weniger fasziniert vom *Human Potential*. Sie waren auf dem Abenteuertrip mit Nervenkitzeln jeder Sorte und gaben ihr Geld für Kajaks, Hi-Fi-Systeme, aufwendige Festivitäten und Kokain aus.

Nicht daß Lewis und Monica ihren Lebensunterhalt nicht mehr verdienten, es war nur schwerer geworden. Die Arbeit wurde weniger. Klienten kamen zur Hypnose, die ihnen helfen sollte, das Rauchen aufzugeben; sie kamen nicht, weil sie sich *ändern* wollten. Es gab immer mehr Kurzzeittherapien, zumal in den neunziger Jahren die staatliche Vorsorge die Oberhand gewann und die Versicherungen weniger zahlten. Geld bzw. der Mangel an Geld wurde zu einem handfesteren Thema, und Stellas Eltern hatten nicht mehr dieselbe Einstellung dazu. »Meine Mutter sagte mir immer: ›Bezahle zuerst deine Rechnungen, und dann kannst du kaufen, was du willst‹«, erinnert sich Stella mit 25. »Mein Vater dagegen meinte: ›Kauf dir, was du willst, und dann bezahle deine Rechnungen mit dem, was übrig ist.‹« Sie lacht, als sie das sagt, und weiß doch, daß es ihre Beziehung zum Geld beeinflußt hat. Ihr Grundsatz? *Gib nicht zuviel aus, sammle keine Schulden an und spare, wenn du kannst.* Borgen heißt so viel wie auf jemand anderen angewiesen zu sein, und das kommt für Stella nicht in Frage. Sie verläßt sich auf sich selbst – zumindest an diesem Punkt ihres Lebens.

Mit 23 kaufte sie sich von dem Geld, das sie während ihrer ersten Anstellung gespart hatte, ein neues Auto. Als sie von Boston nach New York zog und ihre Lebenshaltungskosten in die Höhe schossen, stockte sie mit einer zusätzlichen Arbeit, bei der sie potentiellen Käufern Immobilien vorführte, ihr Gehalt auf.

Alles schien so weit gut. Stella war deutlich verantwortungsvoller als viele andere junge Frauen, die ich interviewt hatte und die sich genötigt fühlten, Geld auszugeben, um ihr Image zu pflegen, um ihr gesellschaftliches Leben auf Touren zu halten und um Benachteiligungen auszugleichen, die sie seit ihrer Kindheit empfunden hatten. Erst als wir über ihre Zukunft zu sprechen begannen, trat die klassische weibliche Ambivalenz hinsichtlich der Selbstversorgung zutage. Stella erzählte mir, daß sie in ein paar Jahren heiraten und Kinder haben wollte. Ob sie erwarte, von ihrem Mann versorgt zu werden, wenn sie erst verheiratet sei, fragte ich.

»Also, ich glaube, das hätten wir alle gern«, erwiderte sie, womit sie ihre Generation meinte, »aber ich glaube nicht, daß wir es *erwarten.*«

Dennoch gibt es Menschen, die ihr nahelegen, es zu erwarten, etwa ihr Vater, wenn er es auch »scherzhaft« sagt. Und ein älterer Kollege von ihr antwortet ihr, wenn sie sagt, sie habe keine Lust, Geld für Miete aus dem Fenster zu werfen, und wolle deshalb lieber eine Wohnung kaufen: »Das spielt doch für Sie keine Rolle, weil Sie am Ende heiraten und Ihr Mann für Sie sorgen wird.«

»Wenn Sie nicht erwarten, versorgt zu werden, wie wollen Sie dann für sich sorgen, wenn Sie heiraten?« frage ich.

»Ich werde nach der Geburt eines Kindes nur für sechs Monate oder ein Jahr aufhören zu arbeiten«, antwortet sie. »Und ich werde die Verbindung zur Firma aufrechterhalten und dann zurückkehren.«

So weit, so gut, obgleich man sich fragt, wie viele junge Frauen wohl glauben, daß sie es so machen werden, bis der Komfort des häuslichen Lebens mit einem Baby und der Versorgung durch einen liebevollen, Geld verdienenden Ehemann sie eines besseren belehrt.

Die jungen Frauen halten an der Unterscheidung zwischen dem, was angemessen ist, wenn man allein lebt, und dem was erlaubt ist, wenn man verheiratet ist, fest.

Außerdem unterscheiden sie zwischen der Bedeutung von »Reife« für eine Frau und der für einen Mann. Stella erzählte mir von ihrer Mitbewohnerin, einer geschiedenen, kinderlosen Frau, die nicht von dem, was sie verdient, leben kann und sich finanziell sowohl von ihren Eltern wie von ihrem Freund aushelfen läßt. »Manchmal empfinde ich Verachtung für Alice. Dann denke ich wieder, es ist angenehm, daß sie mit Geld lockerer umgeht als ich. Sie sagt, sie möchte lieber Spaß haben, als sich um Geld sorgen, und ich mag diese Leichtigkeit an ihr. Es ist irgendwie charmant.«

»Würden Sie es als charmant empfinden, wenn ein Mann ihres Alters von seinen Eltern und seiner Freundin finanzielle Unterstützung erhielte?«

»Absolut nicht.«

»Was, meinen Sie, ist der Unterschied?«

»Ich denke, ich würde von einem Mann erwarten, daß er eine Familie ernähren kann.«

»Also sind Ihre Erwartungen in bezug auf Männer und Frauen unterschiedlich?«

»Ich glaube ja.«

»Aber entwicklungsmäßig bleibt Alice ein Kind.«

»Das stimmt.«

»Und Sie würden ihr Verhalten bei einem 29jährigen Mann nicht akzeptabel finden.«

»Nein.«

Als Stella 14 war, ließen sich ihre Eltern scheiden, blieben aber gute Freunde. Stella war nie ganz klar, wer was bezahlte, obwohl ihre Eltern getrennt lebten. Als ihre Collegezeit näherrückte, so erinnert sie sich, war es jedoch ihr Vater, der ihr beim Kauf ihres ersten gebrauchten Autos half und ihr Hilfe bei ihren Collegekrediten anbot (obwohl er dieses Versprechen nie einlöste). Auch Kleidung bezahlte er ab und zu für sie.

»Glauben Sie, daß Ihre Mutter sich schwertat, nachdem sie allein lebte?« fragte ich.

Stella verneinte schnell. Sie meinte, daß alle finanziellen Schwierigkeiten, die ihre Mutter hatte, »ihr eigener Fehler« gewesen seien. »Sie hätte mehr arbeiten können. Mein Vater sagt, daß sie einige Jahre lang nicht gearbeitet habe.«

Es scheint der klassische Fall zu sein, wo die finanziellen Zuwendungen des geschiedenen Vaters für seine Kinder leicht erkennbare Sonderzahlungen sind wie Autoversicherung oder Kleidung, während die tagtägliche Versorgung und finanzielle Erhaltung seitens der Mutter nicht als solche erkannt werden. Die Scheidung wird häufig vor allem den Müttern zum Vorwurf gemacht (und sie lassen sich in der Tat eher scheiden als ihre Ehemänner). Also »verdienen« sie, was sie sich einhandeln.

Stellas Ambivalenz hinsichtlich dessen, was für Frauen angemessen ist – die Einschätzung der Hilflosigkeit ihrer Mitbewohnerin als »leichtherzig« und charmant zeigt, wie uneins sie mit sich selbst in bezug auf ihre eigene strenge finanzielle Autonomie ist –, sieht ganz anders aus als die der Töchter geschiedener Mütter mit ihrem Wunsch nach romantischer Liebe und einem Mann, der für sie sorgt. Sie will auf eigenen Füßen stehen, ist sich aber nicht sicher, wie es sich darstellen wird, wenn ein scheinbar verläßlicher Mann auf der Bildfläche erscheint. Das ist in Stellas Leben bislang nicht der Fall gewesen, so daß sie zumindest für den Augenblick unabhängig ist.

Aber ihre ganze Generation liegt mit dieser Unabhängigkeit im Konflikt, genau wie ihre Mütter. »Für mich und viele meiner Freundinnen war die Scheidung der Eltern der erste Anlaß, an dem wir die Flüchtigkeit des Geldes zu spüren bekamen und zugleich seine enorme Macht bei der Gestaltung unseres emotionalen Lebens«, schreibt Rebecca Johnson in einem *Vogue*-Artikel mit dem Titel »For Love or Money«. »Geld, so lernten wir in jenen prägenden Jahren, als plötzlich nicht mehr so viel davon verfügbar war, bedeutet nicht nur die Möglichkeit, Dinge zu kaufen. Es bedeutet Freiheit. Die Freiheit, einer schlechten Anstellung, einer schlechten Stadt, einem schlechten Mann den Rücken zu kehren.«[25] In Johnsons Artikel geht es um die Kluft zwischen dem, was die Frauen ihrer Generation hinsichtlich finanzieller Unabhängigkeit wollen und was sie ihres Erachtens wollen sollten. »Als ich alt genug war, um mit Männern auszugehen, war die Vorstellung, daß eine Frau, wenn sie ausgeht, gerade genug Geld dabei haben müsse, um nach Hause zu kommen, so anachronistisch, daß sie beinahe absurd war. Wir bezahlen selbst für uns. Oder richtiger, wir geben vor, daß wir für uns selbst bezahlen wollen. Man kennt dieses vage, mädchenhafte Greifen nach dem Portemonnaie, während der Mann sagt: ›Ich mach' das schon.‹«

Es sei denn, er sagt etwas in der Art von: »›Dein Anteil beträgt 39 Dollar mit Steuern und Trinkgeld.‹ In diesem Fall zahlen wir eben. Und nehmen es ihm im stillen übel«, schreibt Johnson. »Das ist eine der schleichenden Auswirkungen des Feminismus, über die niemand sprechen mag. Obwohl wir uns für die Gleichberechtigung einsetzen, können wir uns in den Mann, der uns unser Essen bezahlen läßt, nie so richtig verlieben.«

Ich verliebte mich in so einen Mann, verbrachte aber die folgenden 15 Jahre damit, mich zu fragen, ob er mich wirklich liebte.

Frauen, die den Mann heiraten, der für sie bezahlt, mögen sich für den Augenblick geliebt fühlen, aber das Arrangement geht unweigerlich schief. In *The Gift of Fear* beschreibt Gavin Becker, daß Frauen intuitiv wüßten, wann sie körperlich in Gefahr sind, aber etwas in ihnen möchte es verleugnen, möchte das vertrauensvolle junge Mädchen bleiben, und allzuoft ignorieren sie ihre Intuitionen und riskieren Vergewaltigung und Schlimmeres. Ich glaube, daß Frauen die gleiche Intuition in bezug auf finanzielle Versorgung haben. Sie wissen, daß, wenn sie ihre Arbeit aufgeben und sich von ihrem Mann versorgen lassen, sie mit ihrer finanziellen Sicherheit russisches Roulette spielen. Zumindest gibt es einen kurzen Augenblick wie ein Fenster zur Realität, wo sie die Gefahr *sehen*. Aber dann wird das Fenster geschlossen.

Viele Frauen in Johnsons Generation schlagen sich wie Stella zumindest mit der Frage der Selbstversorgung herum. Johnson berichtet über einen älteren Freund von ihr, der in bezug auf das Geldausgeben zurückhaltender war als sie. Und ihm gefiel die Idee des Halbe-Halbe, wenn sie zusammen ausgingen. »Das Ende kam an einem kalten Silvesterabend, als er darauf bestand, die U-Bahn zu nehmen, um zu einer Gala-Party zu gelangen. Während ich auf die Bahn wartete, zitternd vor Kälte mit meinen Stiletto-Absätzen und Straßohrringen, erstarb mein Gefühl für ihn.«

Das war vielleicht nicht der richtige Mann für Johnson, aber rückblickend gesteht sie, daß sie etwas von ihm gelernt habe. »Wir haben so hart dafür gearbeitet, unser eigenes Geld zu verdienen, und wir verdienen noch immer so viel weniger als Männer, daß es schwer ist, etwas davon herzugeben, also haben wir es oder habe zumindest ich es gehortet und, wie unbewußt auch immer, auf einen Mann gewartet, der kommen und die Rechnung bezahlen würde.«

Dieses Spiel kann einem entwürdigende Situationen bescheren. »An jenem kalten Silvesterabend«, sagt sie im Rückblick, »hätte ich natürlich ein Taxi nehmen und es selbst bezahlen sollen.«

Die neue weibliche Psychologie legt meines Erachtens nahe, daß das Zurückstellen ihrer Wünsche und die Verunglimpfung ihrer Fähigkeiten in sehr jungen Jahren dazu führen, daß die Mädchen solche Angst ums Überleben entwickeln. Männer werden auf ihr Leben mit Heldensagen vorbereitet. Frauen wachsen mit dem Mythos der romantischen Liebe auf. In der Adoleszenz wird er dann gnadenlose Realität, wenn für das Mädchen ein Junge, ein Mann, die Ehe nachgerade das Heil bedeuten sollen.

Gefangen im Mythos der romantischen Liebe: Evelyns Geschichte

»Ich kann hart arbeiten«, sagt Evelyn. »Gleichzeitig habe ich gelernt: ›Wenn etwas nicht so läuft, wie es soll, läuft es dennoch.‹ Anstelle von: ›Wenn etwas nicht läuft, wie es soll, mußt du dafür *sorgen*, daß es läuft, wie es soll.‹«

Evelyn strahlt mit ihrem bezaubernd ausgestatteten, aber kaum geheizten Landhaus, ihrem zusammengeflickten Volvo, ihren wundervollen Gärten und ihrem sicheren Gespür für Kleidung immer einen gewissen Stil aus. Aber sie ist niemals frei von der Sorge, woher sie das Geld für die Rechnungen des nächsten Monats nehmen soll.

Evelyn, eine schöne Frau voller Herzlichkeit, versucht zu verstehen, was seit ihrer Scheidung mit ihr geschehen ist.

Ich erfahre in unserem Gespräch, daß sie mit Hilfe von Jobs, die keine Zukunft haben, gerade so zurechtkommt. Sie hat aus dieser Not eine Tugend gemacht. Sie hat aus dem Warten eine Tugend gemacht. Jetzt, da sie ihren vierzigsten Geburtstag hinter sich hat, schaut sie zurück und versucht zu verstehen, was sie in diese prekäre Lage gebracht hat.

In der Familie, in der Evelyn aufwuchs, war es immer »der Mann«, der alles durchzog. Nachdem ihr Vater sie verlassen hatte, als sie gerade zweieinhalb Jahre alt war, gab es für sie den üblichen Sturz ins Unglück. Der Vater setzte den Aufbau seines Lebens und seiner Karriere fort, während die Mutter ohne besondere berufliche Fähigkeiten und ohne die nötigen Mittel ratlos versuchte, allein zwei kleine Mädchen großzuziehen. Sie glaubte, genau wie früher ihre eigene Mutter, daß sie nur durch die Unterstützung eines Mannes für sich selbst und die Kinder würde sorgen können.

Innerhalb eines Jahres begann Evelyns Mutter eine Affäre. Alvin wurde zum Mittelpunkt ihres Lebens, und für die zwei kleinen Mädchen ging die Kindheit zu Ende. »Ihr ganzes Leben drehte sich um ihn, nicht um uns«, erinnert sich Evelyn. »Sie sagte zum Beispiel: ›Trinkt nicht die ganze Milch, laßt etwas übrig für Alvin.‹ Sie wusch seine Wäsche und unsere nicht. Sie bügelte für ihn, ging die ganze Nacht mit ihm aus und trank, und wenn es morgens Zeit für sie war, uns zur Schule zu fahren, war sie so verkatert, daß sie sagte, ich solle ein Taxi rufen. Es war so demütigend, die anderen Kinder, die normalerweise mit uns zur Schule fuhren, mit dem Taxi abzuholen.«

Wenn die Mütter sich selbst aufgeben und sich der Illusion von der romantischen Liebe ausliefern, verspielen sie das Vertrauen ihrer Töchter. Evelyn befand sich bald in einer klassischen Rolle: Sie gab Bestellungen an den Milchmann weiter, holte Sachen aus der Reinigung und glich so die Unzulänglichkeiten ihrer Mutter aus. »Meine Mutter setzte nie etwas für sich in die Tat um. Am Ende hatte sie immer eine Krise. Irgendwie tauchte dann mein Vater auf und brachte ein Auto vorbei oder alte Möbel aus einer der Musterwohnungen, die er gebaut hatte.«

Heute sagt Evelyn: »Und nun stehe ich da und sehe, wie ich mich in genau solche Situationen hineinmanövriert habe.« Sie hat begonnen, sich mit der schwierigen Geschichte zu konfrontieren, die ihr Vertrauen zersetzt und sie so anfällig für den Mythos der romantischen Liebe gemacht hat. »Es hängt mit meiner psychischen Veranlagung zusammen, glaube ich, denn es ist das gleiche, was meiner Mutter zugestoßen ist. Meine Mutter war meinem Vater völlig ergeben. Eines Tages kommt er nach Hause und sagt, daß er von der Ehe genug habe. Sie findet heraus, daß er eine Affäre mit ihrer besten Freundin hat. Er verläßt sie, heiratet ihre beste Freundin, und sie bleibt sozusagen mittellos mit zwei kleinen Mädchen zurück. Ich war erst zweieinhalb, und ich muß ihren Schmerz geradezu aufgesogen haben, auf einer unbewußten, präverbalen Ebene. Abgesehen vom Alltag, wo ich die ewigen Klagen, das Jammern, das Selbstmitleid zu hören bekam.«

Evelyn versucht, ihrer Mutter jede gebührende Anerkennung einzuräumen. »Meine Mutter ist auch eine Kämpferin. Sie hat zwar eine resignative Seite, aber sie ist auch eine Überlebenskämpferin.«

Ihre Art zu überleben bestand darin, ihre Kraft an Männer abzutreten und aus den Bröckchen, die für sie abfielen, auf klägliche Weise den Lebensunterhalt für sich und ihre kleinen Töchter herauszuschinden. »Darin also liegt die Herausforderung«, schlußfolgert Evelyn. »Über dieses Bild meiner Mutter, das ich immer vor Augen hatte und übernommen habe, hinauszukommen. Die Frage ist, ob ich an mich selbst und meine Fähigkeiten glauben kann, jenseits von allem, woran sie glaubte.«

Elizabeth Debold und ihre Kolleginnen haben genau diesen Kreislauf von Unterwerfung und Selbstzweifel beobachtet, der von einer Generation zur nächsten weitergegeben wird. Sie haben erwachsene Frauen kennengelernt, die jüngeren Frauen keine emotionale Stütze waren, weil sie bestimmte traumatische Erfahrungen ihrer eigenen Jugend zugedeckt und verleugnet hatten und daher außerstande waren, dem, was junge Mädchen durchmachten, offen und hilfsbereit zu begegnen.

Gerade, wenn die Mädchen jemanden brauchen, der sie durch die Turbulenzen der Adoleszenz führt, sehen sie ihre Mütter und die Freundinnen ihrer Mütter, die vor ihnen verbergen, was sich in ihrem Leben wirklich abspielt. Sie schauen ihnen zu, wie sie Männern mit zerbrechlichem Ich den Rücken stärken, aber sie hören sie niemals offen über männliche Verletzlichkeit reden. Sie sehen, wie Frauen und Mädchen – oder auch sie selbst – sexuell belästigt werden, und niemand spricht darüber.

Die Autorinnen von *Die Mutter-Tochter-Revolution* haben beobachtet, daß Mütter, die von ihren Erinnerungen an eine häufig schwierige Mädchenzeit abgeschnitten sind, »eine komplizierte Mischung aus Wut, Angst und Eifersucht erleben, wenn ihre Töchter heranreifen«. Die Gefühle, welche die Mütter häufig nicht anerkennen können, stellen sich einer authentischen Beziehung in den Weg und verleiten sie, »sich in einer Weise zu verhalten, die eine Tochter als konkurrent und haßerfüllt empfinden muß«.[26]

Evelyn hatte die Verwirrung ihrer Mutter seit der Zeit, da ihre Eltern sich getrennt hatten, scharf empfunden. Ihr Leben als Erwachsene war eine Reaktion auf die Verzweiflung ihrer Mutter und auf den fehlenden Vater, der sie immer wie ein Objekt behandelt hatte. Der, als sie sechs oder sieben Jahre alt war, jedem, der ihm gerade zuhören mochte, erzählte, was für tolle Beine sie habe. »Es ging nie um meine Leistungen in der Schule oder meinen Tanzunterricht. Was ich an Lob zu hören bekam, bezog sich immer auf mein Aussehen.«

Als Evelyn in die Pubertät kam, begann ihr Vater, viel Geld zu verdienen. Zu Hause wurde die Lage indessen schlimmer. Ihre Mutter litt unter der Beendigung ihrer sieben Jahre währenden Liaison mit dem milchtrinkenden Alvin. Evelyn wollte von zu Hause fort und bat ihren Vater, sie auf ein Internat zu schicken. Er war einverstanden.

»Es war eine von Quäkern geleitete Internatsschule, koedukativ, sehr liberal, das Beste, was ich jemals gemacht habe.«

Die Dinge entwickelten sich zum Besseren. Im folgenden Jahr besuchte sie in den Ferien eine Schauspielschule in Paris. Es war der Sommer 1973. Sie war 17. »Ich wollte vor allem Tanzunterricht nehmen und Französisch lernen. Aber ich belegte einen Theaterkurs, der zu meiner Überraschung meine eigentliche Stärke zeigte. Der Kursleiter war ganz aus dem Häuschen meinetwegen. Es war toll, etwas zu tun, das so selbstverständlich war und das mir so gut gefiel.«

Wäre es möglich, daß der eigentliche Reiz darin lag, daß der Kursleiter ihretwegen aus dem Häuschen war?

Als der Sommer zu Ende ging, erhielt Evelyn das Angebot, bei einem der Schule angeschlossenen Repertoiretheater mitzumachen. »Ich kehrte zurück nach Vermont in der Absicht, die Schule abzuschließen und wieder nach Paris zu gehen. Ich dachte: ›Jetzt weiß ich, was ich machen will.‹«

In der Schule verbesserten sich auf einmal ihre Noten. »Mein

Selbstwertgefühl war sehr viel stärker geworden. Plötzlich bekam ich in allen Fächern Auszeichnungen.«

Aber gerade, als es aussah, als hätte sie einen positiven Weg gefunden, als hätte sie mit Grips und Entschiedenheit ihre Brücke in die Zukunft gebaut, trat die romantische Liebe auf den Plan. »Ich verliebte mich wahnsinnig, Hals über Kopf. Ich hatte sicher eine Heidenangst, weil ich die Schule abschließen und mein Leben beginnen würde, aber ich verliebte mich ernsthaft in diesen Jungen. Ich klammerte mich an ihn und legte mein Leben in seine Hände. Auf einmal spielte es keine Rolle, ob ich ein eigenes Leben hatte. Er wurde mein ein und alles.«

Ist auf den Helden Verlaß?

Die Flucht in die romantische Liebe wird für Frauen seit langem als normal betrachtet – als das erwartungsgemäße Ergebnis ihrer gesamten psychischen Entwicklung. »Der Schritt von der Jugend zur Reife ist das Lebensstadium, das für die Entstehung einer weiblichen Identität entscheidend ist, das Stadium, in dem die junge Frau, welche Laufbahn auch immer sie einschlägt, die von der elterlichen Familie erfahrene Fürsorge aufgibt, um sich der Liebe eines Fremden und der ihren Nachkommen gebührenden Fürsorge zu widmen«, schrieb im Jahr 1959 der einflußreiche Psychoanalytiker Erik Erikson.[27]

Bewußt oder unbewußt formuliert Erikson hier für die Frauen das romantische Versprechen *par excellence*. Und leider folgte eine ganze Generation von Therapeuten seinem Beispiel.

Aber die Sicherheit, die der Mythos der romantischen Liebe verspricht, ist eine Täuschung. Frauen, die heiraten, haben am Ende weniger finanzielle Stabilität als Frauen, die nicht heiraten. Sie erleben den Schock dieser Tatsache entweder schon während der Ehe oder – besonders heftig –, wenn alles vorbei ist.

Evelyn hatte sich eine florierende Massagepraxis aufgebaut. Sie war Anfang 30 und verbrachte viel Zeit in einem Ashram in Boulder, wo sie mehr über ihr spirituelles Selbst zu erfahren hoffte. Die Erfahrung gab ihr Kraft, aber sie verdiente gerade genug Geld, um ihre Rechnungen zu begleichen. Als sie einen Bandscheibenvorfall erlitt, hatte sie keine Ersparnisse und keine Erwerbsunfähigkeitsversicherung. Plötzlich geriet sie von wirtschaftlicher Sicherheit – an die sie zumindest geglaubt hatte – in finanzielle Not. Die Erfahrung machte ihr Angst, da ihre in der Kindheit erlebte Verwundbarkeit wieder zutage kam.

»Ich erinnere mich, daß ich in jener Zeit eigentlich dachte, ich würde nach niemandem Ausschau halten. Ich hatte mein eigenes Geschäft, ich war in dem Ashram sehr engagiert, drei Tage in der Woche lebte ich dort, und ich hatte glücklicherweise keine Beziehung. Ich dachte, ich würde eines Tages einem Mann begegnen, der meine spirituellen Vorstellungen teilen würde. Ich stellte mir vor, wie wir morgens zusammen meditieren würden.«

Aber dann geschah es doch: Wieder einmal war sie blindlings verliebt. »Ich hätte nie mit solchen Regressionen gerechnet, wie sie als Folge meiner Bindung an diesen Mann auftraten.«

»Dieser Mann« war einer jener Guru-Psychiater, ein Einzelgänger, der seit langem aus den Beschränkungen seines Berufsstandes ausgeschert war, auf mehr Freiheit, größeren Ruhm und mehr Zugang zu Frauen bedacht, als es nach dem Kodex seiner Zunft zulässig wäre. Er war ein Erneuerer, ein Charmeur, Leiter von Workshops, bei denen er der Star war.

Evelyn begegnete Lyle auf einem dieser Workshops, und es bestand von Anfang an eine starke Anziehungskraft zwischen ihnen. Fast sofort begannen sie ein gemeinsames Leben; daß er noch verheiratet war, verschwieg er einstweilen. Irgendwann heirateten sie.

Daß Lyle älter war, machte ihn nur noch anziehender. »Es bestand eine starke Leidenschaft zwischen uns, und wir hatten viele gemeinsame Träume«, sagt Evelyn. »Aber der eigentliche Fallstrick war meine Überzeugung, daß hier endlich jemand war, der für mich sorgen würde.«

Wie Cinderella würde sie ihren Teil beitragen. Mehr als das. »Ich stellte mir vor, daß auch ich für ihn sorgen würde, daß es also nicht so wäre, als würde ich mich aushalten lassen. Wir würden einer für den anderen sorgen, nur auf unterschiedliche Art und Weise.«

Aber für jemanden zu »sorgen«, führt fast unvermeidlich in eine Falle. Frauen sind darauf konditioniert, Fürsorge als wohltuend und angenehm zu empfinden. Wir wurden dazu erzogen, tagtägliche Arbeiten zu verrichten, die Männer für unter ihrer Würde erachten, und daraus die wärmsten Empfindungen zu gewinnen.

»Was genau haben Sie gemacht, um für ihn zu sorgen?« fragte ich Evelyn, weil ich ihr alltägliches Leben mit dem Prinzen gern besser verstehen wollte.

»Es waren tausend verschiedene Dinge«, erwiderte sie und rief sich ihre häusliche Hochleistungskraft in Erinnerung. »Ich sorgte für ein sauberes, schönes Heim. Es waren immer Lebensmittel im Haus. Es war immer saubere Wäsche da. Ich sorgte für seine Kleidung, ich holte die Sachen aus der Reinigung, ich hielt sein Leben in vollkommener Ordnung, denn bei ihm herrschte immer totales Chaos. Ich dachte mir: ›Naja, das ist mein Job, und wenn jemand für die Erledigung all dieser Dinge eingestellt würde, dann wäre es ein Ganztagsjob.‹«

Neben der Hausarbeit half sie ihm bei seinen Geschäften. »Ich muß drei oder vier Kapitel seines Buches redigiert haben, und ich machte es gut. Ich erledigte dauernd seinen Papierkram und die Post. Ich half ihm bei seinen Workshops, übernahm einen großen Teil der Planung, brachte die ganzen Materialien in Ordnung. Ich machte viel, und ich denke, was *er* im wesentlichen tat, war, mich zu finanzieren. Und das war der Tauschhandel.«

Es war ein Aspekt des Tauschhandels, denn unter der Oberfläche fand eine Art Ich-Verschmelzung statt, wobei Evelyn an den Ideen ihres Mannes teilhatte, sich von seiner Grandiosität anstecken und von seiner Kreativität inspirieren ließ. Kurz, sie investierte in sein Selbstbild, und mehr als das. In seinen eigenen Augen nicht groß genug, wurde er größer in ihren Augen, und nährte sich von diesem übersteigerten Image.

Sie jedoch nicht weniger: Sie machte ihn zu einem Prinzen, ließ zu, daß er sie ausnutzte, und nahm ihm genau das schließlich furchtbar übel. Evelyn erkennt mittlerweile, daß sie sich um finanzieller Unterstützung willen mit Männern eingelassen hat und wegen größerer Träume als die, die sie für sich allein realisieren konnte. »Aber jedesmal, wenn ich es wieder tat, wurde das Ressentiment stärker. Ich lebte schließlich nicht mein eigenes Leben, sondern das der Männer. Ich glaube, es holt uns Frauen immer ein, wenn wir nicht dementsprechend leben, was in uns steckt.«

Es holt uns auch in finanzieller Hinsicht ein. Elizabeth Debold schreibt: »Die Flucht in die romantische, obsessive Liebe – häufig weit entfernt von jeglicher ernsthaften Lebensplanung oder dem Wunsch, vollständig in der Welt zu leben – ist vielleicht die umfassendste und im höchsten Maß schwächende Überlebensstrategie der Frauen.«[28]

Eines Tages dämmerte es Evelyn, daß sie all ihre Anstrengungen darauf verwandt hatte, *seine* Fähigkeit zum Geldverdienen zu stärken, während *sie* im wesentlichen darauf beschränkt blieb, ihre alten, begrenzten Fertigkeiten auszuüben. »Als Lyle und ich uns trennten, hatte ich kein Geld, um wieder zur Schule zu gehen, und fand mich im Grunde da wieder, wo ich angefangen hatte, mit geringen Fähigkeiten und ohne Geld. Und ich dachte: ›Sechs Jahre habe ich mit dieser Geschichte vergeudet.‹«

Wie oft denken wir das, wenn eine Ehe, die unter schlechten Voraussetzungen geschlossen wurde, sich dem Ende entgegenschleppt. Aber immer gab es einen Modus operandi, dessen sich die Frau vielleicht nicht bewußt war. In solchen Ehen, meint die hervorragende Psychoanalytikerin Louise Kaplan, lautet das weibliche Programm »zu beschwichtigen, um eine lebensspendende, vitale Beziehung mit dem allmächtigen Anderen aufrechtzuerhalten«.[29]

Es ist nicht so, daß wir leiden *wollten* oder daß es uns gefiele oder daß wir Spaß daran hätten, schreibt Kaplan und distanziert sich von Freuds Begriff des »weiblichen Masochismus«. Aber für das Gefühl, ein wirkliches *Leben* zu leben, sind wir bereit, Leiden auf uns zu nehmen. Indem sie sich Lyles Karriere widmete und ihre eigene aufgab, hatte Evelyn sich in eine äußerst prekäre

Position manövriert. Die volle Bedeutung dessen, was geschah, erschloß sich ihr jedoch erst, als Lyle eine andere Frau kennenlernte (eine, deren Glorifizierung noch nicht von der Realität getrübt war) und die Ehe zum Scheitern brachte.

Jetzt endlich zeigte sich Evelyns wirkliche Lage in aller Klarheit. Das Eintauchen in die romantische Liebe hat ihr ganz und gar keine Sicherheit gebracht. Sie ist wieder bei Null angelangt. »Ich fühle mich wie damals, als ich ohne Abschluß das College verließ, ohne eine berufliche Laufbahn, der ich mich verpflichtet fühlte. Ich habe Lebenserfahrung, aber ich fühle mich wie ganz am Anfang, so unsicher wie mit sechzehn, achtzehn, fünfundzwanzig oder dreißig.«

Und das ist Evelyns Problem – die fehlende Verbindung zu ihrer eigenen Kraft. Sie offenbart sich in endlosen Fragen, die nie beantwortet werden, in Schritten, die nie unternommen werden. Sie offenbart sich in tödlicher Passivität.

»Ich hatte immer das Gefühl: ›Zu spät, zu spät.‹ Bis ich das hier fertig habe, bin ich zu alt. Ich weiß nicht einmal, ob es das ist, was ich wirklich will; was, wenn es das Falsche ist? Oder: ›Wenn ich das hier fertig habe, wer weiß, wo ich dann bin?‹ Oder: ›Ich habe kein Geld. Ich muß arbeiten, um Geld zu verdienen. Ich glaube, ich muß zuerst arbeiten, um das Geld für die Schule zu verdienen.‹ Und während ich für das Geld arbeite, vergesse ich das Ziel. Irgendwann werde ich ungeduldig oder nachlässig und denke: ›Das ist jetzt zu schwer, ich muß mir etwas gönnen.‹ Also spare ich vielleicht 300 Dollar oder 1000 oder so – die ich für einen Urlaub oder einen Kurs verwenden könnte. Und ehe ich mich versehe, bin ich in der gleichen Lage wie immer.«

Unter dieser Perspektive ist die Angst vor der Verarmung verständlich. Unter den Träumen von der romantischen Liebe lauert der Alptraum von einem Ende als Stadtstreicherin. Und die romantischen Träume verdrängen die Träume vom Fliegen – Träume nicht nur vom Erfolg, sondern von der Fähigkeit, ein Leben lang dauerhaft und verläßlich unsere eigenen Angelegenheiten zu regeln und uns selbst zu versorgen.

Warum solltest du dich für dich selbst verantwortlich fühlen, wenn du dir selbst nicht gehörst? So wie *er* für unser sexuelles Vergnügen verantwortlich gemacht wird, für unsere Samstagabende, so wie *er* zu unserer Verbindung zum Erwachsenenleben wird, so wird *er* letztlich verantwortlich für uns, nicht nur für unseren Lebensunterhalt oder unsere Sicherheit, sondern auch für unseren höchsteigenen Lebensantrieb.

Natürlich ist der Prinz um so mächtiger, je vertrauter uns seine Wesenszüge sind. Die Männer in Evelyns Leben waren immer hemmungslose Verschwender, Säufer, Männer, die nebenbei andere Frauen hatten und einer von ihnen »verfielen«, wann immer sie das Bedürfnis verspürten, sich auf jene Flucht zu begeben, für die Männer soviel anfälliger sind – die Flucht vor Verpflichtungen. Es waren Männer, die zuerst einzogen und dann flüchteten. Männer, die »brillant« waren – im Chaos. Männer, die wie Daddy waren.

Evelyns Geschichte illustriert, wie das Zusammenspiel von Gesellschaft und Familie den Mädchen ein Gefühl der Machtlosigkeit beschert. Die daraus erwachsende Passivität setzt sich häufig bis ins Erwachsenenleben fort und beeinflußt ihre Fähigkeit – und ihren Wunsch –, finanzielle Verantwortung zu übernehmen. Es ist, als würde den Mädchen in ihrer Jugend das Rückgrat gebrochen. Bis sie erwachsen werden, haben sie sich an die Verletzung gewöhnt, und sie setzen ihr Leben fort, ohne sich bewußt zu sein, daß ihnen eine strukturelle Deformation zugefügt wurde. Sie glauben, daß Furcht, Existenzangst und das Bedürfnis nach jemandem, auf den sie sich stützen können, normal seien.

Wenn ich zurückschaue, ist es interessant für mich zu sehen, wie die Hauptaufgabe in meinem Leben auf vielerlei Weise darin bestanden hat, mich davon zu überzeugen, daß ich in der Lage sei, für mich selbst zu sorgen. Die Botschaft meines Vaters, die sich Tag für Tag in den kleinsten Interaktionen wiederholte, war wirkungsvoll – und auch der Mangel an Botschaften. In unserer Familie wurde über nichts verhandelt. Ich erhielt Regeln, denen ich zu folgen hatte, Ausgangssperren. Ich bekam ja oder nein zu hören. So hatte ich wenig Erfahrung damit, wie ich mein Schicksal selbst beeinflussen konnte. Daddy kümmerte sich um mein

Schicksal. Ich gehorchte. Selbst als es ans Heiraten ging, sagte mir Daddy, was ich tun mußte.

Mein Vater wollte, daß ich die Verantwortung für mich selbst übernahm, aber er half mir nicht, eine Brücke ins Erwachsenenleben zu bauen. Er hielt mich abhängig, wie ein Kind – und wurde wütend, als ich mich mit 24 Jahren noch immer wie ein Kind verhielt.

Das Ende der romantischen Liebe

Ich begann bald nach der Geburt meines zweiten Kindes zu schreiben; und ich verdiente sofort – was mir noch immer wie ein großes Glück erscheint – Geld damit. Nach einigen Jahren wurde mir von der Zeitschrift *Cosmopolitan* eine monatliche Kolumne für hintergründig-ironische Haushaltstips angeboten. Ich dachte, das regelmäßige Geld würde es uns erlauben, in eine größere Wohnung umzuziehen.

Die erste Anzeige, die ich sah, war umwerfend – eine Sechs-Zimmer-Wohnung in der West End Avenue zu einer lächerlich geringen Miete. Ich trug, um meine neue Vermieterin zu beeindrucken, einen neuen Mantel mit einem Rotfuchskragen. Ich hoffte, der Pelzkragen würde den Eindruck finanzieller Stabilität erwecken. Ich bürstete meine langen blonden Haare und zog Schuhe mit hohen Absätzen an: das vollkommene Bild einer jungen Mutter mit Kindern und einem arbeitsamen Ehemann, der für alles sorgte. Sie kaufte es mir ab.

Nur wenige Jahre nachdem wir in das große, solide Wohnhaus eingezogen waren, »verlor« Ed eine Anstellung, für die er keinen Ersatz in Aussicht hatte. In den siebziger Jahren vertrat manch einer von uns die Auffassung, die Geschäftswelt sei entmenschlichend und aus ihr »herauszufallen« sei ein Ausfall in Richtung auf ein besseres Leben. Ed hoffte, daß seine Entlassung aus einer anstrengenden Arbeit ihm helfen würde, seine Konflikte in bezug aufs Schreiben zu lösen. Lieber als Bauarbeiter arbeiten, so dachte er, und keine Probleme mit nach Hause bringen müssen, so daß er einen klaren Kopf behalten und imstande sein würde, nachts zu schreiben.

Ed verlor seine Anstellung als Abteilungsleiter der Nachrichtenredaktion bei der Öffentlichen Rundfunkgesellschaft und begann, bei der Renovierung von Sandsteinhäusern Wandverkleidungen aus Gipsplatten hochzuziehen. Er wurde fit und muskulös, aber sonst änderte sich nicht viel, außer daß mir langsam dämmerte, daß sich nicht viel änderte. Er war zwar weniger gestreßt, doch das Schreiben fiel ihm auch nicht leichter. Abends begann er die gleiche Art von Arbeit wie die, für die er tagsüber bezahlt wurde: Er entfernte Schicht für Schicht die Farbe von den Paneelen, mit denen die Wände unseres Eßzimmers verkleidet waren.

Daß unsere Wohnung eine Mietwohnung war, dämpfte seine Begeisterung nicht im geringsten. Stück für Stück löste sich die Farbe und zeigte allmählich das solide Eichenholz einer früheren Zeit an der Upper West Side, bevor sie zu einer heruntergekommenen Gegend mit billigen Großwohnungen wurde, die Künstler, Musiker und Schriftsteller anzog. Obgleich wir nach einem neuen Bewußtsein strebten und von den Zwängen von Wirtschaft und Staat frei sein wollten, sehnten sich die meisten von uns noch immer nach der schützenden Kalkulierbarkeit unserer Mittelschichtkindheit: Dafür standen jene eichegetäfelten Eßzimmer mit ihren hohen Decken.

Im Rückblick erkenne ich, daß meine Ehe und ebenso mein späteres Zusammenleben mit einem Mann eine Wiederholung des Lebens meiner Eltern war. Solange ich verheiratet war, ging ich umsichtig mit Geld um – voller Stolz, diejenige zu sein, die die Haushaltsangelegenheiten regelte, die Geld für Kleidung beiseite legte, die die Einzelheiten für einen gelegentlichen kleinen Urlaub festlegte. Merkwürdigerweise stellte ich mir niemals vor, daß *Geldmangel* der Hauptgrund dafür war, daß ich an einer Ehe festhielt, die immer desolater wurde. Nach der Publikation meines ersten Buches, die mir endlich Professionalität bescheinigte, kam mir erstmals der Gedanke, daß ich vielleicht allein zurechtkommen könnte.

Meine Entscheidung, daß wir uns scheiden lassen müßten, fiel, bevor Ed es schaffte, die Wandverkleidung im Eßzimmer völlig von der Farbe zu befreien. Nach dieser Entscheidung ging alles sehr schnell. Aber ich behielt die verunstalteten Eßzimmerwände noch fast ein Jahr, noch immer der Vorstellung verhaftet, eine verheiratete Frau zu sein, noch immer außerstande, die Wohnung als meine Wohnung anzusehen.

Eines Abends, als die Kinder im Bett lagen, trug ich die erste Schicht Vorstreichfarbe auf. Innerhalb weniger Minuten war das Eichenholz bedeckt. Innerhalb einer Woche hatte ich die ganze ursprüngliche weiße Pracht meines Eßzimmers wiederhergestellt. Ich gab eine Dinnerparty, die erste von vielen, und feierte meinen Status als alleinstehende Frau, die ein neues Leben vor sich hatte. Es würde Lammkeule und Wein geben. Ich dachte an eine Art eleganter Bohème. Ich wünschte mir, daß bei meinen Essen über Ideen gesprochen würde. Ich wünschte mir engagierte Diskussionen. Als sich eines Abends ein Mann am Ende meines langen Tisches erhob, um ein Glas Wein auf den Kopf eines anderen zu leeren, von dem er sich nicht ernst genommen fühlte, wußte ich, daß ich es geschafft hatte. Hier waren Überzeugungen, Emotionen. Hier an meiner Tafel herrschte eine Art von moderat saturiertem Intellektualismus, und ich brauchte nicht einmal einen Ehemann, um das alles zu erschaffen.

Aber offensichtlich brauchte ich einen Ehemann, um in bezug aufs Geld nicht aus der Bahn zu geraten.

Auf mich selbst gestellt, wurde ich unsicher. Es gab Zeiten, wo ich von der Sorge besessen war, wie die Kinder und ich überleben sollten. Es gab leicht manische Zeiten, wo ich in höchstem Maß zuversichtlich war und das Geld mit vollen Händen für Kleidung und Dinnerpartys ausgab. Ich glaube, ich versuchte, den Spaß nachzuholen, den ich in jüngeren Jahren versäumt hatte.

Ich schäme mich nicht für jene junge Frau, die versuchte, sich selbst zu finden und sich ein Leben einzurichten und eine Karriere aufzubauen, während sie allein für drei kleine Kinder zu sorgen hatte. Ich wünsche mir nur um ihretwillen, daß sie damals gewußt hätte, was ich heute weiß: *Den Umgang mit Geld in den Griff zu kriegen ist das Kernproblem für alle, die gleichermaßen Freiheit und das Gefühl innerer Sicherheit haben wollen.*

Meisterin des eigenen Schicksals

Als ich um die vierzig war, schickte ich meiner Mutter ein Foto von einem schönen, alten Haus, das ich zusammen mit dem Mann, mit dem ich seit einigen Jahren zusammenlebte, gekauft hatte. Das Haus weckte bei meiner Mutter offensichtlich Angst und auch Neid. Sie schrieb zurück: »Ohne es zu wollen, mußte ich mir das Haus nach Deinem Tod vorstellen, mit einem Schild an der Vorderseite, auf dem stand: ›Hier lebte Colette Dowling.‹«

Meine Mutter wurde ziemlich alt, ehe sie imstande war, mich ohne Neid zu betrachten. Da lebte sie allein und konnte sich zum erstenmal seit der Zeit, da sie jung war, etwas Freiheit zubilligen. Ich glaube, das ermöglichte es ihr, sich endlich mit mir verbunden zu fühlen. Ich erfuhr, daß sie sich nie zugetraut hatte, mir dabei zu helfen, mich in der Welt zurechtzufinden. Sie verstand meine Bedürfnisse nicht, und sie fühlte sich zu sehr von mir abgeschnitten. Aber sie hatte den Konflikt, der so lange zwischen uns gestanden hatte, nicht vergessen.

Und sie hatte am Ende ihres Lebens auch nicht vergessen, daß sie mich einem Mann – ihrem Ehemann – preisgegeben hatte und daß auch er mich preisgegeben hatte. Wir konnten darüber sprechen, als meine Mutter nach dem Tod meines Vaters unter der Hülle ihrer eigenen Unterdrückung hervorkam und die Kraft hatte, ihr Leben mit unverstelltem Blick anzuschauen. Da war sie über achtzig Jahre alt, aber ich war dankbar, daß sie schließlich mich – und sich – anerkannte. Zu dem Zeitpunkt konnte ich verstehen, was mit meiner Mutter geschehen war, und wenn es auch nicht genug gewesen war, was sie für mich getan hatte, so hatte sie gleichwohl nicht mehr tun können.

Ein Kind versucht sich in den Zielsetzungen seiner Eltern selbst zu finden. Ein Kind mag schlau sein, aber das ist nicht genug. Es muß stark sein, sogar aggressiv, um sich eine eigene Zielsetzung zu schaffen, um die Intensität seines eigenen Lebens zu empfinden. Es muß beständig Ansprüche auf seine eigenen Gedanken und Gefühle anmelden. Jetzt sehe ich, welchen Preis ich für meine mühsam anerzogene Passivität bezahlen mußte.

»Was macht Aggression so bedrohlich?« fragte ich einmal meine Therapeutin. »Sie bedeutet, Kapitän auf dem eigenen Schiff zu sein«, erwiderte sie, »Meisterin des eigenen Schicksals.«

Ich hatte diese Verantwortung nie *gewollt*. Ich schreckte davor zurück, fragte mich aber, warum ich immer Angst hatte. Nun, ich hatte allen Grund dazu. Im Grunde meines Herzens kannte ich den möglichen Endpunkt meiner Passivität: Ich selbst könnte eine Stadtsteicherin werden. Indem ich nichts tat, machte ich diese Zukunft in Obdachlosigkeit möglich.

KAPITEL 7

Aus der Traum von der Rettung

In der Nacht nach einem kleineren Unfall, bei dem mein neun Jahre alter Saab endgültig kaputtgegangen war und der mir die weitaus schlimmere Erkenntnis beschert hatte, daß meine Versicherung abgelaufen war, offenbarte sich mein unbewußter Gemütszustand – der, milde gesagt, schwankend war – in einem Traum.

> Ich hatte vor, meine sexuelle Beziehung zu L., von dem ich in Wirklichkeit seit sechs Jahren getrennt war, zu erneuern. Daß er eine Freundin hatte, hinderte mich in keiner Weise. Ich dachte, ich würde beiden vorschlagen, einen AIDS-Test zu machen, und dann einziehen. Ich hatte nicht den geringsten Zweifel, daß das möglich wäre. Wenn ich zurückgehen wollte, konnte ich zurückgehen. Das einzige, was man hinkriegen mußte, war die Logistik.

Der Verlust meines Autos – und nicht zu wissen, ob die Bank mir ein neues finanzieren würde, da ich mit der Kreditrückzahlung dauernd in Verzug war – brachte mich finanziell und psychisch auf den Tiefpunkt. Es war, als hätte ich selbst den Tiefpunkt geschaffen. Wer würde mir helfen? Wer *konnte* mir helfen? Es war, als hätte ich herbeigeführt, was ich am allermeisten fürchtete.

Aber im Traum suchte ich Schutz – den Schutz meiner letzten Beziehung. Obgleich ich in Wirklichkeit überhaupt nicht den Wunsch verspürte, dorthin zurückzukehren, suchte ich unbewußt nach Rettung. Das wurde im Traum deutlich signalisiert. (Vielleicht ist es tatsächlich das Hauptanliegen von Träumen, Signale zu geben.) Ich konstruierte sogar ein Mutterbild für mich: die Freundin. Ich würde nicht nur von L. akzeptiert werden, sondern auch von ihr. Wir drei würden freundlich miteinander umgehen. Es würde ein wenig wie Mutter-Vater-Kind-Spielen sein – nur wäre noch Sex dabei. Oder vielleicht ist immer Sex dabei, zumindest für eine Frau, die im Grunde ihres Herzens glaubt, sie sei außerstande, nur auf sich gestellt zu überleben.

Ich glaube, der Traum stellte eine ganz besondere Art des Schutzes dar: Schutz vor meinen eigenen destruktiven Impulsen. Ich hatte eindeutig die Kontrolle verloren. Aber in diesen Jahren mit L. hatte ich voller Selbstbeherrschung funktioniert, ich war imstande gewesen zu planen, Befriedigung aufzuschieben, ein phantastisches Kreditgebäude zu konstruieren. Wenn ich damals einen Kredit brauchte, hatte ich kaum Zeit, den Antrag auszufüllen, und bekam schon den Scheck in die Hand gedrückt. Überall grünes Licht: einwandfreies Rückzahlungsverhalten; tadellose Termineinhaltung; keine übermäßigen Ausgaben.

Diese tadellose Ordnung, so erkannte ich schließlich, verdankte sich nicht meiner Disziplin, sondern seiner. Es war alles so ... logisch. Wir hatten getrennte Konten für unser persönliches Geld und ein gemeinsames Konto für Lebenshaltungs- und Wohnkosten, die wir uns teilten. Wir zahlten jeden Monat unseren Anteil in den Topf, und ich nahm es damit peinlich genau, da ich nie wieder die Demütigung erleben wollte, auf meine Probleme mit der Abhängigkeit angesprochen zu werden, wie es einige Jahre zuvor in einem beunruhigenden Zusammentreffen von Ereignissen geschehen war – was dazu geführt hatte, daß ich *Der Cinderella-Komplex* schrieb.

L. und ich lebten noch nicht lange zusammen, da verfiel ich in einen Zustand glückseligen Hausfrauendaseins, ich ließ ihn alle Rechnungen bezahlen und backte Kuchen. Aber so lautete unsere Abmachung nicht. Als er mich nach einem Jahr darauf ansprach und meinte, daß ich ihn ausnutze, war ich zutiefst gekränkt.

Es war ein entscheidender Moment im Leben einer jungen Feministin, herbeigeführt von einem Mann, der mit einer Menge anderer junger Feministinnen studiert hatte. Er wußte, daß ich mich vor irgend etwas drückte. Ich war zehn Jahre älter als er und hatte beruflich schon mehr Erfolg gehabt als er. Ich hatte einfach jeglichen Ehrgeiz aufgegeben und ließ es zu, daß er für unseren Lebensunterhalt aufkam.

Es war ein mühseliger Kampf für mich, mir mein Verhalten einzugestehen und es zu ändern, aber ich tat es. Ich begann, mit Verlegern wegen Schreibaufträgen Kontakt aufzunehmen, um wieder meinen Lebensunterhalt zu verdienen. Wir setzten ein monatliches Budget fest, und bald erlebte ich zum erstenmal, seit ich meine Eltern verlassen hatte, finanzielle Sicherheit. Es war die reine Freude, unser erstes Haus zu kaufen und mit Leichtigkeit unsere monatliche Hypothekenrate zu zahlen, weil L. ausgerechnet hatte, was wir uns wirklich leisten konnten. Wenn Reparaturen fällig wurden, sprachen wir darüber und taten Extrageld aufs Konto. Es war alles so ruhig und hatte System.

Und es war alles so männlich-vernünftig. Ich hatte keine Vorstellung davon, wie sehr ich mich auf L. verließ, um meine Impulsivität in Schach zu halten. Fünfzehn Jahre lang lebte ich so, und dann kam der große Knall. Sobald wir uns getrennt hatten, gab es für mich kein Halten mehr. Der Preis für ein Haus, das ich mir kaufte, war nicht von meinen Plänen bestimmt, sondern davon, was die Bank mir als Hypothek zu geben bereit war. Sie waren großzügig, einesteils aufgrund der wirtschaftlichen Lage in den achtziger Jahren und andernteils aufgrund der Kreditwürdigkeit, die ich erworben hatte, als ich noch mit einem Mann zusammen war, der vernünftig mit Geld umging.

Aber alleine war ich nicht vernünftig. Geldausgeben verschaffte mir großes Vergnügen und ein Gefühl von Macht. Mein Ziel war es nicht, Geld zu sparen. Mein Ziel war es, einfach genug Geld für meine monatlichen Ausgaben zu haben. Das hinzukriegen, empfand ich als großartig. Großartig ist das ausschlaggebende Wort. Ich hatte L.s Anteil an unserem Fünf-Zimmer-Haus mit dem Gedanken gekauft, es sei nur für den Übergang, bis ich mich an diese Veränderung, das Alleinleben, gewöhnt hätte. Aber in früheren, ärmeren Jahren hatte ich nie damit gerechnet, in einem großen, schönen alten Haus zu leben, und jetzt, da ich es erreicht hatte, wollte ich es nicht aufgeben. Ich hätte es als einen Niedergang, als Regression empfunden. Deshalb hielt ich daran fest.

Ich hielt nicht nur daran fest, ich expandierte. Meine festen Ausgaben waren hoch, weil eines meiner Kinder auf dem College war, aber das hinderte mich nicht, winterharte Pflanzen und Obstbäume und Mauern aus blauem Sandstein anzuschaffen – und als mein Vater im Sterben lag, mir ein riesiges neues Studio zu bauen. Ich wollte wie eine Matriarchin in dem Haus leben oder wie eine Witwe; *nicht* wie eine, die das alles hatte selbst verdienen müssen – und es weiterhin würde verdienen müssen!

Ich glaube, ich spürte, daß meine Lage etwas leicht Verzweifeltes hatte, obgleich ich nicht glaube, daß ich es damals hätte zugeben können. Ich war noch immer zu sehr in Konflikten gefangen. Ich hatte mich auf die Seite der Feministinnen geschlagen, aber dafür hatte ich die Lehren, mit denen ich aufgewachsen war, verleugnen müssen.

Schließlich war ich gezwungen, eine zweite Hypothek aufzunehmen. Ich sah darin natürlich nichts Schlimmes; ich sah es als ein weiteres Zeichen meiner fabelhaften Kreditwürdigkeit. Wenn die Bank meinte, ich sei eine zweite Hypothek wert, so mußte das bedeuten, daß ich mir eine zweite Hypothek *leisten* konnte!

An diesem Punkt hätte ich das Haus verkaufen und mir eine Bleibe suchen sollen, die ich mir leisten konnte, aber ich gestand mir natürlich nicht ein, daß mir alles über den Kopf wuchs. Ich war mit Steuerzahlungen in Verzug und ließ monatliche Rechnungen gelegentlich auflaufen. Ich hörte auf, die jährlichen Beiträge auf mein Ruhestandskonto einzuzahlen. Es kostete mich zu viel Geld, nicht nur das Haus, in dem ich lebte, zu erhalten, sondern auch das Haus auf der anderen Straßenseite.

Ursprünglich hatte ich das kleine Haus mit der Option gekauft, einen Platz zum Leben für später zu haben, wenn ich alt und grau wäre, und es in der Zwischenzeit als »Einkommensquelle« zu nutzen.

Aber es war nie mit Einkommen verbunden, nur mit Ausgaben. Und ich schaffte es nicht, alt und grau zu werden, weil ich mir die Haare färbte.

Die Haare färben und die Welt durch eine rosarote Brille sehen. Schließlich gelangte ich zu einer, wie ich glaubte, schlauen finanziellen Entscheidung. Ich würde das kleine Haus renovieren und das große verkaufen. Ich würde Geld sparen *und* einen meiner lebenslangen Träume verwirklichen – eine verrottende alte Hütte »erneuern« und in etwas Bezauberndes verwandeln. Die Farben auswählen und die Fußböden.

Sie kennen den Rest.

Eine Zeitlang wollte ich glauben, es sei eine Pechsträhne auf dem Immobilienmarkt gewesen, die mich umgeworfen hatte. Ich hatte meinen Partner zu einer Zeit auszahlen müssen, da der Marktwert des Hauses hoch gewesen war. Ich hatte mich bei der Renovierung der alten Hütte in unerwartete Kosten gestürzt. Als dann der Staat fällige Steuern von mir forderte, hatte ich beide Häuser verkaufen müssen, obgleich die Marktlage miserabel war.

Es dauerte einige Zeit, bis ich erkennen konnte, daß mein ganzes Leben unerbittlich auf diesen Punkt hingeführt hatte. Ich war dazu erzogen worden, meine Angelegenheiten nicht selbst zu regeln, sondern mich auf die Kontrollen zu verlassen, die jemand anders bereitstellte. Diese besondere Erziehung ist ein verheerender Aspekt vom Mythos der romantischen Liebe, aber man spricht nicht darüber. Man geht einfach davon aus, daß Frauen kindisch mit Geld umgehen. Das komplexe Gefüge von Einschränkungen, das sie daran hindert, finanzielle Unabhängigkeit zu entwickeln, ist nie untersucht worden.

Ich bin zu dem Schluß gekommen, daß Frauen sich in finanzieller Hinsicht unbewußt selbst sabotieren, um am Mythos der romantischen Liebe festhalten zu können. Es scheint, als wären wir zwischen zwei Modellen des wirtschaftlichen Überlebens gefangen: dem traditionellen, bei dem die Frauen gelernt haben, von Männern abhängig zu sein, und dem modernen, bei dem von uns erwartet wird, daß wir »tapfere Feministinnen« sind, die auf eigenen Füßen stehen. Wir trauen unserer Befähigung zu letzterem nicht, also drehen wir voller Ambivalenz ab in Richtung auf das Alte. Ohne festen finanziellen Boden unter den Füßen täuschen wir uns oft selbst im Hinblick auf Männer und Geld. Wir *wollen* unabhängig sein, aber wir wissen nicht, ob wir uns selbst vertrauen können.

Und mit Sicherheit wissen wir nicht, ob wir *ihnen* vertrauen können.

Dieses Dilemma schafft emotionale und finanzielle Verstrikkungen, die das Ausmaß von Alpträumen haben.

Heldenverehrung

Dreizehn Jahre später, nachdem sie vier Kinder zur Welt gebracht hat, sitzt sie in einem nahezu leeren Haus, die Kinder sind fort, sie ist außerstande, die Tatsache ins Auge zu fassen, daß sie bald wird gehen müssen. Es ist schwer zu glauben. Es ist irgendwie bizarr. Vor einer Woche war ihr Exmann gekommen, um die Telefonleitungen zu kappen und die Brenner vom Herd zu entfernen, so daß sie kein Essen mehr für die Kinder kochen konnte. Also erwirkte sie eine einstweilige Verfügung, die ihm den Zutritt zum Haus verwehren sollte – na und? Es war so leer, daß man nicht darin leben konnte. Und er nahm die Kinder mit.[1]

Bette, 35 Jahre alt, dünn und blond, hatte vor kurzem begonnen zu joggen und Gewichte zu heben, um sich irgendwie gesund zu halten. Sie ist eine ernste Frau mit hohen Backenknochen und lockigem Haar, das sie aus dem Gesicht gekämmt und hochgebunden trägt. Sie sieht aus, als hätte sie mehr erlebt, als ihr lieb ist.

Vor dreizehn Jahren war Bette eine hübsche Frau voller Hoffnungen gewesen, aber ihr junges Leben war dabei, außer Kontrolle zu geraten. Zu viele Partys, zu viele Wochenendexzesse. Mit neunzehn erschrak sie über ihre Impulsivität.

Dann trat »der Mann« in ihr Leben – riesig, 1,90 Meter groß, ein 130-Kilo-Athlet, der wußte, was er wollte, und der entschlossen war, es zu bekommen. Brian Holloway, Stanford-Absolvent, Sohn eines pensionierten Air-Force-Obersten, Enkel des Vorstandsvorsitzenden des *United Negro College Fund*, war 22 Jahre alt und auf dem besten Weg, bei den *Patriots* in der Profi-Liga Karriere zu machen.

Bette McKenzie mit Sport im Hauptfach auf dem *Bridgewater State College* war auf der Suche nach einem Retter.

Es ist verständlich, daß sie in Brian einen Retter sah. Ihr Vater war schließlich Hockey-Profi gewesen – »Pie« McKenzie, linker Flügel bei den *Boston Bruins*. Heute sagt sie, sie hätte es besser wissen müssen, als sich mit der Berühmtheit ihres Vaters und ihres Mannes zu identifizieren. Und ihre Mutter hatte sie davor gewarnt, einen Sportprofi zu heiraten. »Sie sagte: ›Sie haben Affären, und sie lassen dich sitzen.‹«

Ihr Vater war Alkoholiker und bekannt für seine Affären gewesen.

Bette ignorierte die Warnung ihrer Mutter, wie sie später einem Freund erzählte, der ihre Geschichte für die *New York Times* aufschrieb. Sie und Brian heirateten 1982 während eines Streiks der Spieler der *National Football League*. Er arrangierte alles für die Hochzeit. Und am Abend vorher rang er ihr eine voreheliche Vereinbarung zur Gütertrennung ab, die besagte, daß sie finanziell an nichts teilhaben sollte, was er einnahm oder was auf seinen Namen lief. Bette war bestürzt, aber die Hochzeit sollte schließlich am nächsten Tag stattfinden! Sie unterschrieb.

Drei Jahre lang, so erzählte sie ihrem schreibenden Freund, war sie glücklich; dann wurde ihr Leben zur Hölle. »Brian wollte nicht, daß ich mich mit anderen Sportlerfrauen traf.« Er hielt sie unter Kontrolle, indem er sie isolierte. »Er sagte: ›Du sollst auf dem Land leben, barfuß und schwanger.‹ Ich merkte nicht, daß er es ernst meinte.«

1988 machte er aus seiner Drohung Ernst – er verbannte sie in ein altes Farmhaus auf einem 80 Hektar großen Stück Land im Staat New York, eine Stunde von der nächsten Stadt entfernt. Da seine Karriere bei der N.F.L. beendet war, befand sich Brian häufig auf Vortragsreisen. Bette saß auf der Farm fest, die sie im Winter an Stephen Kings *Shining* erinnerte. Es dauerte nicht lange, bis sie zutiefst deprimiert war.

Aber in den achtziger Jahren brachte Bette nicht nur vier Kinder zur Welt, sie schaffte es auch, ihren ersten akademischen Abschluß, den Bachelor's Degree, in Wellesley zu machen. Aber Brian gönnte ihr weiterhin keine Freiheit, und ihre Isolation entmutigte sie immer mehr. Wenn sie mit anderen zusammen waren, sprach er für sie beide. Brian war die Kontrolle in Person. »Aus dem Gefühl, das Bette zu Brian hingezogen hatte, nämlich daß sich jemand ›um sie kümmerte‹, wurde Abhängigkeit«, berichtet die *New York Times*. Sie hatten nicht einmal ein gemeinsames Girokonto. Da sie Brian um das Geld für jede Kleinigkeit, einschließlich Lebensmittel, bitten mußte, wurde Bette mehr und mehr von Selbstzweifeln heimgesucht. Es war eine klassische Situation, zu der auch die Gehirnwäsche gehörte, die dann eintritt, wenn ein Partner sehr viel mehr Macht hat als der andere – und diesen Zustand aufrechterhalten will.

Schließlich machte eine Freundin Bette den Vorschlag, ein gemeinsames Geschäft zu eröffnen. Als die Sache Fortschritte machte, fühlte sich Bette stark genug, das Gefängnis ihrer Ehe zu verlassen. Wie so häufig, wenn eine Ehefrau sich dem Einfluß ihres Partners entziehen will, begann der »Alptraum«, wie Bette es nannte, sich schnell zuzuspitzen. Es kam zu »Überfällen«, bei denen Holloway kam und Bettwäsche, Kleidung, Möbel, Küchengeräte einpackte. »Das Haus ist ein Trümmerfeld«, schrieb die *New York Times*. »Es sieht aus, als wäre es verwüstet und verlassen worden.«

Das Haus gehörte in jedem Fall ihm.

Am Ende waren mindestens neun Auseinandersetzungen von der Polizei aufgenommen worden, und 1997 war Holloway den gerichtlichen Unterlagen zufolge mehr als 11000 Dollar Unterhaltskosten für die Kinder schuldig.[2]

So sehr sie sich heute bemüht, sich seelisch und körperlich wieder aufzurichten – ihre blauen Augen haben einen gehetzten Ausdruck behalten. Wenn sie das Haus verläßt, nimmt sie das Telefon ebenso wie einen Fön, ihre gerichtlichen Dokumente und ein paar Kleidungsstücke mit. Sie schläft mit dem Telefon auf dem Kopfkissen und den Autoschlüsseln in der Hand. Obwohl Holloway sie nie körperlich bedroht habe, sagt sie, fühle sie sich eingeschüchtert.

Die Geschichte von »Bette und Brian« begann mit zwei strahlenden, redegewandten, akademisch gebildeten Menschen, die beschlossen hatten, ein gemeinsames Leben zu führen. Sie endete damit, daß einer alle Macht und alles Geld hatte und die andere nicht einmal ein Dach über dem Kopf. Es war, so die *Times*, »die Geschichte von männlicher Anspruchshaltung und von einer Frau, die sich unbewußt davon angezogen fühlte«.

Es war auch die Geschichte einer Frau, die geboren und aufgezogen wurde, um im Mythos der romantischen Liebe gefangengehalten zu werden, und die heute ein böses Erwachen erlebt. Welchen Rat würde sie denjenigen geben, die dabei sind, sich auf denselben Pfad zu begeben? Bette meint dazu: »Ich würde jungen Frauen raten – und besonders denen, die mit Sportlern zusammen sind –, unabhängig zu sein, in der Lage zu sein, sich finanziell selbst zu versorgen. Kriegt nur Kinder, wenn ihr sie allein großziehen könnt.«

Diese Ermahnung habe ich noch nie so unverblümt vernommen, obwohl sie sicherlich die Realität der Frauen widerspiegelt: *Wenn du auf jemand anderen in Sachen Geld und Schutz zählst, wirst du verlieren.* Und dennoch, trotz ihrer Erkenntnis rationalisiert Bette bemerkenswerterweise das Verhalten ihres früheren Mannes. »Solange er den Football hatte, solange er das Ventil hatte, ein Krieger im Krieg zu sein, war es nicht so schlimm«, sagte sie gegenüber der *Times*. »Aber diese ganze Energie, diese Intelligenz muß kanalisiert werden. Dann ist seine Leistungsfähigkeit grenzenlos.«

Die Therapeutin Martha Kirkpatrick behauptet, ihre Erfahrung zeige, daß in Scheidung lebende Frauen von einer verblüffenden Beharrlichkeit seien in ihrem Glauben, daß der Mann, den sie gerade verlassen oder der sie verlassen hat, sich um sie kümmern werde. »Einerlei, wie die Erfahrungen in der Ehe gewesen sind, wie beängstigend die Aussicht auf Bestrafung, einerlei, wer die Scheidung warum veranlaßt – in meiner Praxis beginnt die Frau regelmäßig mit der Verkündigung, sie sei glücklich, daß ihr Mann ehrlich, verantwortungsvoll und fürsorglich sei und seine Familie nicht um die angemessene Unterstützung betrügen werde.«[3]

Viele Frauen gewinnen ihr Gefühl, etwas wert zu sein, aus der Beziehung zu einem Mann. Möglicherweise haben sie nicht die leiseste Ahnung davon und mögen, für sich betrachtet, in ihrem Gebaren ausgeprägt »unabhängig« erscheinen. Dann beginnen sie eine Beziehung. Je mehr sie sich darauf einlassen, desto höher wachsen die emotionalen Grenzen. Unabwendbar beginnt sich das Selbstgefühl der Frau dementsprechend zu gestalten, wie sie von ihrem Prinzen wahrgenommen wird – oder meint wahrgenommen zu werden. Ihre Leistungen sind nichts mehr wert, wenn *er* sie nicht schätzt. Und sie kann sich nicht sicher sein, daß er sie schätzt, wenn er es nicht unentwegt bestätigt.

Es kommt dann, wie es kommen muß: Unsere hübsche, hoffnungsvolle junge Frau verliert zunächst einmal ihr ohnehin nicht sehr ausgeprägtes Selbstwertgefühl. Langsam, aber sicher hört sie auf, ihre eigene Integrität zu achten, und verliert ihr Gefühl für die eigene Bedeutung. Jean Baker Miller, Psychiaterin und Entwicklungsforscherin am Wellesley College's Stone Center berichtet von einer Frau namens Paula: »Obgleich sie für einen riesigen Haushalt sorgte, zählten die Dinge, die sie mit Leichtigkeit und Effizienz erledigte, nur in dem Maße, wie sie ihr das Gefühl vermittelten, daß Bill innig und dauerhaft an sie gebunden bliebe, was wiederum Paula Geltung verlieh.«[4]

Wenn Bill nicht genügend Interesse an Paulas Aktivitäten zeigte, deprimierte sie das, und sie fühlte sich unausgefüllt. Was sie tat, hatte keine Bedeutung mehr. Und doch hatte Paula, wenn sie meinte, ihr Mann sei »nicht engagiert genug«, wenig Anhaltspunkte für ihre Überzeugung. Objektiv gesehen, schien er ein guter Ehemann und Vater zu sein. Warum aber *fühlte* sie es nicht?

An diesem Punkt zog Paula den Schluß, daß mit ihr etwas nicht stimmte.

»Heldentum« zu suchen ist wie zwanghaftes Essen oder Trinken oder Reden etwas, das wir tun, um unsere Angst zu beschwichtigen. Die erfolgreichsten Frauen sind imstande, Männer überzubewerten und eine fortwährende Minderung ihres Selbstwertgefühls zu erleiden.

Dr. Jean Baker Miller berichtet von Barbara, »einer kompromißlosen Denkerin in einer hohen Position an einer Universität«, die mit dem Gefühl zu kämpfen hatte, daß nichts, was sie tat, der

Mühe wert sei – wenn sie nicht einen Partner hinter den Kulissen hatte, von dem sie Bestätigung und Beifall erhielt.

Sie schreibt auch über eine gewitzte und höchst erfolgreiche Geschäftsfrau, die ihr Talent in finanziellen Dingen zu einem großen Vermögen gemacht hatte und die sich nur dann erfolgreich fühlte, wenn es einen Mann gab, dem sie etwas bedeutete. Wenn es einen Mann in ihrem Leben gab, fühlte sich Beatrice tatkräftig und effektiv. Ohne Mann brach sie zusammen. Es sei seltsam, wenn sie darüber nachdenke, sagte sie zu Miller. Sie konnte genau dieselben Dinge tun wie zuvor, aber ohne Mann konnte sie ihre Gefühle nicht »fühlen«. Jedem Ereignis, an dem sie teilnahm, mangelte es an Freude und Bedeutung.

Es ist nicht so, daß Frauen wie Beatrice sich wie »ein halber Mensch« vorkämen. Es ist, als wären sie »überhaupt kein Mensch, zumindest kein Mensch, der eine Rolle spielte«, sagt Dr. Miller.

Daß sie einen mächtigeren »anderen« brauchte, von dem sie ihren Wert beziehen konnte, beeinflußte Beatrice bei der Arbeit ebenso wie in der Liebe. Im Büro konnte sie ungeheuer viel leisten, solange sie wenigstens eine Person in einer Machtposition über sich hatte. Da sie dies wußte (wenn sie sich dessen auch nicht wirklich bewußt war), achtete sie immer darauf, keine Spitzenposition einzunehmen.

Wenn wir uns in einer vertikalen Beziehung sicherer fühlen, werden wir versuchen, Menschen in Positionen zu manövrieren, die das gewünschte Ungleichgewicht herstellen. In ihrem Privatleben wie bei ihrer Arbeit war es Beatrice immer gelungen, irgendeinen Mann in die höhere – oder scheinbar höhere – Position zu bringen. »Eins tiefer« fühlte sie sich wohl.

Dieses Phänomen wurde von der Psychoanalytikerin Karen Horney beschrieben. Sie berichtete von einer Frau, die sie »Claire« nannte, und zeigte, wie das Verharren in der Abhängigkeit der Abwehr von Angst dient – ein Konzept, das jede Frau, die in dem vertikalen Gefüge gefangen ist, begreifen muß, wenn sie frei werden will.[5]

Claire war wahnsinnig vernarrt in »Peter«, einen jungen Mann, der – obwohl er seine Liebe noch immer beteuerte – sich in

Wirklichkeit von der Beziehung zurückzog und sie zur Verzweiflung trieb. Nichts schien für sie Bedeutung zu haben, außer wenn sie bei ihrem Liebsten war. Sie hatte sich so sehr in der Beziehung verschanzt, daß ihre Stimmung immer davon abhing, was Peter tat. So stellte sie fest, daß ihre Stimmung eines Abends, als Peter ihr unerwartet ein Halstuch zum Geschenk machte, sich gewaltig besserte. Es war lächerlich, wie phantastisch sie sich aufgrund des Halstuchs fühlte. Als er aber später keine Lust hatte, mit ihr Pläne für den Sommer zu machen, wurde sie deprimiert und konnte auch den Sex mit ihm nicht genießen.

In jener Nacht hatte sie einen Traum, in dem sie einen großen, schönen Vogel sah, der von ihr fort flog, bis sie ihn nicht mehr sehen konnte. Als sie aufwachte, empfand sie Angst und hatte das Gefühl zu fallen. Dann fiel ihr der Satz ein: »Der Vogel ist fortgeflogen.« Sie erkannte, daß der Traum ihre Angst, Peter zu verlieren, ausdrückte.

Bis zu diesem Traum hatte Claire nicht gesehen, wie ängstlich die Beziehung mit Peter sie machte. Ihre extreme Freude über das Halstuch ging auf die durch das Geschenk ausgelöste momentane Befreiung von ihrer Angst zurück.

Aber woher diese Angst?

Sie verstand schließlich, daß es etwas mit ihrer Vorstellung zu tun hatte, sie könne nicht ohne jemanden existieren, der für sie einen Schutz vor dem Leben und seinen Gefahren darstellte. Das war es – und nicht wahre Liebe –, warum Peter so wichtig für sie war.

Was hat das mit Liebe zu tun?

Claire war noch weit davon entfernt, das ganze Ausmaß ihrer Angst, verlassen zu werden, zu verstehen, der Angst – wäre sie als ein gesellschaftliches Phänomen damals so evident gewesen wie heute –, auf der Straße zu enden. Die Angst vor der Obdachlosigkeit scheint keine Grenzen mehr zu kennen, Gefühle der Schwäche, die Überzeugung, daß wir auf uns selbst gestellt nicht überleben können. Diese Ängste, so meinen Psychologen, haben mit geschlechtsspezifischen Erwartungen zu tun. »Sogar wenn die Schwäche real ist, können die Frauen Stärke und Befähigung erreichen, wenn sie sich erst selbst davon überzeugen, daß es wirklich in Ordnung ist, den Glauben an die *Richtigkeit* von Schwäche aufzugeben«, schrieb Jean Baker Miller 35 Jahre, nachdem Horney über »Claire« geschrieben hatte.[6]

Miller sagt, es sei besonders schwierig für Männer »mit ihrer Angst vor Schwäche zu sehen, warum die Frauen sich daran klammern«.

Heute ist es für die Frauen schwierig zu sehen, warum sie sich an die Schwäche klammern. Horney war meisterhaft darin, zu den eigentlichen Gründen vorzudringen. Zu diesem Zweck muß man tief unter der Oberfläche forschen.

Claire hatte den Punkt erreicht, wo es immer schwerer wurde, noch an die romantische Liebe zu glauben. Es gab eine gewaltige Diskrepanz zwischen ihrer »Leidenschaft« für Peter und seinem Rückzug von ihr – seine immer häufigere Abwesenheit, seine Entschuldigungen. Jetzt war sie wirklich am Kämpfen. Sie sagte, alles, was sie wolle, sei Peters Liebe und Zärtlichkeit und Unterstützung. War das zuviel verlangt?

Übermäßige Vereinfachung ist ein Trick der Bedürftigen, der es ihnen erlaubt, ihre Ansprüche als so rein, so »normal« wahrzunehmen, daß nur die Unzulänglichkeit des Partners dafür verantwortlich sein kann, wenn ihren Bedürfnissen nicht entsprochen wird. Claire entdeckte schließlich, daß ihr Anspruch an eine Beziehung doch nicht so rein und so normal war.

Eines Abends bemerkte sie eine seltsame Reaktion auf einen Film. Normalerweise weinte sie nicht bei Filmen, »aber an diesem besonderen Abend schossen ihr die Tränen in die Augen, als ein Mädchen, das sich in einer elenden Verfassung befand, unerwartete Hilfe und Freundlichkeit erfuhr«. Das war sonderbar, dachte sie am nächsten Tag; »die Tränen waren ihr nicht gekommen, als es um das Mädchen im Film so schlecht stand, sondern als seine Situation eine unerwartete Wendung zum Besseren nahm«.

Solche Szenarien, stellte Claire schließlich fest, hatten sie *immer* zum Weinen gebracht. Als Kind hatte sie geweint, als die gute Fee Aschenputtel (Cinderella) mit unerwarteten Geschenken überhäufte. Was für eine Verbindung, so fragte sie sich, bestand zwischen dieser Art des Weinens und der Freude, die sie empfunden hatte, als sie das Halstuch geschenkt bekam?

Plötzlich fiel Claire ein Tagtraum wieder ein, den sie auf dem College häufig gehabt hatte. Sie nannte ihn im Geist den Tagtraum vom »tollen Mann«. In diesem Traum machte ihr ein Mann, der mit überlegener Intelligenz, Weisheit und Reichtum ausgestattet war, sexuelle Avancen, weil er spürte, was in ihr steckte. Er wußte, daß, wenn er ihr Zeit ließ, sie schön sein und Großartiges schaffen würde. Wie Pygmalion widmete er seine ganze Zeit und Energie ihrer Entwicklung. »Sie mußte unter seiner Anleitung hart arbeiten, nicht nur, um eine großartige Schriftstellerin zu werden, sondern auch, um Körper und Geist zu kultivieren«, schrieb Horney. »So machte er aus einem häßlichen Entlein einen schönen Schwan.«

Claire hatte also schon auf dem College davon geträumt, daß ihr Erfolg sich aufgrund ihrer Verbindung zu einem Mann einstellen würde, der auf einer höheren Entwicklungsstufe stand als sie. Sie würde hart arbeiten müssen, aber dafür würde er sie mit Geschenken überhäufen. Das Beste daran war, daß sie niemals um etwas würde bitten müssen!

Claire war bestürzt, als sie plötzlich die Ähnlichkeit ihres College-Tagtraums mit ihrer Beziehung zu Peter erkannte. Sie hatte etwas als Liebe mißverstanden, das weitgehend in Erwartung von Geschenken bestand, nicht nur materiellen Geschenken, sondern auch Geschenken von Wachstum und Entwicklung. Diese Offenbarung schockierte sie. »Ihre Liebe war im Grunde nichts anderes als das Leben auf Kosten eines anderen!«

Da Claire wie die jungen Frauen, mit denen Gilligan und Debold sich beschäftigten, ihre Wünsche immer unterdrückt hatte, brauchte sie jemanden, der für sie das Wünschen übernahm – jemand, der ihre Wünsche erriet und sie erfüllte, ohne daß sie etwas dafür tun mußte.

Mittlerweile war es unausweichlich: Claire mußte anerkennen, daß sie Peter gegenüber eine ausbeuterische Haltung eingenommen hatte. Gleichzeitig sah sie auch *ihn* in einem realistischeren Licht. Dieser Mann hatte etwas Betrügerisches. Er versprach Liebe und blieb auf Distanz. Im großen und ganzen war er völlig von sich selbst in Anspruch genommen.

Es war, als wäre »ein Bann gebrochen«, schreibt Horney. Claires Traum von dem schönen Vogel bezog sich auf ihre glorifizierende Vorstellung von Peter. Jetzt konnte sie zurückblicken und ein immerwährendes Muster der Heldenverehrung erkennen. »Immer hatte sie aufgrund ihrer Erwartungen nach den Sternen gegriffen. Und alle Sterne hatten sich als Kerzen erwiesen.«[7]

Claire war dem Tiefpunkt nahe. Sie war jämmerlich abhängig gewesen. Sie hatte ihre Würde preisgegeben, indem sie sich an einen Mann klammerte, der sie nicht wirklich wollte und dessen Wert sie ohnehin bezweifelte, wenn sie sich auch nie erlaubt hatte, das klar zu sehen. Wie *konnte* sie es auch sehen, solange seine persönlichen Qualitäten durch ihre glorifizierende Vorstellung verdeckt waren?

Claire stellte fest, daß *sie* es gewesen war, die alles entwertet hatte, was sie für sich allein oder mit jemand anderem außer dem »Geliebten« gemacht hatte. Das machte ihren Partner – wer immer es sein mochte – um so wichtiger und entfremdete sie um so mehr sich selbst und anderen Menschen.

Es wurde deutlich, daß Claires »Schwäche«, ihr Gefühl von »ich kann nicht« in Wirklichkeit Widerstand gewesen war: »Ich will nicht.« Wäre es möglich, daß sie sich »aktiv geweigert hatte, sich je einer anderen Sache zuzuwenden, wie ein kleines Kind, das sich weigert zu essen, wenn es keinen Apfelkuchen bekommt«? Diese Frage untergrub allmählich das Bollwerk ihrer Vorstellung von der romantischen Liebe, denn sie implizierte die Möglichkeit eines mit dieser Vorstellung verbundenen Nutzens, nämlich dem, daß sie die »Liebe« zur Aufrechterhaltung ihrer Weigerung, erwachsen zu werden, benutzte.

Karen Horneys brillanter Gedanke, Abhängigkeit könne der

verborgene Kern im Zentrum der »Liebe« sein, führte mich zu der Frage, ob es nicht *immer* auch um die mädchenhafte Weigerung, Verantwortung zu übernehmen, geht, wenn Frauen davon sprechen, sie fühlten sich als Opfer.

Der Traum von der Rettung

Melissa und Harold arbeiten zusammen als Management-Berater für große Firmen wie Xerox und Federal Express. Beide machen nebenbei auch Einzelberatungen. Sie heiratete zum ersten-, er zum zweitenmal. Überreste aus seiner vorhergehenden Ehe haben in der jetzigen ihre Spuren hinterlassen.

»Bevor wir heirateten, trafen wir eine mündliche Vereinbarung, daß, wenn er vor mir sterben sollte, ich die Auszahlung dessen, was mir als seiner Frau zustünde, nicht auf gesetzlichem Wege erzwingen würde«, berichtete Melissa. Zu jener Zeit meinte sie, das sei von seiner Seite eine vernünftige Forderung. Aber die Jahre vergingen, und sie fühlte sich ihrer Position sicherer. Harolds Leben und seine Wenn-ich-sterbe-kriegst-du-nichts-Haltung wurden für sie weniger akzeptabel. Nach fünfzehn Jahren sprach Melissa ihn darauf an: Sie wollte, daß er ein Testament machte, und sie wollte darin bedacht werden – *substantiell.* »Zuerst fiel es ihm schwer zu akzeptieren, daß ich etwas von seinem Geld abbekommen sollte. Ich glaube, das hat sich inzwischen geändert. Ich *hoffe* es jedenfalls.«

Der Betrag, den er ihr anfänglich hinterlassen wollte, reichte nicht aus, um im Alter davon zu leben, und Melissa sagte es ihm. »Er wurde ärgerlich. ›Du traust mir wohl nicht zu, daß ich dir genug hinterlasse‹, sagte er. Ich erwiderte: ›Bisher hast du nichts davon gesagt, daß du so etwas vorhast.‹«

Harold war in der Beziehung derjenige, der sich mit Geld auskannte. Aber sie hatten beide promoviert. Melissa war seit fünfzehn Jahren im Geschäft. Harold hatte eine ganze Menge Geld mit Investitionen gemacht. Außerdem bekam er mehr für seine Arbeit. »Wir haben Verträge mit Unternehmen, und wir machen unsere privaten Beratungen. Er verlangt 200 Dollar für eine einstündige Beratung, für mich sind 125 Dollar in Ordnung. Manchmal denke ich, diese Berater verlangen zuviel.«

Ein interessanter Gesichtspunkt. »Nehmen Sie an, Sie wären auf sich selbst gestellt«, sage ich, »würden Sie dann versuchen, mehr zu verdienen?«

Sie schwenkt vom Thema Geldverdienen ab und kommt auf ein finanzielles Polster zu sprechen. »Realistisch gesehen wird es schon gehen, wenn ich das, was ich von meinen Eltern erben werde, mit dem zusammentue, was ich von ihm bekomme.«

»Sie sagten, Sie bestehen darauf, daß Sie die Zinsen einer halben Million von Harold bekommen. Plus einer Auszahlung auf die Hand von ... wieviel?«

»Ich weiß es nicht mehr. Etwa 200 000 Dollar.«

Für jemanden wie sie, die sich Sorgen macht, wieviel sie bekommen wird – und die sich vor allem finanziell unsicher fühlt –, ist es erstaunlich, daß sie nicht weiß, wieviel ihr Mann ihr hinterlassen wird.

»Sie wissen die genauen Zahlen nicht«, sage ich.

Sie lacht. »Ich bin nicht gut in diesen Dingen. Er gibt mir seinen Versicherungskram. Es sind mehr als 200 000 Dollar. Glaube ich.«

»Plus, so sagten Sie, mindestens eine Viertelmillion von Ihrer Mutter. Plus Ihre Investitionen. Plus Ihr Einkommen. Alles in allem klingt das, als würden Sie ziemlich gut dastehen.«

»Vielleicht liegt es daran, daß ich mich nicht hinsetze und ein Budget mache, deshalb bleibt alles vage.«

»Haben Sie ausgerechnet, wieviel Sie anlegen müssen, um genug zum Leben zu haben, wenn Sie aufhören zu arbeiten?«

»Nein.«

»Würden Sie sich nicht besser fühlen, wenn Sie es täten?«

»Ich wünschte mir, sagen zu können: ›Charlie, lege so viel Geld für mich an, daß ich mir keine Sorgen machen muß.‹«

Charlie ist ein früherer Liebhaber, der bisher ihre begrenzten Investitionen gemanagt hat. »Also würden Sie ihm Ihre Erbschaft aushändigen, damit er sich darum kümmert?«

»Absolut.«

»Was gewinnen Sie dabei, wenn Sie es nicht selbst in die Hand nehmen?«

»Ich denke, so nehme ich es doch in die Hand. ›Charlie, mach *du* das. Ich mache, was ich mache, du wirst dafür bezahlt, daß du das hier machst. Ich will mich nicht damit herumschlagen. Ich will nur wissen, daß du kompetent bist und dich darum kümmern wirst.‹«

»Es selbst in die Hand zu nehmen heißt also, jemanden zu finden, dem Sie vertrauen können?«

»Ja.«

»Was passiert, wenn Sie die falsche Person erwischt haben?«

»Ich weiß, daß es die richtige ist. Ich kenne Charlie seit 20 Jahren. Er ist ziemlich zurückhaltend. Er kümmert sich um mich als Freund und als Geschäftsmann. Da bin ich unbesorgt.«

Manche Frauen überlassen gern Männern die Kontrolle, weil es ihre eigene Impulsivität bremst. Jemandem Rechenschaft für die eigenen Ausgaben schuldig zu sein, verhindert, daß der Deckel auf der Büchse der Pandora sich öffnet.

Für Bette wie für Melissa hatte ein Mann, der die Finanzen verwaltete, die gleiche grundlegende Anziehungskraft: *Hier bin ich sicher. Hier bin ich vor meinen schlimmsten Impulsen geschützt.*

Es war die gleiche destruktive Lektion, die ich von meinem Vater gelernt hatte. »Hier trage ich die Verantwortung – ein Glück für dich, da du nicht imstande bist, allein zurechtzukommen.«

Melissa hatte von ihrem Vater die gleiche Botschaft erhalten, so erzählte sie mir. In unseren Partnern konnten wir die Illusion der Sicherheit wiederherstellen.

Letzter Versuch mit dem Helden

Er war 35, sie war 45. Sie war eine bekannte Gestalt in der kleinen Universitätsstadt, eine hoch angesehene Journalistin, alleinerziehende Mutter zweier Kinder. Er war ein Wissenschaftler, dessen Forschungen in der Quantenmechanik aufgrund ihrer direkten Anwendbarkeit in der Industrie sofort Geld einbrachten. Als sie sich begegneten, lebte Michael gerade in Scheidung. Sylvia, zweimal geschieden und seit langem an das Leben als alleinstehende Frau gewöhnt, glaubte, sie würde sich nie wieder fürs Heiraten interessieren. »Ich dachte, ich könnte ihm eine Freundin sein, während er die Scheidung durchmachte«, erinnert sich Sylvia. »Einmal in der Woche aßen wir zusammen zu Mittag und übten Italienisch.«

Aber Sex war von Anfang an dabei, und bald war es um sie geschehen. Michael umwarb sie mit Reisen nach Europa, seltenen Weinen aus seiner Sammlung und seinem ungewöhnlichen Einfühlungsvermögen für die Widrigkeiten eines Frauenlebens. Sie verliebten sich ineinander, und sie waren glücklich, jedenfalls eine Weile.

Dann begann Sylvia sich mit der Frage herumzuschlagen, was sie mit ihrem Leben anfangen sollte. Sie hatte nie besonders viel Geld verdient, und sie zog zwei Kinder auf, von denen das ältere jetzt fünfzehn war. Sie war lange Zeit »die Verantwortliche« gewesen. Nachdem dieser standfeste Mann in ihr Leben getreten war, begann die Verlockung der romantischen Täuschung an ihr zu zerren. Sie hatte immer geglaubt, daß sie eigentlich eine Dichterin sein wollte. Konnte sie nicht einfach bei Michael Unterschlupf finden – seinem wunderschönen, kultivierten Lebensstil – und nur noch Gedichte schreiben?

Es war ein mühsamer Kampf. Sie war nun 53 – eine »Intellektuelle des öffentlichen Lebens«, wie sie mir sagte – und wurde noch einmal leichtsinnig. Sie widerstand. Irgend etwas erschien ihr nicht in Ordnung. »Michael ging für einige Wochen auf Reisen. Ich beschloß, einen Kurzurlaub in einem Trappistenkloster zu machen.«

Wohin sollte ihre Kontemplation sie führen, wenn nicht zurück in die Sicherheit, die allen katholischen Mädchen versprochen wird, wenn sie sich an die Spielregeln halten, die sie gelernt haben? Das Kloster versetzte Sylvia in die dämmerige, weihrauchgetränkte Atmosphäre ihrer Mädchenzeit zurück: Die Nonnen mit ihrer bleichen Demut waren ihre Mentorinnen gewesen, die weiblichen Heiligen ihre Vorbilder. Nur die Priester, nach dem Ebenbild Gottes, waren das geheimnisvolle »andere«. In dem Kloster stürmten all die romantischen Vorstellungen ihrer Jugend auf sie ein. »Als ich wieder nach Hause kam, war ich bereit, mich kopfüber in die Beziehung mit Michael zu stürzen.«

Das Bild ihrer Zukunft, das sie sich ausgemalt hatte, basierte jedoch nur auf ihren ganz persönlichen Phantasien. »Ich entschied, daß ich eines der oberen Zimmer in Michaels Haus als Arbeitszimmer für mich einrichten würde. Noch bevor er zurückkam, begann ich meine Sachen in sein Haus zu schaffen. Für mich hatte das eine starke symbolische Bedeutung, weil ich mich selbst – mein *Arbeitsselbst* – im Mittelpunkt seines Raumes plazierte. Ich dachte, wenn er nach Hause kommt, würde er sich über das, was ich tat, freuen, und ich würde einziehen. Aber er freute sich nicht.«

Es war überraschend für sie, daß Michael von bestimmten Dingen eine andere Auffassung haben könnte als sie; die Helden-Phantasie ist so raumeinnehmend, daß sie die andere Person nicht wirklich miteinschließt. Michael war auf seinen Reisen zu dem Schluß gekommen, daß die Beziehung prima lief und daß er sich nun wieder seiner Arbeit widmen könnte. »Wir hatten Flitterwochen gehabt«, sagt Sylvia. »Wir waren beide hingerissen von unserer Beziehung, überschäumend, sehr verliebt und sehr zufrieden damit, daß wir so viel Zeit und Energie in die Beziehung steckten. Dann begann er, einen Teil seiner Zeit für seine Arbeit freizuhalten. Ich fühlte mich bedroht, verletzt und zurückgewiesen.«

Sylvia hatte sich in der Verschmelzung während der Flitterwochen sicher gefühlt; jetzt forderten die Ansprüche zweier individueller Persönlichkeiten ihr Recht. »Die ganze Zeit hatten wir nachts im Bett sehr viel Zärtlichkeiten und Bettgeflüster ausgetauscht. Früher, bevor wir zusammen waren, hatte Michael diese Zeit genutzt, um zu lesen. Er stellte fest, daß er wieder damit anfangen müßte, weil er in seinem Job unter starkem Konkurrenzdruck steht und allmählich Terrain verlor.«

Als Michael die Notwendigkeit erklärte, einige Zeit für seine eigenen Anliegen freizuhalten, fühlte sich Sylvia wiederum zutiefst verletzt, und sie hob den früheren Zustand auf ein Podest. »Ich fing an, allem und jedem eine sexuelle Bedeutung zu geben. Auf einmal meinte ich, wir würden unserem Liebesleben nicht genug Zeit widmen, und ich fing an, ihm Vorwürfe zu machen.«

Schließlich wurde er ärgerlich. »Als ich merkte, daß ich zu fordernd geworden war, mußte ich mich zügeln.«

»Wenn du keinen guten Bezug zur heldenhaften Geliebten in dir *selbst* hast – wenn du dich in einer Art Kampf mit dieser inneren Heldin befindest«, schreibt die jungianische Psychotherapeutin Barbara Koltuv, »dann kommst du mit nichts von dem, was du im Leben willst, wirklich weiter.« Unter solchen Bedingungen ist die Vorstellung, das Abenteuer des eigenen Lebens in der Hand zu haben, nicht in der Psyche der Frau verankert. Das Abenteuer wird als etwas erlebt, das sich außerhalb ereignet – etwas, das nur zugänglich ist durch ihre Beziehung mit einem lebenssprühenden, aktiven, heldenhaften »Anderen«.

Sylvia fühlte sich außerstande, sich so weit frei zu machen, daß sie das, was sie tun wollte, auch tun konnte, aber sie war sich auch undeutlich bewußt, daß es nicht wirklich Michael war, der sie daran hinderte. Als die beiden in Südfrankreich Urlaub machten, war diese Zeit fern vom üblichen Tagesablauf für Sylvia eine Hilfe, um sich ihrer wunden Punkte bewußt zu werden. »Eines Abends tranken wir ein paar Gläser Wein. Dann brach ich in Tränen aus. Ich erklärte Michael, daß ich eifersüchtig sei, eifersüchtig auf sein berufliches Leben, eifersüchtig auf die Leidenschaft, mit der er an seine Arbeit ging.«

Sylvia fesselte diese Leidenschaft, und zugleich löste sie bei ihr Eifersucht aus, weil sie spürte, daß *sie* innerlich von etwas abgeschnitten war. »Ich fürchtete, daß mir meine eigene Arbeit vielleicht verlorengegangen wäre. Aber ich realisierte auch, wie sehr ich mich von diesem Mann hatte einnehmen lassen. Es war peinigend, das zu erkennen. Er ist weder dominierend noch anmaßend. Er ist freundlich und liebevoll und befreiend.«

»Das heißt, Sie machten ihn im Geiste zu etwas, das er für Sie sein sollte.«

»Ja«, sagte Sylvia, »weil er ein Mann ist.«

»Aber auch, weil Ihre eigene Entwicklung Sie dabei beeinflußt hat – ihre Fähigkeit oder Unfähigkeit, den Dingen, die Sie leidenschaftlich interessieren, wirklich nachzugehen.«

So bürdet die Frau all ihre Bedürfnisse und ungelebten Abenteuer dem Mann auf. Sie möchte an *seinen* Abenteuern teilhaben. »Meistens haben die Frauen das Gefühl, daß ›er‹ sie von allem fortbringen könnte«, meint Dr. Koltuv. »›Er‹ könnte sie an Orte bringen, wo sie allein nicht hingehen können. Das ist das Szenarium des Helden und der Geliebten.«

Welch eine Last für den Helden. Und welch eine – unvermeidliche – Enttäuschung für die Geliebte.

Viele Frauen haben die Neigung, Männer als äußerst faszinierend und mächtig darzustellen. Sie haben das Gefühl, sie müßten zu dieser Macht indirekten Zugang finden, obgleich sie doch diese Macht in ihrer Vorstellung erschaffen. Es ist ein ganz und gar mentaler Vorgang – ein Vorgang, an dem die Frauen unbewußt teilhaben.

Nach ihrem Gespräch in Frankreich hatte Sylvia eine schmerzliche Einsicht. »Zuerst hatte ich einfach unglaublich Angst, ich dachte: ›Alles, was ich je getan habe, ist absurd und ohne Bestand. Ich habe mein Leben als Journalistin verbracht, wo ich doch eine der großen Dichterinnen meiner Generation hätte werden sollen.‹ Ich weiß zwar, daß ich in der Vergangenheit am Ende immer dadurch den Schaden hatte, daß ich mir Männer aussuchte, die ich für Babys hielt, weil sie mich nicht dominieren konnten. Und da war nun dieser Mann, der gut mit Geld umging, der mich auf all diese exotischen Reisen mitnahm, die mich keinen Pfennig kosteten, der mich mit Wein und feinem Essen bewirtete, der über die allerbesten Dinge alles weiß, der einen erlesenen Geschmack hat, ein hochkultivierter Mann, und ich in meiner ruhigen Art hielt mich einfach an das alte Drehbuch und sagte mir: ›Okay, Sylvia, du hast gute Arbeit geleistet. Du hast mehr zustande gebracht, als alle je erwartet haben, und jetzt wirst du von diesem Kreuz, an das du dich selbst genagelt hast, heruntersteigen. Er wird dich in eine kleine Dachkammer setzen, und du wirst endlich deine Gedichte schreiben können.‹«

Als sie Michael fragte, ob er es je in Betracht ziehen würde, wieder zu heiraten, antwortete er: »Ich fühle mich dir sehr verbunden, aber zu diesem Zeitpunkt kann ich dir aufrichtigerweise nicht sagen, ob ich noch einmal heiraten will. Wir müssen einfach sehen, wie sich die Dinge entwickeln.« Das war es nicht, was sie hören wollte. In ihrem immer verzweifelter werdenden Drängen nach Versorgung begann Sylvia, dem Teil ihrer selbst Ausdruck zu geben, der sich geschwächt und entmutigt fühlte. »Ich sagte Dinge wie: ›Ich bin es wirklich leid.‹ Oder: ›Ich habe nicht genug Geld.‹ Sooft ich ihm diese Sätze auch sagte – er weigerte sich, darauf zu reagieren.«

»Hofften Sie, er würde sagen: ›Mach dir keine Sorgen ums Geld, ich habe genug für uns beide.‹?«

»Ja, ich weiß, es klingt jämmerlich. Ich glaube, es hat damit zu tun, wie mein Vater mich behandelt hat. Er sagte immer: ›Keine Sorge, Sylvia.‹ Er gab deutlich zu verstehen, daß er nicht erwartete, daß ich jemals selbst für mich würde sorgen müssen. Er sagte: ›Ich habe drei Kinder. Eines ist auf Wolke 9, eines auf Wolke 7…‹ Ich war diejenige auf Wolke 9. Aber ich mußte dafür bezahlen. Mich mochte mein Vater am liebsten, und ich dachte immer, das sei so, weil ich auf Wolke 9 war. Weil ich nicht wußte, wie ich für mich selbst sorgen sollte. Weil ich mit der wirklichen Welt nicht umgehen konnte.«

Barbara Koltuv meint, daß viele Frauen den Umgang mit Geld als »Männersache« erleben. »Sie selbst brauchen nicht darüber nachzudenken. Sie erwarten, daß man in Gelddingen für sie sorgt, aber sie erwarten nicht, Geld verdienen zu müssen«.

Sylvia bekennt: »Es ist immer ein Kampf für mich gewesen. Ich verdiene genug, aber eben nur knapp. Bei diesem Einkommen werde ich ohne Ende arbeiten müssen, um meinen Lebensunterhalt zu verdienen. Und das ist ein grauenvoller Gedanke. Also kommt ein Prinz geritten, und ich denke: ›*Ah! Das ist es! Endlich.*‹«

Die anfängliche Erleichterung darüber, mit einem Mann zusammen zu sein, der Ferien mit ihr machte, die sie sich nicht hätte leisten können, verleitete sie bald dazu, Michael für ihr gesamtes Wohlbefinden verantwortlich zu machen. Sylvia würde ihr kleines Ranchhaus aufgeben und in sein kultiviertes viktorianisches Haus einziehen. Sie würde das schöpferische Leben, das sie vor langer Zeit aufgegeben hatte, wiederaufnehmen. Sie würde seine exquisiten Weine genießen, seinen Geschmack in Sachen Kunst und Antiquitäten – und sie würde ausschließlich als Dichterin arbeiten.

Ganz im Gegenteil, meinen Koltuv und andere jungianische Therapeutinnen, hat es verheerende Auswirkungen auf die Kreativität, wenn die Unabhängigkeit aufgegeben wird. Wenn Sylvia ihrer romantischen Phantasie nachgab, würde sie bald genug die Verbindung zu ihrem innersten Selbst verlieren. Die »Dachkammer« in Michaels Haus würde nicht die Visionen und Träume hervorbringen, aus denen Gedichte entstehen, sondern sie würde sie wie ein Spuk verfolgen, wenn der Neid auf ihren Geliebten und ihre Abhängigkeit von ihm immer größer würden.

Sylvia hatte das Glück, daß sie in jener Zeit einen Signaltraum hatte.

> Ich träumte, daß ich in ein neues Haus einzog. Es war ein wundervolles Haus, die Art von Haus, in die ich mit Freuden einziehen würde. Die Küche ging auf einen schönen Garten hinaus, die Glastür war geöffnet, und die Sonne schien. Alles war außerordentlich farbenfroh. Die Farben der Blumen wiederholten sich in den Chintzbezügen der Stühle. Sehr bequeme Stühle. Und Michael half mir einzuziehen. Er war hinter mir und trug Topfpflanzen. In der Küche wuchsen Pflanzen direkt durch die Regale auf der Küchentheke. Es herrschte eine wunderbare Atmosphäre von überquellender Natur, die nicht gebändigt wurde und sich von außen ungehindert ihren Weg ins Haus bahnte.
>
> Am Tisch saß ein atemberaubender Mann. Ich glaube, er trug ein blaues Hemd, ein blaues Jeanshemd. Er war von mittlerer

> Statur. Er schaut mich sehr besonnen an und sagt: »Ich möchte, daß du mir jetzt ganz genau sagst, wann du mich heiraten wirst.« Ich war verwirrt und erwiderte: »Ich fühle mich von deinem Antrag sehr geschmeichelt, und ich würde dich liebend gern heiraten, aber weißt du, ich habe einen Freund.« Ich brachte diese Entschuldigungen hervor, aber eigentlich wollte ich ja sagen.

Als Sylvia über den Traum nachdachte, kam sie zu dem Schluß, daß sie eigentlich zu ihrem Leben »ja sagen wollte«. Die lebendige männliche Gestalt war eine Schlüsselfigur.

»Ich wähle immer eine männliche Gestalt aus einem Traum, um Teil des eigenen Animus zu werden«, sagt Barbara Koltuv über die Traumarbeit, die sie mit ihren Patientinnen macht. »Wenn du wirklich verstehst, wie diese männliche Gestalt beschaffen ist, wenn du gut mit ihr auskommst, stellt sie dir kein Bein; andernfalls beherrscht sie dich.«

Der Mann aus ihrem Traum war Sylvias »Animus«, der ungelebte Teil ihres Lebens, und sie machte sich bereit, ihn auszuprobieren. »Ich wußte, daß dieser Mann der wirkliche Prinz war.«

Um ihre Einsicht weiterzutreiben, beschloß Sylvia, sich selbst einen Brief aus dem Blickwinkel ihres Prinzen zu schreiben. »Du hast das Recht, in deinen Träumen alles und jedes zu verlangen, also habe ich entschieden, ich *sei* der Prinz. Ich schrieb den Brief an mich selbst *von* meinem Prinzen, und es war ein richtiger Liebesbrief. Seine Worte an mich waren so liebevoll, so anerkennend und so voller Zuneigung für das, was ich wirklich bin. Er sagte, daß er mich für meine Aufrichtigkeit, meine Integrität, meine Intelligenz liebe – und nicht einfach so für meine Intelligenz, sondern für meine besondere Art von Intelligenz – und daß er meine größten Träume erfüllen werde, aber dafür müßten wir einen Pakt schließen, und ich würde meinen Teil der Abmachung erfüllen müssen.«

Die jungianische Theorie über das Wesen der Träume besagt, daß alles, was man im Traum konstruiert, Anteile von einem selbst seien. Die Kraft erwächst daraus, diese Anteile zu integrieren. Als Sylvia in Frankreich vor dem Abend der großen Einsicht eifersüchtig war, projizierte sie ihren innersten Wunsch nach Produktivität und Abenteuer auf ihren Geliebten – und war dann enttäuscht von ihm, weil er ihr nicht »gab«, was sie wollte. Aber der Traum vom Prinzen zeigte ihr, daß sie schließlich doch die Dinge, wie sie wirklich waren, ins rechte Licht gerückt hatte.

»Solange du glaubst, es sei irgendwo ›da draußen‹, mußt du warten, bis ›er‹ kommt und es für dich tut«, sagt Dr. Koltuv. »Wenn du mit der Energie in dir selbst arbeitest so wie Sylvia mit ihrem Traum, wirst du am Ende feststellen, daß es in dir ist. Es ist nicht ›da draußen‹.«

»Die Rolle, die Michael in dem Traum spielt, war genau die Rolle, die er in meinem Leben spielen will und tatsächlich spielt«, meinte Sylvia. »Das heißt, er hilft mir, in das Haus einzuziehen, dorthin, wo ich *wirklich* leben möchte. Und er ist in einer absolut unterstützenden Rolle, und außerdem hilft er mir, mich auf den besten Teil meiner selbst zu besinnen. Und den Prinzen habe ich auch noch.«

Es war eine eindringliche Übung, den Brief zu schreiben. »Gleich danach begann ich, die Dinge an ihren richtigen Platz zu bringen. Ich meldete mich für ein Merrill-Lynch-Seminar über Frauen und Geld an. Ich telefonierte, um ein Konto einzurichten. Ich stelle fest, daß ich in meinem täglichen Leben viel effizienter geworden bin. Und daß ich Zeit habe – Zeit, die immer da war – zum Schreiben! Ich arbeite sehr aktiv an drei größeren Projekten.«

Wenn eine Frau den Animus in ihr Bewußtsein integriert hat, so hatte Jung erkannt, kann sie anfangen, dementsprechend zu leben, was in ihr steckt. Der Animus fungiert für sie als ein »Seelenbild«; er »hilft ihr, eine vollständige Person zu werden, indem er die zuvor unterdrückte Energie in aktive und schöpferische Leistungen umwandelt«, sagt June Singer in *Boundaries of the Soul*, einem Buch über C. G. Jungs analytische Psychologie.[8]

Nachdem Sylvia die Einsicht gewonnen hatte, daß es einen Zusammenhang gab zwischen ihrem Wunsch, von Michael ein

Heiratsversprechen zu erhalten, und ihrem »Müde-Sein« – müde, sich um Geld zu sorgen und alles selbst »auf den Weg bringen« zu müssen –, erkannte sie ihren Denkfehler. Sie *spürte* seine Destruktivität mit jeder Faser ihres Seins, und es wurde Energie freigesetzt – Energie, die sie veränderte. »Ich stellte fest, daß unerledigte Arbeit auf mich wartete«, meinte Sylvia, nachdem sie an ihrem Traum vom Prinzen gearbeitet hatte. »Und daß ich mein Leben liebte, das längst nicht vorbei war. Und daß dies eine entscheidende Gelegenheit war.«

Rettung aus dem Hintergrund

Aber was ist mit Frauen, deren Väter die Zügel nicht in der Hand hielten – Spieler etwa oder Geldverschwender oder verträumte Künstler, die mit Finanzen einfach nicht umgehen konnten – und deren Mütter die Dinge in die Hand nehmen mußten?

Hier wird das Terrain tückisch, der psychische Prozeß weniger offenkundig. Hier muß man sich um die Männer kümmern und sie vor *ihren* schlimmsten Impulsen schützen. Hier müssen die *Frauen* die Führung übernehmen, auch wenn es nicht so erscheinen darf. Und die Führung zu haben bedeutet nicht notwendigerweise, wie wir sehen werden, daß sie auch für ihre eigene finanzielle Sicherheit sorgen. Es bedeutet, das Schiff so zu lenken, daß in einer Beziehung, die andernfalls keinerlei Sinn für emotionale Sicherheit bereithielte, die Illusion der Gleichheit erhalten bleibt.

Wir werden sehen, daß dies manchmal nur auf Kosten der finanziellen Sicherheit möglich ist.

Er war die Sorte Vater, die von den Kindern, die ihn lieben, mit nahezu magischen Kräften ausgestattet wird, ein Spieler, der mit Geld um sich warf, wenn er welches hatte (bis auf den heutigen Tag schildert ihn seine Tochter als großzügig), und der depressiv und gleichgültig wurde, wenn er keines hatte. Die Familie lebte in einer Gegend, die sie sich nicht leisten konnte, während er mit

Immobilien und Filmgeschäften Geld machte – bis eines Tages die Polizei auf der Suche nach Daddy an die Tür klopfte. Von da an wurde alles immer schlimmer; die Familie zog von einem Haus ins nächste, von einer Gegend in die andere, weil der Vater versuchte, seiner Spielsucht immer einen Schritt voraus zu sein. »Aber zu Weihnachten hätte niemand vermutet, daß wir arm waren«, sagt Eileen voller Stolz.

Wie es bei Spielern häufig der Fall ist, wurde zu Weihnachten beinahe alles wettgemacht; Weihnachten mit all den üppigen Geschenken unterm Baum ließ alles fast normal erscheinen. Noch heute sieht Eileen diese Weihnachtsfeste als eine nahezu heroische Leistung ihres Vaters – angesichts der Kapricen ihres Lebens an den restlichen 364 Tagen des Jahres.

Eileen war beinahe 20, als ihre Eltern sich schließlich trennten und sie und ihre Schwestern den Unterhalt ihrer Mutter bis zu dem Tag, da sie starb, übernahmen. »Haben Sie sich daran gestoßen, daß Sie das tun mußten?« fragte ich. »Nein«, erwiderte sie, »ich tat es, weil sie bestimmte Dinge versäumt hatte und sie die Unterstützung brauchte.«

Als Kind hatte Eileen Mitleid für ihre Mutter empfunden, nicht wegen irgend etwas, das ihre Mutter gesagt hätte, betont Eileen, sondern weil sie zehn Jahre in einer reichen Gegend lebten und keine Hausangestellten hatten. Ihre Mutter kochte und machte sauber und kümmerte sich um die Kinder und ging zu den Elternabenden. Ihr Vater war unterwegs auf der Suche nach »Geschäften«.

Wenn man Eileen zuhört, gewinnt man den Eindruck, sie habe sich fast gewaltsam an diese Version ihrer Familiengeschichte geklammert. Die meisten Menschen revidieren ihre Lebensgeschichten im Laufe der Jahre. Diejenigen mit sogenannten dysfunktionalen Familien halten häufig für immer an derselben Handlung fest. »Es gab so viele Geheimnisse«, meint Eileen, »und ich war ihre Hüterin.«

So ist es nicht verwunderlich, daß das Gespräch mit ihr so viele Brüche enthält, so viele Einzelheiten, an die Eileen sich nicht erinnern kann, selbst an die scheinbar harmlosen etwa wie die, wer ihr bei der Anlage ihrer Scheidungsabfindung half. Eileen kann sich tatsächlich nicht daran erinnern, obgleich sie sich sicher ist, daß »irgend jemand« ihr geholfen haben müsse.

Das schlimmste Geheimnis ist die Wahrheit. Es ist das Geheimnis, das sich Jahr für Jahr in einem Leben selbst inszeniert, einerlei, was man denkt oder glaubt. In Eileens Leben gab es zunächst den Ehemann, der »für alles sorgte« wie der gute Daddy. Daddy konnte Weihnachten aus dem Nichts erschaffen. »Wir lebten in Europa. Roberts Familie interessierte sich für Kunst. Man kümmerte sich um meine Bedürfnisse. Mein Mann wollte, daß ich hübsch aussah, und kaufte mir schöne Kleider. Und er begleitete mich beim Einkaufen. So wurde das gemacht. Wenn ich allein war, gab ich außer für Lebensmitteleinkäufe niemals Geld aus.«

Eileen war noch jung, als sie sich von ihrem wohlwollenden Ehemann trennte. Es geschah aus Langeweile, sagt sie heute. Robert war nicht wie sie weiter »gewachsen«. Eileen kehrte in die Staaten zurück, erhielt eine Anstellung in einer Kunstgalerie und verdiente von da an ihren Lebensunterhalt selbst.

Aber dann vollzog sich ein interessanter Umschwung. Eileens nächste Beziehung war die mit einem Mann, der nie erwachsen geworden war – die Taugenichts-Seite ihres Vaters, der Mann, der Geld von seinen Kindern nahm, wenn seine »Geschäfte« fehlschlugen. Marcus war der böse Daddy – charmant, liebevoll, aber vor allem ausbeuterisch. Er zog mit seinem halbwüchsigen Sohn bei ihr ein, und in den ersten fünf Jahren beteiligte er sich nicht einmal an der Miete. Im Grunde hielt Eileen die beiden aus.

»Ich bemerkte es nicht einmal«, sagt sie. »Anfangs lebten sie in ihrem Haus an der Westküste, dann kamen sie nach Osten und zogen bei mir ein, und ich bezahlte einfach weiter die Rechnungen, die ich immer bezahlt hatte. Irgendwie war es so wie bei mir, als ich verheiratet war und Geld von meinem Mann nahm. Es erschien mir ganz normal, einfach so, als wäre es Familiengeld, das für alle da war.«

Familien, die die Bedürfnisse von allen, Eltern und Kindern, gleich behandeln, bringen Erwachsene hervor, die außerstande sind, Grenzen zwischen sich selbst und anderen zu erleben. Was dein ist, ist mein, was mein ist, ist dein, wir werden alle zusammen untergehen. So machte es Eileen eigentlich nichts aus, daß *sie* diejenige war, die das ganze Geld verdiente; für sie war es immer noch so, daß ihre Sicherheit aus der Verbindung mit dem anderen herrührte. Fünfzehn Jahre lang bekam Marcus Anstellungen und verlor sie wieder, wofür er den Arbeitsmarkt verantwortlich machte; er behauptete sogar, daß die Frauen alle Arbeitsplätze erhielten. »Es dauerte lange, bis ich dachte, es müsse irgendeinen Grund geben, daß immer er rausgeschmissen wurde. Jahrelang empfand ich es einfach so, daß wir ein gemeinsames Leben führten und daß er mein Geld haben konnte, wenn er es brauchte. Ich hatte nie das Gefühl, er sei selbstsüchtig. Aber am Ende merkte ich, daß er es doch war. Sehr, sehr selbstsüchtig.«

Am Ende hatte Marcus ihre ganzen Ersparnisse einschließlich ihrer Scheidungsabfindung durchgebracht. Nachdem sie sich getrennt hatten, war sie so pleite, daß sie ihn bat, ihr für eine Weile auszuhelfen. Nach sechs Monaten teilte er ihr mit, er könne ihr nicht länger helfen; er habe eigene Rechnungen zu bezahlen.

»Dann«, sagt sie, » fand ich die zwei maßgeschneiderten Anzüge auf meiner Kreditkartenabrechnung.«

Sie empfindet zwar keine Verbitterung über ihren Ehemann (der für Eileen die Rolle vom guten Daddy spielte), wohl aber über Marcus. »Ich habe aus dieser Beziehung überhaupt nichts gelernt außer, daß ich mich nie wieder auf so eine Beziehung einlasse.« Sie erkennt, daß sie ausgenutzt worden ist, aber sie stellt keinen Zusammenhang her zwischen dem Leben, das sie mit Marcus führte, und dem ihrer Kindheit mit ihren Eltern.

Nicht nur Daddy ging geheimnistuerisch mit Geld um. Ihre Mutter, so erfuhren Eileen und ihre Schwestern sehr viel später, hatte in den Aktienmarkt investiert, während sie sich von ihren Kindern ihre Rechnungen bezahlen ließ. »Ich glaube, daß sie irgendwann geerbt hat. Ist es nicht komisch, daß sie Geld investierte, während ich so hart arbeitete, um sie zu unterstützen?«

Auch ihr Vater nahm Geld von seinen Töchtern. Aber einmal, als er Eileen besuchen wollte, lieh er sich tatsächlich Geld von jemand anderem – und sie erinnert sich voller Begeisterung an dieses eine Mal. Ihre Mutter kam nur zu Besuch, wenn Eileen ihr dafür Geld schickte. Daß ihr Vater sich das Geld für den Besuch geliehen hatte, bedeutete, daß er sie wirklich sehen wollte. Das geschah, als sie 27 war und mit einem Ticket, das ihr Freund ihr geschickt hatte, nach Europa reisen wollte. Ihr Vater kam zum Flughafen und trank Wein mit ihr und warf Konfetti, so sehr freute er sich für sie. Eileen hatte von ihrer Schwester gehört, daß sie Daddys Lieblingstochter gewesen sei. Sie sagt, sie hätten jeden Abend, wenn er von der Arbeit nach Hause kam, ein »Rendezvous« gehabt. Sie ging immer in sein Arbeitszimmer und setzte sich auf seinen Schoß.

Nachdem Eileen aus Europa zurückgekehrt war und in New York lebte, kam Daddy manchmal unangemeldet bei ihr vorbei. »Dann kam ich von der Arbeit nach Hause, und er saß einfach auf der Treppe. Er sagte nie, daß er kommen würde. Dabei wußte er nicht einmal, was gerade los war. So war er eben. Er platzte herein und verschwand wieder.«

Bevor er starb, teilte er Eileen mit, er habe das Gefühl, im Leben nicht gerade erfolgreich gewesen zu sein. Als sie das erzählt, kommen ihr die Tränen. Es sei der traurigste Tag ihres Lebens gewesen, als ihr Vater ihr von seinem Gefühl des Scheiterns erzählt habe.

Jetzt lebt sie allein und sagt, sie würde niemanden ins Haus lassen, der nicht bereit wäre, für sich selbst aufzukommen. »Ich kann nicht sagen, daß, wenn ich mich verlieben würde, ich es nie wieder zuließe, daß man mich ausnützt, aber nie wieder in diesem Maß.«

Selbst-Verschuldung: Die Frau, die auf Kosten ihrer eigenen Sicherheit für andere sorgt

Tara ist eine hübsche Frau mit jungenhaft kurz geschnittenem Haar und einer schönen Stimme. Sie kam nach einem Vortrag zu mir, den ich in Seattle für eine örtliche Frauenorganisation gehalten hatte, und wollte mir gern von ihrem Umgang mit Geld erzählen. Sie wisse nicht so recht, was sie damit anfangen solle, und meinte, daß ich vielleicht eine Idee dazu hätte.

Tara hatte schon in vielen Bereichen gearbeitet, zum Beispiel als Zeitschriftenillustratorin und als Einkäuferin für Mode. Jetzt war sie 40 und zum drittenmal verheiratet. Vor kurzem hatte sie von einem Onkel Geld geerbt. Alles in allem besaß sie knapp eine Million Dollar. Aber es fiel ihr sehr schwer, sie auch zu behalten – nicht, weil sie selbst so viel Geld ausgab, sondern weil sie einen Hang dazu hatte, andere zu versorgen. Die *Debtors Anonymous* nennen so jemanden »Selbstschuldner«.

Tara ist nie von einem ihrer Männer versorgt worden. In dieser dritten Ehe jedoch liegen die Dinge anders. »Richard ist im Grunde in dieser prekären finanziellen Lage, seit ich ihm begegnet bin, nur habe ich es lange Zeit nicht gewußt. Er hat es verheimlicht. Nicht um mich zu täuschen, sondern weil...«

Sie läßt das »Weil« offen.

»Durch Nicht-Erwähnung Ihnen gegenüber?«

»Ja. Außerdem hat er Stück für Stück Münzen aus seiner Sammlung verkauft. Das Geld kommt und geht bei ihm, aber jetzt sind wir schon seit längerem in einer Phase, wo sein Geschäft nichts einbringt, und das macht mir eine Scheißangst. Ich fürchte mich davor, mich hinzusetzen und alles auszurechnen, denn dann werde ich die Fassung verlieren. Ich glaube, in den letzten anderthalb Jahren hat er für seine Arbeit 30 bis 40000 Dollar von meinem Geld durchgebracht. Er hat monatliche Telefonrechnungen von mehr als 1000 Dollar. Ich glaube nicht, daß er das Geld nimmt und ausgeht und teure Zigarren kauft. Ich bin sicher, er nimmt es für ... seine Arbeit.«

Ich fragte, welche finanzielle Vereinbarung sie und Richard getroffen hätten.

»Es ist sehr schwierig für mich, überhaupt eine zu erreichen«, erwiderte sie. »Ich nahm ihn mir vor, als ich das Geld geerbt hatte, und sagte: ›Sieh mal, ich möchte, daß du auch etwas davon hast, aber ich muß dir sagen, wie es ist. Ich kann nicht die

Hälfte davon auf deinen Namen übertragen, weil mich das zu nervös macht. Aber ich möchte wirklich, daß du daran teilhast; ich meine, wir führen ein gemeinsames Leben. Sag mir, was *du* denkst.‹

Er hat bestimmt viel mehr Ahnung als ich, wie man Geld anlegt und solche Dinge. Aber er ist auch viel risikobereiter. Also sage ich ihm auf die eine oder andere Art immer wieder [und hier wird ihre Stimme sofort sanfter]: ›Schatz, wir müssen dieses Geld festhalten für die Zeit, wenn wir älter werden, denn es ist ja doch so, daß alles, was wir jetzt ausgeben, nicht nur den Betrag verringert, es reduziert auch die Zinsen, die es über die Jahre bringen kann. Also würde ich jetzt lieber weniger ausgeben und wissen, daß wir Spielraum haben, wenn ich siebzig bin – was ich gar nicht mehr als so furchtbar weit weg empfinde.

Und er sagt etwa: ›Mach dir keine Sorgen, Schatz. Ich werde Geld verdienen; wir werden Geld haben; uns wird das Geld nicht ausgehen; ich werde etwas Geld von meiner Mutter erben.‹«

»Das sind Luftschlösser.«

»Das sind Luftschlösser. Er sagt nicht: ›Ich werde eine Million Dollar verdienen.‹ Andererseits wird er aber auch nicht so sehr viel erben. Er bekommt die Hälfte vom Wert des Hauses seiner Mutter, und ich schätze, es ist keine 100000 Dollar wert.«

Ich fragte, ob sie nicht im Grunde ihr Erbe behandelte, als wäre es sein Geld, einerlei, ob es auch auf seinen Namen lief oder nicht.

Tara verneinte, zeigte aber mit dem, was sie als nächstes sagte, daß sie ihm in der Tat unbeschränkte Vollmacht gegeben hatte, es auszugeben. »Ich wollte nicht, daß er jedesmal, wenn er etwas brauchte, zu mir kommen und mich fragen mußte, also sagte ich: ›Laß uns ein gemeinsames Girokonto eröffnen, und ich überweise einen größeren Betrag darauf, und wenn du Geld einnimmst, kannst du auch etwas auf das Konto überweisen, ja? Wir werden beide etwas darauf einzahlen, aber im Augenblick habe ich eben Geld und du nicht.‹ Was ich im Grunde zu tun versuche, ist, ihm in dieser Sache eine zeitliche Grenze zu setzen. Es ist sehr kompliziert, denn ab wann sollte man sagen: ›Du weißt, daß es billiger für dich wäre, zu Hause zu sitzen und fernzusehen und nichts zu tun.‹?«

Tara ist deutlich verärgert, aber sie vermeidet es, in einem einfachen klärenden Satz zu sagen, was *sie* möchte.

»Eines weiß ich. Ich werde nicht damit einverstanden sein, wenn er wirklich viel Geld verpulvert.«

»Ist das nicht ziemlich vage? Sie setzen keinerlei Grenzen in dieser Situation.«

»Ja, aber das fällt mir sehr schwer. Ich meine«, [sie seufzt] »was mir an Richard unter anderem so gut gefällt, ist, daß er mir keine Vorschriften macht. Er fordert nichts. Nicht, daß er nicht Vorlieben oder Interesse an bestimmten Dingen zeigt, aber vor allem liebt er mich, er ist glücklich, mit mir zusammenzusein, und er versucht nicht, mich zu ändern. Das ist ein sehr schönes Gefühl.«

Die unausgesprochene »Abmachung« zwischen ihnen, meint sie, mache es schwer für sie, ihm zu sagen (ihre Stimme wird entschieden und autoritär): »›Okay, bis zu einem Limit von 50000 Dollar.‹ Oder: ›Okay, bis zum 1. Dezember.‹ Oder: ›Das muß aufhören.‹ Ich weiß einfach nicht, wie das geht. Es macht mich wahnsinnig.«

Jean Baker Miller erklärt, Frauen hätten häufig das Gefühl, daß andere zuviel von ihnen verlangen, und sie nähmen es übel, könnten es aber nicht zulassen, daß sie es übelnehmen. Das ist wieder die geschlechtsspezifische Erziehung. »Sie haben zu glauben gelernt, den Erwartungen zu entsprechen, jederzeit und in jeder Weise. Infolgedessen können sie es sich nicht gestatten, den Ansprüchen Einhalt zu gebieten oder wenigstens kleine Schritte zu ihrer Einschränkung zu unternehmen.«[9]

Wenn ich Tara gegenüber andeute, daß sie sich im unklaren zu sein scheine, welches ihre Rechte seien, korrigiert sie mich schnell. Es gehe nicht um Rechte. Es gehe um Schutz. »Er ist in mancher Hinsicht so empfindlich, daß ich ihm kein schlechtes Gefühl vermitteln möchte. Er fühlt sich so schon schlecht. Er verdient kein Geld, und er gibt mein Geld aus. Er ist nicht ›männlich‹.« Sie lacht nervös über den ironischen Beiklang. Gewiß sind sie über solche banalen Geschlechtsstereotypien hinaus; aber was bedeutet »männlich«? Was ist erwachsen und verantwortlich? Was hier geschieht, hat immense Auswirkungen auf Tara, aber sie weiß nicht genau, was es ist.

Richard ist nicht darauf aus, ihr ganzes Geld zu verschlingen. Sein Leben ist desorganisiert, und er sieht ihren Glückstreffer ganz anders als sie. Tatsächlich sieht er viele Dinge anders als sie, aber die Unterschiede, die vielleicht als »Ansprüche« verstanden werden könnten, werden nicht angesprochen. Also läßt Tara es zu, daß die Situation unklar bleibt, im wesentlichen wohl deshalb, weil Richard bestimmen soll, wie die Dinge laufen. Es ist eine Situation, die leicht explodieren könnte, die Frage ist nur, wann. Wenn alles Geld verpulvert ist?

»Was mich an diesem Geld unter anderem so freut, ist der Gedanke, daß ich, wenn ich älter bin, nicht als Stadtstreicherin enden werde.« Ihrer Angst, obdachlos zu enden, steht eine gleichermaßen starke Angst gegenüber: »Ich will ihm nicht drohen und ihm ein ungutes Gefühl vermitteln.«

Ich versuche die Tür zu Taras Dilemma einen Spalt breit zu öffnen. »Wie sähe es im umgekehrten Fall aus?«

»Im umgekehrten Fall könnte ich nicht genauso viel Geld von ihm nehmen. Ja, wenn er fünf Millionen hätte, könnte ich eine Million verpulvern.«

Besorgniserregend ist für Tara auch, daß sie nicht weiß, worum es bei seinen Geschäften eigentlich geht. Aber sie weiß, »es sind Spekulationsgeschäfte; es geht immer um die *Möglichkeit* eines großen Gewinns.«

Als sie eine Besprechung mit ihrem Vermögensberater hatte, kam Richard ins Wohnzimmer, setzte sich zu ihnen und sagte: »Ich bin Taras großer Spekulationsposten.«

»Das trifft es«, meint Tara. »Die Möglichkeit eines großen Gewinns ist da. Nur bin ich niemand, der einen großen Spekulationsposten haben will. Einen kleinen vielleicht, aber im Grunde bin ich keine Spielernatur.«

»Aber ihm sagen Sie das nicht. Sie sagen nicht: ›Ich muß mehr Kontrolle über mein Geld haben. Ich muß diese Sache aufgrund meiner eigenen psychischen Bedürfnisse zu einer Entscheidung bringen.‹«

»Ich weiß, ich weiß. Ich habe einfach das Gefühl, daß ich ihn nicht *entmannen* möchte. Ich will es einfach nicht.«

Taras Mutter wurde von ihrem Vater, einem bekannten Filmemacher, gut versorgt, bis er durch fehlgeleitete Investitionen und Verschwendung alles zum Einsturz brachte. Er war schließlich Künstler; Geld brauchte ihn nicht zu kümmern. Seine Art war bis zum Schluß verschwenderisch und großzügig. »Als der Strom abgestellt wurde, weil die Rechnungen nicht bezahlt waren, brachte er eine frische Gänseleber zum Abendessen mit und briet sie über dem Feuer«, erinnert sich Tara.

Taras Mutter verließ ihren Mann schließlich und hatte seine Steuerschulden am Hals. Tara war acht Jahre alt, als ihre Eltern sich scheiden ließen. Sie und ihre Mutter lebten in einer Ein-Zimmer-Wohnung, bis die Steuerschulden bezahlt waren. Da war Tara 16 Jahre alt. Man könnte sagen, daß auch Tara für die Schulden ihres Vaters bezahlt hat.

»Aus den verzerrten Ansichten, die den Frauen beigebracht werden, erwachsen psychische und soziale Probleme«, hebt Jean Baker Miller hervor. »Frauen wurden in der Tat zu dem Glauben verleitet, daß sie ihre Chancen für befriedigende emotionale Erfahrungen verschlechtern, wenn sie effektiv handeln und denken.«[10]

Tara bringt genau diese Restriktion zum Ausdruck. »Wir werden in diese Gesellschaft hineingeboren. Als Richard und ich anfingen, uns regelmäßig zu treffen, noch bevor ich wußte, wie seine finanzielle Lage aussah, bezahlte Richard, wenn wir essen gingen, fast immer die Rechnung. Das tut er immer noch. Ich koche. Ich bezahle die Lebensmittel. Es ist die klassische Aufteilung in Männersache, Frauensache. Aber das finde ich süß. Es scheint mir harmlos. Und jedesmal, wenn er mich ausführt und mein Essen bezahlt, bedanke ich mich bei ihm. Jedesmal, wenn ich sein Essen bezahle, bedankt er sich bei mir.«

Viele Frauen fürchten, daß sie ihre Beziehungen zu Männern in Gefahr bringen, wenn sie sich in finanzieller Hinsicht als kompetent erweisen. Tara hat ihre eigene Ansicht zu diesem Thema. Richard ist ein netter Mensch, meint sie. Er akzeptiert sie so, wie sie ist. Sie möchte, daß es umgekehrt genauso ist. Sie fürchtet, sie könnte die Sache, wie auch immer sie wirklich beschaffen ist, ins Wanken bringen. Tara hat das Gefühl, daß ihr die Hände gebunden sind. Wenn sie nichts tut, werden sich ihre Rücklagen in Luft auflösen. Wenn sie die Sache in die Hand nimmt und Richard Grenzen setzt, wird sie ihre jetzige bequeme Laissez-faire-Beziehung verlieren. Sie könnte sogar die Beziehung überhaupt aufs Spiel setzen. Für sie ist es eine Verlierergeschichte. Handelt sie, verliert sie; bleibt sie passiv, verliert sie auch. Als ich Tara frage, was ihre schlimmste Befürchtung in bezug auf Geld sei, antwortet sie, ohne zu zögern: »Ich fürchte mich davor, alt zu werden und kein Geld zu haben.« Als ich ihr sage, daß es die Angst jeder Frau sei, das Stadtstreicherin-Syndrom, erwidert sie: »Ich fürchte nicht, als Stadtstreicherin zu enden. Ich würde mich vorher umbringen.« Tara hat immer in dem Sinne selbst für sich gesorgt, daß sie ihr eigenes Geld verdient hat. Was sie nicht tut, ist, auf lange Sicht für sich selbst zu sorgen. Die Geschichte mit der romantischen Liebe ist zu wichtig für sie. Ein bezeichnender Teil ihrer speziellen Geschichte ist die Ähnlichkeit zwischen den Eigenschaften ihres Ehemannes und denen ihres Vaters. Richard ist klug, charmant, aufrichtig in seinem Wunsch zu gefallen, aber er kriegt sein Leben nicht in den Griff.

Außerdem spiegelt ihre Geschichte Ähnlichkeiten zwischen den Konflikten ihrer Mutter und ihren eigenen wider. Tara lernte von ihrer Mutter, die finanziellen Angelegenheiten fest in der Hand zu halten und Ausgaben verantwortungsvoll zu handhaben. Aber sie erlebte auch den Kampf ihrer Mutter zwischen Abhängigkeit und Unabhängigkeit. Tara erinnert sich, daß ihre Mutter schreckliche Angst davor hatte, daß ihre Unabhängigkeit eingeschränkt werden könnte. (In ihrer dritten Ehe mit über sechzig konnte sie wütend werden, wenn ihr Mann sie nur fragte, wohin sie gehe.) Vielleicht behält Tara die Oberhand gegenüber ihrer Angst vor Abhängigkeit, indem sie mit einem Mann zusammen ist, auf den sie sich in finanzieller Hinsicht nicht verlassen kann.

Der Mythos der romantischen Liebe hält die Frauen in einem zwanghaften Ausagieren ihrer Kindheitsgeschichten fest. Das Trauma aus der Kindheit ist verdrängt, vergessen; aber die Erwachsene wiederholt in dem unbewußten Versuch, das Trauma zu meistern, wieder und wieder das alte Szenarium.

Projektionen

Als ich in *Boundaries of the Soul* von June Singer auf die Geschichte von Diane und Ian stieß, verstand ich zum erstenmal, was sich zwischen L. und mir ereignet hatte – warum ich mich in finanzieller Hinsicht so bereitwillig auf ihn stützte und warum er mich anfangs als jemanden, der seines Schutzes bedurfte, betrachtet hatte.[11]

Als Ian Diane begegnete und sich heftig in sie verliebte, sah er sie als viel jünger an, als eine Frau, die er beschützen wollte. (Tatsächlich waren beide etwa gleich alt.)

Diane war als junge Frau Witwe geworden und hatte ihre Kinder allein aufgezogen – eine Aufgabe, die von ihr forderte, daß sie hart und effizient arbeitete. Aber sie eignete sich diese Züge in extremem Maße an, hebt Singer hervor – »nicht, weil es ihrer Natur entsprach, sondern weil es eine absolute Notwendigkeit war«, wenn sie und ihre Kinder überleben sollten. Als Ian in ihr Leben trat, erblickte sie in ihm einen starken, zuverlässigen Menschen, der sowohl bereit als auch in der Lage war, für sie und ihre Kinder zu sorgen. Eine Zeitlang lief alles gut, aber es war unvermeidlich, daß ihre gegenseitigen Projektionen sich schließlich aufzulösen begannen.

Diane verließ sich auf ihr wiedergefundenes Gefühl der Sicherheit, die häuslichen Dinge interessierten sie weniger und gerieten in Unordnung. Sie verlor ihre Anstellung und unternahm keinen Versuch, eine neue zu finden. Sie meinte, sie würde mehr Zeit für Ian haben – was ihm gefiel; da sie aber kein Geld mehr heimbrachte, stiegen ihre finanziellen Ansprüche für sich und die Kinder – was ihm *nicht* gefiel. Ihre Kinder sollten jetzt das College besuchen; sie brauchte ein neues Auto, das Haus war reparaturbedürftig. Ian zahlte weiter, weil er sie zu verlieren fürchtete, wenn er Forderungen finanzieller Art an sie stellte. »Am Ende waren beide tief verschuldet. Der eine machte dem anderen Vorwürfe. Außerdem machten sie sich gegenseitig Vorwürfe dafür, daß es ihnen beiden nicht gelungen war, den Erwartungen des anderen zu entsprechen.«

Schließlich begaben sich Ian und Diane in eine Paartherapie. Für beide bestand die Hauptaufgabe darin, sich damit zu konfrontieren, wer der jeweils andere wirklich war. »Beide mußten die Projektionen aufgeben und anerkennen, daß sie ihre Ehe nur dann wiederherstellen könnten, wenn jeder die Verantwortung für jene Bereiche in sich selbst übernehmen würde, deren Versorgung er dem anderen aufgebürdet hatte«, schreibt Singer.

Beide mußten ihren inneren Gegenpart kennenlernen und diesen Teil sich entwickeln und wachsen lassen. Dies war der einzige Weg zu mehr Ganzheit und Unabhängigkeit; zu mehr Respekt für den anderen, wie er ist, und nicht, wie er einem nützlich sein könnte.

»An das, was sich als Bild des anderen Geschlechts in unserer Seele niederschlägt, kommen wir am allerschwersten heran«, erklärt June Singer.

Für die Frau ist es der Animus, für den Mann die Anima. »Der Animus der Frau ist ... das verdrängte Andere, das unbewußte Andere, das auszuleben ihr vorenthalten wird.«

Den verdrängten Animus ans Licht zu bringen, ist eine der Aufgaben in einer jungianischen Therapie. Solange der Animus unbewußt bleibt, »können wir uns immer wieder stark zu einer anderen Person, meistens des anderen Geschlechts, hingezogen fühlen, die eine Ähnlichkeit mit dieser inneren Gestalt aufweist. Unbewußt projizieren wir das innere Bild auf die andere Person, die sogleich eine unendlich begehrenswerte Gestalt annimmt, die einer Person nämlich, der zu begegnen wir immer gehofft hatten, der ›verwandten Seele‹.« Was wir in uns selbst nicht zu besitzen glauben, erscheint dann in der Gestalt der geliebten Person. »Er oder sie ist alles, was wir brauchen, um uns vollständig zu fühlen, und wir erwarten von dieser Person, daß sie die leeren Räume in unserem Herzen und in unserem Heim füllt.«

Wenn wir einem solchen Muster an Vollkommenheit begegnen, halten wir natürlich »die äußere Erscheinung für weittragender, als sie ist«, meint Singer. Im Grunde schaffen wir uns Ergänzungen der eigenen Person – und dichten sie dem anderen an. Dann sind wir wütend und enttäuscht, wenn sich herausstellt, daß der andere nicht der ist, den wir uns vorgestellt haben.

Demontage des Prinzen

Man muß nicht verheiratet oder verliebt sein, um eine Beziehung zu Männern herzustellen, die man zu Helden macht, und dann die demütigende Entwertung zu erleben, die mit der Idealisierung Hand in Hand geht. Mit über 50 ertappte ich mich dabei, wie ich auf meine altbewährte Manier der Heldenprojektion regredierte. Es war kein Ehemann oder Liebhaber oder flotter älterer Verwandter; es war mein Pilates-Lehrer.

Nicht lange, nachdem ich begonnen hatte, Pilates, eine strikte Geist-Körper-Arbeit, zu lernen, faßte ich Zuneigung zu dem vollkommen fehlerlosen Bild meines Lehrers, das ich mir konstruiert hatte. Aber diesmal lernte ich etwas über den Vorgang der Idealisierung. Ich entdeckte, daß ich sie in meinen Beziehungen zu Männern zeitlebens als Abwehr benutzt hatte. Das vollkommene, prinzenhafte Bild, das ich im Geiste schuf, machte eine authentische Beziehung unmöglich. Außerdem verwandelte *mich* diese Heldenphantasie in Staub und Asche, denn es ist ausgeschlossen, den anderen zu glorifizieren, ohne sich selbst herabzusetzen.

David, Choreograph und ehemaliger Solotänzer mit einer Tanzschule in New York, war ein natürliches Ziel meiner Phantasien. Er war ungeheuer tatkräftig und engagierte sich fortwährend für alles mögliche – für die Tanzschule, ein neues Werk, das er choreographierte, ein neues Ausrüstungsstück, das er für das Studio konstruierte, ein Stockwerk, das er in seine Scheune einbaute. Er schien ohne Schlaf auszukommen, flog für eine fünfstündige Probe nach Texas, fuhr um vier Uhr morgens von New York nach Woodstock, weil er zur Feier des Geburtstags seiner Frau bis spät in die Nacht ausgegangen war, und begann um acht zu unterrichten. Es war Davids Energie, die mich ansprach, seine Lebenskraft. Er interessierte sich für alles, jeder Schüler hielt große Stücke auf ihn, und er lebte, gestaltete sein Leben mit einem Sinn für Besitzerstolz und Macht, der mich mit Ehrfurcht erfüllte.

Die Lehrerinnen im Studio waren gut, aber nach meinem Gefühl fehlte ihnen der entscheidende Funke. Ich hatte bei David zwei Einzelsitzungen pro Woche, die mich elektrisierten. Das geschah zum Teil durch die Art und Weise, wie er meine Grenzen ausweitete – in psychischer wie in körperlicher Hinsicht. Er griff zu, packte ein Bein und zeigte mir die ganze Bandbreite von Bewegungen, wie ich sie allein nie erfahren hätte. Ich hätte mir meine ganze Bandbreite von Bewegungen nicht einmal *vorstellen* können. David lehrte sie mich, die Hände auf meinem Körper, wie Geppetto, der Spielzeugmacher, der mit seiner Willenskraft Lebensenergie in seine Puppe zaubert.

Es war nicht so, daß David mich wie ein Puppe behandelt hätte. Dagegen hätte ich mich gesträubt. Er behandelte mich, als ginge er davon aus, daß ich keine Grenzen habe. »Versuchen Sie dies, versuchen Sie das. Drehen Sie es. Drehen Sie es noch weiter.« Mir gefiel die Herausforderung. Aber mir gefiel auch das machtvolle Gefühl, gelenkt und zur Verschiebung meiner Grenzen veranlaßt zu werden. Im Grunde gefiel es mir, daß mir jemand sagte, ich könne es, und mehr noch, daß jemand seine Lebensenergie in meine irdische Hülle einhauchte.

Aber langsam dämmerte mir, daß etwas vor sich ging, das ich nicht wollte. Im Tausch für die vage, wenn auch unwiderstehliche Vorstellung von Perfektion, die ich diesem Mann aufgebürdet hatte, gab ich die Chance auf, jemanden zu kennen, mit dem ich ein Gefühl echter Gemeinschaft hätte teilen können. Intelligent, mitfühlend, vielen Ideen und Überzeugungen verpflichtet, die auch mein Leben erfüllten, könnte David ein wirklicher Freund sein, wenn ich ihn nur von dem Podest herunterheben würde, auf das ich ihn gestellt hatte.

Und ich? Ich könnte mich stärker, engagierter in bezug auf mein eigenes Leben fühlen, wenn ich diese Macht nicht beharrlich auf einen anderen Menschen übertragen würde.

Warum war ich so geworden? Welches Zusammenspiel von Gesellschaft und Kindheit führte mich hierhin – eine gebildete, reife Frau, die noch immer das Gefühl hatte, der Puls des Lebens schlage in anderer Leute Adern, nicht in ihren eigenen?

Die Antwort auf diese Frage hat nichts mit Kompetenz zu tun. Und auch nichts mit Bildung. Die Last meiner gesamten psychischen Entwicklung lag diesem Konflikt zugrunde: in dem Maß, wie ich Geppettos Leben als mein eigenes wollte, war es mir bestimmt zu entwerten, was *ich* hatte, in einem ewigen Kreislauf von Neid und Selbsterniedrigung. Und ich wollte jenes Leben haben, weil ich vor langer Zeit meinem eigenen inneren Prinzen abgeschworen hatte.

»Es ist ein Geheimnis um das Unbekannte«, schreibt June Singer in *Boundaries of the Soul,* »und das Unbekannte ist häufig das unbewußte Andere im eigenen Innern. Wenn wir einen anderen Menschen mit den Eigenschaften und Leistungskräften ausgestattet sehen, die wir bei uns selbst vermissen, beneiden wir das Andere im eigenen Innern.«[12]

Diese Vorstellung liegt dem heutigen psychologischen Verständnis des Penisneides zugrunde. Bildlich gesprochen, meint Singer, »repräsentieren Penis und Mutterleib jenes geheimnisvolle Andere, das am begehrenswertesten und zugleich am unerreichbarsten erscheint.«

Seit meiner Jugend gefiel es mir, mich mit den Jungs zusammenzutun. Wenn mein Ehemann oder später der Mann, mit dem ich viele Jahre lang zusammenlebte, leidenschaftlich über ein bestimmtes Thema sprach, schlug es in meinem inneren Funken. Ich interagierte mit diesen Männern. Ich wurde elektrisiert. Was machte es, daß es die Vorstellung von *ihrem* Leben war, die mich mit Energie versorgte. Ich borgte mir Leidenschaft, indem ich mich an die Wünsche eines anderen heftete.

Der Gedanke, daß sie Energie, Lebenskraft besitzen, hat mich immer zu bestimmten Männern hingezogen. In meiner Kindheit gab es dafür ein machtvolles Vorbild, meinen Vater, der jeden Abend mit seinem hitzigen Ingrimm, seinen Kämpfen und seiner Leidenschaft den Eßtisch beherrschte. Dieser Mann – der ursprüngliche Prinz in meinem psychischen Skript – hatte Ideen; er wollte, daß die übrige Familie – und besonders ich, so glaubte ich – sie aufnahm. Er war fieberhaft besessen von seinem eigenen Ich. Irgendwann begann ich, seiner machtvollen Energie Widerstand zu leisten, weil ich spürte, daß ich andernfalls darin untergehen würde. Also fing ich mit etwa 12 Jahren an, mit ihm zu streiten. Ich kämpfte um meine psychische Existenz. Ich wurde hochmütig.

Innerlich jedoch wurde ich in jenen frühen Jahren weiterhin von Jungen und Männern voller Energie und Lebenskraft angezogen. Es waren nicht nur ihre weitgreifenden Vorstellungen vom Leben, die mich bezwangen, es war ihre tagtägliche Lebensweise, als ob alles, was sie dachten und sagten und fühlten, von Bedeutung sei. Sie – ihre Geschichten – hatten eine Wirkung auf meinen inneren Motor wie ein Funkenbogen zwischen zwei elektrischen Drähten. Ich *brauchte* sie. Ich reagierte auf sie und wurde von ihnen inspiriert. Ich stritt mit ihnen und widersprach ihnen, aber ich *wollte*, was sie besaßen. *Sie besaßen ihre Erfahrung.*

So war das Verlockende am Prinzen nicht nur das Beschütztwerden. Es war sein Leben, das ich einzuatmen hoffte wie eine Droge. Jungen sprachen über Tennis und Automotoren. Sie machten endlose Witze, die meistens respektlos, wenn nicht schmutzig waren. Sie kämpften mit der Erwachsenenwelt, parodierten ihre Lehrer, foppten und provozierten sich gegenseitig, hatten Freundinnen, die irgendwie unwichtiger waren als das alles zusammen oder jedenfalls nur ein Teil des Ganzen. Das Ganze war die Kraft – ihre reine, animalische Energie, die von der sie umgebenden Welt stimuliert wurde. Sie waren offen gegenüber der Welt, unverfroren, furchtlos. *Sie hatten keine Angst vor Erfahrung.*

Um zu ihrer Vitalität, die ich mir selbst so sehr wünschte,

Zugang zu haben, tat ich mich mit den Jungs zusammen. Ich hatte auch Freundinnen, aber unsere gemeinsame Erfahrung war begrenzter, meistens von der Suche nach Jungs geleitet. Den Jungen gehörte das Leben. Sie kauften sich eigene Autos. Und sie wußten, wie man sie reparierte. Abends kamen sie so spät nach Hause, wie sie wollten, und die Eltern machten ihnen keine Vorschriften. Sie gestikulierten, taten groß, *bewegten* sich, als wäre die Welt für ihre Abenteuerlust da.

Nicht so die Mädchen. Mädchen kämpften um Anerkennung, um ein Gefühl der Verbundenheit mit anderen, sie kämpften vor allem, weil sie sich einen Jungen wünschten, der sie vervollständigen sollte. *Laß mich nur mit dir zusammensein, und ich werde ein richtiges Leben haben.*

Frauen werden dazu erzogen, das »alles beherrschende Gefühl« zu entwickeln, daß ein Mann eine geheimnisvolle Stärke besitze – eine sehr bedeutungsvolle Fähigkeit, mit der er die wirkliche Welt handhaben kann, meint Jean Baker Miller. »Dieses Element wird für die Frau immer fremder; es nimmt die Qualität einer nahezu magischen Fähigkeit an, die Männer besitzen und Frauen nicht.«[13]

Männer sind stark, kühn, aggressiv, waghalsig, tatkräftig – sie *machen* ihr Leben aufregend. Frauen sind sanft, ruhig; sie sind bereit, ihre eigenen Ambitionen zurückzustellen, haben Angst, Risiken einzugehen, sind die Hüterinnen der Familiengeheimnisse.

Da die Gesellschaft jedem Geschlecht bestimmte menschliche Eigenschaften zuweist, werden dieselben Eigenschaften, die beim einen Geschlecht gutgeheißen werden, als geradezu unnatürlich betrachtet, wenn sie beim anderen Geschlecht auftauchen. Diese Polarisierung ist so extrem, daß die Frau, die sich deren Kühnheit, Aggression und Neugier zu eigen macht, fürchtet, sie könnte etwas verlieren. Sie könnte nicht nur am Ende allein dastehen, sie könnte ihr Gefühl inneren Gleichgewichts, ihren Mittelpunkt als Frau verlieren.

Andererseits wird die Frau, die ihre männliche Seite ans Licht läßt, selbst wenn sie am Ende nicht allein ist, nicht den Reiz des

Beherrschens genießen können. Diese Frau wird jeden Ausdruck ihrer Energie zu verhindern suchen, sie wird ihre Energie eher drosseln als es zu riskieren, dominant, unabhängig und – so fürchtet sie – isoliert zu sein.

Die unbewußte Lösung der erwachsenen Frau ist daher eine Ausweitung eben jener Abwehr, die sie sich schon als Zwölf- oder Dreizehnjährige zu eigen gemacht hatte: Wenn sie nicht allein bleiben will, muß sie eine möglichst schmerzlose Art und Weise finden, ein halber Mensch zu sein. Dies, so glaubt sie im tiefsten Innern, sind ihre Optionen.

Die Spielerin

Man kann im Leben viele Dinge unternehmen und sich dennoch nicht wie eine Spielerin fühlen. Ich hatte in meinem Leben schon vieles unternommen, aber ich entdeckte, indem ich meine Interaktion mit David analysierte, daß ich mich noch immer nicht als Spielerin erlebte. Wenn David davon sprach, daß er Fünf-Meter-Balken hochheben wolle, um das Stockwerk, das er auf seine Scheune setzte, zu stützen, dachte ich: »*Das* ist ein Spieler.« Natürlich tat er es mit fremder Hilfe. (Nicht einmal David kann Fünf-Meter-Balken allein hochheben.) Aber nach einem langen Tag im Studio konnte er es gar nicht erwarten, nach Hause zu kommen, um vor Einbruch der Dunkelheit noch ein paar Stunden auf der Baustelle zu arbeiten. »Ich hole das letzte aus meinem Körper heraus, ich ruiniere mir meine Hände durch die Arbeit mit der Hacke«, erzählte er mir am nächsten Tag mit offenkundiger Begeisterung, »aber ich will dieses Stockwerk haben!«

David war für mich ein Abenteurer. Er trat aktiv und unerschrocken ins Leben. Er ließ sich auf viele Menschen ein und profitierte davon. Er stieß bis zu seinen körperlichen und emotionalen Grenzen vor (manchmal übertrieb er es, aber darauf achtete ich nicht). Er verbrachte einen langen, ausgefüllten Tag mit vielen Aktivitäten. Er verschlief nicht. Wenn er an etwas arbeitete – sei es der Unterricht, das Stockwerk, ein neues Ballett –, war er darauf *konzentriert.*

Ich hatte immer in einem eher traumartigen Zustand gelebt – ein wenig reserviert, ein wenig losgelöst, auf Zeit und Energie achtend, als wären sie gefährlich begrenzt. Infolgedessen hatte ich das Gefühl, ich leistete nicht genug. Ich hatte zu wenig Anregungen; riesige Teile vom Abenteuer des Lebens entgingen mir.

Sich in ein Projekt zu stürzen, weil es einem das Gefühl der Meisterschaft gibt, die Meisterschaft zu genießen und zu wissen, daß man sie genießt – das bedeutete für mich, eine Spielerin zu sein.

Als einzelne können Männer bei der Handhabung ihrer Finanzen gewiß ebenso dysfunktional sein wie Frauen. Der Unterschied liegt in den jeweiligen gesellschaftlichen Erwartungen und in dem Maß, wie diese Erwartungen der Fähigkeit des einzelnen, finanzielle Unabhängigkeit zu entwickeln, zu- oder abträglich sind.

Männern wird beigebracht, daß es keine Hintertür gibt. Sie werden letztlich dafür verantwortlich sein, einen Lebensunterhalt zu verdienen und eine Familie zu ernähren. Vergessen wir, daß Frauen heutzutage ebensoviel wie Männer dazu beitragen, eine Familie zu unterhalten; im Augenblick sprechen wir vom gesellschaftlichen Mythos. Die Bereitschaft – und die Fähigkeit –, das alles auf sich zu nehmen, wird als Quintessenz der Männlichkeit betrachtet. Deshalb ist es Jungen gestattet, ihre Antworten in der Schule herauszubrüllen, und deshalb werden Mädchen dazu erzogen, diese Aggressivität zu bewundern und vor ihr zurückzuweichen. Jungen werden hinaus in die Welt gehen und mit ihren »Händen« Dinge verwirklichen. Mädchen werden abwarten und bewundern. Das ist der wesentliche Bestandteil der Weiblichkeit. Sie werden erröten und den Kopf senken, wenn sie eine falsche Antwort geben, während die Jungen Fehler als unbedeutend beiseite schieben und eine andere Antwort herausbrüllen werden.

Da unsere Vorstellungen von Geschlechtsidentität im Überleben verwurzelt sind, stehen die Frauen vor einem unmöglichen Auftrag: Die Verantwortung für ihr eigenes Überleben zu übernehmen bedeutet, daß sie ihr Gefühl, eine *Frau* zu sein, aufgeben müssen.

Umgekehrt gelten Männer, die ihre finanzielle Verantwortung abtun, als unmännlich. Sie werden im Grunde als Jungen betrachtet und verlieren – in den Augen von Frauen ebenso wie von Männern – ihre männliche Potenz. So werden wir alle auf eine machtvolle und primitive Weise ermutigt, Männlichkeit mit Geld zu assoziieren: Geld verdienen, mit Geld umgehen, Geld investieren.

Männer lernen nicht nur, mit Geld zu überleben, sondern auch, andere damit zu beherrschen. Beherrschen wird als Teil des Überlebens betrachtet, also wird es gleichfalls als angemessenes männliches Verhalten akzeptiert. Man beachte die Sprache, die Brian Holloway in einem Fax benutzte, das von seinem Anwaltsbüro an die *New York Times* geschickt worden war und besagte, daß seine frühere Frau ihm »zu Unrecht« heimtückisches Verhalten »zur Last gelegt« habe, nachdem er alles aus dem Haus fortgeräumt hatte, was es für sie bewohnbar machte: »Für Sportler, Prominente und Spitzenleute aus der Wirtschaft ist es erforderlich, daß sie stets auf der Hut sind... es wäre fahrlässig, wenn keine vorbereitete Strategie zur Stelle wäre.«

Die voreheliche Übereinkunft, in der Bette sich einverstanden erklärte, daß sie im Falle einer Scheidung leer ausginge, war offensichtlich Teil der »Strategie«. Ebenso, daß das Haus der Kinder ausgeräumt und die Brenner vom Herd entfernt wurden. Wir reden hier nicht von einem drogenbenebelten Süchtigen. Drogen gehörten nicht zu Brian Holloways Bild. Wir reden vom ganz gewöhnlichen – in diesem Falle etwas überdimensionierten – Gefühl des Befugtseins eines Mannes, der von der Gesellschaft, in der er lebt, ermuntert wird, sich selbst für gottähnlich zu halten.

Was Frauen mit Geld tun oder lassen, ist immer von der alles überspannenden Frage beeinflußt, wie sie überleben werden. Und sie sind sich keineswegs sicher – und sollten es auch nicht sein angesichts der weiter bestehenden Ungleichheit in Gehältern, Besteuerung und sozialer Sicherheit –, daß ihre besten Chancen nicht im Mythos der romantischen Liebe liegen.

Da das zwanzigste Jahrhundert sich seinem Ende nähert, werden die Frauen zwischen zwei Polen hin- und hergerissen: dem vermeintlichen Schutz des traditionellen Romantizismus und der lebensprühenden Autarkie der tapferen neuen Feministin. Im Leben der heutigen Frauen herrscht eine sichtbare Spannung, da sie versuchen, sich aus dem Netz des romantischen Mythos – der falschen Versprechungen von Schutz und Herrschaft – zu befreien und ganz und gar auf eigenen Füßen zu stehen. Jedes kleine Stück analytischer Intelligenz und emotionalen Mutes, das sie auftreiben können, wird gebraucht, denn die Chancen stehen, wie wir gesehen haben, noch immer schlecht für sie. Die Gesellschaft *will* nicht, daß Frauen die Macht finanzieller Unabhängigkeit erfahren. Für sie würde es bedeuten, daß sie ein für allemal den Turm der geschlechtsbezogenen Ungerechtigkeit einstürzen lassen.

Aber die Frauen fürchten, daß, wenn dieser Turm fällt, sie ohne jede Hilfe bleiben – selbst ohne das bißchen, das sie jetzt durch ein System erhalten, das noch immer auf Männer setzt.

KAPITEL 8

Ambivalenzen

Im Winter 1995 erlebte ich drei Episoden, die mir zeigten, daß meine finanzielle Sanierung längst nicht erreicht war. Einige Tage vor Weihnachten war ich mit neuen Freunden nach New York gefahren, um eine Aufführung von Händels *Messias* zu sehen und dann in einem schönen Restaurant essen zu gehen. Kurz nachdem wir mit ihrem Auto losgefahren waren, stellte ich fest, daß ich meine Brieftasche vergessen hatte. Ich mußte mir 200 Dollar von Leuten borgen, die ich eben erst kennengelernt hatte. Wie demütigend.

Als ich kaum eine Woche später meine Mutter in South Carolina besuchte, sah ich ein gutes Leasing-Angebot für ein Auto. Ich freute mich, daß ich tatsächlich genug Bargeld hatte, um die Leasing-Raten für zwei Jahre im voraus zu bezahlen, und war begeistert von meinem neuen Auto, das schimmernd grün war wie ein britischer Rennwagen. In meiner Euphorie hatte ich es jedoch versäumt, mich nach den Vorschriften für eine Anmeldung im Staat New York zu erkundigen. Ich hätte das erforderliche Formular leicht in Charleston unterschreiben lassen können, und die Sache wäre erledigt gewesen, aber nein. Ich fuhr einige Wochen lang herum und wußte nicht genau, in welcher rechtlichen Lage ich mich befand.

Als ich um Mitternacht mit dem Auto nach Norden fuhr, wurde ich in Roanoke von der Virginia State Police angehalten. Die Beamten wollten wissen, warum ich nur ein Nummernschild hatte, obwohl ich zwei hätte haben sollen. Ich saß da und beobachtete das Blaulicht im Rückspiegel, während sie ihren Anruf tätigten. Offenkundig entschied jemand, daß ich keine Kriminelle sei, denn die Polizisten ließen mich mit einer Verwarnung meinen Weg fortsetzen. Aber wie unnötig!

Eine Woche später fuhr ich von Woodstock nach New York

und beging wieder den Fehler, das Haus ohne Bargeld zu verlassen. Ich erreichte die George-Washington-Brücke um 21.30 Uhr, es war Samstagabend, und ich hatte kein Geld, um den Brückenzoll zu bezahlen. Ich hoffte nur, man würde mich trotzdem die Brücke überqueren lassen. Ich wurde aufgefordert, auf die Seite zu fahren und eine Erklärung abzugeben, weil ich immer noch nur das eine lausige Nummernschild am Auto hatte. Ich mußte meine Leasing-Papiere vorzeigen *und* erklären, wieso ich kein Geld hatte. Der Mautbeamte überprüfte mein Geburtsdatum und wurde wohl von Mitleid ergriffen, denn er beschloß, meine Geschichte zu »glauben« – vor allem deswegen, sagte er, weil mein Tierkreiszeichen Fische sei. »Ich bin Schütze, ich weiß gar nicht, warum ich das tue. Ich kann ein richtiges Schwein sein.«

Das Ganze wirkte völlig unwirklich. Aber daß ich die Brücke überqueren durfte, erfüllte mich mit Erleichterung und Erregung zugleich.

Es kam noch schlimmer. Ich hatte gedacht, daß ich in meinem Hotel einen Scheck würde einlösen können. Aber das für die Scheckbestätigungen des Hotels zuständige Unternehmen verfügte offensichtlich über irgendeine erdrückende Information, und das Hotel nahm den Scheck nicht an. Ich wußte, daß ich Geld auf meinem Konto hatte, also konnte ich nur davon ausgehen, daß meine jüngste Geschichte geplatzter Schecks mich eingeholt hatte. Mein Sohn mußte mir an jenem Abend mein Essen bezahlen und mit seiner Kreditkarte für mein Hotelzimmer aufkommen.

Ich konnte nicht länger leugnen, daß eine Art Krankheit mich fest im Griff hatte. Es war, als würde ich mich absichtlich in diese heiklen Situationen bringen. Was konnte ich nur aus diesen demütigenden Erfahrungen gewinnen?

Diese höllische Periode trat ein Jahr, bevor meine Mutter starb, auf, in einer Zeit, als sie sehr krank war. Ich glaube, daß die Angst, ich könnte unfähig sein, für mich selbst zu sorgen, hervordrängte und mich in Panik versetzte. Normalerweise verließ ich das Haus nicht ohne Geld, und jetzt war es mir innerhalb weniger

Wochen zweimal passiert. Und dann diese Erregung, als der Mautbeamte mich auf die Brücke ließ – der schwindelerregende kleine Rausch, weil ich jemanden dazu gebracht hatte (noch dazu einen Schützen!), meine Verteidigung zu übernehmen. Es bedeutete, daß ich die Fähigkeit besaß, andere so zu manipulieren, daß sie mir halfen.

In der Generation unserer Mütter gab es Frauen, die bis zum Tod ihres Mannes nie einen Scheck ausgeschrieben hatten. Heute offenbart sich die Ambivalenz der Frauen gegenüber ihrer Unabhängigkeit darin, daß sie nicht für die Zukunft planen. Viele haben keine Ersparnisse, keine Geldanlagen, keine steuerfreien Ruhestandsfinanzierungen. Frauen, die ich interviewt habe, sagten mir, sie wollten »ewig« arbeiten. Sie benutzen wirklich diesen Ausdruck. Einesteils genießen sie sicherlich ihre Arbeit, andernteils jedoch haben sie höchstwahrscheinlich die Notwendigkeit nicht erkannt, ihre Zukunft finanziell zu planen. Wie eine Jugendliche, die glaubt, sie werde ewig leben, kann die neue befreite Frau keinen Endpunkt ins Auge fassen. Die Erwartung, daß sie bis zu dem Tag, an dem sie stirbt, arbeiten könne, signalisiert eine neue Art der Abwehr für jene Frauen, die noch immer Probleme mit der Abhängigkeit haben. Anstatt zur Kenntnis zu nehmen, daß niemand da sein wird, um für sie zu sorgen, und anstatt *jetzt* in Aktion zu treten, um sich Sicherheit zu verschaffen, machen sie einfach mit dem weiter, was sie gerade tun, und hoffen wie besessen auf ein gutes Ende.

Was wird aus diesen Frauen, fragt man sich, wenn sie 80 oder 90 sind? Viele stellen sich vor, daß sie im Alter zusammenrücken werden. Eine Frau in einem Investment-Club, den ich besuchte, meinte: »Meine älteste Freundin ist 49. Sie ist selbständig, hat Schulden, aber keine Ersparnisse. Als ich sie nach ihren Plänen für die alten Tage fragte, erwiderte sie: ›Entweder ich bringe mich um oder ich ziehe bei dir ein.‹«

Eine andere Frau mit einer älteren Freundin vor Augen, die man in ein Pflegeheim eingewiesen hatte, wo sie ihre letzten Jahre verleben sollte, hatte sich einen Plan ausgedacht, wie sie ihr Leben zu Ende bringen könnte, wenn es so weit wäre: »Ich werde mich dem Friedenskorps anschließen und nach Zaire gehen und dort erschossen werden.«

Es ist möglich für eine Frau, ehrgeizig und unabhängig zu erscheinen und sich dennoch nicht bewußt zu sein, daß der Endpunkt ihrer finanziellen Langzeitplanung Errettung heißt. Auf der bewußten Ebene scheut eine solche Frau davor zurück, von Männern abhängig zu sein, weil die Erfahrung sie gelehrt hat, daß Errettung gleichbedeutend mit Herrschaft ist. Sie glaubt, das letzte, was sie sich auf dieser Welt wünsche, sei, daß jemand kommen und ihr helfen würde, ihr Konto aufzubessern. Aber mit der Phantasie, daß sich alles zum besten wenden werde, sabotiert sie sich selbst. Weder wird sie versorgt noch versorgt sie sich selbst.

»Ich glaube ehrlich nicht, daß irgend jemand mich retten wird«, sagt eine seit langem geschiedene Mutter dreier erwachsener Kinder und selbständige Service-Unternehmerin für schreibende Berufe.

Elena hat einen Magister in Pädagogik und einen hohen IQ. Aber sie benutzt ihre Intelligenz nicht, um sich selbst Sicherheit zu schaffen. Wie so viele Frauen läßt sie sich von ihrer furchtbaren Angst vor der wirtschaftlichen Unabhängigkeit lähmen.

»Ich glaube, daß ich ganz allein sein werde, wenn ich sterbe. Es ist deprimierend, das zu glauben, aber irgendwie glaube ich es einfach. Ich werde allein sein.«

Wer von uns glaubt das nicht im tiefsten Innern? »Wie stellen Sie sich Ihr Leben dann vor?« frage ich. »Schauen Sie sich je die alten Frauen hier in Woodstock an und denken...«

»Daß ich das sein könnte?«

»Oder daß sie sich jeden Morgen durch einen Schneesturm schleppen muß, um sich ihr Brot zu kaufen, weil sie kein Auto hat?«

Dieses für mich so erschreckende Bild ist für Elena offensichtlich weniger furchtbar. »Was mich retten wird, ist, daß ich sehr einfach und reduziert leben kann«, meint sie, gebannt von dem beinahe romantischen Bild einer verarmten alten Frau, die ihre letzten Jahre in unserer kleinen Stadt in den Bergen zu überstehen versucht.

»Ihre Phantasie ist also, daß Sie sich einfach einschränken werden?«

»Wenn ich muß. Ich meine, wenn ich jetzt eine Menge Geld verdienen würde, würde ich denken: ›Wieviel brauche ich, um einen bestimmten Lebensstil zu halten?‹ Ich würde Geld auf die Seite legen. Definitiv. Aber im Augenblick ist es eine rein akademische Frage für mich, da ich nicht allzuviel verdiene...«

»Aber meinen Sie nicht, daß Sie einen Weg finden würden, um mehr zu verdienen, wenn Sie es für wirklich wichtig hielten?«

»Kann sein. Aber ich weiß meinen jetzigen Lebensstil, der ziemlich entspannt ist, zu schätzen. Ich arbeite nicht übertrieben viel. Wenn ich aufhören müßte zu arbeiten, könnte ich auf meine Sozialversicherung zurückgreifen, oder? Und es gibt Heime für ältere Leute, wo man nur einen bestimmten Prozentsatz seines Einkommens zahlen muß.«

»Die gibt es hier in der Nähe?« Ich hatte noch nie von einem solchen Ort in unserer Gegend gehört.

»O ja, bestimmt. Ich glaube, die gibt es überall, Heime für Menschen mit sehr geringem Einkommen. Und sie können nur diesen prozentualen Anteil verlangen. Und dann holt man sich seine Lebensmittelbezugsscheine, und man hat sein Medicare*, man hat alles, was man braucht.«

Wie gemütlich, denke ich. Elena fährt mit zunehmender Begeisterung fort: »Und man wird sowieso nicht Auto fahren. Ich hoffe, ich werde dann noch in der Lage sein, einiges von dem zu tun, was ich immer gern getan habe. Lesen oder schreiben oder Filme sehen oder Freunde treffen. Aber ich glaube schon, daß mein Lebensstandard sehr eingeschränkt sein wird.«

Dann formuliert Elena eine Vorstellung, die diese für ihre Zukunft beschriebene Existenz vollkommen rationalisiert. »Es ist

* Gesundheitsfürsorge-Programm der US-Regierung für Menschen über 65. Es ist freiwillig und wird teilweise durch die Beiträge der Mitglieder finanziert, dient also als Ergänzung zur Sozialversicherung. (Anm. d. Übers.)

ja so, daß man doch sowieso nicht zuviel Platz haben will, wenn man alt ist. Ich glaube, alte Leute mögen gern ein kleineres Zuhause.«

»Wie Katzen.«

»Ja.«

Sie denkt darüber nach. Es muß eine Alternative geben, mit Sicherheit.

»Ich hatte noch eine andere Idee – daß man sich zu einer Wohngemeinschaft zusammenschließen könnte, wo ich mit anderen teilen würde und vielleicht weniger das Bedürfnis nach viel Platz und viel Privatleben hätte.

Tatsächlich könnte es sogar von Vorteil sein, jemanden in der Nähe zu haben. Wo ich eine Hilfe für die andere und die andere eine Hilfe für mich sein könnte, etwas in der Art. Vielleicht fährt die eine Auto und die andere nicht. Oder die eine ...«

»Gärtnert.«

»Oder die eine sieht gut und die andere nicht. Also, das ist eine Lösung, die für mich in Ordnung wäre.«

Aber jetzt kommen wir auf den Punkt, den Trumpf in der Hand der modernen befreiten Frau, die so viel getan hat, um die Kinder großzuziehen und zu verstehen und oft zu unterstützen und um obendrein noch ihr eigenes Leben aufzubauen: »Um die Wahrheit zu sagen, wenn es hart auf hart käme, würde ich nicht zögern, meine Kinder zu bitten, einen kleinen Betrag zu meinem Lebensunterhalt beizusteuern. Falls ich es wirklich brauchen sollte. Und ich bin sicher, sie wären dazu bereit. Also, ich habe nicht das Gefühl – ich habe keine Sorge, daß ich auf der Straße lande. Manche machen sich Sorgen, daß sie auf der Straße landen könnten. Ich mache mir darüber keine Sorgen.«

Elena macht Ausflüchte, sie versucht sich selbst zu überzeugen, daß sie hinsichtlich ihrer Zukunft unbekümmert sei. Ihr gefällt ihr leichtes, streßfreies Leben, und sie möchte nichts ändern müssen. Aber sie hängt in der Luft, finanziell und emotional.

Linda Sapadin, klinische Psychologin in Valley Stream, New York, die sich darauf spezialisiert hat, Menschen bei der Überwindung ihrer Gefühle von Sinnlosigkeit zu helfen, beschreibt

Frauen wie Elena als »zaudernde Träumer«, die sich in einem träumerischen Zustand der Ungebundenheit durchs Alltagsleben treiben lassen. Ironischerweise geht es häufig darum, daß die betreffende Frau Streß zu vermeiden sucht in der Vorstellung, das ideale Leben sei bequem und nicht bedrohlich. »Sie weigert sich zu akzeptieren, daß ein wirkliches, substantielles Leben ein gewisses Maß an nicht-traumhaften alltäglichen Aufgaben mit sich bringt, Probleme, Kummer und Verantwortung, die es erfordern – und es wert sind –, daß man sie angeht.«[1]

Aber wie jeder weiß, der dazu neigt zu zaudern: Je weniger wir tun, desto stärker wird der Streß. Zauderer mögen glauben, sie wären aktiv, weil ihre Sinne voller Angst sind, aber in Wirklichkeit laufen sie im Käfig zwanghafter Vermeidung auf und ab.

Verhängnisvolle Trübung des Blicks

Es gibt eine Funktionsweise, welche die *Debtors Anonymous* »verhängnisvolle Trübung des Blicks« nennen. Psychologen haben einen anderen Ausdruck dafür: erlernte Hilflosigkeit. James W. Gottfurcht, Psychologe in Los Angeles, der Menschen mit Geldproblemen hilft, meint dazu: »Sie sind wie gelähmt, wie stillgelegt. Ihr Blick wird nebelhaft und trübe, wenn sie sich Wirtschaftsberichte ansehen. Sie fühlen sich wie in einer Falle gefangen.«[2]

Menschen, die mit regelmäßigen Besuchen der *Debtors-Anonymous*-Treffen beginnen, weil ihr Verhalten in bezug auf Geld sie in Panik versetzt, erfahren bald, daß verschwenderisches Geldausgeben nicht ihr einziges Problem ist: eine verschwommene, dissoziative Funktionsweise überzieht jeden Aspekt ihres Lebens. Ihre Unklarheit signalisiert vor allem: *Helft mir. Ich brauche Hilfe.*

Es hat mir immer gefallen, freischaffend zu arbeiten. Im Lauf der Jahre kümmerte mich die Unsicherheit meiner Lage nicht mehr – keine Krankenversicherung, kein Ruhestandsplan, keine Steuern, die vom Gehaltszettel abgezogen wurden, weil es keinen

Gehaltszettel gab. Freischaffende Schriftsteller erhalten Honorare, kein Gehalt. Wir betrachten die mit freier Arbeit verbundene Kompliziertheit der Finanzen als ein Geschäft mit der Unabhängigkeit. Aber als ich wieder allein lebte, wünschte ich mir manchmal in schlaflosen Nächten, daß ich im Alter zwischen 20 und 30 eine Arbeit in einem großen, patriarchalischen Unternehmen begonnen hätte, anstatt Schriftstellerin zu werden. Ich sah jedoch auch, wie Freunde »heruntergestuft« wurden, daß also auch eine richtige Anstellung keine Sicherheit garantierte.

Dann starb mein Vater und vier Jahre später meine Mutter. Ich machte mir keine Illusionen mehr von Schutz, von finanzieller Rückendeckung für den Fall, daß ich sie brauchte.

Außerdem konfrontierte mich ihr Tod mit der außerordentlich verstörenden Tatsache, daß ich nicht unsterblich bin. Jene wunderbare Energie, die ich immer hatte anzapfen können, würde mir nicht ewig zur Verfügung stehen. Vielleicht konnte ich meine Arbeit noch weitere zehn oder zwanzig Jahre ausschöpfen, vielleicht auch nicht. Ich mußte der Tatsache ins Auge sehen, daß ich keinen Plan hatte. Zwischen 40 und 50 hatte ich viel Geld verdient, aber ich hatte es ausgegeben, als gäbe es kein Morgen. Ich hatte niemals wirklich darüber nachgedacht, daß ich alles selbst machen mußte – für immer.

»Die stärkste Barriere gegen die finanzielle Sicherheit von Frauen liegt in unserem zutiefst verinnerlichten Gefühl der Inkompetenz«, sagte mir die Finanzberaterin Donna Boundy. »Viele von uns haben ein stereotypes Bild der Frau verinnerlicht, demzufolge sie unfähig ist, mit Geld umzugehen.«

Als ob sie dieses Stereotyp ausleben müßten, kommt einer überraschend großen Zahl von klugen, kompetenten und verantwortungsvollen Frauen beim Thema Geld jede Aufmerksamkeit abhanden. Sie sorgen nicht dafür, daß ihre Schecks gedeckt sind, sie investieren kein Geld, und wenn es darum geht, sich über den Ruhestand Gedanken zu machen, laufen sie davon, als würden sie mit Schrotflinten gejagt. »Frauen können gut bezahlte Arbeit bekommen, aber sie geben alles aus, was sie verdienen«, so Boundy. »Wir sind kompetente Buchhalterinnen für die Geschäfte anderer, aber wir werden völlig ›benebelt‹, wenn wir uns um unser eigenes Geld kümmern müssen. Geschäftliche Partnerschaften gehen wir in der gleichen Weise ein, wie viele von uns die Ehe eingegangen sind: voller Dankbarkeit, daß uns jemand haben will. Irgendwie sind unsere Begabungen und unsere harte Arbeit in unseren eigenen Augen nicht viel wert.«

Viele Frauen berichteten von einem niederdrückenden Gefühl finanzieller Ohnmacht. »Ich habe das Gefühl, daß ich aus eigener Kraft keinen Wohlstand erreichen kann«, berichtet Dacy. »Ich habe das Gefühl, es müßte von außen kommen – von Mutter oder Vater, dem Ehemann, der Lotterie.«

Dacy erinnert sich, daß sie zu Hause vermittelt bekam, daß nur ihr Vater Zugang zur geheimnisvollen Welt des Geldes habe. »Es war ein Geheimnis. Wir durften nicht wissen, wieviel er verdiente. Er war wirklich der Herr des Hauses. Das Wissen, das er besaß, war Herrschaftswissen. Es war kein Wissen, das geteilt, gelehrt und an andere weitergegeben wurde, um ihnen Fähigkeiten und Vollmachten zu verleihen. Es war seine Macht, die ihm vorbehalten bleiben sollte. Wie sich jetzt herausstellt, hatte er seine liebe Not damit. Aber uns wurde etwas völlig anderes vermittelt.«

Dacy ist noch immer von dem Gefühl gelähmt, daß sie nicht das Zeug habe, mit Geld umzugehen. Ihr Vater behielt schließlich seine Macht für sich, und ihre Mutter hielt daran fest, daß sie keine habe. »Ich wuchs mit der Vorstellung auf, daß es eine bestimmte Fähigkeit gibt, die ich einfach nicht hatte. Es war etwas, von dem ich glaubte, es wäre angeboren und ich würde es nie erfassen. Meine Mutter schien diese Macht gleichfalls nicht zu haben. Wenn ich sie um etwas bat, sagte sie immer: ›Vielleicht kriegst du es von deinem Vater.‹ Oder: ›Wenn wir im Lotto gewinnen.‹ Immer sollte erst irgend etwas passieren. Sie hatte kein Gefühl eigener Macht. Jetzt mache ich es genauso. In bezug auf Geld habe ich nie das Gefühl, ich könnte meine eigenen Kräfte einsetzen, um es zu bekommen. Ich warte noch immer darauf, daß es mir zustößt.«

Mit 30 arbeitete ich in Teilzeit für einen sehr erfolgreichen New Yorker Photographen und stellte fest, daß ich für ihn eine ausgeglichene Kontoführung – auf den Pfennig genau – zustande brachte. Das forderte er von mir, und das erledigte ich. Aber ich sorgte nie dafür, daß meine eigenen Konten ausgeglichen waren. Es schien eine überwältigende und unnütze Aufgabe zu sein. Bis auf den heutigen Tag verblüfft es mich, daß ich es für ihn zustande brachte und für mich nicht.

Verinnerlichte Inkompetenz

Den Lebensunterhalt zu verdienen ist nicht das gleiche, wie die volle Verantwortung für sich selbst zu übernehmen. Teenager verdienen Geld, manchmal viel Geld. Doch sie brauchen ihre Eltern noch, die ihnen Einhalt gebieten – die ihnen mit Schecks und Ausgleichszahlungen aushelfen angesichts der ungestümen Impulse, die zu steuern sie noch nicht gelernt haben.

Anstatt sich mit den Anforderungen herumzuschlagen, die sich daraus ergeben, daß man auf sein Geld aufpaßt, werfen manche Frauen – vor allem, wenn ihnen kein Ehemann auf die Hände schaut – ihr Geld einfach »in den Rinnstein«, wie die Physiotherapeutin Carol Greenberg es in ihrem Bekenntnis gegenüber den Frauen eines Merrill-Lynch-Seminars ausdrückte. Greenberg sagt, sie gebe alles aus, weil sie Angst davor habe zu investieren. »Ergibt das irgendeinen Sinn?«[3]

Das Alter der Frauen, die das Seminar besuchten, bewegte sich zwischen 27 und 67 Jahren, unter den Teilnehmerinnen waren Lehrerinnen, leitende Angestellte, Unternehmerinnen und andere berufstätige Frauen. Sie trafen sich wöchentlich im Konferenzraum eines eleganten New Yorker Clubs, sie stellten Fragen, wie sie sich von Schulden befreien konnten, wie sie die Verantwortung für ihre finanzielle Zukunft übernehmen sollten, wie sie den Wert ihres Geldes steigern konnten. Sie lernten, daß sie allzu vorsichtig waren, da sie ihr Geld auf Sparkonten und in Geldmarktfonds »sicher« wissen wollten – was heutzutage fast gleichbedeutend mit Wegwerfen ist. Sie lernten, daß sie nicht genug zum Leben haben würden, wieviel sie auch verdienen mochten, wenn sie nicht aggressiver investierten. Sie lernten, daß sie aufhören mußten, alles ihren Ehemännern zu überlassen, und daß sie ihr Einkommen und ihre Investitionen selbst in die Hand nehmen mußten.

Charlotte London, die einst ihre eigene Radiosendung zum Thema Finanzen moderierte, hörte auf, ihr Geld anzulegen, als sie heiratete und seitdem diese Dinge lieber ihrem Ehemann überließ. Als er starb, hinterließ er »einen sehr uninteressanten Wertpapierbestand. Ich mußte etwas unternehmen, wenn ich von meinem Einkommen leben wollte«. Zu ihrem Glück gab es damals einen Anstieg am Aktienmarkt; sie stieg ein und verdreifachte ihre Anteile innerhalb von vier Jahren. Die Paradoxien, die aus der Geldphobie erwachsen, sind in der Tat unsinnig. Eine unverheiratete 34jährige Chefsekretärin erzählte der Gruppe, sie sei »risikoscheu«. Von ihren Eltern, die die Große Depression der dreißiger Jahre erlebt hatten, hatte sie gelernt, Investitionen voller Skepsis zu betrachten. Deshalb läßt sie ihr Geld auf einem Sparkonto und hat auf ihrer Kreditkarte mehr Schulden als Ersparnisse auf dem Konto. Sie zahlt Zinsen von 19,8 Prozent. Ihr Ziel ist es, wie das vieler Frauen, »sich keine Sorgen machen zu müssen«, aber sie weiß nicht, wie sie das anstellen soll. Befürchtungen verdunkeln ihr Leben. (Das Ziel, sich keine Sorgen machen zu müssen, ist nicht unbedingt das gleiche wie finanzielle Unabhängigkeit.)[4]

Die drei Dutzend Frauen, die das Seminar besuchten, stellten fest, daß ihr Glaube an die eigene Inkompetenz tief saß. Und es hatte nichts damit zu tun, wie hervorragend sie sich in anderen Bereichen zeigen mochten. »Was ich auch mit Geld anstelle – ich habe immer das Gefühl, etwas falsch zu machen«, sagte Muriel Bernstein. Als ihr Mann starb, hatte sie zwei halbwüchsige Kinder, ein mit Hypotheken belastetes Haus, 500 Dollar auf der Bank, keine Lebensversicherung und eine Teilzeitarbeit bei einer Firma, die Chemikalien für vorgefertigte Betonteile herstellte. Heute ist sie stellvertretende Vorsitzende des Unternehmens und wurde zum Mitglied des *American Concrete Institute* ernannt. »Aber ich habe nicht gelernt, mit Geld umzugehen.«[5]

Irgendwann im Lauf ihres Lebens kommt es für 80 Prozent

der amerikanischen Frauen so weit, daß sie die alleinige Verantwortung für ihr finanzielles Wohlergehen übernehmen müssen. Aber ungeachtet der neuen finanziellen Wirklichkeit ist es Frauen tendenziell angenehmer, sich die Finger wund zu arbeiten, als ein paar Monate lang zu lernen, wie sie ihr Geld *für sich arbeiten* lassen können. Was sie daran hindert, ist nicht die Zeit, die sie dafür aufbringen müssen, sondern die Angst vor dem Scheitern.

Typisch ist die alleinstehende Mutter mit 50000 Dollar, die sie in einem Geldmarktfonds mit lumpigen vier Prozent Zinsen angelegt hat. »Sie weiß, daß sie etwas tun muß«, berichtet Cynthia Kling, »hat aber Angst, daß die Börsenmakler sie ausnehmen könnten. Also tut sie gar nichts.«[6]

Corinne Smith, erste Vorstandsvorsitzende bei Paine Webber, stellt fest: »Beim ersten Mal kommen viele Klientinnen mit eingezogenem Kopf in mein Büro. Sie sagen immer: ›Ich weiß überhaupt nichts.‹« Aber sie versichert ihnen, daß sie sich »um sie kümmern« werde, und »wenn sie wieder gehen, haben sie Tränen der Erleichterung in den Augen«.[7]

Bei vielen Frauen ist die aus purer Angst resultierende Lähmung das eigentliche Übel. »Ich addiere, subtrahiere und multipliziere, aber ich trete nie in Aktion«, sagte eine heimlichtuerische Seele, die in der hintersten Reihe des Seminars saß und Zahlen in einen Taschenrechner hämmerte. »Ich weiß, daß ich mit meinen Ersparnissen etwas anfangen sollte, aber offensichtlich warte ich darauf, daß es jemand anders für mich tut.«

Carmine Dell'Orefice, *das* Mannequin der vierziger und fünfziger Jahre, die mit ihren weißen Haaren noch immer atemberaubend schön ist, weiß, was es heißt zuzulassen, daß »jemand anders es für einen tut«. Vor neun Jahren wollte sie David Susskind heiraten, aber er starb an einem Herzanfall. Einer seiner Freunde bot an, ihr bei der Verwaltung ihrer Ersparnisse zu helfen, die sich auf etwa 200000 Dollar beliefen. Drei Jahre später war ihr Konto leergefegt – infolge von schlechtem Management.

»Beim Geschäft meines Lebens habe ich geschlafen«, sagt Dell'Orefice heute. Mit 65 hat sie mit großen Anstrengungen gelernt, alles scharf im Auge zu behalten, und sie hat den Wert einer zweiten Meinung schätzen gelernt. Außer ihrem Börsenmakler hat sie eine diplomierte Finanzplanerin, Melissa Levine, die ihre Investitionsentscheidungen ein weiteres Mal überprüft.

»Experten meinen, daß den meisten Frauen das Ruhestandsgeld ausgehen wird, bevor sie sterben«, teilte Levine Dell'Orefice mit; sie saßen bei Kuchen und Tee zusammen im Mayfair Hotel.

»Dann werden eine Menge alter Huren die Straßen bevölkern«, erwiderte Dell'Orefice feinsinnig.[8]

Warum Frauen die Macht des Geldes fürchten

Es ist nicht sonderlich überraschend, daß viele Frauen glauben, wenn sie in Sachen Geld kompetent werden, würde das die Männer abschrecken. Wie beim Sex meinen wir, daß Männer das Gefühl von Herrschaft haben müßten und daß wir sie »entmannen« würden, wenn wir ihnen dieses Gefühl nehmen.

»Da Erfolg auf dem Markt, vor allem in männerdominierten Berufen, mit selbstsüchtigen Persönlichkeitsmerkmalen wie Skrupellosigkeit und Konkurrenzverhalten assoziiert wird, werden Frauen in Spitzenpositionen vielleicht als außergewöhnlich oder nicht typisch weiblich wahrgenommen und mit einer Aufmerksamkeit bedacht, die nicht unbedingt schmeichelhaft ist«, schreiben Annette Lieberman und Vicki Lindner, Autorinnen von *Unbalanced Accounts*.[9]

Lieberman und Lindner forderten eine große Zahl von Frauen auf, sich vorzustellen, sie wären zu einem eleganten Essen eingeladen und säßen neben einer Frau aus ihrem eigenen Arbeitsgebiet, die eine halbe Million Dollar im Jahr verdient. Dann forderten sie die Frauen auf, die Unterhaltung mit dieser Frau und deren Aussehen zu beschreiben. Die andere Frau wurde als kalt, hart, abschreckend, sogar »böse« geschildert. Dava, eine Video-Skript-Schreiberin, sagte über ihre imaginierte Tischgenossin: »Sie ist schwarz gekleidet und trägt Perlen. Außerordentlich ausdruckslos und irgendwie streng mit einem dünnen, leicht abgespannten Gesicht. Ich kann überhaupt keine Beziehung zu ihr herstellen. Sie hat das Gefühl, ich sei irgendeine Untergebene, die vielleicht etwas von ihr erwartet, das sie mir nicht geben will. Ich bin sehr reserviert.«

Einige der Teilnehmerinnen waren neidisch auf die Erfolgsfrau und versuchten sie auf ein normales Maß herunterzubringen, indem sie ihre »menschliche« Seite aufdeckten. Eine Frau mit sehr geringem Einkommen hatte die Idee, mit ihr hinauszugehen und sie zu einem Geständnis »ihrer Abtreibungen und anderer Tragödien ihres Lebens« zu bewegen.

Selbst Frauen mit hohem Einkommen lehnten die erfolgreiche Frau ab. Georgette, die mehr als 100000 Dollar im Jahr verdient, meinte: »Sie ist wahrscheinlich furchtbar. Sie ist sehr kalt, sehr gehetzt, nicht sehr nett und sehr gemein. Ich würde mich unwohl fühlen, weil ich das Gefühl hätte, daß... mir irgendwann jemand einen Knüppel zwischen die Beine werfen würde, und zwar diese Frau.«

Die Autorinnen der Untersuchung beobachten, daß Georgettes schnelle, reflektierte Negativeinstellung, ungeachtet dessen, daß ihr Mißtrauen gegenüber erfolgreichen Frauen auf früheren Erfahrungen basieren mochte, zeigte, daß sie Probleme damit hatte, den eigenen Erfolg zu verinnerlichen – »ihre Vorstellung von Weiblichkeit mit ihren gewinnbringenden Kräften in Einklang zu bringen«.

Finanziell wirklich unabhängig zu sein wird als zu riskant empfunden. Die Frauen in der Untersuchung, die sich von dem Bild einer autarken Frau einschüchtern ließen, hatten dem Erfolg, den sie sich selbst zutrauten, unbewußt Grenzen gesetzt. Sie lehnten die aus eigener Kraft erfolgreiche Frau ab – nicht nur in der Phantasie, sondern auch in ihrem eigenen Innern – und unterstellten *ihr* diese Ablehnung.

Es ist ermutigend, daß Lieberman und Lindner auch Frauen mit gesunden Einstellungen zum Geld antrafen. Diese Frauen waren im allgemeinen glücklich und vermittelten Zufriedenheit mit ihrem Leben. »Da Geld in unserer Gesellschaft Macht bedeutet – eine Macht, die Frauen lange Zeit zurückgewiesen haben –, strahlen diejenigen, die gelernt haben, mit Geld umzugehen, vertrauensvolle Selbstsicherheit aus.«

Sie haben einen Weg gefunden, die Bedeutung des Geldes zu »feminisieren«, das heißt, den Wunsch nach Geld und finanzieller Unabhängigkeit mit dem Gefühl, als Frauen annehmbar und begehrenswert zu sein, in Einklang zu bringen. Auch haben sie ihre Beziehungen zu anderen nicht geopfert, um gehetzte Workaholics zu werden. »Wir haben festgestellt, daß es bei Frauen einen deutlichen Zusammenhang zwischen einer gesunden finanziellen Identität und einer gesunden Sexualität gab.« Im Gegensatz zu dem, was viele Frauen fürchten – daß hohes Einkommen und Kompetenz in bezug auf Geld sie für Männer bedrohlich mache –, hatten in dieser Untersuchung die Frauen, die ihr Geld effektiv handhabten, tendenziell gute Beziehungen. »Im allgemeinen hatten diejenigen, die eine wirklich phobische Einstellung zum Geld hatten, entweder gar keine Männerbeziehungen in ihrem gegenwärtigen Leben oder sie lebten in schwierigen Ehen und Liebesaffären.«

Typischerweise können Frauen das Geld von jemand anderem – einem Ehemann, einem Klienten – besser handhaben als ihr eigenes. »Man erwartet von uns, daß wir nicht so aussehen, als könnten wir für uns selbst sorgen«, meint Susannah, eine Schönheit aus den Südstaaten mit einer starken Wertschätzung der Grundsätze, die sie von ihrem Vater gelernt hat.

Susannah managte jahrelang mit großem Erfolg das Geschäft ihres Partners, während sie ihr eigenes Einkommen ausgab und nichts davon auf die Seite legte. Und dann verließ er sie mit seinem blühenden Geschäft. Heute meint sie: »Wir können für andere sorgen. Wir können es zu etwas bringen, weil wir einen Mann und seinen Erfolg haben, weil wir ihn manipulieren. Wir können es durch Glück oder Zufall zu etwas bringen oder indem wir einen reichen Mann heiraten. Aber ich habe nicht das Gefühl, es könnte aufgrund meiner eigenen Kompetenz geschehen. Ich soll mich nützlich machen, nicht reich werden.«

Mit 55 hält Doris einen Rückblick auf ihren Erfolg – und darauf, wie schnell sie bereit war, ihn aufzugeben. Doris erhielt beim

Collegeabschluß die Auszeichnung, für ihre Klasse die Abschiedsrede zu halten. Danach war sie zweimal verheiratet, brachte zwei Söhne zur Welt und schuf drei erfolgreiche Unternehmen, indem sie Schmuck entwarf, den sie in erstklassigen Galerien verkaufte. Aber sie sagt: »Jedesmal, wenn ich mein Geschäft aufgebaut hatte und es gut lief, begegnete ich einem Kerl und drehte durch. Ich war zur Stelle, wenn er Hunger hatte oder ein Hemd gebügelt haben wollte. Jedesmal ließ ich mein Geschäft sausen. Es war, als würde ich meine Begabungen und meine Fähigkeiten, Geld zu verdienen, einfach aus dem Fenster werfen. Ich glaube, ich nahm an, daß mein Erfolg für ihn bedrohlich wäre und ich am Ende allein bleiben könnte.«

Unsere Mütter vor Augen

»Daß unsere Mütter so vorsichtig mit Geld umgingen, symbolisierte ihre fundamentale wirtschaftliche Ohnmacht und ihren abhängigen Status«, meinen Lieberman und Lindner. »Häufig kontrollierten sie die finanziellen Mittel der Familie, aber das Geld, das sie verwalteten, war nicht ihr eigenes, und sie wurden für die Arbeitsstunden, die sie aufbrachten, um es zusammenzuhalten, auch nicht bezahlt. Manche hatten das Gefühl, sie hätten kein Recht, das hart verdiente Gehalt ihres Ehemannes zu verplempern oder für sich selbst auszugeben. Diejenigen, die eigenes Geld hatten, waren oft aufopfernd und gaben es für ihre Kinder aus. Für jene, die in einer Atmosphäre aufgewachsen waren, in der mit Geld sehr vorsichtig umgegangen wurde, repräsentierten die Nudeltöpfe der frühen fünfziger Jahre, die weitervererbte Kleidung und die Pfennigfuchserei im allgemeinen ein deprimierendes, farbloses Ödland, dem sie entfliehen wollten.«

Es gibt einen bedrückenden Zusammenhang zwischen der Art und Weise, wie Frauen Geld sehen und handhaben, und ihren Gefühlen in bezug auf ihre Mütter. Evelyn, von der wir im vorigen Kapitel gehört haben, spart sich in der schlimmsten finanziellen Situation ihres Lebens für ihre Mutter in Florida kleine Zuschüsse vom Munde ab. »Sie wollte immer, daß ich eine Laufbahn im künstlerischen Bereich einschlage, aber ihre Vorstellungen waren sehr romantisierend«, erinnert sich Evelyn. »Außerdem erwartete sie immer auch, daß ich mit Hilfe eines Mannes für sie aufkommen würde. Ich sollte diejenige sein, die ein großes Haus bewohnen und für sie sorgen würde, wenn sie alt wäre, durch das bequeme Leben, das ich eines Tages mit meinem Mann führen würde.«

Phyllis gibt das Geld mit vollen Händen aus, sagt sie, um nicht so zu leben wie ihre Mutter, die in ihrem Wunsch, von niemandem abhängig zu sein, bis zu ihrem Ende knickerig war. (Phyllis versteht diesen brennenden Wunsch älterer Frauen, von niemandem abhängig zu sein, nicht. Sie meint, es müsse etwas mit der Zeit der Großen Depression zu tun haben.)

Und Susan. Das Beispiel, das ihre Mutter gab, hinterließ bei Susan ein Gefühl der Verwirrung und der Verlassenheit. Susans Vater, ein Arzt, der eine Familie mit acht Kindern zu unterhalten hatte, hinterließ ein bescheidenes Erbe, als er starb. Susan, die jüngste, war erst 14 Jahre alt. »Meine Mutter nahm das Geld und machte sich davon«, erzählt sie.

Die Mutter verließ Brooklyn und kaufte von den 100000 Dollar aus der Lebensversicherung ihres Mannes ein Haus in Vermont. Die Kinder einschließlich Susan verstreuten sich in alle Winde. Susan belegte einen Spezialkurs und übersprang das letzte Schuljahr an der High School. Mit 16 kam sie aufs College, im Gepäck zwei Mülltüten voller Kleidung und eine Kiste mit Büchern. »Es war traurig, daß ich niemanden hatte, der mich hinbrachte, daß mich niemand an der Bushaltestelle abholte und daß ich keine klare Vorstellung hatte, wo es hingehen sollte«, sagt sie heute. »Aber es war auch eine große Erleichterung nach den zwei Jahren Chaos.«

Dieses Mädchen hatte von Kindesbeinen an sein eigenes Geld verdient und tat es noch immer. Susan war nicht unterzukriegen. Als sie mir ihre Geschichte erzählte, war sie 39 und fühlte sich zum erstenmal in ihrem Leben finanziell ausgeglichen. Sie hatte ihre Graduiertenarbeit beendet und ihren Doktor in Kulturanthropologie gemacht, wobei sie sich mit Stipendien und Teilzeitarbeit ihren Lebensunterhalt gesichert hatte. Während der ersten Jahre nach ihrer Promotion sah sie sich mit der Tatsache konfrontiert, daß es für Anthropologen nur wenige gute Arbeitsmöglichkeiten gab – auch für Leute wie sie, die von der *National Science Foundation* Stipendien erhalten hatten. Und jetzt verdiente sie in der Drogenforschung 53 000 Dollar im Jahr.

Sie dachte auch darüber nach, warum sie das ganze letzte Jahr bereit gewesen war, für ihren Freund aufzukommen, einen Mann, der nicht imstande zu sein schien, einen Job zu finden, und der sich nicht dazu hatte durchringen können, sich nach einer Teilzeitarbeit umzusehen.

Ein Mann, der ein guter Hausmann war, wie Susan meinte, wenn sie auch nicht wirklich einen Hausmann brauchte. Sie brauchte einen Mann, der für sich selbst aufkam, damit sie sich ein Kind leisten konnte. Es gab Momente des Zorns, aber größtenteils, meinte sie, sei sie diesen entwachsen. Sie ist glücklich, daß sie genug hat, um es mit jemandem zu teilen. Es erinnert ein bißchen daran, wie sie ihrem Zorn darüber entwachsen ist, daß ihre Mutter sie verließ, als ihr Vater starb.

Sie hatte das Gefühl, daß ihre Mutter getan hatte, was sie tun mußte. Susans Mutter war mit Geld aufgewachsen, hatte geheiratet und die vielen Kinder bekommen. Pflichtbewußt ernährte sie sie, bügelte ihre Kleider und hielt das Haus sauber, alle drei Stockwerke, in einer Gegend, wo die Nachbarn alle Hausangestellte hatten. »Mein Vater hatte seine Praxis in einer armen Arbeitergegend von Staten Island, wo er aufgewachsen war. Seine Patienten konnten ihn nicht immer bezahlen. Oder sie bezahlten mit Gegenleistungen. Wir lebten in dieser großartigen Gegend und konnten es uns nicht leisten, das Haus instandzuhalten. Wir waren so etwas wie das Geisterhaus unseres Viertels.«

Susan meint, für ihre Mutter müsse es hart gewesen sein.

Wut und Rache: »Ich werde dich zwingen, es mir zu geben«

Man könnte sich fragen, was eigentlich aus der Wut wird, die die Frauen angesichts dessen empfinden, was ihnen in der Kindheit und Adoleszenz widerfuhr. Viele verdrängen ihr Wissen von dieser Wut. Andere machen sich Luft durch fehlgeleitete Aggressionen. Evelyn berichtete, sie sei so wütend über die objektivierende Behandlung von seiten ihres Vaters geworden, über den Verlust ihrer Theaterkarriere, die ihr mit 17 möglich erschienen war, darüber, daß sie ihre Massagepraxis aufgab, um ihrem Ehemann zu assistieren, daß sie sich schließlich die Einstellung zu eigen machte: »Ich werde dich zwingen, es mir zu geben.«

Es folgt das Gespräch mit einer Frau, die sich selbst als Feministin bezeichnet und aus Wut über ihre ganze Geschichte ihren Mann hat zahlen lassen. Rachel ist eine gebürtige New Yorkerin, die in den siebziger Jahren nach Washington, D.C., zog, wo sie heiratete, Kinder bekam und eine Reihe von Jahren in Teilzeit arbeitete. Heute ist sie Beraterin beim *Office of Substance Abuse Prevention* für die Bundesregierung. Aber sie beeilt sich, mir gleich zu Anfang mitzuteilen, daß ihre Jobs sie nie besonders interessiert hätten.

»Ich hatte eine Ausbildung als Lehrerin. Dem Beruf ging ich etwa zehn Jahre lang nach, fünf Jahre lang leitete ich einen Tennisclub, und in den letzten 25 Jahren habe ich ... Im wesentlichen war ich feministische Ganztagsaktivistin, und keiner der Jobs war so wichtig für mich wie meine Arbeit in der Frauenbewegung.«

»Haben Sie als feministische Aktivistin ehrenamtlich gearbeitet?«

»Ich mag das Wort ›ehrenamtlich‹ nicht.«

»Wurden Sie bezahlt?«

»Nein, die meiste Zeit nicht.«

»Warum mögen Sie die Bezeichnung ›ehrenamtlich‹ nicht?«

»Weil ›ehrenamtlich‹ nach Leuten klingt, die Pflaster auf

Wunden kleben, anstatt zu versuchen, das Krebsgeschwür zu vernichten.«

Rachel tritt mit einer gewissen Grandezza auf, so daß man zuerst denkt: »Das ist eine Frau, die weiß, wie man für sich sorgt.«

»In den siebziger Jahren stand ich der *Homemakers' Rights Task Force* vor. Es war keine bezahlte Arbeit. Meistens hatte ich wirklich Glück. Wir gehören zur oberen Mittelschicht. Aber alles gehört mir.«

»Ihnen gehört...«

»Alles! Mir gehören alle Aktien. Mir gehört alles Geld. Er hat die Hälfte vom Haus. Ich dachte, das ist nur gerecht.«

»Alles läuft auf Ihren Namen, nicht auf seinen?«

»Ja.«

»Wie haben Sie das geschafft?«

»Indem ich sagte: ›Es gehört mir.‹ Ich habe es ihm genau so geschildert, wie es war. Wenn ich nicht arbeitete, hatte ich kein Einkommen und keine Rente. Und wenn er arbeiten wollte und ich für die Kinder sorgen mußte, dann brauchte ich irgendeine Sicherheitsgarantie. Also gehören mir die Versicherungspolicen. Er zahlt die Prämien. Sie sind auf sein Leben abgeschlossen, weil er der Hauptverdiener ist. Aber sie gehören mir. Selbst wenn er mich auf die Straße setzen würde, gehörte seine Lebensversicherung immer noch mir, solange ich die Prämien zahlen kann.«

»Wenn er beschließen würde, Sie zu verlassen...«

»Es gehört alles mir.«

»Egal wie?«

»Egal wie. Also war ich immer... ich würde nicht sagen, finanziell unabhängig. Das würde nicht ganz zutreffen. Aber finanziell abgesichert, ja; so sicher es geht.«

Rachel sagt, es sei eine bewußtseinsfördernde Gruppe gewesen, die sie in den siebziger Jahren davon überzeugt hatte, daß sie sich schützen müsse.

»Ich hörte mir immer wieder an, was die Frauen in die Bredouille brachte. Es hatte nichts zu bedeuten, was man ihnen versprochen hatte, am Ende waren sie immer in der Bredouille. Also nahm ich offiziell wieder meinen Mädchennamen an, weil ich festgestellt hatte, daß ich keinen Kredit hatte. So lief das, bevor sie die Gesetze änderten; meine Kreditwürdigkeit lief unter seinem Namen. Also änderte ich es. Ich eröffnete Bankkonten auf meinen Namen, damit ich Kredit hatte.«

Sie stellte jedoch fest, daß es problematischer war, einen Ganztagsjob zu finden. »Ich wollte wieder arbeiten, aber die Kinder mußten zu Hause zu Mittag essen. Also sorgte ich dafür, daß die Gemeinde Mittagessen in den Schulen einführte.«

Rachel konnte Teilzeit und ehrenamtlich arbeiten, weil sie sich nicht nur auf ihr eigenes Einkommen verlassen mußte. Sie besteht jedoch darauf, daß das nicht nur ein Vorteil sei, sondern auch eine Verbindlichkeit, für die sie angemessen entschädigt werden müsse.

»Stellen Sie sich vor; daß Sie immer verheiratet sein werden?«

»Ich sehe keinen Grund, Ben loswerden zu wollen. Er kommt mir nicht in die Quere. Aber wenn er alt und krank und gebrechlich wird, schicke ich ihn ins Heim. Das weiß er. Ich habe es ihm schon gesagt.«

Obgleich Rachel sich gern kaltschnäuzig und gewieft gibt, verrät sie sich durch ihre Fassade der Unverwundbarkeit.

»Haben Sie zum jetzigen Zeitpunkt irgendein Gefühl der Enttäuschung, das Gefühl, etwas im Leben versäumt zu haben?«

»Lange, lange Zeit hatte ich ein Gefühl von Wut«, sagt sie und sieht traurig aus. »Wahrscheinlich treibt mich genau das an, dieses wer ich hätte sein können oder was ich hätte sein können, was ich niemals war und sein werde.«

»Und was war das?«

»Ich weiß es nicht einmal mehr. Ich denke zurück an das, was ich als kleines Mädchen wollte. Ich hatte eine Menge großer Träume, aber ich habe keinen davon verwirklicht. Und das macht mich wütend. Ich habe nämlich festgestellt, daß ich es hätte können. Ich habe zwar die Möglichkeiten in mir, diese Dinge zu tun, aber ich hatte nie die Gelegenheit dazu. Und wenn ich etwas davon zustande gebracht hätte, wäre der Preis, den ich dafür hätte zahlen müssen, zu hoch gewesen.«

Warum, so frage ich mich, sah das Bild für sie immer so düster aus? Hatte sie nie gesehen, wie andere Frauen Familie und Beruf handhabten?

»Die Rollenvorbilder, die ich hatte, waren immer voller ›ja, aber‹. Meine Mutter und alle anderen waren Schullehrerinnen. Sie waren berufstätig, aber sie hatten immer auch eine Familie, die sie versorgten. Und der Beruf stand nicht an erster Stelle. Und die Familie war immer... egal was. Deshalb waren diese Rollenvorbilder immer... entwertet. Es gab immer ein ›ja, aber‹. Ich sehe nicht, daß es jetzt sehr viel anders ist. Ich glaube, daß auch heute die Rollenvorbilder mit einem ›ja, aber‹ verbunden sind. Sie wird nie nach dem beurteilt, was sie tut. Sie wird immer gefragt, mit wem sie verheiratet ist. Oder ob sie Kinder hat. Das ist eine Art, von ihr abzulenken. Die einzige Erinnerung an Geraldine Ferraro als Kandidatin für das Amt der Vizepräsidentin ist, daß sie weinte. Oder war es die andere? Pat Schroeder. Pat Schroeder weinte. Geraldine Ferraro wurden Vorwürfe wegen ihres Mannes gemacht. Es ging nicht darum, wer sie war oder was sie war oder was sie geleistet hatte oder woher sie kam. Es hatte mit ihrem Mann zu tun, der ganz groß im Ärgermachen war.«

»Sie meinen, das waren Herabsetzungen?«

»Herabsetzungen.«

Was war mit der Frau, die sie an einer früheren Stelle in unserem Gespräch erwähnt hatte, eine Freundin aus Kinderzeiten, die Rechtsanwältin geworden war? Auch sie sah Rachel als eine Ausnahme, die nichts beweise.

»Marcy Blackstone wurde Anwältin, weil sie Anwältin werden mußte. Ihr Vater starb, und ihre Mutter zog sie auf. Sie hatte den einzigen Wunsch, daß sie nie in eine solche Lage wie ihre Mutter kommen wollte. Aber Marcy Blackstone ist eine Frau mit Hintertürchen. Man kann auf sie zeigen und sagen: ›Sie hat es geschafft.‹ Es gibt eine Menge Fauen wie sie, aber...«

Irgendwo unter Rachels monumentalem Abwehrsystem lag ein Kern von Bitterkeit, und er offenbarte sich schließlich.

»Ich weiß nicht, ob jemand Ihnen so etwas je so direkt gesagt hat. Einmal beklagte ich mich bei einem Mathematikprofessor am *Queens College* darüber, daß Hyram Milford eine bessere Note als ich bekommen hatte, obwohl ich bei der Prüfung besser gewesen war als er. Der Professor sagte mir frei heraus, daß Hyram Milford die Medical School besuchen würde und ich nicht.

Zu dieser Zeit wurden meine Noten auf dem College mittelmäßig. Und ich brauchte weitere zehn Jahre, bis ich herausfand, daß das, was der Professor zu mir gesagt hatte, der Grund für mein geringeres Interesse am Studium war. Aber anstatt wütend zu werden und es hinauszuschreien, wie ich es später lernte, kehrte ich es nach innen gegen mich selbst.«

»Sie sind also wütend darüber, daß Sie etwas anderes hätten werden können, wenn es für Sie in jungen Jahren anders gelaufen wäre.«

»Mit Mitte dreißig traf ich die bewußte Entscheidung, nicht wieder zu studieren. Ich beschloß, diese Wut zu nutzen und eine politische Aktivistin zu werden. So habe ich mich entschieden. Und nicht Präsidentin der Vereinigten Staaten zu werden, was ich eigentlich wollte.«

»Wo stehen Sie zum jetzigen Zeitpunkt Ihres Lebens? Haben Sie irgendwelche Ängste hinsichtlich der Zukunft?«

»Nicht in bezug auf Geld. Ich habe Angst, es könnte alles nicht wirklich sein.«

»Was ist nicht wirklich?«

»Mein Lebensansatz, meine Einstellung.«

»Fürchten Sie, es könnte sich plötzlich umdrehen und anders aussehen?«

»Ja. Bin ich verrückt? Meine einzige Sorge ist, daß ich krank werden könnte, und das habe ich nicht in der Hand.«

Manche Leute sagen, daß diejenigen, die das Gefühl haben, sie hätten nicht richtig gelebt, die Zukunft am meisten fürchten. Frauen, die die Herrschaft über ihr Leben zu gewinnen suchen, indem sie dem Macht- und Dominanzverhalten nacheifern, das sie bei Männern erlebt haben, werden am Ende nicht ihre wirklichen Begabungen entwickelt haben. In dem paranoiden Bemühen darum, nicht ausgenutzt zu werden, geben sie ihre Träume auf, verhärten sich und werden zynisch. Und im Innern ist immer die kleine Angst: *Vielleicht ist es nicht wirklich. Vielleicht ist meine vermeintliche Stärke nur Fassade. Vielleicht habe ich mich gegen mich selbst gewandt.*

KAPITEL 9

Ein eigenes Schloß bauen: Die Angst vor finanzieller Unabhängigkeit überwinden

Wenn ich daran denke, mit dem Investieren von Geld zu beginnen, fällt mir als erstes ein, daß ich jemanden finden muß, der gut ist, dem ich vertrauen kann, damit er das Geld für mich investiert. Aber wie kann ich jemanden finden, wenn ich glaube, daß es niemanden gibt, der vertrauenswürdig ist? Das heißt, das ganze ist ein Glückspiel. (Wenn man es nicht kontrollieren kann, kann man ihm nicht vertrauen.)

Aber ich weiß, daß es Leute gibt, die auf dem Aktienmarkt Geld machen, und nicht nur Tycoons, sondern ganz gewöhnliche Leute. In der Tat sind immer mehr Menschen davon überzeugt, daß sie ihr Geld durch Anlegen mehren können und daß das System funktioniert.

Das führt zu zwei Schlußfolgerungen. Vertrauen ist für mich ein heikler Punkt. Falls ich jemals den Mut aufbringe, mit diesem Geschäft zu beginnen, werde ich mich um mehr Informationen über den Markt bemühen und lernen müssen, wie er funktioniert und warum er funktioniert. Ich muß damit umgehen wie mit jedem anderen Thema, das ich recherchiere.

Meine Zurückhaltung zeigt den Einfluß meines Vaters, der meinte, der Markt sei trügerisch, etwa so, wie die heutigen Pyramiden-Graphiken. Leute, die mit dem Markt »spielten«, waren in seinen Augen geldgierig und tollkühn. Meine Angst vor Investitionen hatte mit der Abhängigkeit von meinem Vater zu tun. Seine Art und Weise zu denken ist die richtige. Auf ihn muß ich mich verlassen, wenn es um Schutz und Anleitung geht. Ich kann mich nicht auf mich selbst verlassen oder auf sonst jemanden, nur auf ihn.

Jedesmal, wenn ich daran denke, Geld zurückzulegen und zu investieren, fühle ich mich furchtbar unzulänglich. Es ist keine erregende Aussicht, einfach weil ich mit einem Fehlschlag rechne.

Es ist wie ein großes Geheimnis, das sich mir entzieht, das Geheimnis, wie man aus einem Risiko Wahrscheinlichkeit macht. Ich fühle mich sicherer, als wären meine Überlebenschancen besser, wenn ich kein Geld investiere.

Und dennoch *weiß* ich, weil überall davon gesprochen wird, daß ich nicht genug Geld haben werde, wenn ich nicht investiere. Wenn ich nicht investiere, werde ich nicht überleben. Ich werde auf der Straße landen, ohne einen Pfennig, mit 65 Jahren. Ich bin so überzeugt, daß ich mit Investitionen keinen Erfolg haben kann, daß ich es nicht schaffe, einen Versuch zu wagen. Und deshalb bin ich emotional in einer Falle gefangen. Ich sage mir, daß ich getan habe, was ich konnte. Was kann ich denn tun, wenn ich nicht genug Geld für meine Zukunft habe? Ich laste es der geschäftlichen Lage an, den Medien, den Produzenten (die zu jung sind), den Verlegern, den Marketingleuten, meiner Agentin – jedem. Ein wenig haben sie alle etwas damit zu tun. Trotz alledem bleibt eine simple Wahrheit: Ich kämpfe nicht für mich.

Schließlich habe ich mir doch noch zu erkennen erlaubt, daß ich in wirklicher Not enden könnte, wenn ich mich nicht ändere und die Dinge nicht in die Hand nehme. Ich habe keine Zeit mehr. Geld braucht Zeit, um Geld zu produzieren. Ich habe gerade noch genug Zeit, jetzt zu investieren und mich zu schützen. Wenn ich es nicht tue, liefere ich mich ab sofort der Angst und der Sorge aus. Es liegt *vollständig* in meiner Hand.

Angst vor der Investition

»Es gefällt mir nicht, daß ich das Geld, für das ich wirklich hart gearbeitet habe, zurücklegen soll, anstatt es auszugeben, damit ich welches habe, wenn ich 65 oder 70 bin. Aber wenn ich es nicht tue«, meint Molly, deren Tag der Abrechnung kam, als sie 40 wurde, »wird nichts da sein.«

Erst als sie ihre Beziehung zum Geld änderte, begann sie auch ihre Rettungsphantasien in Frage zu stellen. »Ich habe zum erstenmal in meinem Leben ein Budget aufgestellt. Der Grund, warum ich nie ein Sparkonto hatte, lag einesteils darin, daß ich Angst hatte, ich würde wirklich sparen, wenn ich eines hätte. Ein Teil von mir sagte: ›Warum muß ich das alles machen? Warum kommt nicht einfach jemand und sorgt für mich?‹ Es ist noch nicht allzuviel drauf, aber es gefällt mir, Ersparnisse zu haben.«

Oft ist eine Krise erforderlich – Verlust der Arbeit, Krankheit, Scheidung, bevorstehende Pensionierung –, um Frauen zum Sparen und Investieren zu bewegen. Aber anstatt in gewinnträchtige Aktien zu investieren, neigen wir dazu, unsere Rücklagen flüssig und verfügbar zu halten.[1] Ein Grund dafür mag unsere fortwährende Versorgungsrolle sein. Wir halten unsere Ersparnisse lieber verfügbar, falls sie für den Haushalt gebraucht werden. Eine von Merrill Lynch durchgeführte Erhebung ergab, daß Frauen mit größerer Wahrscheinlichkeit für die Ausbildung ihrer Kinder, für ein Haus oder ein Auto sparen, Männer dagegen eher für ihren Ruhestand. Nur 30 Prozent der 45- bis 64jährigen – im Vergleich zu 47 Prozent der Männer – sparten für ihren Ruhestand. Bei den Frauen, die sparten, betrug der durchschnittliche Wertpapierbestand 25 700 Dollar, bei den Männern das Doppelte: 52 500 Dollar.[2]

Auf New Yorker Dinnerpartys versuchen die Leute seit kurzem frenetisch, mit der magischen Zahl herauszukommen. »Der für einen sorglosen Ruhestand notwendige Sparbetrag wurde auf drei Millionen Dollar beziffert. Dieser Mythos sorgt derzeit für Schlaflosigkeit«, schreibt Leslie Dormen in der Zeitschrift *Mirabella*.[3]

»Ganz so viel werden Sie nicht brauchen«, meinte Ginger Applegarth, Korrespondentin für persönliche Finanzen bei CNBC, die von vielen Frauen hört, »die plötzlich die Angst vor einem Dasein als Stadtstreicherin überfällt«. Aber die Zahl, die Applegarth nennt, ist immer noch hoch. Angenommen, eine Frau hat keine Ruhestandsvorsorge oder nennenswerte Vermögenswerte, kann aber mit der Sozialversicherung rechnen, wieviel muß sie dann jährlich investieren, beginnend mit 35, 45 oder 55 Jahren, wenn sie mit 65 in den Ruhestand gehen und ein zu versteuerndes Einkommen von 80 000 Dollar im Jahr haben will?

Laut Applegarth braucht sie mindestens 800 000 Dollar. Um diesen Betrag anzuhäufen – und dann liegen zu lassen, um von den 10 Prozent Zinsen und Dividenden zu leben –, müssen *jährlich* investiert werden: mit 35 Jahren 4424 Dollar, mit 45 Jahren 12 696 Dollar, mit 55 Jahren 45 632 Dollar.

Es ist jedoch unsicher, wie hoch die Zinsen sein werden, und einige Finanzplaner geben den Rat, nur mit 7,5 Prozent zu rechnen. Bei dem Zinssatz steigt der Betrag, der bis zum Ruhestand zu investieren wäre, auf etwas mehr als eine Million Dollar. Für 80 000 Dollar jährlich bei einem Ruhestand mit 65 sind bei 7,5 Prozent Zinsen folgende Jahresbeträge erforderlich: beginnend mit 35 Jahren 9596 Dollar, mit 45 Jahren 22 913 Dollar, mit 55 Jahren 70 138 Dollar.

Überflüssig zu sagen: je länger man wartet, desto gigantischer der Betrag, den man jährlich aufbringen muß.

»Ich bin total deprimiert«, sagte Dormen zu Applegarth.

»Sie sind nicht die einzige«, erwiderte Applegarth.

Mehr als 60 Prozent der Amerikanerinnen, die über 40 Jahre alt sind, einschließlich derer mit einem Einkommen von mehr als 75 000 Dollar im Jahr, glauben, daß sie länger leben werden, als ihre Ersparnisse reichen.

Es geht los

Im Lauf der Geschichte wurde den Frauen beigebracht, die beste finanzielle Strategie für sie sei, »Kapital zu erhalten«. *Greife nicht nach günstigen Gelegenheiten; verschleudere nicht dein Kapital* (wenn du das Glück hattest, daß dir welches gelassen wurde). Zum Teil steckte die Vorstellung dahinter, daß man uns nicht zutrauen könne, mit unserem Geld irgend etwas Kreatives anzufangen. Diese Einstellung überwog bis vor kurzem.

In den frühen achtziger Jahren hatte ich einen Steuerberater, der mir vom Kauf einer Eigentumswohnung in New York abriet. Er sagte, ich sollte mein Geld verfügbar halten für den Fall, daß meine Kinder es brauchten. Ich wußte, daß ich es mir nicht leisten konnte, etwas in Manhattan zu kaufen, aber warum sollte ich nicht auf die andere Seite der Brücke gehen, nach Brooklyn? Dort kaufte ich eine Doppelhaushälfte mit Garten. Zwölf Monate später verkaufte ich sie mit einem Gewinn von 57 000 Dollar.

Um das zu erreichen, hatte ich mich dem Rat von Experten widersetzt, da ich von einem Nachfragepreis ausging, der höher war als alles, was drei örtliche Immobilienagenturen geschätzt hatten. Ich war überzeugt, je höher ich – in einem vernünftigen Rahmen – einstieg, desto höher wäre mein Gewinn. Das Endergebnis rechtfertigte meine Einschätzung der Lage aufs prächtigste. Das war meine erste Erfahrung damit, wie ich in finanzieller Hinsicht meinen Kopf durchsetzte, und glauben Sie mir, das damit verbundene Gefühl der Macht war erregend.

Die Bereitschaft, kalkulierte Risiken einzugehen, um Geld zu vermehren, ist im gegenwärtigen Wirtschaftssystem fundamental geworden. Jeder, der an Depotscheinen und Geldmarktfonds festhält in der Hoffnung, noch einmal die 13 bis 15 Prozent der achtziger Jahre zu erreichen, wird nach Meinung der Experten lange warten müssen. Zumindest für die neunziger Jahre wird nicht erwartet, daß die Zinsraten höher als 8 Prozent steigen. »Wenn eine Frau 40 Prozent ihres Einkommens für Bundes-, Landes- und kommunale Steuern abführen muß (wie es in New York City üblich ist), reduziert sich der effektive Ertrag auf 4,2 Prozent – nicht genug, um mit der Inflationsrate von 6 Prozent Schritt zu halten, geschweige denn, um Vermögenswerte für einen besseren Lebensstandard oder für den Ruhestand zu schaffen«, meint eine ältere Forschungsanalytikerin im Merrill-Lynch-Seminar.[5]

Frauen haben gelernt, Geld zu verdienen, aber die meisten haben nicht gelernt, es zu verwalten. Heute verantwortungsvoll mit Geld umzugehen, erfordert Aggressivität. Solange die Zinssätze niedrig bleiben, wird ein Wertpapierbestand auf der Basis eines festen Einkommens nicht die Wachstumsrate ermöglichen, die erforderlich ist, um über der Inflationsrate zu bleiben. Frauen müssen einen Teil ihres Geldes in Wachstumsinvestments mit einem gewissen Risiko anlegen, wenn sie genug Geld beschaffen wollen, um ihre Zukunft zu sichern. Auf psychischer Ebene bedeutet das, sie müssen Angst ertragen können – die Angst, die auftritt, wenn man das Geld in die Investition steckt, *und* die Angst, die auftritt, wenn man sich der Unbeständigkeit des Marktes ausliefert.

Das klingt paradox. Um in finanzieller Hinsicht nicht konservativ zu sein, darf man das Risiko nicht scheuen. Das bedeutet, den Bereich des »Weiblichen«, was hier soviel wie »auf Nummer Sicher gehen« heißen soll, zu verlassen. Wir könnnen nicht einfach nur brave Mädchen sein, indem wir unsere Rechnungen pünktlich bezahlen, wenn wir finanziell Verantwortung übernehmen wollen. Wir müssen unser Geld nutzen, um es zu mehren, und das impliziert, daß wir kalkulierte Risiken auf uns nehmen. Es impliziert, daß wir lernen, was immer notwendig ist, um diese Kalkulationen aufzustellen, zumindest in einem allgemeinen Sinn.

Und wir erweisen uns auch nicht als der Lage gewachsen, indem wir alles in die Hände eines Börsenmaklers legen ohne das geringste Verständnis für die Grundlagen des Investierens. Das macht uns zu sehr verwundbar. »Ich hatte einmal einen Börsenmakler, der mich, kurz bevor der Markt anstieg, dazu drängte, Optionen zu kaufen«, erinnert sich die Leiterin des Rechnungswesens einer Reederei. »Und ich merkte damals nicht, daß diese Empfehlung unsinnig war. Die Optionen verfielen.«[6]

In den im vorigen Kapitel beschriebenen Merrill-Lynch-Seminaren bekannte eine Frau, die ihr ganzes Geld auf einem Sparkonto und mehr Schulden auf ihrer Kreditkarte als Ersparnisse hatte, daß es ihr Hauptziel sei, »sich keine Sorgen machen zu müssen«, aber sie glaube nicht, daß sie das schaffen könne.

Im weiteren Verlauf der Seminare zeigte sich, daß die Frauen von ihrer Ambivalenz gelähmt waren. »Als die Frauen überlegen sollten, was Geld für sie bedeutet, sagten viele ›Freiheit‹ oder ›Unabhängigkeit‹ mit einem Ausdruck von Sehnsucht«, schrieb Anne Conover Heller, die für eine Frauenzeitschrift über die Seminare berichtete.

Aber warum waren diese Lehrerinnen, leitenden Angestellten, Unternehmerinnen und anderen berufstätigen Frauen so eingeschränkt in ihren Möglichkeiten zu handeln?

Allmählich erkannten sie im Lauf ihrer Zusammentreffen, daß frei und unabhängig zu werden bedeutete, verantwortungsbereit zu sein – das hieß, »die Vorstellung aufzugeben, daß jemand kommen und für mich sorgen wird«, wie eine der Teilnehmerinnen hervorhob. Und sie fügte hinzu: »Ich bin jetzt 50; ich bin in der zweiten Lebenshälfte. Es ist Zeit.«

Gay-Darlene Bidart, eine verwitwete Malerin und Schriftstellerin, für die Geld lange Zeit »ein moralisches Vexierspiel« gewesen war – sie hatte nie das Gefühl gehabt, es zu verdienen –, lernte in den Seminaren, sich im Zusammenhang mit Geld nicht mehr schuldig zu fühlen. »Frauen wurden aufgefordert, nach vorn zu kommen und zu beanspruchen, was ihnen gebührte: das Recht zu lernen, das Recht zu handeln. Haltet euch nicht zurück, hieß es.«

Am Ende der vier Seminare hatten die Frauen die Botschaft verstanden: Ambivalenz ist kostspielig. Größerer Wohlstand ist ein absolut vernünftiges Ziel, und das Wissen, wie man solide investiert, steht für die, die es wissen wollen, zur Verfügung. »Daß ich gelernt habe, keine Angst zu haben, hat mein Leben verändert«, sagt Bidart. »Dieses eine Mal fühle ich mich frei, das zu verlangen, was mir gehört.«

Eine der ersten Regeln des Investierens lautet, daß man frühzeitig anfängt. Wenn man die Lebensmitte erreicht hat, ohne zu investieren, lautet die erste Regel anzufangen, punktum. Die große Mehrheit der Frauen, die ich für mein Buch über Frauen zwischen 50 und 60, *Frauen im Aufwind,* interviewte, hatten überhaupt noch nie Geld investiert. Häufig meinten sie, es sei zu spät. Aber wenn man jetzt anfängt, einerlei, wann dieses Jetzt ist, wird man am Ende etwas davon haben; wenn man nicht anfängt, wird man nichts haben. So einfach ist das.

Etwas, das man überwinden muß, ist das Syndrom der verpaßten Gelegenheiten. Ich habe gelegentlich die Zeitschrift *Money* in die Hand genommen, wenn es im Flugzeug nichts anderes zu lesen gab, und ich fand etwa die Geschichte von der fröhlichen jungen Krankenschwester, die mit 20 angefangen hatte, wöchentlich 2,50 Dollar in einem Investmentfonds anzulegen, und nun im reifen Alter von 35 Millionärin war. Das gab mir das Gefühl, meine Chance verpaßt zu haben.

Aber man kann die Geschichte auch positiver lesen. Wenn eine Frau, egal, wie alt sie bei Beginn ist, 5000 Dollar im Jahr mit 10 Prozent Zinsen anlegt und 35 Prozent Steuern für die Zinsen bezahlt, wird sie bei einer Inflationsrate von 5 Prozent nach zehn Jahren 78057, 61 Dollar haben. Nach 40 Jahren hätte sie 1015732,80 Dollar. Ich pflegte solche Zahlen zu lesen und die Tatsache zu verwünschen, daß ich nicht 40 Jahre früher angefangen hatte, anstatt mir klar zu machen, daß ich immer noch eine Menge für mich tun konnte, wenn ich jetzt damit anfing.

»Du mußt bereit sein, dich selbst aufs Spiel zu setzen und unrecht zu haben«, sagt die Psychologin Ruth Ross. »Wir entscheiden allzuoft, daß der Mann das Risiko tragen solle – und erkennen nicht, daß der Mann dann Fertigkeiten entwickelt und Macht und Vertrauen gewinnt, eben dadurch, daß er das Risiko auf sich nimmt. Wer nichts riskiert, wird einfach nur älter.«[8]

Investment-Clubs: Frauen unterrichten sich selbst

»Frauen sind genauso fähig wie Männer, der Hauptunterschied ist, daß es, wenn ein Mann die Familienfinanzen nicht verwalten will, für ihn gesellschaftlich nicht akzeptabel ist, es laut zu sagen«, meint die bekannte Publizistin in Sachen Geld Jane Bryant Quinn in einem Interview in der Zeitschrift *Hudson Valley.* »Eine Frau dagegen kann sagen: ›Ich hasse das alles, Investitionen und all das Zeug, ich verstehe nichts davon‹, und man findet es süß. Ich glaube, daß das sehr destruktiv ist. Es mindert das Selbstvertrauen, das Selbstwertgefühl einer Frau, und es macht sie auf eine Art und Weise abhängig, wie sie es nicht sein sollte.«[9]

Ich erkannte erst nach meinem zweiten Treffen mit den *Overlook Mountain Money Managers,* wie sehr ich von gesellschaftlichen Stereotypen beeinflußt war. Meine Zwiespältigkeit in bezug auf die Fähigkeit von Frauen, Geld anzulegen, hatte auch noch fortbestanden, nachdem ich vom Erfolg der *Beardstown La-*

dies gelesen hatte. Sie trat zutage, als eine Frau mit schwächlicher Stimme eine hastige Nachricht auf meinem Anrufbeantworter hinterlassen hatte, ohne eine Telefonnummer anzugeben, nur den Vornamen jener Frau, in deren Büro die Treffen stattfanden. Typisch! Ich war versucht, die ganze Sache zu vergessen. Was konnte ich von einer Gruppe alberner Frauen, die auf dem Markt Sackhüpfen spielten, schon lernen?

Aber ich ging dann doch zu dem Treffen und war verblüfft von der Intelligenz der Frauen und der ordentlichen Art und Weise, in der sie die Geschäfte führten. In jenem Monat stand nichts besonders Aufregendes auf der Tagesordnung, aber ich lernte eine Menge. Die Gruppe hatte sich vor eineinhalb Jahren organisiert und ein Jahr damit verbracht, sich kundig zu machen, ehe sie zu investieren begann. Ein rotierendes Komitee für die Auswahl der Aktien recherchierte Anlagemöglichkeiten und gab seine Informationen an die Gruppe weiter. Bis jetzt hatte die Gruppe drei Aktien gekauft, die alle Geld einbrachten.

Das zweite Treffen hatte mehr Biß. Wir diskutierten darüber, ob wir Albertson's, die größte Lebensmittelladenkette in Amerika, fallenlassen sollten oder nicht. Bei dem Treffen herrschte ein wenig die Atmosphäre wie in einer Ausnahmesituation, da vor kurzem ans Licht gekommen war, daß 5000 Angestellte Forderungen angemeldet hatten, weil sie von der Firma zu Überstunden gezwungen wurden, für die sie nur den Regellohn erhielten. Unsere Gruppe hatte sich einem sozial verantwortungsvollen Investieren verschrieben. Und dem Geldverdienen.

Ein Anruf bei der Gewerkschaft schien unsere Befürchtungen zu bestätigen. »Dies ist der schlimmste Fall seiner Art, den ich jemals erlebt habe«, teilte der Gewerkschaftsvertreter Donna mit. Donna, Ende 40, war dabei, ihr zweites Kind zu adoptieren, hatte ein eigenes Geschäft mit Videos für Unterrichtszwecke, einen Hund, eine Katze, einen Partner, der bei ihr wohnte, ein Haus, das sie gerade gekauft hatte, und einen Haufen Notizen, die sie bei dem Telefongespräch mit dem Gewerkschafter gemacht hatte. Er hatte gesagt, daß vier Gerichtsverfahren liefen. Und Albertson's Ruf war nicht gerade unbefleckt. Ein Jahr zuvor hatte das Unternehmen 29 Millionen Dollar zahlen müssen, um ein Verfahren wegen Rassen- und Geschlechterdiskriminierung zu beenden. *Newsweek* würde in der kommenden Woche einen Bericht über das Unternehmen veröffentlichen, meinte der Gewerkschafter. Es war daher zu vermuten, daß die Aktien fallen würden.

Jemand hatte eine Ausgabe von *Boise*, einer alternativen Zeitung in der Heimatstadt von Albertson's, mitgebracht, in der eine vernichtende Geschichte über die abscheulichen Vorgänge seit dem Tod von »Old Joe«, dem Firmengründer, stand. Wir ließen die Zeitung herumgehen und stellten uns Old Joe vor, wie er sich im Grabe umdrehte, weil in den vier Jahren seit seinem Tod so viel schiefgegangen war. Wir waren ungerührt. Ein Anruf bei Albertson's Schadensbegrenzungsteam hatte keine stichhaltigen Beweise ergeben, daß die Firma zu Unrecht angeklagt wurde. Der PR-Mann meinte nur, die Berichte seien »stark übertrieben«. Er sagte nicht, die Forderungen gegenüber der Firma seien unbegründet. Derzeit waren unsere Aktien um vier Dollar pro Anteil höher als beim Kauf. Der Auftrag schien klar zu sein: Jetzt verkaufen, um Verluste zu vermeiden (und um soziales Gewissen zu dokumentieren).

Das Problem war, daß wir an jenem Abend nicht beschlußfähig waren. Wir waren uns nicht einmal sicher gewesen, ob wir ein Treffen anberaumen konnten, noch viel weniger konnten wir abstimmen. Es waren nur sieben Frauen zur Stelle – und ich, aber ich hatte kein Stimmrecht, weil ich neu in der Gruppe war. Was sollten wir tun? Wenn wir bis zum nächsten monatlichen Treffen warteten, würde die Aktie wahrscheinlich abgestürzt sein, und wir stünden da mit tausend Anteilen Müll, der von unserem sozialen Gewissen unberührt blieb.

Es entstand ein Gerangel um die Satzung und die Satzungsergänzungen. Einige Frauen brachten Abstimmungsvollmachten mit. Konnten wir denn Vollmachten zum Abstimmen benutzen, wenn wir nicht einmal genug Leute für eine Versammlung hatten? Eindeutig nicht, wenn wir uns an die Regeln hielten. Die Satzung besagte, daß Vollmachten für die Geschäftsführung zulässig seien, aber nicht, um die Mindestzahl für eine Abstimmung zusammenzubringen. »Das war's«, dachte ich. »Sie werden sich an die Regeln halten und die Chance verspielen, mit Gewinn zu verkaufen.«

Ich hatte unrecht.

Einige Punkte wurden angesprochen. Alle Mitglieder der Gruppe waren vor dem Treffen über die Lage bei Albertson's informiert worden. Bei den sieben Anwesenden war der Wunsch zu verkaufen einhellig. Wenn wir *nicht* verkauften, würde es uns mit großer Wahrscheinlichkeit leid tun. Durch eine Satzung, die geschrieben worden war, lange bevor wir ein solches Dilemma hätten ahnen können, waren uns die Hände gebunden. Eine Diskussion über den Paragraphen, der bestimmte, wie viele Mitglieder für eine satzungsgemäße Versammlung anwesend sein mußten, sollte auf der Tagesordnung des nächsten Treffens stehen. Und in der Zwischenzeit verkauften wir – im Interesse der Gruppe, die sich darauf verpflichtet hatte, sich weiterzubilden und Geld zu verdienen, indem sie mit gesellschaftlichem Bewußtsein investierte!

Nancy, groß und athletisch, mit T-Shirt, Turnschuhen und lockigen weißen Haaren, schrieb die logische Begründung für unseren Verstoß gegen die Satzung sorgfältig für das Protokoll nieder. Jemand machte den Vorschlag, die Sitzung zu beenden. Der Vorschlag wurde angenommen. Am nächsten Tag würde das Geschäft von Rita, unserer Börsenmaklerin bei Merrill Lynch, in die Wege geleitet werden. Mit frischem Geld in der Kasse wären wir bereit, über weitere Investitionen nachzudenken.

Ich ging hinaus in den Sommerabend und stieg in mein Auto. Ich ließ das Verdeck herunter, um das Licht des Vollmondes hereinzulassen, und fuhr mit einem Gefühl heiterer Gelassenheit nach Hause. Es sah so aus, als wäre es tatsächlich möglich, diese Dinge zu lernen. Und ich würde es nicht von Männern lernen, sondern von Frauen!

Verglichen mit dem *008 Investment Club* in New York, der vor einigen Jahren angefangen hatte, wirkten die *Overlook Mountain Money Managers* eindeutig gemütlich. Aber die Frauen des 008-Clubs mit ihren hochkarätigen Positionen in der

Mode- und Immobilienbranche, im Verwaltungsrat des *Mount Sinai Hospital* und des Guggenheim-Museums waren wie die OMMM dem Beispiel der *Beardstown Ladies* gefolgt. »Ob du nun aus Beardstown oder New York kommst – du sitzt im selben Boot«, meinte Diane Term Felenstein, Begründerin und Vorsitzende des Clubs, gegenüber der *New York Times*. »Frauen sollten Verwalterinnen ihrer eigenen finanziellen Zukunft sein.«[10]

Es ist eine Vorstellung, die endlich Widerhall findet. Wenn man über die eigene finanzielle Sicherheit nachdenkt, sollte man nicht auf Ehemänner oder Freunde zählen – auch nicht auf die, die Geld haben. Zur 008-Gruppe gehörten auch Carol Safir, eine Immobilienmaklerin, deren Ehemann Chef der New Yorker Feuerwehr war, dann eine Frau, die mit einem mächtigen, auf Fusionen spezialisierten Anwalt verheiratet war und darum bat, nicht namentlich genannt zu werden – sie nahm an den Aktienabstimmungen nicht teil, um Konflikte mit dem Geschäft ihres Mannes zu vermeiden –, und Marilyn Hope Crockett, eine Börsenmaklerin bei Paine Webber. Crockett ist ein erstklassiges Beispiel für eine Cinderella, die radikalisiert wurde. Als sie 40 war, trennte sie sich von einem Mann, mit dem sie 19 Jahre lang zusammengelebt hatte, und realisierte zum erstenmal, daß ihre finanzielle Sicherheit gering war. Die Rente aus ihrer Arbeit hätte zu jenem Zeitpunkt 100 Dollar im Monat betragen. Jetzt hat sie sich auf die Investitionsentscheidungen von Frauen spezialisiert und hat das Gefühl, eine Mission zu erfüllen, indem sie Frauen dazu bringt, sich um eine stabile Zukunft zu kümmern.

Es ist die Spitze eines Phänomens, das zu einer Revolution werden könnte. Obwohl die Vorsitzende der Gruppe, Diane Fenelstein, seit 20 Jahren eine eigene Public-Relations-Firma hat, war ihr erst kürzlich aufgefallen, wie wenig sie über Investitionen und Vermögensplanung wußte. Und sie sah andere Frauen – ganz besonders frisch verwitwete oder frisch geschiedene –, die sich mit den grundlegendsten Aspekten des Finanzwesens abmühten. »Ich kann es nicht glauben, was wir für Lücken haben«, sagte sie ganz ungläubig gegenüber der *Times*.

Investment-Gruppen stellen einen ernsthaften Versuch dar,

diese Lücken zu schließen. Von den 17004 Investment-Clubs, die zur *National Association of Investors Corporations* gehören, sind 42 Prozent reine Frauen-Clubs, 46 Prozent sind gemischt und nur 12 Prozent nur für Männer. Der Anteil der reinen Männer-Clubs hat sich in den letzten zehn Jahren halbiert.

Ein wesentlicher Grund, warum diese Clubs bei Frauen so populär geworden sind (und warum das Handbuch der *Beardstown Ladies* ein Bestseller wurde), ist die Angst vor finanziellen Schwierigkeiten, von der viele Frauen im Alter heimgesucht werden – auch solche, denen es finanziell sehr gut gegangen ist. Daher ist es, besonders für Frauen, ein Gebot der Stunde, investieren zu lernen.

Die 008-Investment-Gruppe besteht aus lauter schneidig aussehenden Damen. Kurze Röcke, lange Beine. Frauen, die etwas hermachen. Durchweg schöne, weiße Zähne. Frauen, die auf sich achten. Frauen, die in früheren Zeiten damit zufrieden gewesen wären, daß andere auf sie achten. Zu den Gründungsmitgliedern gehören zum Beispiel Carol Levin und Pat Weinbach, deren Ehemänner Revlon bzw. Arthur Andersen vorstehen. Von dem Augenblick an, da sie den Vorschlag machte, eine Investment-Gruppe zu bilden, meint Fenelstein, »war der Anrufbeantworter voll. Es spielte keine Rolle, ob wir alleinstehend, verwitwet, verheiratet oder geschieden waren. Wir alle wollten etwas lernen.«

Zu diesem Zweck waren sie bereit, 1000 Dollar Mitgliedsbeitrag im Jahr und noch einmal 100 Dollar pro Monat zu bezahlen. (Die OMMM verlangen 25 Dollar pro Monat und keine Mitgliedsbeiträge.) Mit einer Anfangsinvestition von 30000 Dollar in sechs Aktien waren sie bald im Rennen. Aber sie stützen sich stärker auf Informationen bestimmter Gruppenmitglieder, als es bei anderen Gruppen der Fall ist. Crockett zum Beispiel ist zwar nicht die Börsenmaklerin für die Gruppe, aber sie hält sie mit Fragen auf Zack. Sind die Gewinne eines Unternehmens während des letzten Dreivierteljahres gestiegen? Wie sind die Aussichten in der Branche eines bestimmten Unternehmens?

Außerdem ernennt die Gruppe Expertensprecherinnen und bildet Komitees, die unterschiedliche Branchen erforschen sollen.

Die Gruppe hat Glück, daß sie über so gut informierte Mitglieder wie Crockett verfügt, aber das Ganze hat eine Kehrseite. Die *National Association of Investors Corporations*, eine gemeinnützige Gruppe, die die Investment-Clubs repräsentiert, warnt davor, sich allzu sehr auf ein einzelnes Mitglied zu stützen. Wenn es einen »eindeutigen Finanzexperten« in einem Club gibt, so die Richtlinien der N.A.I.C., »werden sich aller Wahrscheinlichkeit nach andere Mitglieder auf diesen stützen und nach Jahren der Mitgliedschaft nicht mehr wissen als bei ihrem Clubeintritt«.

Die anstrengenden Dinge zu überspringen, ist eine weitere Versuchung für Neulinge. Diese eine Gruppe zum Beispiel dämmerte vor sich hin, als eine Statistikerin von Paine Webber Jahresberichte präsentierte, und wachte erst wieder auf, als jene Namen aus der »Einkaufsliste« der Firma herunterzulesen begann. Es gibt eine Tendenz, sich mit dem zu begnügen, was man weiß – oder zu wissen meint. Anfangs waren die Frauen in bezug auf Unternehmen, die sie als Konsumentinnen und Geschäftsfrauen kannten, am zuversichtlichsten – »eine emotionale Entscheidung«, sagte ein Mitglied. »Jede von uns verstand das Unternehmen.«

Aber das Verständnis hatte eine romantische Färbung. Niemand konnte Ms. Crocketts Frage beantworten, warum die Gewinne von Home Depot kürzlich gefallen waren. Die Aktien mußten am Ende mit Verlust verkauft werden.

Andererseits sind die Beobachtungen bestimmter Hersteller, die die Frauen aus nächster Nähe kennen, häufig zutreffend. Carole Black aus Kalifornien, 59, geschieden und pensioniert, stellte vor einigen Jahren fest, daß ihre Enkel ganz wild auf Reebok-Turnschuhe waren. Carole nahm das als Zeichen dafür, daß Reebok im Begriff war, ein wesentlicher Modetrend zu werden, sie las alles über die Firma, was sie finden konnte, und sprach mit ihrem Börsenmakler und sogar mit dem Trainer ihres Fitness-Clubs. Dann kaufte sie Reebok mit einem Stückpreis von 16 Dollar. Neun Monate später verkaufte sie für 27,75 Dollar.[11]

Ein Börsenmakler bemerkte gegenüber der Zeitschrift *Money*: »Wenn ein Klient eine Idee hat, ist es meistens so, daß er im Büro oder im Club oder bei einem Freund etwas gehört hat. Bei meinen Klientinnen geht es eher um eine Firma oder ein Produkt, mit der oder mit dem sie schon Erfahrung haben. Und im allgemeinen ist das der schlauere Weg.«[12]

An einem heißen Augustmorgen saßen die Mitglieder der 008-Gruppe um einen Konferenztisch. Gegenstand der Diskussion war die CSX Corporation, eine Speditionsfirma. Die Entscheidung, zu kaufen oder nicht zu kaufen, hatte bei der Juli-Sitzung ganz oben auf der Tagesordnung gestanden, ein Gastvortragender hatte jedoch die ganze Zeit für sich beansprucht – ein Mann, der so lange seinen Text heruntergeleiert hatte, bis sie keine Zeit mehr gehabt hatten, über die Aktien einen Beschluß zu fassen. »Wir waren drauf und dran, ihn zu erdolchen«, meinte Diane Felenstein.[13]

Vielleicht drauf und dran, ihn im Geiste zu erdolchen, aber gefügig im Hier und Jetzt. Die Frauen hatten sich nicht an ihre Tagesordnung gehalten, so daß sie erst einen Monat später bei ihrer August-Sitzung darüber sprechen konnten. Die Aktien waren seit Juli um 7 Dollar auf 82 Dollar pro Anteil gestiegen. Sie wollten sie trotzdem kaufen. »Was ist der Höchststand und was der Tiefststand des Jahres?« fragte Marilyn Crockett.

»Einen Augenblick«, erwiderte Carol Greenberg und schaute nach. Unglücklicherweise wurden die Aktien gerade zu ihrem Jahreshöchststand gehandelt – nicht die beste Zeit zu kaufen, wenn man Gewinn machen wollte. Hätten sie im Juli gekauft...

»Ich kriege Sodbrennen«, sagte Ms. Felenstein. »Gleich werde ich krank.«

Trotz aller Befürchtungen beschlossen die Frauen, zu 82 Dollar pro Anteil zu kaufen.

Jenseits der Therapie

Unsere Seele wird von den gesellschaftlichen Umständen ebenso beeinflußt wie von den verborgenen Konflikten, die wir entwickeln, um uns vor dem, was negativ und verstörend ist, zu schützen. Diese verborgenen Konflikte zu verstehen, ist meines

Erachtens für Frauen ebenso wichtig, wie das Verständnis der gesellschaftlichen Bedingungen, die sie überhaupt erst mit sich gebracht haben. Wir nehmen die gesellschaftliche Konditionierung in unsere Seele auf, und sie wird unsichtbar. Wir wissen nicht einmal, daß wir auf Unwahrheiten reagieren, daß wir unser Leben auf Unwahrheiten aufbauen.

Es ist zwar wichtig anzusprechen, in welcher Weise Frauen durch soziale Ungerechtigkeit Schaden zugefügt wurde, aber wir müssen auch da Veränderungen herbeiführen, wo uns die blinde Konditionierung *psychischen* Schaden zufügt. Wir müssen uns mit unseren Abwehrmechanismen konfrontieren, die es uns einerseits vielleicht ermöglicht haben, emotional zu überleben, die es andererseits aber nicht zulassen, daß wir uns weiterentwickeln.

Immer mehr Therapeuten erkennen, daß hemmungsloses Geldausgeben, Schuldenmachen und selbst die zwanghafte Angst vor dem Investieren in vielerlei Hinsicht süchtigem Verhalten ähneln. Um sich ein Gefühl des Wohlbefindens zu verschaffen, wird der einzelne abhängig vom Geldausgeben. Daraus ergeben sich ernste negative Konsequenzen, die von der betroffenen Person jedoch geleugnet werden. Die Tatsache, daß es Konsequenzen gibt, mag sie sich eingestehen, aber sie sieht sie als anomal, als ein Zusammenspiel bestimmter Umstände, nicht aber als etwas, das mit *ihr* zu tun haben könnte.

Bei Abhängigkeit von Schulden werden die Schäden wie beim Drogenmißbrauch allmählich größer und bleiben lange Zeit unsichtbar. Immerzu Geld auszugeben, erscheint als normal, als notwendig. Wenige von uns haben »genug«. Wenige sparen.

Wenn er überhaupt eine Meinung zu diesem Thema hatte, so war mein Analytiker mit dieser Einstellung einverstanden. Jedenfalls entmutigte er mich nicht. Ich glaube, er sah meine Art, Geld auszugeben, als gesunde Expansion. Geldausgeben hieß soviel wie: »Wo das herkommt, gibt es noch mehr. Ich glaube an mich selbst, an meine Kenntnisse, meine Begabung, meine Energie – an meine Fähigkeit, für ein Einkommen zu sorgen.« Geld zu horten hätte bedeutet: »Ich vertraue mir selbst nicht. Morgen schon könnte alles versiegen.«

In der Zwischenzeit war mein Analytiker sehr damit beschäftigt, seinen eigenen Horizont zu erweitern. Er kaufte Liegenschaften an der Lower East Side und verkaufte sie, wenn die Zeit reif war. Ich spürte, daß er das Interesse für die irdischeren Dingen des Lebens verlor – wenn schon nicht für seine Patienten, so doch an dem Geld, das er durch sie verdiente. Er hatte seit langem aufgehört, mir Rechnungen zu stellen. Jahrelang hatte er mir bei jeder letzten Sitzung im Monat eine Rechnung präsentiert. Dann hörte er eines Tages damit auf. Anfangs meinte er, es liege daran, daß er mit seinem Büro umgezogen und desorganisiert sei.

Zuerst fragte ich ihn regelmäßig nach der Rechnung; er entschuldigte sich und versprach, dem nachzukommen. Nach einer Weile hörte ich auf, danach zu fragen. Seine scheinbare Lässigkeit wurde für mich zum Zeichen dafür, daß er wußte, daß ich genug verdiente, um ihm das Geld geben zu können, wann immer er danach fragte. Das hieß, ich war erfolgreich, und er vertraute mir. Am Ende würde er sagen: »Ach ja, Sie schulden mir noch 1500 Dollar.« Und ich würde auf der Stelle einen Scheck ausschreiben. Wir beide brauchten uns wegen Geld keine Sorgen zu machen. Wir waren toll.

Am Ende war ich über das, was da geschah, wütend, sehr wütend. Was hatte sich in unserer Beziehung verändert und wurde nicht ausgesprochen? Warum hatte er es zugelassen? Ich sprach ihn mehrere Male darauf an. Schließlich fragte ich ihn, ob er bemerke, welche Auswirkung es auf *mich* habe, daß ich für meine Sitzungen eigentlich nichts zu bezahlen brauchte. Er erwiderte, daß er in der Tat nicht darüber nachgedacht habe. Das war eine jener Wahrheiten, die der Analytiker vielleicht besser für sich behalten hätte.

Letztlich ließ mich die Art und Weise, wie das Thema ausgespart wurde, erkennen, daß ich die Behandlung bei diesem Mann nicht fortsetzen konnte. Als ich ging, hatte er mir Sitzungen im Wert von Tausenden von Dollar gewährt. Ganz kurz dachte ich: »Sollte ich versuchen, den aufgelaufenen Betrag zu schätzen, und ihn bezahlen?« Ich entschied mich dagegen. Es war sein Problem, und es hatte sich auf unsere Sitzungen negativ ausgewirkt. Eine der Auswirkungen war, daß ich mich mehr wie eine Kollegin als wie eine Patientin fühlte. Ich bekam das Gefühl, daß ich ihm ebenso zuhören müsse wie er mir. Er begann, Probleme mit seinen Kindern anzusprechen und mich zu fragen, was ich davon hielte. Ich genoß das. Es unterstützte eine Abwehr, die ich seit meiner Kindheit zu Hilfe nahm: das Gefühl, etwas »Besonderes« zu sein, als Ersatz für das Gefühl, nicht geliebt zu werden.

Später sprach ich mit anderen Therapeuten über das, was geschehen war. Einer meinte, was ich mit dem Analytiker erlebt habe, sei eine Form des Mißbrauchs. (Ich fand das ein wenig extrem.) Der andere meinte: »Er hatte nicht mehr das Gefühl, daß das, was er Ihnen in der Therapie gab, Geld wert sei.«

Das schien mir die Sache besser zu treffen. Irgend etwas in seinem Gefühl für Werte hatte sich verändert oder war vielleicht einfach ans Licht gekommen. Obgleich er seine Immobilienprojekte nur indirekt erwähnt hatte, spürte ich dennoch, daß er ein Geschäftemacher mit New Yorker Immobilien geworden war. Ich dachte mir, daß ihn das in einer Weise befriedigte, wie es die Therapie mit einer Frau, die er seit vielen Jahren behandelte, nicht – oder nicht mehr – tat. Ich hatte meinen größten Nutzen schließlich schon gehabt. Und andere von seinen Langzeitpatienten ebenfalls, vermutete ich. Er hatte Größeres im Sinn.

(Zehn Jahre, nachdem ich bei diesem Analytiker aufgehört hatte, zeigte mir meine Tochter einen Artikel in der *New York Times,* in dem eine Firma für Immobilienentwicklung beschrieben wurde, die einem Psychoanalytiker gehörte und die er und sein Partner Anfang der achtziger Jahre gegründet hatten. Es war mein Analytiker. Seit damals hatten sie insgesamt 20 Liegenschaften – dazu gehörten auch Nachtclubs und Restaurants – gekauft, ein Durchschnitt von zwei Gebäuden pro Jahr, rechnete ich aus. Wahrscheinlich stammte das alles aus einem Woody-Allen-Film!)

Die Ichbezogenheit eines Schuldenproblems in den Griff zu bekommen, ist ernüchternd, und es ist nicht das Ergebnis eines Erkenntnisblitzes. Die daran beteiligten neurotischen Impulse sind so unzählig und so miteinander verflochten, daß es Monate dauern kann, sie zu entwirren. Nur standhafte und regelmäßige Selbstbeurteilung wird den Morast alter Gewohnheiten und eingefleischter Überzeugungen eindämmen. Allgemein gesprochen bedeutet das, Tag für Tag, Augenblick für Augenblick unseren Gedanken und Gefühlen und Verhaltensweisen in bezug auf Geldausgeben nachzuspüren.

Psychotherapie hat sich als Hilfe für Menschen mit Geldproblemen nicht gerade einen Namen gemacht. Heute erhalten Patienten mit zwanghaftem Verhaltensmuster von ihrem Therapeuten häufig den Rat, sich einer Selbsthilfegruppe anzuschließen. Therapeuten wissen, daß der Patient bessere Chancen für eine wirksame Psychotherapie hat, wenn er keiner Abhängigkeit unterliegt. Abhängigkeit bezieht sich hier nicht nur auf Drogen, sondern auch auf Verhaltensweisen, die die gleiche Auswirkung haben. Erst neuerdings wurde erkannt, daß zwanghaftes Schuldenmachen eine Form von Abhängigkeit in diesem Sinne ist.

Alles verlieren

Tiefgreifende Verluste erzeugen tiefgreifende Verwundbarkeit. Daraus kann uns Heilung erwachsen, wenn wir uns eingestehen können, daß wir Hilfe brauchen.

Es war ein Schock, alles zu verlieren, was ich im Lauf von Jahren zusammengetragen hatte: zwei Häuser, ein schönes Grundstück, mein Arbeitszimmer. Die Möbel. Mein Ruhestandskapital, das beinahe eine Viertelmillion Dollar betragen hatte, war dahin. Selbst mein alter Saab, den ich voller Stolz fahren konnte, als ich Besitz und Vermögen hatte, erschien nun unzuverlässig. Wenn er liegenbliebe, hätte ich kein Geld für teure Reparaturen.

Nachdem das Finanzamt mit von der Partie war, geschah alles sehr schnell. Ich brachte die Energie auf, die Häuser zu verkaufen. Das Finanzamt – oder zumindest sein Vertreter Mark Hinds – war erfreut. Er billigte mein Bemühen und meine Konzentration. Er bedachte auch, daß alles, was es zu holen gab, geholt worden war. Nachdem jedoch die Abschlüsse getätigt waren, gab es nichts mehr, was mich ablenkte. Das hieß, daß ich mich langsam mit dem konfrontieren mußte, was mir zugestoßen war – und mir ganz gewiß wieder zustoßen konnte, wenn ich mich nicht änderte.

Ich war der Staffagen des Erfolgs entkleidet worden und zu den Grundlagen zurückgekehrt. Wer war ich ohne das ganze Drum und Dran? Konnte ich ohne all das glücklich sein? Ich hatte so lange und hart gearbeitet, um einen schönen Raum fürs Schreiben zu bekommen. Mein schönes Arbeitszimmer mit der hohen Decke, mit seinen Büchern und hohen Einbauregalen, der Klimaanlage, wenn ich sie brauchte, und dem Rauschen des Flusses, wenn ich sie nicht brauchte – alles war organisiert, alles an seinem Platz. Nur ich war nicht organisiert gewesen, nicht in irgendeinem psychischen Sinne.

Ich hatte versucht, mein eigenes Leben aufzubauen, getrennt von L., getrennt von meinen erwachsenen Kindern. Während des ersten Jahres verging kein Tag, an dem ich mir nicht irgendwann einmal sagte: »Du bist allein.« Es war, als müßte ich es mir ständig wiederholen, damit ich es glaubte. Zum erstenmal in meinem Leben taten sich leere Tage vor mir auf und verlangten von mir, daß ich – ich allein – ihnen Struktur und Bedeutung gäbe. Manchmal saß ich am großen Küchentisch und sah den Vögeln zu. Ich genoß die Stille und fürchtete sie zugleich. Die kleine Kirche auf dem Hügel in einiger Entfernung wurde ein beruhigender Anblick, ihre Abendglocken erinnerten mich daran, daß jemand in der Nähe war. Es war nicht so, daß ich keine Nachbarn hatte, aber sie waren hinter ihren Türen verschanzt, oder ich dachte es jedenfalls, so wie ich hinter meiner Tür verschanzt war.

Dieses Verschanztsein war kein physisches Phänomen. Ich hatte ganze Reisen nach Europa gemacht, ohne meine Haustür abzuschließen. Die Distanz, die ich empfand, war psychischer Natur. Ich stellte mir Einheiten vor, Paare, Familien, Liebende – und ich war allein. Die Zeit verging. Ich hatte bestimmte Dinge aufgebaut, um mich an meinen Platz in der Welt zu erinnern. Einen Tag, nachdem mein jüngstes Kind den Collegeabschluß gemacht hatte, war eine Gruppe von Gärtnern mit drei Dutzend Pfingstrosenbüschen gekommen, die sie in meine kreisförmige Auffahrt pflanzten. Es war eine größere Angelegenheit. Sie kamen mit ihren Lieferwagen und klapprigen Autos, warfen die Erde auf und gruben riesige Löcher. Ich stand mit meinem Vater oben am Fenster und beobachtete sie. »Das macht was her, oder?« sagte ich.

Er wandte sich ab und ging aus dem Zimmer. Als er mich früher an diesem Morgen gefragt hatte, ob ich ihn zu einem Geschäft mitnehmen könnte, hatte ich ihn angeschnauzt: »Nein. Ich habe noch nicht einmal meinen Kaffee getrunken.« Ich war gestreßt, da ich gerade von einer Werbetour aus Europa zurückgekehrt war und eine Abschlußparty für meine Tochter gegeben hatte und gleich fort mußte, um eine Rede zur Abschlußfeier an meiner Alma Mater zu halten. Die einfache Anfrage meines Vaters, der immer irgend etwas wollte, war wie der Tropfen, der das Faß zum Überlaufen bringt. Meine Eltern waren mir im Weg. Es machte mir keine Freude, sie bei mir zu haben. Ich funktionierte wie ein Automat, die geplagte Matriarchin, die auf die eine oder andere Art eine Menge Leute unterstützte und dafür wenig zurückbekam. Die ihre Pflicht tat. Die so tat als ob.

Verlust durchbricht das alles, beraubt einen der Illusion, löst die Abwehr auf. Innerhalb von sechs Monaten hatte ich mich von meinem Partner getrennt und ebenso nach 16 Jahren Analyse von meinem Analytiker und mühte mich ab, alles allein hinzukriegen. Ich versuchte es so, wie ich alles andere auch gemacht hatte, indem ich durch reine Willensstärke über den Streß triumphierte. Aber diesmal funktionierte die alte Methode nicht. Mein Vater war von den Horden von Landschaftsgärtnern, die meinen Vorgarten ummodelten, nicht beeindruckt. Er war gekränkt von der Unmenschlichkeit meiner Erwiderung. Ich hatte mich selbst bis an meine Grenzen getrieben. Ich konnte meine Zerbrechlichkeit nicht mehr schützen.

Verlust erzeugt Verwundbarkeit. Als alles dahinschwand, mußte ich meine Verwundbarkeit erkennen, meine Machtlosigkeit, ohne fremde Hilfe zu überleben. Ich hatte mein Leben lang so getan, als wäre es möglich, anders zu leben.

Sich ergeben

»Sich ergeben« war zunächst etwas Bedrohliches. Die Kontrolle preisgeben? Machtlosigkeit eingestehen? Aufgeben? Es klingt nach Schwäche, nach New Age. Es klingt nach Opfer. Warum sollte man sich vor den Anonymen Schuldnern (oder welchen Anonymen auch immer) in den Staub werfen, nur um mit seinen Problemen klarzukommen?

Nichts dergleichen ist mit »sich ergeben« gemeint. Sich ergeben ist ein natürlicher Zustand. Wir verlieren ihn im Lauf unseres Lebens einfach aus dem Auge, da wir Abwehrmechanismen aufbauen, von denen wir glauben, wir brauchten sie, um zurechtzukommen. Wir beurteilen, bewerten andere nach einem hierarchischen Schema, das uns an die Spitze stellt.

Wir glauben an Herrschaft und Kontrolle, die Vorstellung, über allem zu stehen. Und am Ende glauben wir, daß wir nicht nur in Aktion treten, sondern auch, daß wir das Ergebnis dieser Aktionen bestimmen können. Wir glauben, um die Barrieren, die andere – das Leben! – vor uns aufgebaut haben, zu durchbrechen, müßten wir mit Volldampf und reiner Willenskraft voranpreschen. Wir üben uns im heimlichen Versuch, unseren Weg zu machen. Wir halten unsere Pläne geheim. Wir manipulieren. Anderen zu mißtrauen, wird zum Zeichen von Gerissenheit. Wir glauben nichts unbesehen, sondern halten immer nach dem verborgenen Anderen, nach dem unausgesprochenen Motiv Ausschau. Da das Mißtrauen gegenüber anderen wächst, wächst es auch uns selbst gegenüber. Das Leben wird zu einem komplizierten Geflecht von Verdächtigungen und Projektionen. Es wird schwer zu unterscheiden, wo die Realität aufhört und wo die Projektion unserer eigenen Werte auf andere beginnt.

Das Merkwürdige ist, daß, während dieses moralische Verderben vor sich geht, wir immer noch die Werte zu besitzen glauben, mit denen wir aufgewachsen sind. Wir glauben, daß wir an die Liebe, die Güte, die Sorge um das Wohlergehen anderer glauben. Aber das stimmt nicht. Wir haben das alles verloren. Wir können das Wohlergehen anderer nicht im Sinn haben, weil wir diesen anderen zu viel Macht gegeben haben. Wir fürchten sie. In gewissem Sinn haben wir Ungeheuer erschaffen, und wir bewegen uns hakenschlagend durchs Leben in der Hoffnung, ihrem bösen Willen zu entkommen. Aber es ist unser eigener Wille zur Macht, der uns zugrunde richtet, und wir haben keine Möglichkeit mehr, das zu erkennen.

Mit diesem Willen zur Herrschaft haben wir es zu tun, wenn wir anfangen, ein destruktives Muster zwanghaften Verhaltens anzunehmen. Eine der brillantesten Erkenntisse Bill Wilsons, des Gründers der Anonymen Alkoholiker, war möglicherweise die, daß eine Sucht nicht allein dasteht, so daß man sie sauber wie ein scharf abgegrenztes Geschwür aus dem Leben herausschneiden könnte. Wenn eine Sucht offenkundig destruktiv geworden ist, hat sie sich längst mit den anderen Fäden der Persönlichkeit verwoben, und sie wird nicht aufhören, bevor nicht die Vortäuschung unseres Selbstschutzes als das gesehen wird, was sie ist: eine destruktive Strategie, die uns in Isolation und Alleinsein festhält.

Anders als die Psychotherapie, die vorsichtig und mit viel Zeit die Fäden der Selbsttäuschung zu entwirren versucht, drängt der Selbsthilfe-Ansatz darauf, die Haltung des Kontrollierens aufzugeben, ganz so, wie manche Leute Schwimmen lehren: Spring ins kalte Wasser. *Gib es auf.*

»Aber meine Schwester braucht mich. Sie wird ohne meine Hilfe nicht aufhören zu trinken«, sagt die »Mit-Abhängige«, die als ebenso süchtig gesehen wird wie die Alkoholikerin selbst.

Gib es auf.

»Ich kriege es unter Kontrolle; ich werde es einfach einschränken.«

Gib es auf.

»Ich kann doch bestimmt eine Kreditkarte behalten, nur für den Notfall?«

Gib es auf.

Mir wie auch anderen, die zum erstenmal eine Selbsthilfegruppe aufsuchen, erschien diese Forderung radikal und sogar gefährlich. Wie kannst du aufhören, deinem kranken Kind Ratschläge zu geben? Aufhören, die Schulden deines trinkenden Ehepartners zu bezahlen? Aufhören, Schulden zu bezahlen, weil du nicht genug Geld hast und die Zahlungen dich noch tiefer verschulden werden? Kurzum, wie kannst du aus dem Karussell aussteigen? Indem du aus dem Karussell aussteigst. Das ist die radikale Botschaft all der Selbsthilfegruppen wie den Anonymen Alkoholikern oder den Anonymen Schuldnern. Du hörst auf, indem du aufhörst. Du steigst aus. Du sagst: »Ich bin draußen.«

Da sie wissen, wie überwältigend das erscheinen kann, raten Gruppen wie die *Debtors Anonymous,* die Veränderung Tag für Tag anzugehen. Es ist ein guter und tröstlicher Rat. Und er ist realistisch. Um auf einer nahezu molekularen Ebene – und *das* ist die Bewußtseinsstufe, die für diese Art von Veränderung notwendig ist – zu wissen, was du tust und warum du es tust, mußt du dein Leben akribisch genau handhaben. Aber eine ruhige, vernünftige Existenz – die so häufig ersehnte heitere Gelassenheit – kannst du nicht mit Willenskraft herbeiführen. Sie ist das Ergebnis eines Prozesses: Indem du eingestehst, daß du außer Kontrolle bist, indem du dich der Veränderung verpflichtest, indem du dein tagtägliches Verhalten dokumentierst und indem du deine Ziele und Handlungen mit anderen teilst und diejenigen um Hilfe bittest, die das alles vor dir durchgemacht haben.

Als ich mein Haus verkauft hatte, um das Finanzamt zufriedenzustellen, wußte ich nicht genau, wo ich leben sollte. Es gibt immer eine Menge überteuerter Mietobjekte in Woodstock, Wohnungen, für die Geld hinzublättern einem leid tun würde. Zwei Frauen, Freundinnen einer Freundin von mir, besaßen ein altes Haus im Dorf, das sie im Winter nicht benutzten. Sie vermieteten es möbliert für 500 Dollar im Monat. Wie wunderbar, dachte ich. Das wird mir eine Atempause verschaffen, wenn ich anfange, meine Angelegenheiten in Ordnung zu bringen.

Ich ließ meine Möbel, die ich hatte retten können, einlagern und brachte nur meinen Schreibtisch und meinen Computer mit in das gemietete Haus. Als eines der ältesten im Dorf hatte es seinen Reiz: klein, mit niedrigen Decken, einem Kamin, schönen alten Fußböden. Aber es war vernachlässigt. Ich brauchte eine Woche, um es zu säubern und die Nagetiere zu vertreiben.

Das Haus lag direkt an der Straße. Von sieben Uhr morgens bis elf Uhr nachts blieb der Lärm der Autos konstant. Ich versuchte, ihn zu ignorieren, ich ermahnte mich selbst und forderte Ergebenheit. Neun Jahre lang hatte ich nur mit dem Rauschen des Flusses, dem Röhren des Wildes und den Paarungslauten der Waschbären im Frühling gelebt. Die Resonanz meiner Seele wurde durch Stille, durch die Sonne und durch friedliche weite Ausblicke geweckt. Freilich hatte ich Glück gehabt. Nun hatte ich auf jeder Seite Nachbarn und keinen Ausblick vor den Fenstern. Wegen der Autos konnte ich meine Katzen nicht hinauslassen, die aufdringlich auf und ab liefen und in mein Arbeitszimmer pinkelten, um ihrem Unwillen Ausdruck zu verleihen. Ich rollte die Indianerteppiche und -decken meiner Hauswirtinnen zusammen und versuchte, mich auf meine Arbeit zu konzentrieren, aber ich fühlte mich beengt und eingeschlossen.

Zweimal bewirtete ich in jenem langen Winter Gäste mit Kaffee und Hefekringeln vor dem Kamin. Es gab keinen Tisch. Ich gewöhnte mir an, ein Paar Jeans und ein Sweatshirt zu tragen, um nicht so oft den Waschsalon aufsuchen zu müssen. Den Geschirrspüler, die Waschmaschine mit Trockner und meinen großen, neuen Kühlschrank vermißte ich nicht. Ich vermißte die Stille, und am Morgen vor Heiligabend wurden meine düsteren Empfindungen durch eine Laune der Natur noch verstärkt. Um acht Uhr morgens wurde Woodstock von einem außergewöhnlichen Sturm heimgesucht. Ich wurde von lautem Krachen und dem Geruch verschmorter Kabel geweckt. »Gaby«, schrie ich meiner Tochter zu, die mich gerade besuchte. »Steh auf, steh auf.« Wir wollten an jenem Morgen zu meinem Sohn nach Massachusetts fahren.

Wir schauten von meinem Schlafzimmerfenster aus auf die Straße und sahen, daß es die elektrischen Leitungen umgerissen hatte und daß aus den Enden der geborstenen Kabel Flammen zischten. Feuerwehrleute hatten unseren Block abgeriegelt und ließen keinen Verkehr herein oder hinaus. Ein riesiger alter Baum lag quer über der Straße. Menschen standen draußen vor ihren

Häusern mit Kaffeetassen in der Hand, schauten den Feuerwehrleuten bei der Arbeit zu und fragten sich, wann man wohl den Block verlassen dürfte. Der Himmel war voller Wolken und grau, aber es war merkwürdig warm. Gaby und ich packten schweigend zusammen. Ich hatte an einer Bronchitis gelitten und fühlte mich erschöpft. Es war beinahe mittag, bis wir die Gegend verlassen konnten und wir endlich auf dem Weg waren.

Die Kinder wußten, daß ich wenig Geld hatte, und wir hatten abgemacht, daß keiner mehr als 30 Dollar pro Weihnachtsgeschenk ausgeben sollte. Das nahm uns allen eine Menge Angst. Wir hatten eine schöne Zeit, und ich freute mich, mit den anderen zusammen zu sein.

Wenn die Ferien vorbei sind, beginnt in Woodstock der wirklich harte Teil des Winters. Heftige Schneefälle und dickes Eis. Die Geselligkeit sinkt auf den Nullpunkt. Die Restaurants schließen. Da ich relativ wenig Geld zum Leben hatte – ich zahlte 760 Dollar monatlich ans Finanzamt und mußte außerdem die laufenden vierteljährlichen Zahlungen leisten –, versuchte ich, meinen Heizölverbrauch gering zu halten. Eine Plastikfolie wurde über das große Studiofenster in meinem Arbeitszimmer gespannt. Unter meinem Schreibtisch blies ein elektrischer Heizer, und der Rest des Hauses blieb kalt. Hinter dem Haus befand sich ein alter Holzstoß, und ich zündete am späten Nachmittag ein Kaminfeuer an, um meine Lebensgeister wach zu halten. Die Wochenenden waren etwas besser, weil keine Gläubiger anriefen, aber dafür waren sie sehr einsam.

Ich hatte nicht die leiseste Ahnung, wie ich mit den Gläubigern umgehen sollte – Sear's, die Bank, die mir das Geld fürs College meiner Tochter geliehen hatte, meine Hypothekenbank und die Hausverwaltung für meine kleine Eigentumswohnung in der Stadt. Wenn sie anriefen und verlangten, daß ich zahle, machte ich zuerst Versprechungen, die ich nicht halten konnte. Ich hatte Angst, es *anders* zu machen. Ich hatte beim Elektrizitätswerk eine riesige Rechnung für das Haus, das ich verkauft hatte, offenstehen. Ich versuchte, die Rechnung in kleinen Raten zu bezahlen. Ich geriet drei Monate in Verzug mit den Unterhaltskosten für die

New Yorker Eigentumswohnung (ich hatte sie vermietet, aber die Miete deckte die Kosten nicht ab), und es gab ein äußerst unangenehmes Gespräch mit dem Inhaber der Hausverwaltungsfirma. Wie Dr. Jekyll sich in Mr. Hyde verwandelte, so verlegte er sich auf die Monster-Rolle, sobald ich die Drei-Monats-Grenze erreicht hatte. Das war offensichtlich der Punkt, an dem ich »die Böse« wurde, die kein Anrecht mehr auf Höflichkeit oder auch nur Vernunft hatte. »Vergessen Sie es, Sie sind draußen, die Wohnung gehört Ihnen nicht mehr «, geiferte er. Ich wußte, daß er log, aber ich sagte es nicht. Statt dessen erinnerte ich ihn an seine Pflicht, höflich und zivil zu bleiben. Er schrie, er habe keine derartigen Verpflichtungen, da er es nicht mit einer zivilen Person zu tun habe. Ich behielt meine Würde, aber als das Gespräch zu Ende war, war ich zutiefst erschüttert. Was war denn geschehen? Ich versuchte, meine Schulden zu begleichen. Ich tat mein Bestes.

Der Verkehr, die Autohupen, die Katzen, die auf den Boden pinkelten, das Telefon, das ich nie abhob, und die unangenehmen Nachrichten auf meinem Anrufbeantworter brachten mich an den Rand der Verzweiflung. Ich mußte etwas tun. Ich mußte etwas verändern.

Finanzen meistern lernen: *Debtors Anonymous*

Jemand hat die *Debtors Anonymous* einmal als eine fortgeschrittene Stufe der Selbsthilfeprogramme beschrieben. Ich wußte nichts davon, weil ich als Vergleich nur Al Anon, eine Gruppe anonymer Alkoholiker, kannte.

Einige Jahre bevor ich den Tiefpunkt meiner Verschuldung erreichte, hatte ich Al Anon aufgesucht, weil ich Hilfe brauchte, um aus einem obsessiven Verhaltensmuster im Zusammenhang mit meiner Sorge um ein alkoholsüchtiges Familienmitglied herauszukommen. Dabei lernte ich, mich auf meine eigenen Probleme zu konzentrieren anstatt auf die des anderen. Ich war vor Jahren aus der Kirche ausgetreten und wußte nicht einmal, ob ich an Gott glaubte oder nicht, und ich stelle fest, daß es mir keine

Probleme bereitete, am Ende der Sitzungen mit den anderen Teilnehmern Hand in Hand im Kreis zu stehen und ein Gebet um Gelassenheit zu sprechen: *Gott gebe mir Gelassenheit, um die Dinge, die ich nicht ändern kann, zu akzeptieren, Mut, um die Dinge, die ich ändern kann, zu ändern, und Weisheit, um den Unterschied zu erkennen.* Ich fühlte mich erniedrigt und erhoben zugleich durch meine Verbundenheit mit diesen mutigen Menschen.

Ich glaube, als ich meinen Zusammenbruch erlitt und mich den *Debtors Anonymous* anschloß, hatte ich die Notwendigkeit, meinen Atheismus öffentlich zu bekennen, schon hinter mir gelassen. Jede Woche »qualifizierte« sich einer der Teilnehmer – erzählte von dem Punkt, an dem er sich im Genesungsprozeß gerade befand, seine Geschichte der Verschuldung und des Niedergangs. Niemand leitete die Sitzungen, niemand fing die Teilnehmer mit dem Lasso ein und trieb sie in eine bestimmte Richtung. Die Aufrichtigkeit und Würde von jedem, der sprach, die Abneigung, eine Opfer- oder Vorwurfshaltung einzunehmen, waren verblüffend.

Von Anfang an identifizierte ich mich mit den Menschen in meiner Gruppe. Manche hatten wenig Geld, manche hatten viel gehabt, manche waren sehr jung, manche sehr alt, aber wir alle kämpften gegen die gleichen Dämonen. Die Botschaften in bezug auf Geld und Kontrolle, die wir von den Familien, in denen wir aufgewachsen waren, erhalten hatten, und der daraus resultierende Wunsch, unsere Probleme allem und jedem zum Vorwurf zu machen, nur nicht uns selbst, waren bei uns allen sehr ähnlich.

Bei unseren Treffen gab es keine Strenge, nur freundlichen Respekt. Die Teilnehmer wurden ermutigt, kein Blatt vor den Mund zu nehmen (wir hatten für eine Sprechzeit von jeweils drei Minuten gestimmt), aber man konnte auch wochenlang schweigend teilnehmen und wurde dennoch mit sanfter Rücksicht bedacht. Während andere ihre Geschichte erzählten oder ihre letzten Kämpfe offenbarten, erhielten jene minutiöse Aufmerksamkeit und wurden zugleich von einer tröstlichen Stille umfangen. Das *Wesentliche* am Sprechen war nicht, die eigene Geschichte der Interpretation eines anderen zugänglich zu machen, sondern einfach, daß man sich selbst hörte und daß man gehört wurde. Da man wußte, daß man sich nicht gegen Vorstellungen, die andere von einem hatten, würde verteidigen müssen, wurde man allmählich immer freier in dem, was man sagte. Man lernte, was man wirklich über die Situation dachte, in die man sich selbst gebracht hatte, wie man dahin gekommen war und warum man so viel Widerstand dagegen erlebte, das zu tun, was getan werden mußte, um die Situation zu verändern.

Zu Beginn jeder Sitzung sagte jeder Teilnehmer, welche Ziele er in der vergangenen Woche erreicht hatte. Ziel konnte alles sein von der Rückzahlung geliehenen Geldes bis zum Besuch beim Tierarzt wegen der kranken Katze. Es konnte einfach darin bestehen, zur Sitzung zu kommen.

Am Ende der Sitzung sagte jeder, was sein Ziel für die kommende Woche sei. Zuerst nahm ich einen wahnsinnigen Anlauf, um noch schnell ein paar Punkte hinzukritzeln, bevor ich an der Reihe war, meine Absichten kundzutun. Die Aktivitäten einer ganzen Woche vorauszuplanen? Das war ich nicht gewohnt. Aber irgendwie war es eine Erleichterung – Dinge aufzuschreiben, das eigene Leben anzuschauen, Tag für Tag, Woche für Woche. Schließlich zeigte sich eine Form, eine, die tatsächlich *ich* herstellte. So einfach es erscheinen mag, es war erstaunlich befriedigend.

Ein Programm erarbeiten

Ein tröstlicher Aspekt bei der Teilnahme an einem Selbsthilfeprogramm ist die allmählich eintretende Nivellierung. Du siehst, daß du nicht anders bist als andere, die sich selbst in eine ähnliche Lage gebracht haben, du erkennst, daß auch du, falls du es vergessen haben solltest, der menschlichen Spezies angehörst.

Es hilft auch zu sehen, daß diejenigen, die schon eine Weile dabei sind, sich selbst mit Würde und Humor begegnen. Aber was am meisten gegen die Gefühle von Scham und Schuld im Zusammenhang mit dem Schuldenmachen hilft, ist, damit *aufzuhören* – und *das* kannst du vom ersten Tag an. In dieser Hinsicht sind die

Debtors Anonymous genau wie andere Selbsthilfegruppen: *Wenigstens heute will ich mir nichts leihen. Keine zwei Dollar oder zehn, keine »100 bis zum Zahltag«.*

Für mich war die größte Herausforderung zu ergründen, wie und wo ich mein Geld verschleuderte. Ich begann, eine tägliche Ausgabenaufstellung zu machen. Nach sechs Monaten ordnete ich die Zahlen und konnte sehen, wieviel ich für Zeitschriften und Zeitungen ausgegeben hatte, wieviel für Essengehen, wieviel für Kleidung. Indem ich mein Scheckbuch durchsah, konnte ich Muster erkennen – zum Beispiel wie oft ich einer Laune nachgab, zu Marshall's zu gehen und Bettwäsche oder Schuhe oder eine billige Sonnenbrille zu kaufen. Die bloße Tatsache, daß es Marshall's war, wo alles zu herabgesetzten Preisen zu haben ist, schien den Kauf von was auch immer wann auch immer zu rechtfertigen. Schließlich gab ich das Geld schlau aus. Und wieviel konnte man bei Marshall's schon auf einmal ausgeben? Nicht die Welt.

Indem ich die Zahlen durchsah, erkannte ich eine Methode in diesen scheinbar zufälligen Einkäufen. Ich ging selten los, um nach etwas zu schauen, das ich brauchte. Ich ging los in der Hoffnung, mich in eine bessere Stimmung zu versetzen. Es gab einen Punkt, da ich bei Marshall's mit seiner grellen Neonbeleuchtung, seinen kahlen weißen Wänden und den Regalen voll mit dem üblichen Kram nur durch die Tür zu gehen brauchte und mich getröstet fühlte. Dann nahm ich einen Einkaufswagen und wurde ganz ruhig, während ich ihn durch die Gänge zwischen den Regalen schob. Ein Päckchen mit Socken. Ein Glas Erdbeermarmelade. (Marshall's hat so ziemlich alles.) Ich muß sagen, daß die Einkaufswagen anderer Frauen nicht viel anders aussahen als meiner, wenn wir in der Schlange an der Kasse standen: die nicht mehr ganz aktuelle heruntergesetzte Weste (»Ah, die wird Johnnie gut gebrauchen können, wenn es Winter wird«), der in Taiwan hergestellte Rubick-Würfel, die Calvin-Klein-Bettwäsche (60 Prozent ermäßigt, aber immer noch 30 Dollar das Bettlaken). Die Einkaufswagen von Männern sehen nicht so aus. Männer kommen wegen eines Mantels oder wegen einiger Packungen Boxershorts und gehen wieder. Man sieht sie nicht mit leerem Blick in einer Art Trance hinter ihren Einkaufswagen durch die Gänge gleiten. (Es mag natürlich sein, daß sie in Elektronikgeschäften anders einkaufen; ich bin mir nicht sicher.)

Zu einer akkuraten Ausgabenaufstellung gehört die »Zahlenkontrolle« – das Niederschreiben jeder Bargeldausgabe, wie sie kommt: jede Tasse Kaffee, jede Zeitung, jede scheinbar unbedeutende oder seltene Ausgabe – die 7 Dollar Miete für mein Postfach, der Beitrag von 20 Dollar jährlich für die örtliche freiwillige Feuerwehr, jeder Bus- oder U-Bahnfahrschein. Ich haßte diesen Vorgang und werde ihn sicher immer hassen, aber sobald ich damit angefangen hatte, half es mir. Gestrichen wurde die tägliche Tasse lausigen Kaffees, die ich jeden Morgen beim Zeitungskauf getrunken hatte, und schon wanderten in meine Tasche 30 Dollar im Monat. 30 Dollar!

Ich sah, wie hoch meine Ausgaben für Restaurants waren – ich gehe fast jeden Abend essen –, und ich wußte, daß ich diese Ausgaben radikal reduzieren mußte, wenn ich außer dem Essengehen noch irgendeine andere Art der Erholung im Leben haben wollte. Ich senkte diese Ausgaben um die Hälfte, indem ich einfach nur Essen von der rechten Seite der Speisekarte bestellte, und mein gesellschaftliches Leben brauchte ich trotzdem nicht aufzugeben! Mit dem gesparten Geld konnte ich es mir leisten, in einem Studio in Woodstock Pilates zu lernen. Das bloße Bewußtsein dessen, was und wie man Geld ausgegeben hat (wie eine Aufstellung dessen, was man ißt), setzt den Veränderungsprozeß in Gang.

Es ist interessant zu sehen, wenn du dein Muster beim Geldausgeben dokumentierst, wie sich seine fundamentale Freudlosigkeit offenbart. Warum lebe ich mein Leben so zwanghaft? Welche Befriedigung hätte mehr Bedeutung für mich als dieser enttäuschende tägliche Kaffee im Pappbecher? Mich zu strecken? Sex? Eine Beziehung? Und warum habe ich mich bereit gefunden, mich mit einem so armseligen Ersatz zufriedenzugeben?

Ich hatte immer einen aus vier Frauen bestehenden Reinigungsdienst, der wie ein weißer Wirbelwind durch mein Haus fegte. Jetzt habe ich den Reinigungsdienst abbestellt und mir einen Staubsauger mit phantastischer Saugkraft gekauft. (Staubsaugen – das hatte ich vergessen – kann geradezu meditativ sein.) Ich kaufte eine ausgezeichnete Schere und begann, mir die Haare selbst zu schneiden. Die Ästhetik des Haareschneidens faszinierte mich auf einmal, etwa wie der Schneidewinkel mein Profil veränderte. Früher hatte ich davon nichts verstanden. Der Friseursalon, die Friseurin, die Geheimnisse des Frisierens hatten immer etwas einschüchternd Mystisches für mich behalten. Es dauerte nicht lange und ich schnitt saubere Übergänge und fühlte mich dabei wie Matisse bei der Herstellung seiner Scherenschnitte. Ich sah ganz klar, was getan werden mußte, um das Profil auszugleichen: *schneiden*. Das Ritual des Haareschneidens wurde für mich beinahe zur Sucht.

Vor meinem Zusammenbruch hatte ich alle sechs Wochen einen Salon auf der Madison Avenue aufgesucht und jedesmal 160 Dollar für Schneiden und Färben dagelassen. Selbst damals verlor der Haarschnitt zwischen den Besuchen seine Kontur. Und die Preise in dem Salon waren so hoch, daß ich mir keine Highlights leisten konnte und nie über das Matronenblond hinauskam, bei dem jedes verdammte Haar denselben glanzlosen Farbton von mittlerem Aschgrau hatte. Jetzt stutze ich mir die Haare fast jede Woche und frische die Farbe zweimal im Monat auf.

Der aufregende Teil an den Zahlenreihen, die ich durchgehen muß, wenn ich meinen Ausgabenbericht zusammenstelle, ist, daß ich einen Begriff von den tatsächlich vorhandenen Alternativen bekomme. Außerdem ist es nicht so sehr eine Frage von Streichungen, sondern eher des neu Arrangierens – wie ich mehr für dasselbe Geld kriege.

Indem ich meine Zahlen niederschrieb, wurde deutlich, wo mein Geld versickerte. Aber wie konnte ich lernen, was mir wirklich Freude machte? Die Wahrheit ist, daß ich sehr wenig über Freude wußte, wenn es nicht gerade um großartigen Sex oder einen Früchteeisbecher mit heißer Karamelsauce ging.

Ein wesentlicher Teil meiner Heilung sollte, wie sich später zeigte, darin bestehen, daß ich auf eine ganz andere Art zu leben lernte.

Für eine Frau, die gelernt hat, daß andere zu erfreuen der Weg zum Überleben sei, können die Lektionen der *Debtors Anonymous* eine besondere Herausforderung sein. Wir sind es so sehr gewohnt, eiligst zu beschwichtigen. Es ist unsere besondere Methode der Herrschaft. Ich-werde-nett-zu-dir-sein-und-du-wirst-dich-in-einer-bestimmten-Weise-mir-gegenüber-verhalten. Die Anonymen Schuldner sagen: Gib die Vorstellung auf, daß du andere kontrollieren kannst. Kümmere dich lieber um dich selbst.

Wenn du damit anfängst, wenn du deine Versuche zu kontrollieren aufgibst, fließen dir Dankbarkeit und Zufriedenheit zu. Das Leben erscheint einfacher. Du gehst ohne Angst schlafen, weil du dich einen Tag lang um dich selbst gekümmert, dich einer höheren Macht ergeben hast.

Die Vorstellung einer höheren Macht ist für viele der kritische Punkt bei der Frage, ob sie sich einem Selbsthilfeprogramm anschließen sollen. Meine Interpretation dieses Konzepts ist, daß es hier um etwas Größeres geht als nur um mich. Ich denke nicht an eine höhere Macht in Großbuchstaben, denn für mich ist es keine Gottheit, wie wir gelernt haben, uns eine Gottheit vorzustellen. Es ist nicht jemand »dort oben«, der auf mich aufpaßt. Und was immer es ist, es ist ganz gewiß kein »er«.

Ich persönlich kann die Vorstellung einer natürlichen Ordnung akzeptieren, von der ich ein sehr kleiner Teil bin. Das ist meine »höhere Macht«. Meine Hoffnung, wenn ich innerhalb dieser Ordnung mit anderen in Beziehung trete, ist, so einfach und direkt zu sein, wie ich kann. Ich akzeptiere die anderen als ebenso wichtig, wie ich selbst es bin. Ich erwarte nicht, daß die anderen meine Verantwortung übernehmen, und ich werde nicht *ihre* Verantwortungen übernehmen.

Eines der großartigen Ergebnisse, bei den Anonymen Schuldnern ist, daß du ein Gefühl für Grenzen wiederherstellst, das erstmals verwässert wurde, als du noch ein Mädchen warst. Diese Grenzen erweisen sich als das größte Geschenk überhaupt, denn sie gestatten es dir, die Hand auszustrecken und vorbehaltlos zu lieben. Sie gestatten dir, nicht mehr zu verurteilen, weil du den

Schutz des Verurteilens nicht brauchst. Verurteilen schafft in der Tat eine Art Pseudogrenze, die wir zu brauchen meinen, wenn wir kein wirkliches Empfinden unserer selbst als vollständige und individuelle Menschen haben.

Mit intakten Grenzen kann man sogar sein Selbstgefühl aufrechterhalten, wenn es wirklich schwierig wird. Ich höre dem Hausverwalter meiner Eigentumswohnung zu, der mich anschreit, ich sei eine ordinäre Schuldenmacherin, und ich bewahre meine Würde. Ich weiß, daß ich eines ganz direkt im Blick habe: Ich muß genug Geld sparen, um zu essen und ein Dach über meinem Kopf zu haben, ohne mir etwas zu borgen. Ich feuere keinen Scheck auf ihn ab, um ihn aus dem Nacken zu kriegen, weil sonst das Schuldgefühl unerträglich würde. Zu diesem Zeitpunkt empfinde ich relativ wenig Schuld. Ich stelle mich meinem Problem. Ich übernehme Verantwortung. Ich setze mich selbst an die erste Stelle.

Er tut, was er tun muß oder was er *meint*, tun zu müssen. Er schreit die Schuldnerin an, weil jemand ihm gesagt hat, das sei es, was man tun müsse, um das Geld zu bekommen, das einem zusteht. Er ist auf dem Karussell. Ich nicht, und ich steige auch nicht wieder drauf, nur weil es ihn beruhigen würde.

»Sich auf sich selbst konzentrieren«, meint Donna Boundy, »mag wie die ichbesessene Redeweise der siebziger und achtziger Jahre klingen, ›Ich-zuerst‹, aber es ist etwas anderes. Ichbesessenheit ist das, was du die ganze Zeit getan hast. Das Ziel der mit-abhängigen Person ist letzten Endes nicht altruistisch, sondern dient dem eigenen Ich. Sie will die Beziehung ganz und gar kontrollieren, Beifall hervorrufen und die Geisel festhalten. *Das* ist egozentrisch.«[14]

Widerstand

Ich habe noch immer mit den altbekannten Schwierigkeiten zu kämpfen – mit meiner Abneigung gegen offene Rechnungen, damit, meine Ausgabenlisten fortzuführen, für ein ausgeglichenes Bankkonto zu sorgen. Lebenslanger Widerstand ist mächtig. Einsicht allein reicht nicht aus. Nie.

In den acht Monaten, seit ich aufgehört habe, an den DA-Treffen teilzunehmen, wurden die Dinge wieder schwieriger. Sie sind nicht so weit abgeglitten, wie sie vorher waren – ich bin mir in stärkerem Maß als zuvor dessen bewußt, was ich *nicht* tue –, aber das neuerliche Abgleiten hat mir gezeigt, daß es möglicherweise die größte Herausforderung meines Lebens ist, echte finanzielle Unabhängigkeit zu erreichen.

»Manchmal ruht die Verleugnung für eine Weile, um später wieder hervorzubrechen«, meint Jerrold Mundy, der eine Art Moses für die *Debtors Anonymous* geworden ist. »Sie tritt häufig wieder auf, wenn es dir gelungen ist, deiner Situation eine andere Wendung zu geben, und wenn der Streß nachläßt – oder auch, wenn eine Menge Geld hereinkommt. Die alten Einstellungen und Verhaltensmuster weichen nicht leicht. Sie haben sich vielleicht nur zurückgezogen und warten ab, um bei der ersten passenden Gelegenheit wieder zutage zu treten.«[15]

Im vergangenen Jahr ist es mir wieder passiert. Ich habe mich beim Finanzamt wieder stärker verschuldet. Und es war in einem Jahr, wo sich mein Einkommen verbessert hatte. Ich kann mich darauf herausreden – und ich habe es getan –, daß die Schulden aufgelaufen sind, weil mein Einkommen stieg und die vierteljährlichen Steuerbescheide, die ich bezahlte, auf meinem Einkommen des Vorjahres basierten, und ich nicht bemerkte, wie sehr mein laufendes Einkommen stieg. Aber es ging um etwas Destruktiveres als bloße Unaufmerksamkeit. *Mittlerweile glaube ich wirklich, daß ich nicht finanziell unabhängig sein will.* Ich habe schließlich das Kartenhaus wieder zum Einstürzen gebracht. Ich habe mich in eine Lage gebracht, wo ich nicht nur Tausende von Dollar für Steuern aus dem Vorjahr aufbringen muß, ich muß für das laufende Jahr höhere Veranlagungen zahlen *plus* die monatlichen Raten für 1992 und 1993. Es ist keine Frage, daß ich mich wieder in etwas hineingeritten habe – diesmal nicht durch ungezügeltes Geldausgeben, sondern durch eine tiefe Abneigung, kontinuierlich die erforderliche Aufmerksamkeit aufzubringen.

»Zielplanung kennt keinen Aufschub, keine Unterbrechung«, sagt Kit Cole, Finanz- und Investmentberaterin in Kentfield, Kalifornien. »Wenn du finanziell erfolgreich sein willst, kannst du dich nicht vom Denken zurückziehen. Du mußt akzeptieren, daß du für dein Schicksal verantwortlich bist.«[16]

Wie konnte das geschehen? 1995 war das erste Jahr seit meinem Zusammenbruch, in dem ich ein gutes Einkommen hatte – das erste Jahr, wo es aussah, als hätte ich genug Geld, um ein paar Kleider, eine Waschmaschine mit Trockner, einen neuen Computer zu kaufen. Ich zahlte einen großen Betrag Schulden ab. Ich hatte begonnen, mit harter Arbeit und peinlicher Sorgfalt mein Leben neu aufzubauen. Ich hatte mich in das Thema Investitionen eingelesen, ich freute mich darauf, mein Ruhestandskonto wieder aufzustocken und zu lernen, wie man investiert, oder zumindest genug zu verstehen, um jemanden, der für mich Geld investierte, kontrollieren zu können. Ich hatte mich auf einen neuen Weg begeben in Richtung Unabhängigkeit.

Und dann begann ich zu »vergessen«. Keine Zahlenaufstellungen mehr. Kein Budget mehr. Verhängnisvolle Trübung des Blicks. Und dann saß ich wieder in der Patsche. »Diese finanzielle Unklarheit, dieser Dunst des Nichtwissens ist katastrophal«, sagt Mundis. »Er führt nahezu unausweichlich zu neuen Schulden.«[17]

Nachdem ich die schlechte Nachricht von meinem Steuerberater erhalten hatte, wurde meine Schulter steif. Ich mußte mit dem Training aufhören. Der leichte chronische Schmerz lenkte mich vorübergehend von einer stärker verstörenden Realität ab: Das hatte ich mir selbst angetan. Ich hatte mir wirklich selbst gesagt: *Nein, du wirst nicht auf dem Weg zur Unabhängigkeit bleiben. Du wirst es nicht in die Tat umsetzen. Steig wieder aus. Mach dich klein. Gib dich unsicher. Begib dich dorthin, wo du dich wohl fühlst, wo du weißt, wie du zu funktionieren hast, und wo du dir sicher bist, wie das Ergebnis aussehen wird.*

Es war erstaunlich. Es war wie ein Uhrwerk. Ich richtete mich sofort in diesen alten Bahnen ein.

Eine Sitzung mit einem Rolfing-Therapeuten besserte zwar meine kranke Schulter, aber ich hatte Angst, Geld für eine weitere

Sitzung mit ihm auszugeben. (Lieber weiter leiden und versuchen, die Schulter selbst zu heilen, als wertvolles Geld für die eigene Gesundheit ausgeben.)

Ich bügelte einen Nachmittag lang Sachen für meine Tochter, als ich an einer Terminsache hätte arbeiten sollen. Dieser einfache, herzerwärmende Akt – das Bügeleisen, das weich über Leinen und Seide glitt – erlaubte mir, 1. mich mit meiner Tochter zu identifizieren, die sich mit ihren 29 Jahren schwer tat, mit ihrem Geld zurechtzukommen; 2. in Selbstmitleid zu schwelgen bei der Erinnerung, daß meine Mutter mir niemals geholfen hatte, wenn ich Geld brauchte; 3. mir selbst vorzumachen, ich würde etwas Aktives und Konstruktives tun, wie Frauen es immer getan haben – nämlich anderen helfen. Vor allem erlaubte es mir, mich selbst an die letzte Stelle zu setzen.

Ich besuchte eine Probe der Tanzschule, zu deren Vorstand ich gehörte, und verbrachte zwei Tage mit Überlegungen, wie ich *ihnen* helfen könnte, zu Geld zu kommen.

Ich bot meiner Tochter an, einen halben Tag dranzugeben und sie zu einer Gerichtsverhandlung mit ihrem Vermieter zu begleiten. (Sie meinte: »Mom, du hast doch schon genug am Hals.« Ich gab es zu und blieb zuhause.)

Das ist Widerstand allererster Sorte. Die Empfindung lautet: Ich will raus. Ich bin zu *allem* bereit, nur nicht für mein eigenes Wohlergehen verantwortlich zu sein. Laßt mich eine Helferin sein, eine Versorgerin *par excellence*, laßt mich für andere arbeiten, das Image anderer verbessern. Laßt mich *alles* tun, außer einen klaren Blick auf das zu richten, was ich tun muß, um für mich selbst zu sorgen – und es dann zu tun. Die Verantwortung für mich selbst auf lange Sicht zu akzeptieren.

Aber ich wollte auch nicht an die alte Stelle zurückkehren. Ich wollte mich nicht überlastet fühlen, isoliert, festgelegt auf einige Male in der Woche, wenn ich mit Freunden essen ging, um mich für all meine harte Arbeit und Einsamkeit zu entschädigen. Ich wollte mich nicht ausgenutzt und unerreichbar fühlen. Ich wollte mich nicht als *Opfer des Geldes* fühlen. Ich wollte mich nicht kindisch fühlen, wenn es um das Verwalten und Anlegen von Geld ging. Ich wollte nicht das Gefühl haben, daß das Leben irgendwann in der Zukunft beginnt.

Aber wie konnte ich das alles ändern zu einer Zeit, da ich von Angst gepackt war wie nie zuvor? Würde ich nicht alles zurückzahlen und immer wissen müssen, wo der nächste Pfennig herkam, bevor ich mich würde entspannen können, um das Leben zu genießen?

Seltsamerweise ist die Antwort nein. Ich begann in extremer Not zum erstenmal im Leben Dinge zu lernen, die keine Analyse oder Gruppentherapie, kein Gespräch mit einem Priester bei der Beichte jemals verständlich gemacht hatten.

»Du mußt wissen, was du wirklich willst – was deine Absicht ist«, schreibt Ruth Ross in *Prospering Women*. »Zu erreichen, was du dir vom Leben erwartest, erfordert, daß du Gedanken, Überzeugungen und Intentionen mobilisierst.«[18]

Das hat einen netten Zen-Klang, aber wie macht man das? Wünschen allein ist mit Sicherheit nicht genug.

Die »Druckentlastungsgruppe« der *Debtors Anonymous* schlug vor, daß ich eine Wunschliste aufstellen sollte. Daß ich bei Kreditkartengesellschaften, Banken und dem Finanzamt Schulden hatte, hieß nicht, daß ich an die Dinge, die ich mir wünschte, nicht mehr denken sollte. Das wäre ungesund. Gesund wäre es, mir meine Wünsche einzugestehen und darauf hinzuarbeiten, sie mir zu erfüllen, sie zu einem Teil meines Plans zu machen.

»Wünsche sind Gedanken, und Gedanken sind – wie geistige Energie – eine schöpferische Kraft«, sagt Ross. »Wenn wir präziser fassen, was wir uns wünschen, konzentrieren wir die Macht unserer Gedanken auf unsere Wünsche.«

Untersuchungen haben gezeigt, daß die meisten von uns das, was sie sich wünschen, nie richtig formuliert haben. Unsere Wünsche bleiben nebelhaft. »Es scheint leichter zu sein, mit dem vagen Gefühl zu leben, daß irgend etwas fehlt, und irgendwie zurechtzukommen, als genau zu definieren, was jenes fehlende Etwas ist.«[19]

Es vergingen Wochen, bis ich mich hinsetzte und meine Liste schrieb. Allein der Gedanke, es zu tun, erschien mir beleidigend.

Es schien eine alberne Aufgabe zu sein. Ich hatte kein Geld übrig, und ich dachte, das würde jahrelang so bleiben. Was sollte es bringen, meinen brennenden Wunsch nach dem großen, dick gepolsterten Sessel aus dem Crate-und-Barrel-Katalog für 700 Dollar einzugestehen? Nichts brachte es. Es war dumm. Mehr als dumm, deprimierend. Wenn ich alles anschauen, benennen sollte, was ich mir wünschte, würde ich in einem Meer eingestandener Entbehrung ertrinken. Dann lieber nichts eingestehen. Lieber vorgeben, sich *nichts* zu wünschen.

Die wirkliche Macht der Manifestation erwächst aus der Erwartung. Was wir uns wünschen und was wir erwarten, muß ganz bewußt kombiniert werden – eins werden, meint Ross. »Unser gesamter Begriff von Realität ist in der Tat begrenzt, ehe wir nicht die Tatsache erfahren haben, daß *die einzige existierende Realität in dem besteht, was wir uns selbst sagen*. Was wir glauben, das werden wir.«[20]

Keine »angemessene« Kleidung mehr

»Immer wenn ich meinem Mann ein wunderschönes neues Outfit zeige, das ich vom Sonderangebotstisch ergattert habe, fragt er: ›Brauchst du es denn?‹ Er versteht das nicht«, berichtet die englische Dramatikerin Tina Howe. »Es geht nicht darum, was man braucht, sondern darum, bereit zu sein. Es gibt einen Grund dafür, daß die Modeindustrie so viel Geld ausgibt, um uns zu umwerben. Sie weiß, daß Frauen immerzu versuchen, sich selbst zu definieren. Wer bin ich? Eine Sirene? Die Geheimnisvolle? Die Unschuldige? Die Kriegerin?«

Howe sagt, sie freue sich über ihren »Phantasie-Kleiderschrank«, die Möglichkeiten, die er birgt für das, was sie »Transformation« nennt. »Neun Zehntel meiner wachen Zeit trage ich Jeans, aber wie Aschenputtel kann ich mich mit einem einzigen Streich des Zauberstabs in eine glanzvolle Königin verwandeln. Und ich brauche keine gute Fee, um das zu tun. Ich bin die Herrin meines Schicksals, weil ich mir die Mittel zu meinem Erfolg angeeignet habe. Meine gläsernen Schuhe und mein Ballkleid sind im Kleiderschrank!«[21]

Als ich Howes Artikel in der Zeitschrift *Allure* las, konnte ich nur annehmen, daß sie ein bißchen mehr Geld gebraucht hätte, um ihr Nest zu polstern. Wäre es denn möglich, daß sie es ernst meint, wenn sie sagt, die Mittel zu ihrem Erfolg seien die Phantasiekleider in ihrem Schrank?

Wenn ich zu einer großen Party eingeladen war, hatte ich immer das Gefühl, ich müßte mir dafür extra Kleider kaufen. Hier war meine Chance, Aufsehen zu erregen, etwas über mich auszusagen. Ich hatte das Gefühl, ich brauchte Requisiten – Schmuck, gewagte Ausschnitte, aufsehenerregende Schuhe. Ich fürchtete, ohne meine Requisiten nicht gesehen zu werden. Das war es vor allem, was ich wollte: *Gesehen, zur Kenntnis genommen, anerkannt werden.*

Jetzt lebe ich mein Leben anders, weil ich ein anderes Gefühl meiner selbst habe. Ich passe auf mich auf. Ich schaffe Ruhe und Frieden in meiner Umgebung, weil ich es brauche und verdiene. Und ich erkenne an, daß ich die einzige bin, die sich diese Ruhe und diesen Frieden schaffen kann. Es geht nicht darum, ob jemand anders das für mich tun kann. Wenn ich jetzt jemandem begegne und diesen Menschen am Ende vielleicht liebe, dann wird es sein, damit er an dem inneren Frieden, den ich für mich geschaffen habe, teilhat, und nicht, damit mir dieser Friede zur Verfügung gestellt wird.

Was nicht heißen soll, daß ich mich nicht gern schön anziehe und ausgehe. Ich finde, es macht Spaß, hochhackige Schuhe zu tragen und Eyeliner aufzulegen, auszugehen und gut auszusehen. Aber ich bin nicht befangen, weil ich unbedingt Wirkung erzielen will, denn jetzt besteht eine größere Kongruenz zwischen dem, wie ich aussehe, wenn ich mich zum Ausgehen anziehe, und dem, wie ich mich fühle, wenn ich tagsüber zu Hause bin.

Heilung

»Was wir mit diesem Programm zu erreichen suchen«, schreibt Jerrold Mundis, »ist nicht weniger als eine grundlegende Veränderung des Bewußtseins – der Einstellungen, Überzeugungen und Vorstellungen, die du von dir selbst und deinem Geld hast. Das kann der einzige sehr wichtige Faktor sein, wenn du die Qualität deines Lebens verbessern und die Ausgeglichenheit und Behaglichkeit bestimmen willst, mit der du dich von deinen Schulden befreist.«[22]

Man kann auch ohne eine solche Veränderung zum Ziel kommen. Wenn du nur die praktischen Techniken der *Debtors Anonymous* anwendest, kannst du wahrscheinlich trotzdem deinem Schuldenmachen ein Ende setzen und schließlich alle deine Gläubiger bezahlen, »aber ohne Bewußtseinsveränderung wird es dir schwerer fallen, du wirst dich um einen sehr großen emotionalen und materiellen Nutzen bringen, und vielleicht wirst du später erneut in Schwierigkeiten geraten«.

Ich glaube, es war das bei den DA-Treffen empfundene außerordentliche Gefühl der Verbundenheit, das dazu führte, daß ich mir auch in anderen Bereichen meines Lebens tiefere Verbindungen wünschte. Innerhalb eines Jahres gründete ich eine Gruppe von Frauen, die Tagebuch schreiben, und schloß mich einer Gruppe von Frauen an, die ihre Träume analysieren. Ich möchte Ihnen im besonderen von der Traumgruppe erzählen, weil sie tiefe Auswirkungen auf mich hatte und ich mir vorstellen kann, daß viele andere Frauen diese Erfahrung als ebenso hilfreich empfinden könnten wie ich.

In der Traumgruppe treffen sich fünf Frauen einmal pro Woche. Jedes Treffen ist dem Traum einer Teilnehmerin gewidmet und kann zwei bis drei Stunden dauern. Diejenige, über deren Traum gearbeitet werden soll, liest ihn aus ihrem Traumbuch vor, während wir anderen mitschreiben.

Wir erhalten keine Informationen zum Hintergrund des Traums, nur den Traum selbst. Dann sprechen wir der Reihe nach

Assoziationen dazu aus, wobei wir unseren Satz immer mit »ich« beginnen und so offenbaren, welche Gefühle und Gedanken der Traum in uns auslöst.

Der Assoziationsprozeß in der Gruppe kann 20 oder 30 Minuten dauern. Die Träumerin hört währenddessen nur zu und schreibt unsere Äußerungen in ihr Journal. Wenn sie ihrerseits bereit ist zu sprechen, tut sie es und nimmt so ihren Traum wieder »zurück«.

Zunächst antwortet sie auf alle Assoziationen unsererseits, die eine Bedeutung für sie hatten. Dann schildert sie uns ihre eigenen Gedanken zu dem Traum. Das ist häufig ein Moment, in dem schmerzliche Gefühle oder Sorgen und Ängste auftauchen. Der Rahmen für unsere Gruppe läßt bis zum Ende keine Interaktion zu, so daß jede von uns stark auf ihre eigenen Prozesse konzentriert ist. Wir liefern keine phantastischen Interpretationen, indem wir der Träumerin mitteilen, um was es unseres Erachtens in dem Traum geht; wir gehen davon aus, daß die Träumerin am besten weiß, welche Bedeutung ihr Traum für sie hat. Unsere Assoziationen mögen mit ihren auf einer Wellenlänge liegen oder ihre Gefühle an die Oberfläche bringen. Meistens wird über die Arbeit an dem Traum irgendein Muster oder eine Geschichte zutage gefördert. Diese Arbeit gewinnt durch den Gruppenprozeß einen dynamischen Reichtum, der es der Träumerin ermöglicht, mehr nach Hause zu tragen, als sie von dort mitgebracht hat.

In all meinen Jahren der Therapie hatte ich nie tief und systematisch mit Träumen gearbeitet. Als ich damit begann, meine Träume morgens aufzuschreiben, stellte ich sofort fest, daß ich mich an viel mehr erinnern konnte. Zuerst brachte ich meinen Traum in die Gruppe wie ein Kind, das eine Opfergabe darbringt. Ich hatte keine Ahnung, was der Traum bedeutete. Ich hatte das Gefühl, daß ich den anderen den Traum übergab, damit sie für mich daran arbeiteten. Nach etwa einem Jahr, in dem ich vielleicht zehnmal in der Gruppe gearbeitet hatte, veränderte sich meine Beziehung zu meinem Unbewußten. Die Träume erschienen mir nicht mehr als unheimliche, fremde Artefakte; sie waren ein Teil von mir, ein wichtiger Teil, zu dem ich nie zuvor Zugang gehabt hatte. Anstatt mein Unbewußtes zu fürchten, begann ich es als Hüter wichtiger Informationen mir zu eigen zu machen.

Wie hatte ich so lange leben können, ohne zu wissen, wie ich diesen Zugang zu meinem inneren Ich nutzen konnte? Selbst die merkwürdigsten und unheimlichsten Teile des Traums waren ein Teil meiner selbst, von mir gemacht. Irgendwie gaben mir diese Träume, selbst die schlimmsten, groteskesten Alpträume, eine neue Zuneigung für mich selbst, ein Gefühl der Zärtlichkeit und Wertschätzung. Ich konnte den geheimen Kampf, die dunklen Schatten, das lüsterne Es (wir benutzten jedoch keine Freudschen Begriffe) anerkennen. Ich sah, daß ich Vielschichtigkeit und Tiefen besaß, von denen ich nichts gewußt hatte. Ich mochte mich selbst besser leiden. Anstatt morgens ein hartnäckiges Überbleibsel der vergangenen Nacht zu verdrängen, nahm ich mein Tagebuch zur Hand und erarbeitete den Traum.

Mich mit einem Traum in Einklang zu bringen, meine erste Tat nach dem Aufstehen, gab mir Schwung für den Tag. Ich fühlte mich danach *immer* besser, klarer, standfester, weniger ängstlich. Es gefiel mir, den Tag zu beginnen und zu wissen, wo ich war. Mich erfüllte eine ungeheure Dankbarkeit für dieses neue Instrument, auch Dankbarkeit gegenüber den Frauen in der Gruppe, deren Integrität und Respekt füreinander es mir gestatteten, daß ich mich meinem inneren Selbst öffnete.

Zu dieser Zeit wurde meine Beziehung zu anderen Menschen zu einem wirklichen Halt in meinem Leben. Ich begriff, daß ich sie brauchte. Ich begann mich zu offenbaren. Ich hatte noch eine Menge Informationen, die beim geringsten Anlaß hervorsprudelten, aber ich fühlte mich nicht zugeknöpft und kontrolliert. Ich begann meine Freunde mit all ihren Idiosynkrasien und Marotten zu schätzen. Ich begann mehr unsere *Ähnlichkeiten* als unsere Unterschiede zu sehen. (Ich hatte meine angenommene Andersartigkeit immer benutzt, um mich den anderen überlegen zu fühlen.) Ich begann zu verstehen, daß ich Freude empfinden konnte, wenn ich mich ihr nur öffnete. Durch die Pilates-Technik lernte ich eine neue Freude an meinem Körper kennen und eine neue Wertschätzung. Ich machte wieder Sport, nahm Aktivitäten auf, die ich längst der Vergangenheit zugerechnet hatte: Radfahren, Rollerblading, Tanzen. Ich machte eine Reise nach Vietnam, ganz allein, genoß Südostasien, aber noch mehr genoß ich es zu erfahren, wie es war, allein in einer fremden Kultur zu sein und niemanden dabei zu haben, der mir sagte, was ich tun oder fühlen oder darüber lernen sollte. Ich fand heraus, daß es mich am meisten danach verlangte, Tagebuch zu schreiben und über meine Kindheit nachzudenken! Ich freundete mich mit einem jungen Mann an, Vu, der mich auf dem Rücksitz seines Motorrades überallhin fuhr und mich zu einheimischen Restaurants und anderen Orten führte, die ich allein nicht aufgesucht hätte. Ich beschäftigte mich mit dem Währungstausch, etwas, das ich auf meinen früheren Reisen immer irgend jemand anderem überlassen hatte.

Ich glaube nicht an pure Willenskraft oder ausgefeilte Techniken. Deren Ergebnisse werden niemals lange anhalten. Es ist wie mit dem Diäthalten. Du kannst vorübergehend Pfunde verlieren, aber sie werden bald wieder da sein, wahrscheinlich früher als später.

Heute empfehlen Ernährungsexperten eher Änderungen der Lebensweise als Diäten. Ändere deine Einstellung zum Essen. Ändere die Einstellung zu deinem Körper und zu dir selbst. Erschaffe dir ein neues Wertesystem, das dich leiten wird, wenn du über den langen Zeitraum eines produktiven Lebens in Wohlbehagen und Gesundheit voranschreitest.

Und so ist es auch mit Geld. Es gibt keine schnellen Lösungen. Lebenslange Einstellungen und Gewohnheiten und Techniken der Verleugnung müssen überwunden werden.

Aber indem wir uns anschauen, woher sie kommen, warum ihre Anziehung so stark ist, werden wir mit Sicherheit mehr gewinnen, als daß wir nur unsere Finanzen in Ordnung bringen. Wir werden Wohlbehagen und Sicherheit und *Dankbarkeit* empfinden, uns bislang vielleicht unbekannte Gefühle.

Ich lernte auch verstehen, was wirkliche Freude beim Geldausgeben ist; es ist ähnlich wie mit der Freude beim Bezahlen von Rechnungen. In beiden Fällen sorgt man für sich selbst.

Freude am Geldausgeben ist nicht das gleiche wie impulsives Kaufen in dem wahnsinnigen Bemühen, seine Stimmung zu bessern. Das lernte ich, als ich entdeckte, daß es mir schwerfiel, bei verantwortungsvollem Geldausgeben Freude zu empfinden.

Nach vielen Überlegungen und Planungen war ich in eine kleine Wohnung in New York eingezogen, eine Wohnung, in der zuerst meine Tochter gewohnt und die ich dann vermietet hatte. Jetzt war ich an der Reihe. Es war seit langem ein Traum von mir, sowohl eine Wohnung in der Stadt als auch ein Haus auf dem Land zu haben. Um es mir leisten zu können, mußte ich mich bei sämtlichen Ausgaben des täglichen Lebens ernsthaft einschränken. Es war das erste Mal in meinem Leben, daß ich für etwas, das ich mir wünschte, finanziell geplant und darauf hingearbeitet hatte.

Die Wohnung mußte eingerichtet werden. Ich blätterte Kataloge durch, suchte alle preisgünstigen Möbelgeschäfte auf und stellte ein Budget auf. »Sparsam und funktional« lautete mein Ausstattungsprogramm. Es gab nur ein Zimmer und eine Diele, die möbliert werden mußten. Ich kaufte ein Futon-Sofa und stellte einen einfachen Schreibtisch auf. Dann besorgte ich alles übrige in einem Aufwasch an einem Nachmittag bei ... Crate and Barrel!

Dieser Blitzeinkauf war deutlich anders als ein Kaufrausch. Als erstes lief ich durch das Geschäft, schaute mir die Preise an und notierte mir die Dinge, an denen ich interessiert war. Ich saß auf einem ausgestellten Sofa, ging meine Liste durch und sah, wie es sich summierte. Um den Betrag zu reduzieren, strich ich einige Dinge und ersetzte sie durch andere.

Dann, *bevor ich irgend etwas kaufte*, verließ ich das Geschäft und ging in ein Café auf der anderen Straßenseite, wo ich meine Liste noch einmal prüfte. Zu viel Geld. Ich strich den Sisalteppich und die Teppichunterlage. Der Holzfußboden war gut genug. 500 Dollar gespart. Schließlich ging ich zurück zu Crate and Barrel, bezahlte meine Einkäufe bar und arrangierte die Lieferung der Sachen für den nächsten Tag. Ich war hingerissen von meinen Einkäufen, aber das dauerte nicht lange. An jenem Abend kam ich nach Hause und begann mir Sorgen zu machen. *Hielt ich mich selbst zum Narren? Konnte ich mir leisten, was ich da machte? War das meine alte Großzügigkeit, die zurückkehrte?*

In der Nacht wachte ich immer wieder auf und überlegte hin und her. Brauchte ich wirklich zwei Lampen für die Konsole in der Diele? Brauchte ich überhaupt eine Konsole? Und so weiter, und so fort. Ich war in einem Dilemma. Es war, als wüßte ich nicht, was ich mir leisten konnte.

Und dann endlich um vier Uhr morgens setzte sich ein neuer Gedankengang durch. Dieser Einzug in eine neue Wohnung ließ mich in eine frühere Zeit meines Lebens regredieren, in der ich das Gefühl hatte, schöne Dinge nicht zu verdienen. Eine Zeit, da ich nicht die Macht hatte, loszugehen und eine Wohnung einzurichten. Schuldgefühle zerstörten meine Freude darüber, daß ich mich selbst versorgen konnte. Meine Mutter hätte das Federbett und den Überwurf selbst genäht. Sie hätte den Kauf jedes Möbelstücks mit meinem Vater besprochen. Und natürlich hätte er ein Veto-Recht gehabt. Meine Mutter hat die Freude – oder die Angst –, loszugehen und eine eigene Wohnung einzurichten, ohne daß jemand ihre Entscheidungen gutgeheißen hätte, nie gekannt.

Daher hatte mein Nachmittag bei Crate and Barrel eine ungeheure symbolische Bedeutung. Ich war eine alleinstehende Frau, eine Frau mit schwer verdientem Geld auf ihrem Bankkonto, und sie war im Begriff, dieses Geld für sich selbst auszugeben.

Eine Frau, die niemanden um Erlaubnis fragen mußte.

Eine Frau, die nur sich selbst gegenüber verantwortlich war.

Aber wie beängstigend das sein kann, nur sich selbst gegenüber verantwortlich zu sein. Indem ich meine Einkäufe umsichtig tätigte, indem ich meinen Entscheidungen angemessenes Gewicht verlieh, hatte ich mich mit dieser Angst in Berührung gebracht. Ich erhielt keinen Auftrieb mehr durch grandiose Phantasien, die meine Angst abschwächten. Ich stellte mir keine Intellektuellen-Dinnerpartys mehr vor oder riesige Weihnachtsfeste mit der Familie. Diese Wohnung war nur für mich. Alles, was ich unternahm, um sie anziehend zu machen, tat ich nur für mich selbst.

War es möglich, daß ich mich vor all diesen Implikationen fürchtete?

Es waren die Gedanken und Ängste einer Frau, für die keine Rettung in Sicht ist. Und das war es – die klare Erkenntnis, daß ich selbst an der Reihe war –, was mich hin- und herwarf. 1300 Dollar für die Einrichtung einer kleinen Wohnung auszugeben, machte mir in meinem neuen bewußten Geisteszustand mehr Angst, als es in jener Zeit, da ich von Illusionen geblendet war, 100 000 Dollar für die Renovierung eines Hauses vermocht hatten.

Finanziell zurechtzukommen muß nicht bedeuten, daß man ein Workaholic wird, der seine Beziehungen für immer noch mehr Geld opfert, wie wir es bei den männlichen Rollenvorbildern gesehen haben. Indem wir für uns selbst sorgen, »feminisieren« wir die Bedeutung des Geldes. Wir sorgen dafür, daß wir alle Ressourcen haben, die wir brauchen, um für uns selbst, unsere Familie, unsere Angelegenheiten zu sorgen – was immer es sein mag, das uns als Frauen wichtig ist. Ross unterscheidet zwischen der aggressiven Macht, für die Geld eingesetzt worden ist, und der »inneren Macht«, die uns die Verwaltung unseres Geldes verleiht. »Persönliche Macht ist keine aggressive, physische, manipulative oder autoritative Kraft, sondern eine innere Kraft, die aus dem Wissen kommt, daß wir alle notwendigen Ressourcen besitzen, um zu handhaben, was immer im Leben geschieht. Wenn wir persönliche Macht haben, gelangen wir von der Pseudostärke, die nur stark erscheint, zur wirklichen Stärke, durch die wir uns stark fühlen.«[23]

Judy Collins sprach auf einer Konferenz der *American Women's Economic Development Corporation* vor 3000 Frauen und legte Zeugnis ab von ihrer früheren finanziellen Abhängigkeit. Mehr als 20 Jahre lang hatte sie ihre Finanzen ihrem Vermögensverwalter überlassen. Eines Tages teilte er ihr mit, sie habe kein Geld, um ihre Steuern zu bezahlen. Das Ende der Unschuld!

Heute ist sie ihre eigene Verwalterin. Aber es kostete Anstrengung, dorthin zu gelangen. »Ich habe persönliche Barrieren durchbrochen, um es zu lernen«, berichtet sie ihren Zuhörern. »Als Frauen werden wir zu Rettungsphantasien erzogen, aber ich bin hier, um Ihnen zu sagen –« sie machte eine Pause und wartete, als sich Gelächter im Saal erhob, »daß niemand kommt.«

Da Collins nun gelernt hat, ihre Finanzen verantwortungsvoll zu handhaben, stimmt die Erfahrung, daß sie ihr Leben in der Hand hat, sie heiter. »Nichts entzückt mich mehr, als vierteljährlich meine Steuern zu bezahlen. Ich singe vor Freude.«

Es ist das innerliche Akzeptieren persönlicher Verantwortung, das uns Lust macht zu tanzen und zu singen, nicht die Inszenierung um des Beifalls willen.

Heute haben die Frauen eine neue Etappe erreicht. Wir haben die Fähigkeit, nicht nur unser Geld zu verdienen, sondern auch, es zu verwalten. Einen Überblick über unsere finanzielle Lage zu haben. Den größeren Zusammenhang zu sehen. Das Alter in unsere Pläne einzubeziehen. Nein zu sagen zu dem Impuls zu besitzen, zu kaufen, auszugeben, weil wir erkennen, daß das Nein uns nicht ärmer macht; vielmehr dient es einem größeren Interesse – unserem Gefühl, ausgeglichen zu sein, eine Person zu sein, die wirkliche Entscheidungsfreiheit hat, die spürt, daß sie die Situation unter Kontrolle hat und sie zu ihren Gunsten nutzen kann. Selbstverwaltung und Selbstregulierung sind gefragt, wenn wir als freie Personen aus dem Patriarchat hervorgehen wollen. Bevor das jedoch möglich ist, müssen wir ein Gefühl für uns selbst zurückgewinnen. Das und nicht weniger ist für unsere Unabhängigkeit und Autonomie erforderlich. Andernfalls bleiben wir subaltern, Sklavinnen unserer Ängste, wenn nicht unserer Väter und Ehemänner.

Anmerkungen

KAPITEL 1
Eine Frau in der Krise

1 Margaret Randall, *The Price You Pay*, Routledge, New York 1966, S. 9.

KAPITEL 2
Ausgereizt in einer Kultur der Schulden

1 Saul Hansell, »A Shaky House of Plastic with No Quick Fix in Sight«, *New York Times*, Section D 1, S. 1.
2 Donna Boundy, *When Money Is the Drug*, Harper Collins, San Francisco 1993, S. 78 (deutsch: *Wenn Geld zur Droge wird*, Campus, Frankfurt a. M. 1997). Boundy orientiert ihr Bild des amerikanischen Kapitalismus in den siebziger und achtziger Jahren an Adam Smith, *The Roaring Eighties*, Penguin, New York 1988.
3 Robert D. Hershey Jr., »At College, Many Learn how to Plunge into Debt«, *New York Times* vom 10. November 1996, Section D 1, S. 1.
4 Jerrold Mundis, *How to Get Out of Debt, Stay Out of Debt, and Live Prosperously*, Bantam, New York 1990.
5 Sana Siwolop, »Genius Grant Patches Up Family's Frayed Finances«, *New York Times* vom 4. August 1996, Section F, S. 3.
6 Sana Siwolop, »For a Choreographer, A Chance to Leap Out of Debt«, *New York Times* vom 20. Juli 1997, Section F, S. 4.

KAPITEL 3
Wie wir Geld ausgeben: Wenn Einkaufen zum Zwang wird

1 Boundy, *When Money Is the Drug*, S. 117.
2 Annette Lieberman und Vicki Lindner, *Unbalanced Accounts*, Viking Penguin, New York 1988, S. 151.
3 Cynthia Kling, »Why Are Women Still Afraid of Money?«, *Harper's Bazaar*, Januar 1997, S. 24.
4 Sarah Lyall, »A Duchess: Her Life in Debt«, *New York Times* vom 4. Februar 1996, Section 4, S. 4.

5 Geraldine Fabrikant, »New Chapter for a Serial Spender«, *New York Times* vom 23. März 1997, Section D, S. 6.

6 Martha McPhee, »My Favorite Store: Agnes B.«, *New York Times Magazine* vom 6. April 1997, S. 74.

7 Meghan Daum, »Losing My Shirt«, *Self*, April 1996, S. 157.

8 Walter Kirn, »Going Postal«, *Vogue*, März 1996, S. 204.

9 David J. Morrow, »To Shop, Perchance Nonstop«, *New York Times* vom 29. Dezember 1996, Section 3, S. 1.

10 Susan McElroy, M.D., et al., »Pharmacological Treatment of Kleptomania and Bulimia Nervosa«, *Journal of Clinical Psychopharmacology* 9, Nr. 5, Oktober 1989.

11 Susan McElroy, M.D., James I. Hudson, M.D., Harrison G. Pope, Jr., M.D., und Paul E. Keck, Jr., M.D., »Kleptomania: Clinical Characteristics and Associated Psychopathology«, *Psychological Medicine* 21 (1991), S. 93–108.

12 Ich hatte eine Reihe von Diskussionen mit Hudson und Pope in ihrem Büro im McLean Hospital außerhalb Bostons, als ich für mein Buch *Befreite Gefühle* (Fischer Taschenbuch Verlag, Frankfurt a. M. 1998) recherchierte.

13 McElroy et al., 1989.

KAPITEL 4

Obdachlosenträume: Warum Frauen fürchten, in Armut zu enden

1 Jennifer Dunning, »Dance Notes«, *New York Times* vom 18. Juni 1996, Section C, S. 18.

2 Barbara Kerbel, »Ill Suited for This«, *Newsday* vom 18. Januar 1997, Section B, S. 5.

3 Rosalind C. Barnett, »Women in Management Today«, Center for Research on Women, Nr. 249, Wellesley, Mass., Wellesley College, 1992, S. 2.

4 Maggie Mahar, »The Truth About Women's Pay«, *Working Woman*, April 1993, S. 52–55.

5 Tamar Lewin, »Equal Pay for Equal Work is No. 1 Goal of Women«, *New York Times* vom 5. September 1997, Section A, S. 20.

6 Charlotte Kinstlinger-Bruhn, »Singled Out«, *Woodstock Times* vom 25. Juli 1996, S. 12.

7 Namkee G. Choi, »Correlates of the Economic Status of Widowed and Divorced Elderly Women«, *Journal of Family Issues*, 13, Nr. 1, März 1992, S. 48.

8 Sharon Hicks und Carol Anderson, »Women on their Own« in: Monica

McGoldrick, Carol M. Anderson und Froma Walsh (Hg.): *Women in Families: A Framework for Family Therapy,* W. W. Norton & Company, New York 1991, S. 318 (deutsch: Feministische Familientherapie in Theorie und Praxis, Lambertus, Freiburg / Br. 1991).

9 Dirk Johnson, »No Fault Divorce is Under Attack«, *New York Times* vom 2. Februar 1996, Section A, S. 10.

10 Betty Carter, »Remarried Families: Creating a New Paradigm« in Marianne Walters et al. (Hg.), *The Invisible Well,* Guildford Press, New York 1988, S. 333 (deutsch: *Unsichtbare Schlingen,* Klett-Cotta, Stuttgart 1995).

11 Diane P. Holder und Carol Anderson, »Women, Work, and the Family« in *Women in Families,* S. 376.

12 Kinstlinger-Bruhn, »Singled Out«, S. 12.

13 A. O'Rand, J. Henretta, »Women at Middle Age: Developmental Transitions«, *Annals of the American Academy of Political and Social Science* 404, 1982, zitiert in Hicks und Anderson, »Women on their Own«, S. 310.

14 Barnett, »Women in Management Today«, S. 21.

15 Hicks und Anderson, »Women on their Own«, S. 330.

16 Choi, S. 38.

17 Anita Jones-Lee, *Women and Money,* Barron, Happauge, N.Y. 1991, S. 4.

18 Die Zahlen stammen aus Lieberman und Lindner, *Unbalanced Accounts,* S. 179.

19 »Equity Eludes Women«, *AARP Journal,* November 1991, S. 1.

20 Jones-Lee, *Women and Money,* S. 6.

21 Ebenda.

22 17 Prozent der amerikanischen Frauen über 65 haben ein Einkommen unter der Armutsgrenze, im Vergleich zu 10 Prozent der Männer. Diese und andere Zahlen zum Einkommen älterer Frauen in McGoldrick (Hg.), *Women in Families.*

23 »Equity Eludes Women«.

24 Gary Belsky, »The Five Ways Women Are Often Smarter Than Men About Money«, *Money,* Juni 1992, S. 82.

25 Beth B. Hess, »Aging Policies and Old Women: The Hidden Agenda« in Alice Rossi (Hg.), *Gender and the Life Course,* Aldine, New York 1985, S. 323.

26 Carol M. Anderson und Susan Stewart mit Sona Dimidjian, *Flying Solo,* W. W. Norton, New York 1995, S. 104.

27 Ebenda, S. 265.

28 Ebenda.

29 Hicks und Anderson, »Women on their Own«, S. 318.

30 Ebenda, S. 317.

31 Ebenda, S. 309.

32 »An Income of Her Own: Summary Update January 1994«, S. 1. An Income of Her Own, P.O.B. 987, Santa Barbara, CA 93102.
33 Belsky, »The Five Ways...«, S. 82.
34 Leslie Brenner, »When Smart Women Aren't Smart About Money«, *New Woman*, August 1996, S. 102.
35 Ebenda.
36 Ebenda.
37 Hicks und Anderson, »Women on their Own«, S. 331.

KAPITEL 5

»Cool« werden: Wie wir lernen, uns selbst zu verraten

1 Carol Gilligan, »Prologue« in Carol Gilligan, Nona P. Lyons und Trudy J. Hanmer (Hg.), *Making Connections: Notes from the Underground of Female Adolescence*, Harvard University Press, Cambridge, MA 1990, S. 1.
2 Carol Gilligan, *In A Different Voice*, Harvard University Press, Cambridge 1993, S. XX (deutsch: *Die andere Stimme*, Deutscher Taschenbuch Verlag, München 1996).
3 Lyn Mikel Brown und Carol Gilligan, *Meeting at the Crossroads*, Ballantine Books, New York 1992, S. 91 (deutsch: *Die verlorene Stimme*, Deutscher Taschenbuch Verlag, München 1997).
4 American Association of University Women, *Shortchanging Girls, Shortchanging America: Executive Summary*, American Association of University Women, Washington, D.C., o. J., S. 4.
5 Jane Brody, »Girls and Puberty: The Crisis Years«, *New York Times* vom 4. November 1997, Section F, S. 9.
6 Carol Gilligan, »Teaching Shakespeare's Sister: Notes from the Underground of Female Adolescence« in Gilligan et al. (Hg.), *Making Connections*, S. 9.
7 Brown und Gilligan, *Die verlorene Stimme*, S. 67–75.
8 Ebenda.
9 Unveröffentlichtes Manuskript, »The Life and Death of Prunella: A Psychological Study of My Imaginary Twin« von Elizabeth McLeod.
10 Teresa Bernardez, »Adolescent Resistance and the Maladies of Women: Notes from the Underground« in Carol Gilligan, Annie G. Rogers und Deborah L. Tolman (Hg.), *Women, Girls and Psychotherapy: Reframing Resistance*, The Haworth Press, Binghamton, NY 1991.

KAPITEL 6

Der Mythos der romantischen Liebe: Wie Frauen vom Ziel der Selbstversorgung abgelenkt werden

1 Valerie Saiving, »The Human Situation: A Feminine View« in Carol P. Christ und Judith Plaskow, *Womanspirit Rising: A Feminist Reader in Religion*, Harper, San Francisco 1989, S. 26.

2 Elizabeth Debold, Marie Wilson und Idelisse Malavé, *Mother Daughter Revolution*, Bantam Books, New York 1994, S. 212 (deutsch: *Die Mutter-Tochter-Revolution*, Rowohlt, Reinbek 1996).
Wilson und Malavé waren Präsidentin und Vizepräsidentin der *Ms. Foundation for Women*; Elizabeth Debold gehörte zum Team des Harvard-Projekts. Debold erweiterte Carol Gilligans grundlegende Theorie der weiblichen Entwicklung, indem sie die Psychodynamik von Macht, Wissen und Begehren erklärte, die auf den Plan treten, wenn die Mädchen merken, daß sie im Begriff sind, Frauen in dieser Gesellschaft zu werden. Sie integrierte die Arbeit anderer Forscherinnen auf dem Gebiet der neuen feministischen Psychologie – etwa Annie Rogers, Dana Jack Crowley und Deborah Tolman – ebenso wie die Forschung über Trauma und kognitive Entwicklung.
Debold, Wilson und Malavé nahmen die neuesten Forschungsergebnisse des Harvard-Projekts anhand von Untersuchungen über »gefährdete« adoleszente Mädchen, die in Innenstädten lebten, und vorpubertären Mädchen einer staatlichen und einer Privatschule in ihre Untersuchung auf. Diese Studien und die bundesweite Erhebung der *American Association of University Women* über die Selbstwertschätzung bei Mädchen bestätigen, was seit langem vermutet, aber bis vor kurzem nicht erforscht wurde: daß »die Adoleszenz auch für farbige Mädchen eine Zeit der Krise und der Sorge ist«.

3 Ebenda, S. 202.

4 Lieberman und Lindner, *Unbalanced Accounts.*

5 Greenberg-Lake Analysis Group, *Shortchanging Girls, Shortchanging America: A Nationwide Poll to Assess Self-Esteem, Educational Experiences, Interest in Math and Science, and Career Aspirations of Girls and Boys Ages 9–15*, American Association of University Women, Washington, D.C. 1991, S. 6.

6 Debold, Wilson und Malavé, *Die Mutter-Tochter-Revolution*, S. 11.

7 American Association of University Women, Educational Foundation, *The AAUW Report: How Schools Shortchange Girls*, The AAUW Educational Foundation and National Educational Association, Washington, D.C. 1992, S. 79.

8 Peggy Orenstein, *School Girls: Young Women, Self-Esteem, and the*

Confidence Gap, Anchor Doubleday, New York 1995, S. XXVII (deutsch: *Starke Mädchen – brave Mädchen*, Campus, Frankfurt a. M. 1996).

9 Clifford Adelman, »Women at Thirtysomething: Paradoxes of Attainment«, Office of Educational Research and Improvement, Washington, D.C. 1991.

10 Linda Matthews, »Making Math Add Up for Girls«, *Education Life, New York Times* vom 31. März 1996, Section 4 A, S. 10.

11 Debold et al., *Die Mutter-Tochter-Revolution*, S. 90 f.

12 Ein Drittel aller Mädchen hat noch vor dem 18. Lebensjahr ungewollte sexuelle Begegnungen mit einem Erwachsenen, und etwa ein Viertel dieser Fälle von Mißbrauch ereignen sich noch vor der Pubertät, so Judith Herman in *Father-Daughter Incest*, Harvard University Press, Cambridge 1981, S. 12 (deutsch: *Die Narben der Gewalt*, Kindler, München 1993).

13 Orenstein, *School Girls*, S. 61.

14 Daniel P. Orr, Mary L. Wilbrandt, Catherine J. Brack, Steven P. Rauch und Gary M. Ingersoll, »Reported Sexual Behaviors and Self-Esteem among Young Adolescents«, *American Journal of Diseases of Children* 143, 1989, S. 86.

15 Orenstein, *School Girls*, S. 55.

16 Nan Stein, Nancy L. Marshall und Linda R. Tropp, *Secrets in Public: Sexual Harassment in Our Schools – A Report on the Results of a »Seventeen« Magazine Survey* (gemeinsames Projekt des NOW Legal Defense and Education Fund und des Wellesley College Center for Research on Women, März 1993).
Zusätzlich zur Belästigung erleidet eine gewaltige Zahl von Mädchen sexuellen Mißbrauch. Der größere Teil dieser Mädchen war erst elf Jahre alt, als der erste Mißbrauch verübt wurde.

17 Debold et al., *Die Mutter-Tochter-Revolution*, S. 94.

18 Mindy Bingham und Sandy Stryker, *Women Helping Girls with Choices: A Handbook for Community Service Organizations*, Advocacy Press / Girls Club of Santa Barbara, Santa Barbara, CA 1992.

19 »Girls Count, in America's Future, in Tomorrow's Workforce, in Colorado's Classrooms«, Denver, Col. 1992.

20 Linda K. Christian-Smith, *Becoming a Woman Through Romance*, Routledge, New York 1990, S. 108.

21 Debold et al., *Die Mutter-Tochter-Revolution*, S. 121 f.

22 Sharon Thompson, »Search for Tomorrow: On Feminism and the Reconstruction of Teen Romance« in Carol S. Vance (Hg.), *Pleasure and Danger: Exploring Female Sexuality*, Routledge & Kegan Paul, Boston 1984, S. 351.

23 Christian-Smith, *Becoming a Woman…*, S. 108.

24 Debold et al., *Die Mutter-Tochter-Revolution*, S. 120.
25 Rebecca Johnson, »For Love or Money«, *Vogue*, August 1997, S. 78.
26 Debold et al., *Mother Daughter Revolution*, S. XXI.
27 Erik Erikson, »Identity and the Lifecycle«, *Psychological Issues* 1, 1959, S. 18–164.
28 Debold et al., *Mother Daughter Revolution*, S. 211.
29 Louise Kaplan, *Female Perversions*, Doubleday, New York 1991, S. 232. (deutsch: *Weibliche Perversionen*, Goldmann, München 1993).

KAPITEL 7
Aus der Traum von der Rettung

1 Robert Lypsyte, »Married to the Game«, *New York Times* vom 1. Juni 1997, Section 8, S. 1.
2 Ebenda.
3 Martha Kirkpatrick, M.D., »Some Clinical Perceptions of Middle-Aged Divorced Women« in Judith Gold (Hg.), *Divorce as a Developmental Process*, American Psychiatric Press, Washington, D.C. 1988.
4 Jean Baker Miller, *Toward a New Psychology of Women*, Beacon, Boston 1977, S. 84 (deutsch: *Die Stärke weiblicher Schwäche*, Fischer Taschenbuch Verlag, Frankfurt a. M. 1989).
5 Karen Horney, *Self-Analysis*, Norton, New York 1942 (deutsch: *Selbstanalyse*, Fischer Taschenbuch Verlag, Frankfurt a. M. 1995).
Eine nach Karen Horneys Tod erschienene Biographie enthüllte, daß »Claire« niemand anders war als sie selbst als junge Frau. Horney muß das Gefühl gehabt haben, sie hätte den Wert ihrer Einsichten gemindert, wenn sie sie als aus ihrer eigenen Analyse stammend präsentiert hätte. Sie erfand eine »Patientin« und widmete einen großen Teil ihres Buches ihrem »Fall«.
6 Miller, *Toward a New Psychology of Women*, S. 32.
7 Horney, *Self-Analysis*, S. 199.
8 June Singer, *Boundaries of the Soul: The Practice of Jung's Psychology*, Doubleday Anchor, New York 1994, S. 185.
9 Miller, *Toward a New Psychology of Women*, S. 50.
10 Ebenda.
11 Singer, *Boundaries of the Soul*, S. 194.
12 Ebenda.
13 Miller, *Toward a New Psychology of Women*, S. 34.

KAPITEL 8
Ambivalenzen

1 Linda Sapadin und Jack Maguire, *It's About Time: The Six Styles of Procrastination and How to Overcome Them,* Viking Penguin, New York 1996, S. 74.
2 Kirk Johnson, »Sit Down. Breathe Deeply. This is Really Scary Stuff«, *New York Times* vom 16. April 1995, Section F, S. 5.
3 Bericht über ein Merrill-Lynch-Seminar von Anne Conover Heller in »How to Make Money by Risking It«, *Lear's,* September 1991, S. 73.
4 Ebenda.
5 Ebenda.
6 Carmine Dell'Orefice zitiert Cynthia Kling, »Why Are Women Still Afraid of Money?«, *Harper's Bazaar,* Januar 1997, S. 26.
7 Ebenda.
8 Ebenda.
9 Lieberman und Lindner, *Unbalanced Accounts,* S. 127.

KAPITEL 9
Ein eigenes Schloß bauen: Die Angst vor finanzieller Unabhängigkeit überwinden

1 Allen R. Myerson, »Wall Street Addresses Women's Needs«, *New York Times* vom 31. Juli 1993, Section C, S. 1.
2 Ebenda.
3 Leslie Dormen, »Will Your Money Last As Long As You Do?«, *Mirabella,* Mai / Juni 1996, S. 80.
4 Ebenda.
5 Heller, »How to Make Money…«, S. 74.
6 Ebenda.
7 Ebenda.
8 Ruth Ross, *Prospering Woman,* Nw World Library, San Rafael, CA 1982, S. 151.
9 Kate Stone Lombardi, »Not an Advice Column«, *Hudson Valley Magazine,* März 1993, S. 29.
10 Reed Abelson, »Our Portfolios Ourselves«, *New York Times* vom 15. Oktober 1995, Section 3, S. 1.
11 Belsky, »The Five Ways…«, S. 81.
12 Ebenda.
13 Abelson, »Our Portfolios Ourselves«.
14 Boundy, *When Money is the Drug,* S. 202.

15 Mundis, *How to Get Out of Debt…*, S. 74.
16 Ross, *Prospering Woman*, S. 92.
17 Mundis, *How to Get Out of Debt…*, S. 143.
18 Ross, *Prospering Woman*, S. 92.
19 Ebenda, S. 132.
20 Ebenda, S. 141.
21 Tina Howe, »Hangers-On«, *Allure*, Mai 1997.
22 Mundis, *How to Get Out of Debt…*, S. 143.
23 Ross, *Prospering Woman*, S. 105.